法治央企建设
典型案例集

FA ZHI YANG QI JIAN SHE DIAN XING AN LI JI

国务院国资委研究中心　国务院国资委新闻中心　人民政协报社　编

中国文史出版社

图书在版编目（CIP）数据

法治央企建设典型案例集 / 国务院国资委研究中心，
国务院国资委新闻中心，人民政协报社编 . —北京：
中国文史出版社，2022.11
ISBN 978-7-5205-3954-8

Ⅰ. ①法⋯ Ⅱ. ①国⋯ ②国⋯ ③人⋯ Ⅲ. ①国有企业—
企业法—案例—中国 Ⅳ. ①D922.291.915

中国版本图书馆 CIP 数据核字（2022）第 212683 号

责任编辑：梁　洁　　　　　　装帧设计：杨飞羊　王　琳

出版发行：中国文史出版社

社　　址：北京市海淀区西八里庄路 69 号　　邮编：100142

电　　话：010 – 81136606　81136602　81136603（发行部）

传　　真：010 – 81136655

印　　装：廊坊市海涛印刷有限公司

经　　销：全国新华书店

开　　本：787mm × 1092mm　1/16

印　　张：26.25

字　　数：483 千字

版　　次：2023 年 1 月北京第 1 版

印　　次：2023 年 1 月第 1 次印刷

定　　价：89.00 元

序

江必新

党的十八大以来，党和国家对法治的认识达到了更高水平，法治建设进入全面推进和加速发展的新时代。也正是在这十年间，中央企业加强落实全面依法治国战略部署，持续深化法治央企建设，加强合规管理，在强化法治理念、优化制度体系、完善法律风险防范机制等方面均取得了长足进展，为推动高质量发展提供强有力支撑。

党的二十大报告提出了一系列治国理政新理念新战略，包括首次用专章部署法治建设工作，为未来法治中国建设提出了诸多新举措、新要求，对在法治轨道上进一步深化央企改革、推进国资央企高质量发展具有重要指导意义：

第一，报告强调要以中国式现代化全面推进中华民族伟大复兴，为进一步深化法治央企建设指明了使命方向。中国式现代化是党的二十大报告的核心概念。全面建设社会主义现代化国家伟大事业，要求坚持深化改革开放，不断彰显中国特色社会主义制度优势，不断增强社会主义现代化建设的动力和活力。中国式现代化当然包括中国式法治的现代化，也需要中国式法治来保障。国有企业是推进中国式现代化、保障人民共同利益的重要力量，是党和国家事业发展的重要物质基础和政治基础，为了完善和发展中国特色社会主义制度，需要继续推进国有企业改革，坚定不移做强做优做大国有企业。深化国有企业改革、完善中国特色现代企业制度必然要求全面推进依法治企，法治央企作为全面深化改革与全面依法治国、完善治理体系与提升治理能力、强化中国特色与增亮法治底色的有机结合点，是以中国式法治推进中国式现代化建设的重要任务之一。

第二，报告强调高质量发展是全面建设社会主义现代化国家的首要任务，为进一步深化法治央企建设明确了目标任务。报告要求坚持以推动高质量发展为主题，构建高水平社会主义市场经济体制，深化国资国企改革，提升企业核心竞争力。报告还要求更好发挥法治固根本、稳预期、利长远的保障作用，在法治轨道上全面建设社会主义现代化国家。要发挥好法治在我国全面建设社会主义现代化国家伟大实践中的基础性地位和作用，不仅要重视法治对党和国家工作大局的服务和保障作用，更要将法治确立为解决我国治国理政和改革发展稳定过程中各种矛盾和问题的基本方式。中央企业改革向纵深推进，需要坚持运用法治思维和法治方式深化改革、推动发展，要重视建设高质量法律体系和法治实施体系对央企高质量发展的引领和规范作用，更要发挥好依法治企、国企改革发展对经济高质量发展的保障和促进作用。

第三，报告强调全面推进国家各方面工作法治化，为进一步深化法治央企建设坚定了信心决心。党的十八大以来，以习近平同志为核心的党中央先后提出了法治政府、法治社会、法治经济、法治军队、法治乡村等重大命题。《中共中央关于全面推进依法治国若干重大问题的决定》提出"全面推进依法治国是一个系统工程"、"努力实现国家各项工作法治化"等。二十大报告创造性的发展了这一思想，提出要"全面推进国家各方面工作法治化"，这意味着为了实现法治中国建设目标，需要逐步推进各区域、各条线和各领域特别是重点领域的依法治理。法治央企从宏观角度可以纳入法治社会或者法治经济条线，全民守法系建设法治社会的根基所在，而法治经济建设也需要以强化市场主体守法作为重要基础性工程，二者均要求引导各类市场主体依法经营，着力提升企业合规意识，全面促进企业合规建设。法治央企建设既为认真落实全面依法治国战略部署，也为更好发挥法治工作对新时代新征程中央企业改革发展的支撑保障作用，既需着力提升依法治企能力水平，更以"加快建设世界一流企业"为己任，在健全工作体系、提升治理能力等方面既遵循法治社会、法治经济一般原理，又有其显著特点，既是推进法治社会、法治经济建设之重要抓手，亦为全面依法治国、建设法治中国之重要方面。

深入学习宣传贯彻党的二十大精神是当前和今后一个时期的首要政治任务。现阶段推出这部《法治央企建设典型案例集》有以下几个特殊重要意义：

一是有利于强化习近平法治思想对全面推进法治央企建设的重要指导作用。二十大报告关于法治的论述充分体现了习近平法治思想。本书坚持以习近平法治思想作为企业依法经营的指导思想和推进法治建设的根本遵循，强调中央企业作为我国国民经济的重要支柱，应当成为落实全面依法治国战略的重要主体，以及法治中国建设的积极践行者和有力推动者。

二是有利于深刻认识法治央企建设的重要性。进一步深化法治央企建设，是持续深化国资央企改革、加快国有经济布局优化和结构调整的重要任务，是推动国有资本和国有企业做强做优做大、为高质量发展增添强劲动力的必然要求，是在全球化竞争中有效应对重大风险挑战、筑牢国民经济"稳定器""压舱石"的制胜法宝。

三是有利于全面展示法治央企建设的进展成效。党的十八大以来，中央企业将依法治企作为"一把手"工程，全面深化法治央企建设，健全法律风险防范机制，强化合规管理，各级领导干部对法治建设的重视程度、法治工作对企业经营管理的推动作用均达到前所未有的新高度。可以说十年来国有企业所交出的耀眼成绩单，背后都离不开坚强有力的法治保障。本书通过一则又一则实践案例生动展现出法治央企建设之新进展和新风貌。

四是有利于提炼总结法治央企建设的成功经验。为深入贯彻习近平总书记关于"要总结我国法治体系建设和法治实践的经验，阐发我国优秀传统法治文化，讲好中国法治故事，提升我国法治体系和法治理论的国际影响力和话语权"的重要指示精神，本书编写组做了大量工作，撷选出百篇实践案例。相信这些案例的汇编出版必将有利于总结推广国资央企法治建设的典型做法、成功经验和进展成果，以进一步发挥典型经验做法的引领示范作用，促进更多企业更好贯彻党的二十大精神、切实将二十大作出的战略部署转化为改革发展和法治建设的务实举措！

2022 年 10 月 31 日

（江必新，全国人大宪法和法律委员会副主任委员、中国法学会副会长）

目录

中国核工业集团有限公司

深入贯彻习近平法治思想　落实全面依法治国战略部署
自觉做国资央企法治建设的坚决拥护者和坚定实践者

开启新征程，法治筑根基。2020 年召开的中央全面依法治国工作会议，首次将习近平法治思想确定为全面依法治国的指导思想，为新时代全面依法治国提供了根本遵循和行动指南。中核集团作为中央企业的骨干力量，坚持以习近平法治思想为指导，深入贯彻全面依法治国战略部署，认真落实法治央企建设各项任务安排，推动法治建设掀开了新篇章。

一、坚持党的领导，为法治中核稳步前进提供了根本保证

习近平总书记指出"党的领导是中国特色社会主义法治之魂"。中核集团各级党委（党组）高度重视法治工作，始终把法治建设摆在重要位置。集团党组专门成立了法治中核建设工作领导小组，党组书记亲任组长，党组副书记和总法律顾问分任副组长。作为中核集团历史上第一次高规格成立的法治建设顶层领导机构，职能不断丰富，引领力不断加强。集团党组坚持对法治建设重点工作亲自研究、亲自部署，先后审定发布了全面推进法治中核建设指导意见、主要负责人履行法治建设第一责任人职责规定等重要顶层设计文件，领导制定了法治中核十三五、十四五及七五普法、八五普法等多个专项规划，定期听取法治建设进展情况报告，为法治建设提供了重要遵循。回顾过去，正是在各级党组织的坚强领导下，中核集团法治建设才保证了方向不变、轨道不偏。站在十四五的起点上，中核集团将继续把党的领导坚定不移贯彻在法治建设各方面、全过程，有力发挥党委（党组）把方向、管大局、促落实重要作用，推动法治建设再上新台阶。

二、着力围绕中心，为法治中核行稳致远奠定了坚实基础

国资委《关于进一步深化法治央企建设的意见》指出，中央企业法治工作的基本原则之一要"坚持融入中心、服务大局"。中核集团认真落实国资委意见精神，全力防范化解重大法律合规风险，助推各项经营业务依法合规进行。着力在"围绕中心"上下功夫。坚持中心工作开展到哪里，法律工作就跟进到哪里，法务部门先后参与同方股份并购、罗辛铀矿并购等重大项目，参与两核重组、科研院所改革、科技成果转化等调整改革任务，高质量、高效率完成各项工作，为重大项目成功落地和改革平稳进行提供了有力保障。着力在"服务中心"上出实招。采取系列措施确保"经济合同、规章制度、重要决策"法律审核落到实处。抓实重大合同管理，明确"成员单位涉及三重一大事项合同必须经总法律顾问审核"，规定"成员单位重大合同必须采取合同评审等风险防控措施"，实现了程序规范与风险防控的有机统一。抓牢重要决策法律审核，建立重要决策法律审核清单制并在成员单位全面推广，实现了法律审核的刚性约束和流程保障。编制国有企业产权转让等六个重要领域法律审核指引，引导基层单位更好完成法律审核。着力在"促进中心"上求突破。坚持防风险就是促发展，全集团"十三五"期间累计处理法律纠纷案件3000余件，避免或挽回经济损失近90亿元，为保护国有资产安全、维护改革发展良好秩序作出了积极贡献。通过案件处置，风险关口前移、重大案件集中化解、类案经验总结、内部案件协调等好的经验做法得到总结和固化，案件反映出的管理薄弱环节、外部环境变化趋势、重大风险隐患等得到了广泛关注，促进了中心工作更好落地。"十四五"时期，中核集团将按照"围绕中心抓法治，抓好法治促发展"思路，更好融入中心、服务大局，以高质量法治工作服务高质量发展。

三、强化合规管理，迈出法治中核拓展升级的关键一步

推进中央企业合规管理工作，是落实习近平新时代中国特色社会主义思想和习近平法治思想的重要举措，中核集团以"两核"重组为契机，有序推进合规管理各项工作，取得了显著成效。强基固本，搭建集团合规管理体系。通过强化顶层设计，中核集团搭建了涵盖公司治理层、经营管理层及工作执行层的合规管理组织体系；建立了以合规管理规定为核心，相关配套制度、专项指引为基础，合规管理手册为补充的"1+N"合规管理制度体系；制定了合规风险防控、合规审查、合规

报告等一系列合规管理工作机制，并积极宣传集团"合规尽责、坚守底线"的合规理念，培育中核合规文化，为法治中核建设优化升级奠定坚实基础。点面结合，深化重点领域合规管理。中核集团以时不我待的精神，在外部形势日益复杂严峻的背景下，针对核工业的特殊风险，不断强化底线思维和忧患意识，先后在PPP业务、海外反腐败、世界银行项目、境外业务等领域开展了合规管理研究，出台专项指引，推动合规管理与具体业务深度融合，不断充实、细化集团法治建设。强化监督，推动成员单位合规管理体系建设。中核集团有计划、分阶段、有重点地推进各类成员单位开展合规管理体系建设，认真落实各级单位的主体责任。为推进系统内合规管理标准化，中核集团聚焦难点求创新，发布了《中核集团合规管理评价标准（2021版）》，建立了动态调整的合规管理评价指标体系。通过在专业化公司、直属单位开展合规评价实践，进一步推动成员单位完善合规管理体系。重点成员单位合规管理工作已在系统内形成示范带头效应，为提升全集团合规管理体系的有效性、推动法治中核建设迈上新台阶奠定了坚实基础。"十四五"时期，中核集团将进一步强化合规管理，推动全系统合规管理工作走深、走实，更好发挥规范管理、防控风险、支撑保障的重要作用。

四、深化制度内控建设，推动法治中核创新协同再提升

习近平总书记指出"制度是关系党和国家事业发展的根本性、全局性、稳定性、长期性问题"。中核集团以"强内控、防风险、促合规"为目标，以内控一体化建设为重要抓手，推动制度、内控、法务、风险、合规等"大法治"职能高效协同，为新时期法治建设赋予了新内涵、强化了新动能。内控管理机制不断优化。中核集团积极探索提升内控有效性的方式方法，将内控管理要求嵌入各项规章制度中，建立健全以制度为载体、以风险管理为导向、以合规为目标的内控管理体系。全集团1375份重要制度中全部嵌入内控管理要求，内控与制度不同步、内控手册繁杂不易落地、应用效果不明显等问题得到有效解决。对下穿透指导持续加强。中核集团逐级压实内控制度工作，自上而下强化督促引导，先后出台《内控及制度建设工作指导意见》《成员单位配套制度清单》《规章制度惩处条款编制指引》等指导性文件，并就境外企业合规等重点领域、重点环节编制专项指引，既解决了节奏上的"时差"，也避免了质量上的"温差"，更杜绝了执行上的"落差"。监督检查更加精准有效。中核集团积极发挥"大法治"优势，对内构建内控、法务、风险常态化协同机制，对外推进与纪检监察、巡视、审计重点领域协作配合，"一检查、二

评估、三指导、四整改"的一体化监督长效机制有效运行，在质量不降、力度不减、范围不变的基础上有效增强了监督检查的针对性、精准度，切实筑牢了制度的"防火墙"，强化了监督的"紧箍咒"，防止制度成为"稻草人"。两年来，一体化监督检查共覆盖成员单位46家，督促整改问题268项，帮助成员单位及时发现、解决管理缺陷，实现了成员单位内控管理水平质的提升。"十四五"时期，中核集团将继续推动内控制度深度融合，进一步消除盲点、增强实效，以有效的内控制度体系为集团公司改革发展保驾护航。

新时代新征程，中核集团将更加紧密地团结在以习近平同志为核心的党中央周围，深入贯彻习近平法治思想，积极落实国务院国资委决策部署，团结奋进，开拓创新，推进法治建设不断实现新发展，为建设具有全球竞争力的世界一流企业提供坚实的法治保障。

（中国核工业集团有限公司总法律顾问　李朝晖）

中国航空工业集团有限公司

以习近平法治思想为引领
推动法治航空工业建设再上新台阶

习近平法治思想是习近平新时代中国特色社会主义思想的重要组成部分，是马克思主义法治理论中国化的最新成果，是全面依法治国的根本遵循和行动指南。航空工业集团始终紧跟中国法治建设步伐，自觉以习近平法治思想武装头脑、指导实践、推动工作，在中央企业率先开展法治央企建设，提出建设"法治航空工业"的行动目标，不断开创法治航空工业建设新局面，以实际行动做好建设社会主义法治国家的践行者和推动者。

一、坚持政治引领，着力健全法治工作体系

（一）坚持党的领导，健全领导责任体系

航空工业集团始终坚持党对依法治理工作的全面领导。一是领导小组发挥牵头作用。2021 年各级单位法治建设领导小组研究讨论法治工作 455 次，有力推动了中央决策部署和国资委法治央企建设要求的贯彻落地。二是逐级压实法治工作责任。将法治建设第一责任人职责要求向各级子企业延伸，实现法治要求进公司章程，对所属单位开展法治合规大检查，坚持按年开展总法律顾问两级述职，形成长效机制。三是完善法治学习谈话机制。2021 年各级党委专题学法 372 次，对 2973 名干部开展了任前及履职法治谈话，促进各级领导干部持续提升运用法治思维和法治方式深化改革、推动发展的能力水平。

（二）完善制度机制，健全依法治理体系

规范管理，制度先行。航空工业集团持续完善中国特色现代企业制度。一是

把党的领导融入公司治理。制定党委（党组）和董事会、经理层权责清单，推进依法治理的制度化、规范化、程序化。二是规范法人治理结构履职尽责要求。实现董事会应建尽建和外部董事占多数，重要子企业全面依法落实董事会职权。三是建立国有资产管理新体制。深化总部职能转变和职责定位，完成国有资产管理授放权17项。四是推进国资监管规章制度梳理和"立改废"，梳理现行制度593项，完成410余万字的规范性文件汇编，开展制度执行情况监督检查，增强制度刚性约束并推动有效落实。

（三）聚焦行稳致远，健全合规管理体系

合规管理是企业稳健经营和高质量发展的内在需求。航空工业集团全面推进合规管理体系建设。一是强化合规组织管理。形成企业主要负责人领导、合规管理负责人牵头、法务管理机构归口、相关部门协同联动的合规管理组织架构。二是强化合规制度建设。制定《合规管理规定》等4项顶层制度、6项工作指引，编制涵盖13个重点领域1260条的合规义务示范清单，编发11.6万册《合规手册》，为全集团合规经营提供行动指南。三是强化合规工作创新。将合规管理融入AOS管理体系，开展合规经营管理审计，对全部二级三级共107家企业开展合规体系建设检查验收，并落实违规问责。通过上述工作，航空工业集团将"全面合规，护航蓝天"的合规理念落到实处，初步建成具有航空工业特色的合规管理体系。

二、抓好三个强化，全面提升依法治企能力

（一）强化顶层设计，提升引领支撑能力

法治央企建设必须把全面依法治国摆到更加突出的位置，充分发挥法治顶层设计的引领、规范和保障作用。航空工业集团紧盯国资委法治工作新部署新要求，将法治建设纳入集团公司"十四五"规划统筹推进。制定《关于进一步推进新发展阶段法治航空工业建设的意见》，强化"五个一"建设。通过健全一个机制——党对法治航空工业建设的领导机制、实现一个升级——法治工作从专业性向全局性升级、推进一个融合——业法融合、坚守一个底线——合规经营底线、抓住一个重点——涉外风险防范，推动航空工业集团法治工作向世界一流迈进。

（二）强化风险管控，提升涉外保障能力

面对世界百年未有之大变局，国际形势复杂多变，打赢防范化解重大风险攻坚战，必须坚持以习近平法治思想指导实践。航空工业集团聚焦主责主业，紧盯国际国内重大经营风险，坚持底线思维、系统应对，在法治轨道上统筹推进各项风险防

范。一是制定涉外专项风险防范应对工作方案。从6个方面提出28项具体举措，明确责任部门，进一步加强涉外专项风险应对。二是建立常态化风险排查机制。仅2021年就组织开展27次涉外风险排查处置，得到国资委通报表扬。三是研判特定国家、特定领域立法执法新动向。制定十余项工作指引和风险提示，引导企业加强合规管理，防范法律风险，应对全球挑战。

（三）强化案件管理，提升以案促管能力

法治央企建设既要高屋建瓴搞好顶层设计，更需脚踏实地做到切实管用。航空工业集团高度关注重大案件督办管理，推行专案督办机制，落实案件处理考核奖惩。近五年来，通过抑制增量、处理存量，累计处理5000万元以上的重大案件123起，避免或挽回经济损失166.8亿元，重大法律纠纷案件数量和金额得到有效遏制。持续加大以案促管力度，坚持案件处理和举一反三齐抓共管，针对重要性、典型性、普遍性问题，通过剖析案发原因、开展类型化研究、下发风险提示函等工作，提出防范应对建议，促进管理提升。组织所属企业编制《重大法律纠纷典型案例选编》，从法律和管理两个维度发挥以案为鉴、引以为戒的警示教育作用。

三、推动创新实践，促进法治建设转型升级

（一）践行业法融合，促进法治价值创造

法治是国家核心竞争力的重要内容。放眼"十四五"以及2035年发展目标，聚焦航空强国发展战略，航空工业集团法治工作加强业法融合力度，全面融入国企改革、投资并购、科技创新、国际化经营等重点工作。一是以决策结构清单明确重大决策法律审核事项。全部183项重大决策事项中有122项纳入法律审核。二是以制度流程和信息化建立硬约束。将法律审核作为制度制定、合同审签和决策上会的必经流程。近五年来，各级单位累计审核制度、合同及决策事项173.6万项，保障生产经营依法合规。三是加快转变法治工作方式。转变法治在业务工作中后期介入的被动局面，从顶层设计、统筹协调、总体把关、应对风险上多角度介入，实现法治与改革、发展、创新、治理的深度融合，彰显法治价值创造力。

（二）践行分类指导，促进法治精准管理

国企改革需要强化分类指导、精准施策，法治央企建设亦是如此。航空工业集团以实现法治工作精准管理为目标，对标国际国内优秀企业成熟经验，立足行业特点、发展阶段、管理基础等客观实际，创新改进法治建设管理方式，积极推进法治建设单位分类管理。在综合考虑单位性质、业务形态、规模大小、市场化程度、国

际化程度、法律风险、法律需求等因素的基础上，将基层单位划分为法治建设一类单位、二类单位和三类单位，精准量化任务目标和考核标准，实施法治建设差异化管理，提高法治工作管理的科学性、针对性和有效性。

（三）践行全员法治，促进法治责任落实

航空工业集团积极推进法治责任落地落细，建立全员法治责任体系。一是制定《全面依法治企和法治建设责任清单与履职规定》。按照"业务谁主管、法治谁负责"原则，全面落实法治责任。二是强化全员法治教育。2021年开展全员法治培训461次，参训人员32.8万人次。三是深化法治文化培育。举办"法官说法"，在商网平台开辟"法治专区"；开设法治宣传抖音直播，将法治理念深入人心；西飞、中航技法律部门被评为"七五"全国普法工作先进单位，中航国际、成飞总法律顾问被评为"七五"全国普法工作先进个人，受到中央宣传部、司法部、全国普法办表彰。

法治兴则国兴，法治强则国强。航空工业集团将持续深入贯彻习近平法治思想，做到"深学之、笃信之、践行之"，坚定理想信念，鲜明政治导向，深远战略思维，强化改革创新，着力提升法治央企建设工作水平，使法治文化"软实力"成为助推航空工业高质量发展的"硬支撑"，为全面实现依法治国、谱写"中国之治"的新篇章贡献智慧力量。

（中国航空工业集团有限公司党组成员、总会计师、总法律顾问　张民生）

中国船舶集团有限公司

深入学习贯彻习近平法治思想，以一流法治引领世界一流船舶集团建设

中国船舶集团有限公司（以下简称中国船舶）是按照党中央决策、经国务院批准，于 2019 年由原中国船舶工业集团和中国船舶重工集团联合重组成立的特大型军工央企，是我国船舶工业的国家队和主力军，2021 年三大造船指标均居世界第一，位列《财富》世界 500 强第 240 位，是全球最大的造船集团，目前正朝着建设世界一流船舶集团的战略目标迈进。世界一流，法治先行。中国船舶认真贯彻落实习近平法治思想，坚持以高水平法治引领高质量发展，着力打造治理完善、经营合规、管理规范、守法诚信的"法治船舶"，切实发挥法治在建设世界一流船舶集团中的引领、规范和保障作用。

一、坚持党对法治船舶建设的全面领导

依法治企是全面依法治国的微观基础和重要组成部分，中国船舶党组将学习贯彻习近平法治思想纳入党组第一议题，对法治船舶建设中的重大事项进行专题研究，将法治理论纳入党组理论学习中心组学习重点内容，带头提升法治意识和法治思维。中国船舶专门成立法治建设委员会（合规委员会），作为法治船舶建设的顶层领导机构，党组书记、董事长雷凡培担任主任，研究解决法治建设中的突出问题，部署推进重要事项。每年召开全系统法治工作会议，对年度法治工作进行全面部署，强调法治、宣扬法治、布局法治，为法治船舶建设提供了强有力的顶层推动。

二、法治船舶建设与改革发展同步推进

改革与法治相辅相成、相伴而生。法治船舶建设始终坚持围绕中心，服务大局，牢牢围绕改革发展的总体目标和中心任务展开，服务支撑深化改革、创新发展、产业拓展、转型升级、国际化经营等重大战略。中国船舶坚持在法治下推进改革发展，在改革发展中完善法治，以"深化融合、完善体系、规范运作、引领发展"作为法治船舶建设的工作方针，不断完善法律管理组织体系和工作机制，着力提升依法治企能力、防范化解重大风险能力，着力推动法治工作与公司治理、管理行为与生产经营的深度融合，积极发挥法治引导、规范、保障改革发展的作用。当前，中国船舶改革发展的任务更加繁重，面临的矛盾、问题和困难也更加集中和复杂。风险挑战越是突出，法治越是重要，新时期中国船舶将更加重视法治、厉行法治，更好发挥法治固根本、稳预期、利长远的重要作用，运用法治思维和法治手段应对挑战、抵御风险、克服阻力、解决矛盾。

三、以制度之治推进治理体系和治理能力现代化

国家治理体系和治理能力是一个国家制度和制度执行能力的集中体现，对于中国船舶而言，实现治理体系和治理能力的现代化首先就是要坚持制度之治。"良法是善治之前提"，建立健全科学有效的制度体系是法治船舶建设的前提和基础，法治船舶建设首先着力于制度建设，坚持制度治党、制度治企、制度司职、制度塑人，建立健全覆盖各个方面、各项工作、科学完备、运转有效的制度体系，不断增强全员制度意识、规矩意识。同时，中国船舶切实加强制度宣贯解读，强化制度执行情况的监督检查，发现制度执行的薄弱环节，打通制度执行的"最后一公里"，保障制度切实有效执行，坚决维护制度权威。

四、法律、合规、制度、风险管理一体推进

中国船舶坚持以"法治船舶"建设为统领，法律、合规、制度、风险管理工作一体推进，法治体系、法治能力、法治文化一体建设。以事前法律审核把关、事中风险动态监控、事后纠纷案件处置为重点，建立全生命周期法律风险管理机制，构建完善母子公司一体化法律风险防控体系；以合规培训、考试、承诺、清单、流

程、签证为重点实施合规闭环管理，以试点带全局推动合规管理体系建设全面铺开；以"一章程、两类别、三层级"为原则搭建规章制度体系构架，以解读和检查为抓手推动制度有效落地执行；以识风险、防风险、用风险为重点开展全面风险管理，积极防范化解重大风险。法治船舶建设各板块工作紧密融合、有效衔接、形成合力，为中国船舶行稳致远提供有力保障。

五、建设德才兼备的高素质法治工作队伍

法治人才培养是全面依法治国的重要组成部分，高素质法治工作队伍是法治船舶建设的基础性保障。近年来，中国船舶的法治工作机构与队伍建设取得明显改观，为法治工作的开展奠定了坚实基础。各单位按照"应配尽配、可配则配"的原则，全面配齐总法律顾问，切实提升专业化履职水平，推动总法律顾问制度不断健全。各单位结合资产规模、业务性质及风险管控需求，逐步配备与之相适应的法治工作机构和人员，法律顾问队伍不断壮大。加强法治人才培养与激励，拓宽法务人员职业发展通道，强化人才的梯队建设，采取有效激励方式充分调动其积极性、主动性，使重视人才、吸引人才、留住人才的良好机制逐渐形成，法治队伍的人才结构不断优化。同时，针对拓展海外市场、开展国际化经营所面临的涉外法律合规风险，积极构建涉外法治工作组织体系，加强专业型、复合型涉外法治人才队伍建设。

六、抓住领导干部这个"关键少数"

党政主要负责人履行法治建设第一责任人职责是推进法治建设的重要保证。中国船舶将法治工作成效纳入各单位的经营业绩考核评价体系，与经营绩效直接挂钩，把法治素养和依法履职情况纳入领导干部考核评价的重要内容，切实压实各单位法治建设第一责任人职责，推动法治建设委员会发挥实效，促进法治工作与中心工作同部署、同推进。中国船舶切实加强对各级领导干部法治意识和法治思维的培养，将习近平法治思想作为学习重点举办"中国船舶政研与法治大讲堂"等各类培训，通过约谈、督导等多种方式，推动领导干部带头尊法学法守法用法，不断提升领导干部运用法治思维和法治方式解决问题的能力，使其真正成为法治船舶建设的组织者、推动者、实践者。

七、发挥法治文化在法治船舶建设中的引领作用

习近平总书记在党的十九大报告中指出："建设社会主义法治文化，树立宪法法律至上、法律面前人人平等的法治理念。"文化是行为的先导和指南，法治文化建设是法治船舶建设的长期性、基础性工程，法治船舶目标的实现离不开全体中国船舶人的内心拥护和真诚信仰。2021年，雷凡培董事长主持发布《诚信合规手册》，提出并倡导全体员工践行"人人合规、事事合规"的合规理念。下一步，中国船舶将以恪守150余年的江南机器制造总局厂训"悬规、植矩"为基础，深度挖掘其历史渊源和精神内涵，锤炼法治的核心价值追求，提炼形成中国船舶特色法治文化，并作为企业文化的核心内容，发挥文化在法治船舶建设中的引领作用，使依法合规、守法诚信成为全体中国船舶人的基本准则和自觉行为。

（中国船舶集团有限公司总法律顾问　崔锐捷）

中国兵器工业集团有限公司
以系统思维推进"法治兵器"

近年来，中国兵器工业集团有限公司（以下简称"兵器工业集团"）深入学习贯彻中央全面依法治国战略部署，贯彻落实党的十九大和十九届历次全会精神，按照国务院国资委法治央企建设要求，将依法治企视为实现高质量发展、成为"六个重要力量"、建设具有国际竞争力的世界一流集团公司的内在要求，以系统思维加强对法治工作的组织领导和统筹谋划，加强法律管理制度创新、夯实法治工作基础，完善法治工作体系、提升现代化治理水平，深入推动"治理完善、经营合规、管理规范、守法诚信"的"法治兵器"建设，依法治企、合规管理各项工作取得了重要进展和积极成效。

一、着力健全法治建设组织领导

兵器工业集团从落实中央战略部署、践行"两个维护"和保障企业持续健康发展的战略高度，着力完善组织领导，落实法治领导责任，加强法治工作整体谋划和顶层设计，确保党对依法治企工作的全面领导。

一是夯实法治建设的组织基础。兵器工业集团董事会设立审计与风险管理委员会，负责推进集团公司法治建设工作，对经理层依法治企情况进行监督。成立依法治企工作领导小组、合规管理委员会，由党组书记、董事长任领导小组组长（主任），全面领导、统筹协调集团公司法治工作。

二是深入落实法治建设第一责任人职责。印发《兵器工业集团主要负责人履行法治建设第一责任人职责实施办法》，压实主要负责人法治建设工作责任，集团公司党组、董事会听取法治建设和合规管理工作报告制度化、常态化。定期召开法治工作会议，对全系统法治工作进行部署。

三是全面加强法治工作的长远谋划。贯彻新时代兵器工业集团发展方针，制定实施《集团公司全面推进依法治企行动纲要（2020—2022）》，推动法治建设重点突破、全面提升。系统规划"十四五"法治兵器建设，制定印发集团公司首个《全面依法治企"十四五"规划》，明确"十四五"法治建设的总体思路、工作目标和重点任务。

二、大力构建依法合规经营制度体系

一是积极打造科学合理的制度架构。从业务领域、工作流程、层级贯通三个方面，优化制度建设，提升管理水平，打造保障高质量发展的制度建设管理体系。将制度分为党的建设制度和公司经营管理制度两大类，同时按制度效力、业务领域进行细分，形成具有兵器工业特色的"2+4+15+N"制度图谱。

二是实现制度全流程闭环管理。健全制度立项、文本起草、审核、审批、发布、宣贯、执行等管理环节，形成完整的管理闭环，推动制度管理向制度制定、执行、监督全要素、全流程管理转变。

三是健全推动全层级制度管理。按照一级抓一级、层层传递管理责任的思路，对所属单位制度建设管理提出明确要求，建立制度配套和备案机制，初步实现制度管理贯通延伸。加强制度建设考核评价，建立专项制度管理问题台账，考评结果纳入全年绩效考核。

三、关口前移防范重点领域法律合规风险

一是注重风险预警和事前防范。坚持每年年初结合系统内的案件，发布重大法律风险提示，梳理提示近百个风险点，起到较好的警示作用。深入开展重大决策、规章制度、经济合同的法律审核，实现事前法律审核率100%。提前介入并全程参与投融资、资产并购重组、改革改制等重大事项，识别解决法律合规风险，助力重大事项顺利进行。

二是突出国际化经营法律风险防范。针对兵器工业集团国际化经营营收占比高、海外业务领域广等特点，大力推进涉外法律合规体系建设，在境外业务板块及时设置法律合规管理机构，配备专业法律合规人员，定期组织开展风险排查，加强涉外重要法律问题研究，形成近10个专项国别法律合规经营工作指引。

三是抓实合同法律风险防范，持续开展合同规范化建设行动，大力推动实施合同全流程管理，发布合同示范文本和规范要求，推动健全合同管理制度、规范合同审签流程，切实提升合同风险防范能力和水平。

四是积极应对法律纠纷案件风险。实施法律纠纷案件目标化管理，将案件处置形成考核指标并纳入年度综合考核评价，推动案件管理责任落到实处。充分调动系统内部资源和力量，建立重大法律纠纷案件会商会诊机制，加强案件协同应对处置，促进重大案件妥善解决。上线法律纠纷案件信息化管理系统，初步实现兵器工业集团法律纠纷案件数据和风险的实时动态管控。

四、着力加强新时代法治人才队伍建设

兵器工业集团以党组名义印发《关于加强法治人才队伍建设的意见》，就加强新时代集团公司法治人才队伍建设作出全面部署，全面建设政治坚定、业务精通、作风优良、数量充足、结构合理的法治人才队伍。

一是适应业务发展需要壮大法治人才队伍。强化法律事务管理机构建设，总部及二级单位全部配备总法律顾问，设置法律事务管理机构。加大法治人才招录力度，制定年度法治人才具体招录配备计划，逐年予以实施。

二是提高法治人才队伍履职能力水平。加强法治人才政治思想教育，引导法律工作人员坚持正确政治方向。对法律工作人员培训明确提出学时要求并强化考核。把实践锻炼作为法治人才成长成才的重要渠道，鼓励法律工作人员直接办理一般法律纠纷案件，全程参与重大项目保障。

三是为法治人才履职尽责创造良好环境。大力支持总法律顾问有效履行职责。各级单位总法律顾问列席本单位决策会议并发表法律意见制度化、常态化。法治人才纳入兵器工业集团骨干人才培养体系，同等条件下优先选拔使用，积极开展法律顾问职业岗位等级资格评审，每两年实施一次法治先进单位和个人表彰奖励。

四是强化法治人才队伍协作配合。成立法治工作协作组，加强工作互鉴、信息共享、经验交流、业务合作，在风险共防、同题共答中提升全系统法治人才队伍的归属感、责任感、荣誉感。

五、创新形式培育良好法治文化

一是高度重视普法工作，推动力度不断增强。成立主要负责人为组长的普法领

导机构，统筹推进普法工作。制定实施兵器工业集团"七五""八五"普法规划，明确普法要点和进度安排并逐年推进落实，坚持"业务谁主管，普法谁负责"原则，推动法治教育融入日常经营管理。

二是领导干部带头学法，"关键少数"示范引领作用有效发挥。兵器工业集团党组理论学习中心组每年度组织开展法治专题学习，所属各单位认真执行"党委中心组学法"制度，法治培训纳入高管培训班、中青年干部培训班等，有效带动全系统加强法治学习宣传。

三是创新普法方式，提高普法宣传的覆盖面和有效性。有效利用宪法日、民法典颁布实施日、安全生产日、国家环境日等时间节点开展专题普法活动，充分发挥宣传标语、报纸、广播等传统媒介作用，形成《利民法务报》《法治资讯》等具有一定积淀和口碑的法治宣传平台，有效利用新技术、新媒体开展精准普法，组织"微信答题"等活动，法治宣传覆盖面进一步扩大，宣传实效性有效提升。广大员工自觉加强法治学习，尊法学法守法用法的意识和能力明显提升。

（中国兵器工业集团有限公司原总法律顾问、政策法规部部长　彭心国）

中国兵器装备集团有限公司

深入学习贯彻习近平法治思想
兵器装备集团法治央企建设开启新征程

2020年11月，中央全面依法治国工作会议召开，确立习近平法治思想在全面依法治国工作中的指导地位，在我国社会主义法治建设进程中具有重大政治意义、理论意义、实践意义。习近平法治思想为新时代全面依法治国提供了根本遵循和行动指南。兵器装备集团作为国防科技工业的核心力量和国民经济建设的战略性企业，始终以习近平新时代中国特色社会主义思想为指导，不断增强"四个意识"、坚定"四个自信"、做到"两个维护"，认真贯彻落实习近平法治思想和中央全面依法治国工作会议精神，持续深化法治央企建设，筑法治之基、行法治之力、积法治之势，全面开启法治建设新征程。

一、坚持党的领导，法治工作组织领导更加坚强有力

兵器装备集团党组将法治工作与改革、发展、党建工作统筹研究部署，纳入"十四五"整体发展战略，采取有力措施加以推进。一是组织深入学习宣传贯彻习近平法治思想，推动在全集团形成党组（党委）带头学、领导干部全部学、法务人员深入学、全体员工广泛学的良好氛围，进一步增强深化法治央企建设的责任感、使命感、紧迫感。二是积极发挥把方向、管大局、促落实的重要作用，把法治工作纳入年度要点，定期听取工作汇报，审议通过兵器装备集团《法治建设"十四五"规划》《进一步深化法治央企建设实施方案》，部署推动"合规管理强化年"工作，为做好"十四五"法治工作绘制了时间表和路线图。三是主要负责人认真履行法治建设第一责任人职责，到法律职能部门进行专题调研，对重要法治文件批示审定，

重要事项部署推动，重要问题督促解决。四是充分发挥各治理主体在推进法治建设中的重要作用。董事会定战略、作决策、防风险，听取内控、合规、风险一体化工作汇报，审议通过系列基本制度和重大经营决策事项。经理层谋经营、抓落实、强管理，推动法治工作与经营管理深度融合。监事会积极履行监督职责，将企业依法合规经营情况作为当期监督重要内容。"十四五"开局之年，党的坚强领导，为法治工作开好局起好步提供了根本保证。

二、坚持系统观念，全面依法治企制度机制更加完善

习近平总书记指出，全面推进依法治国涉及很多方面，在实际工作中必须有一个总揽全局、牵引各方的总抓手，这个总抓手就是建设中国特色社会主义法治体系。兵器装备集团深入贯彻"两个一以贯之"，加强规章制度体系建设，健全制度执行和监督机制，全面依法治企制度机制不断完善。一是在完善公司治理中持续加强党的领导。制定《在完善公司治理中加强党的领导实施方案》《关于子公司在完善公司治理中加强党的领导实施意见》，加强对全级次子企业的指导。二是完善公司治理制度体系。修订董事会授权管理办法和各治理主体决策事项清单，完善"1（章程）+10（治理主体工作规则）+16（基本管理制度）+N（工作办法）"制度体系，依法治理、合规经营、规范管理制度基础更加坚实。三是健全成员单位董事会运行体系。组织全面修订成员单位公司章程，进一步完善董事会职权，优化董事会组成，强化董事会责任，全部落实外部董事占多数要求，全面落实总法律顾问列席董事会涉及法律事项议题制度。四是健全法治建设制度体系。逐步形成以《兵器装备集团党组关于全面推进依法治企的指导意见》为统领，涵盖法治建设第一责任人、企业法律顾问、法律事务管理、法律审查管理、纠纷案件管理、合规管理等制度为支撑，工作规划、实施方案、年度要点、专项通知、专项风险提示函等为牵引的"1+6+N"法治建设制度体系。五是健全工作协同机制。推进法治工作与业务工作同规划、同部署、同检查、同考核、同奖惩。推进法务合规、风险内控、违规追责、审计监督、监事会监督协同发力，不断提升依法治企、合规经营和风险防控水平。"十四五"开局之年，兵器装备集团着力抓系统，为在法治轨道上推进公司治理体系和治理能力现代化奠定了坚实基础。

三、坚持融入中心，法治工作风险防控和价值创造功能进一步彰显

习近平总书记强调，要坚持底线思维，增强忧患意识，提高防控能力，着力防范化解重大风险，保持经济持续健康发展和社会大局稳定。兵器装备集团不断深化法治工作，推进"大风控体系"建设，风险防范和价值创造功能进一步显现。一是提升法治意识。强化全员学法，编写《企事业单位领导干部应知应会法律合规知识手册》，组织闭卷考试。强化全员合规，编制《合规手册》，发出合规倡议，组织签署合规承诺书，推动合规理念深入人心。强化普法宣传，通过"报、网、端、微、屏"等融媒体平台，积极推进"八五"普法工作。强化警示教育，召开警示教育大会，通报违纪违法典型案件，以身边事教育身边人。二是做好事前防范。加强外部环境政策研究，密切跟踪国际法律环境变化，编制合规简报36期。为湖北华强上市等70多个项目提供法律合规支持，保障项目顺利推进。将法律审查融入业务流程，合计审查经济合同84815份，重大经营决策3200项，规章制度2264件。三是做好事中控制。组织风险自查，开展专项检查，促进管理规范化提升。持续推进风险提示报告制度，对于普遍性事项下发法律合规风险提示函，对于个性事项下发法律合规建议函。四是做好事后救济。加强法律纠纷案件管理，建立大额案件督办制度，全年督办案件33件，避免或挽回损失9.93亿元。建立问题整改联席会议机制，设立联络员，以问题整改促进管理提升，避免损失3.57亿元。"十四五"开局之年，兵器装备集团着力发挥法治固根本、稳预期、利长远的重要作用，为改革发展中心工作提供了有力支撑。

四、坚持德才兼备，法治工作队伍建设迈出坚实步伐

兵器装备集团立足新发展阶段、贯彻新发展理念、构建新发展格局、推动高质量发展对法治人才的需求，全面分析人才现状，研究提出系列措施，推动法治人才队伍建设再上新台阶。一是加强总体规划。制定《关于加强法治人才队伍建设的指导意见》，着力建强总法律顾问、企业法律顾问、涉外法治人才"三支队伍"，着力推进项目法律顾问、公司律师、法律顾问岗位等级资格评审、完善继续教育机制、建立片区"协作组"和业务领域专家队"五大举措"，2021年全行业专职法律人员净增加8%。二是加强人才培养。遴选部分单位总法律顾问参加脱产集中培训，组织经验交流，开展年度述职，试点市场化招聘合规总监，推进3名符合条件的总法

律顾问进入领导班子。三是加强专业培训。举办"依法治企、合规经营"高级研修班,组织业务能力提升专题培训,实现专业培训常态化、系统化。四是加强激励约束。组织法治工作先进评选,10名优秀法律顾问和29名法律事务先进工作者获集团表彰。鼓励支持各单位通过项目奖励、挽回损失提成等方式,进一步激发法务人员干事创业的激情活力。"十四五"开局之年,兵器装备集团在队伍建设方面谋实招、出硬招,为全面依法治企提供了基础性保障。

蓝图已绘就,奋斗正当时。展望未来征程,兵器装备集团将更加紧密地团结在以习近平同志为核心的党中央周围,深入贯彻习近平法治思想,全面推进依法治企,上下同欲,锐意进取,致广大而尽精微,不断开创法治工作新局面,为建设具有全球竞争力的世界一流科技企业集团提供坚实法治保障,为建设社会主义法治国家贡献力量。

(中国兵器装备集团有限公司党组成员、副总经理、总法律顾问 刘卫东)

中国电子科技集团有限公司

深入学习贯彻习近平法治思想
不断推进新时代法治电科建设走深走实

中国电科深入学习贯彻习近平法治思想，认真落实党中央全面依法治国战略部署，按照深化法治央企建设要求，聚焦电科使命责任，围绕改革发展目标任务，着力提升依法治企能力，着力加强合规经营管理，着力强化法治工作基础保障，推动法治电科建设不断走向深入。

一、提高政治站位，牢牢把握法治电科建设正确方向

中国电科将学习贯彻习近平法治思想作为一项重大政治任务和推进法治电科建设的重要契机，及时研究制定《关于贯彻落实中央企业法治工作会议精神工作方案》，明确落实会议精神的八项工作措施，并纳入年度重点工作任务狠抓落实，切实转化为法治建设实际成效。2021年12月，在学习贯彻习近平法治思想一周年之际，集团公司召开法治工作会议，对学习领会、贯彻落实习近平法治思想进行再动员再部署，对全系统学习《习近平法治思想学习纲要》提出要求，持续强化以习近平新时代中国特色社会主义思想的"法治篇"推动集团改革发展的政治自觉、思想自觉和行动自觉。坚持把习近平法治思想作为推进法治电科建设的根本遵循，把坚持党的领导、加强党的建设贯穿法治电科建设全过程，不断健全党领导法治建设的制度和工作机制，在完善公司治理中加强党的领导，不断提高党组织运用法治方式领导和治理企业的能力，为法治电科建设提供坚强政治保障。

二、护航改革发展，充分发挥法治电科建设战略作用

　　坚持融入中心服务大局，把法治工作纳入企业发展规划和年度计划统筹谋划、同步推进，紧盯集团公司"十四五"发展规划重点工作，深入分析对企业提出的新任务、新要求，提前研究预判，以法治引领、规范企业改革发展。推进法治建设与经营管理深度融合，健全重大项目法律顾问工作机制，将法律审核嵌入管理流程，法律合规工作全面支撑服务投资并购、科技创新、国际化经营、处僵治困等重点项目，确保重点改革任务、重大项目实施于法有据、依法合规。例如，在推进中国普天重组工作中，法务部门全程参与方案制定、协议起草、法律尽调、经营者集中申报、豁免要约收购上市公司等方面工作，认真研提法律合规建议，确保重组工作稳妥有序、依法依规。2021年全系统法务部门共审核合同10多万份、规章制度1000多项、重大决策500余项，有效化解风险隐患金额达16.5亿元。全面提升法治涉外保障能力，密切跟踪重要国际规则、高风险国家和地区法律法规与政策变化，加强涉外法律合规风险事件排查处置，完善涉外重大项目和重要业务法律合规人员全过程参与机制，有力处置出口管制、印度税收调查等风险事件，以法律遵从的确定性有效应对外部环境的不确定性。

三、优化实施路径，健全完善法治工作制度机制

　　认真落实国资委《关于进一步深化法治央企建设的意见》要求，研究制定《中国电科关于进一步深化法治电科建设实施方案》，将法治建设目标及措施要求纳入集团公司"十四五"时期发展战略纲要重要内容，着力健全法治工作体系，明确具体工作要求和保障措施，探索构建符合上级要求、契合电科实际、务实有效的全面依法依规治企的制度机制。加强规章制度建设，研究制定集团公司规章制度体系建设工作方案，明确年内集团公司制度建设三方面八个领域重点任务，健全完善以章程为统领，包含上中下位的三级规章制度体系。组织做好规章制度立改废工作，形成通用制度目录，推进制度全生命周期管理向成员单位延伸，充分发挥规章制度的引导规范作用。

　　狠抓合规管理体系建设，健全企业主要负责人领导、总法律顾问牵头、法务合规部门归口、相关部门协同联动的合规管理体系，研究编制重点领域合规管理系列指南，形成"1+4+N"合规管理制度体系，组织中电海康、电科莱斯等成员单位开

展合规管理试点工作，通过抓重点、树标杆有效带动全系统持续推进合规管理。充分发挥考核指挥棒作用，每年对成员单位主要负责人履行推进法治建设第一责任人职责情况定期开展检查评价，深化以评促建、以评促改，推动各项工作任务落实落细。加强法治工作组织体系建设，配齐配强总法律顾问，完善总法律顾问履职制度，持续抓好全系统法治人员力量配备和能力提升，将配备法律专业人员纳入成员单位年度经营业绩责任书，组织开展能力培训和交流研讨，制定法律顾问岗位职称评审制度，并首次评审一级和二级法律顾问共 15 名，不断夯实依法治企人才基础。

四、强化法律风险防范处置，有力维护企业合法权益

坚持研判在先、提示在前，结合形势变化和业务特点及时做好法律风险评估预警。组织编制《新冠肺炎疫情防控法律合规问题应对指引》，加强劳动用工、个人信息保护、国际业务开展等方面法律风险提示，深入分析民法典对企业生产经营、管控模式等产生的影响，编制印发《民法典对企业的影响——重要条款解读与适用指引》，推动全系统提高依法合规治理水平。

加强法律纠纷案件分层分类管控，集团公司持续加大指导协调力度，建立健全复杂疑难案件会商机制，多次组织系统内外法律专家分析案情、梳理思路、研究措施，成员单位积极主动作为，不断提升法律案件处理能力，案件处置取得较大进展。2021 年，共处理法律纠纷案件 918 件，处置重大纠纷案件 28 件，多起重大案件取得胜诉。着力组织"应诉尽诉""应函尽函"，2021 年综合运用法律手段有效清收账款近 9 亿元。

加强客户资信管理管控，健全完善客户资信黑名单机制，推动黑名单纳入成员单位合同管理审批流程、录入财务公司网上金融服务平台，强化支付规范管理，促使欠款客户主动履行还款义务。建立集团公司法律服务机构库，开展律所、律师服务评价和管理，推进内外部法律力量有效协同配合，起到良好效果。

五、强化宣传教育，培育具有中国电科特色法治文化

坚持把强化法治理念、培育法治文化作为推进法治电科建设的基础性工程，持续抓好法治学习和普法宣传教育，教育引导广大干部职工深入学习习近平法治思想以及宪法、民法典等国家重要法律法规，切实强化"决策先问法、违法不决策"意识。集团党组以上率下、带头示范，将法治学习纳入中心组年度学习计划，多次邀

请专家专题宣贯解读宪法、民法典,将法治学习纳入领导干部培训必修课,将国资委法治讲堂延伸到各级成员单位,不断提升运用法治方式深化改革、推动发展、化解矛盾、维护稳定、应对风险的能力水平。广泛开展普法宣传教育,建立全系统干部职工广泛参与的法治宣传教育工作机制,全面落实"七五"普法规划各项任务,认真做好"八五"普法研究谋划,突出学习宣传习近平法治思想等15项重点任务,扎实做好"宪法宣传周"活动,通过宣传展板、组织普法答题、义务法律咨询等多种形式,使依法合规、守法诚信成为全体员工的自觉行动和基本准则。

作为"军工电子主力军、网信事业国家队、国家战略科技力量",中国电科将持续深入学习贯彻习近平法治思想,带头贯彻落实党中央关于法治建设的重大决策部署,主动作为、真抓实干、攻坚克难、务求实效,持之以恒加强法治电科建设,不断健全法治工作体系,提升依法治企能力,奋力谱写新时代法治电科新篇章,为加快建设世界一流企业筑牢坚实法治基础。

(中国电子科技集团有限公司总法律顾问 刘洪国)

中国航空发动机集团有限公司
深入贯彻习近平法治思想　开启法治航发新征程

一、全面贯彻习近平法治思想，将法治航发建设提升到新高度

随着党的十八届四中全会对全面推进依法治国作出战略部署，国务院国资委"治理完善、经营合规、管理规范、守法诚信"的法治央企建设目标的提出，2016年8月，中国航发正式挂牌成立，标志着我国航空发动机产业将形成全新格局、进入新时期，习近平总书记对中国航发的成立作出了重要指示批示，发出了"加快实现航空发动机及燃气轮机自主研发和制造生产"的动员令。习近平法治思想作为全面依法治国的指导思想，为法治央企建设提供了更加明确的理论指导和思想指引。

中国航发成立五年来，面对复杂的内外部发展环境、艰巨的改革发展任务、迫切的能力提升需求，集团党组高度重视法治建设工作，大力推动主要负责人履行推进法治建设第一责任人职责工作机制不断向子企业延展延深，层层压紧压实子企业法治建设第一责任人职责，做到了法治建设组织体系和资源保障同期敷设，法务合规风险等工作举措与经营管理行为同步实施，依法治理能力水平与集团改革发展同向深入，各项工作取得积极进展和明显成效，通过五年多的发展建设，法治央企建设目标基本实现、依法治理能力和水平稳步提升。

二、建设现代企业制度，铸就航空发动机事业健康发展的基石

中国航发秉承"动力强军、科技报国"的使命，把现代企业制度建立作为优先事项，组建之初即构建了现代的企业法人治理结构，五年来，聚焦体制机制、源头

保障、治理能力现代化等，在瘦身健体、制度建设、对标世界一流等方面开展了卓有成效的工作。

去冗除疴，优化层级结构，法治护航改革取得实效。集团成立以来，陆续开展投资清理、混合所有制改革、存续企业治理等一系列改革，秉承"规范操作、彻底清理、不留后遗症"的原则，坚持推进法治工作与中心工作深度融合，通过紧紧围绕改革发展重点任务，统筹谋划、同步推进在监督中支持、在支持中参与，法律顾问深度融入项目投、融、管、退的全周期，通过周密谋划、上下联动、规范推进，累计压减法人企业122户，压减比例达64%，法人层级由7级降至4级，管理层级由5级降至3级，清理退出非法人企业44户，极大程度地解决了历史形成的投资级次多、涉及领域广、主业聚焦度不高等问题。因瘦身健体工作推进力度大、取得成效显著，中国航发多次受到国务院国资委的充分肯定和表扬。此外，针对二级管理企业存在的管理关系与产权关系不符、股权交叉复杂、多家下属单位以小股东身份共同持股同一企业等现象，研究制定股权结构调整规划，并按照"成熟一项、实施一项"的原则，逐一完成落实，有力保障了集团改革和经营管理始终在法治轨道上有序推进。

合理配置治理主体权责，以公司章程为基础构建规范化现代企业治理结构。着力突出章程规范各治理主体职责权限的基础作用和在制度流程中的"基本法"作用，把加强党的领导和完善公司治理统一起来，不断完善优化公司章程，逐步细化议事规则、决策机制和股东权利义务的合理配置，通过配套《董事会议事规则》《中国航发重大事项决策机制一览表（试行）》等系列制度，进一步明确了党组会、股东会、董事会和总经理办公会的权责边界，不断健全党组织参与重大问题决策的规则和程序。2021年，为更好地贯彻落实国企改革三年行动要求，持续健全以公司章程为统领的规范化现代企业治理制度体系，组织开展全行业章程管理评估工作，在全面梳理、系统评估的基础上，进一步明晰各治理主体权责边界、履职要求，构建依法合规、权责明晰、可操作性强的章程管理体系，保证集团依法决策、合规经营、高效运行和有效管控和谐统一。

专项评估，系统改善，建设具有航发特色的制度体系。中国航发成立以来，借鉴兄弟央企成熟模式和经验，充分结合自身实际，建立了覆盖战略管理、财务管理、行政事务、风险与合规等14个业务域的制度体系。经过五年的运行，2019年启动制度体系优化专项行动，用近两年的时间组织行业内专家，进行了制度体系评估工作，从全面性、合法合规性、执行性、适宜性四个维度，完成了对每个业务域内单项规章的评估审核，得出审核结论，提出修缮建议，引领了新一轮的制度体系构建及提升工作，系统完备、科学规范、运行有效的航发特色制度体系基本建成，集团管理规范化、科学化、流程化水平不断提高。

对标一流，加力改革，深入推进国企改革三年行动方案。中国航发积极响应党中央和国务院国资委决策部署，以"对标"为重心，以"提升"为目标，与已开展的管理提升工作有机结合，运用体系思维精心组织对标世界一流管理提升工作。提升行动秉承"找差距、补短板、强弱项"的管理理念，努力解决管理基础不扎实、内部管控不到位等影响企业发展的问题。将标杆企业的先进管理经验运用在战略管理、运营管理、风险管理、人力资源管理等八大领域进行改革创新，确定战略管理体系建设、产品研发流程建设与优化、提升采购物资质量等44个对标主题，找差距、查不足、定措施。

通过下发实施方案和工作清单等文件，明确目标任务、责任单位、完成时间，并跟踪督导，确保活动见成效。近两年，不仅完善了战略管理、内控与合规管理、业务与信息化协同等管理机制建设，夯实管理基础和转变管理方式、方法，还在全集团内形成比学赶超的浓厚氛围，增强广大干部职工的主动性和积极性，以实实在在的成果助推中国航发国企改革三年行动的深入推进实施。

三、创新创效精准施策，构筑风险防线护航高质量发展

大力推进并持续完善合规管理运行机制建设。近年来，国内外合规监管形势日益趋严，面对风险日增的国内外经营环境，面对装备制造高科技领域的竞争压力，合规管理作为法治建设的重要一环被提上议事日程。中国航发学创结合、因企施策、整体筹划、分步实施，构建了合规行为准则、负面行为清单、问责追责、合规信用评价等各自独立又互为支撑的合规管理运行机制。合规行为准则和负面行为清单从正反两个方向指引合规建设，问责追责有力地发挥"兜底"功能，合规信用评价是对合规行为准则、负面行为清单，以及问责追责的有力补充，是对发生负面行为的评价及结果运用，四项机制共同构成了中国航发合规管理运行的基础。

创新设立区域总法律顾问制度，最大程度发挥法治资源集约效能。2018年伊始，为解决短期内各单位法治力量不均的问题，充分发挥集团法治力量合力，集约法治资源，探索实施了区域总法律顾问制度，根据地域划分六个法律工作片区，每个片区设置一名区域总法律顾问，通过"两会一题一交流"的规定动作和自选动作，定期交流和专项督导、协同，形成"以点带面、携手共进"的法治建设组织机制。2021年，按照专业化、集约化的思路，进一步优化法律工作片区和区域总法

律顾问设置，深入推动片区工作有效开展、区域总法律顾问作用充分发挥，使之成为航发集团法治建设承上启下的平台、队伍培养的平台和互助互学的平台，充分发挥区域总法律顾问资源统筹、专业支撑作用，高效整合全行业法律资源，最大程度激发并发挥法治队伍资源集约效能。

多措并举压存控增，案件处置灭火防火成效显著。中国航发作为"老国企、新集团"，自集团成立以来，始终坚持以风险和价值为导向，提出"控增量、减存量"的法律纠纷案件管理目标，狠抓积案大案处置，高效整合行业资源，实行全集团案件一本账、动态管理，大案督办、重案合办、要案跟办，自集团成立以来案件存量持续下降，重大案件取得突破性进展，连续三年案件存量控制在100件以下，近三年累计避免或挽回损失占同期净利润的近9%，切实创造了看得见的价值。深入开展"以案示管"，及时发现案件形成的深层次根源，堵塞管理漏洞。

中国航发的法治建设之路已走过五年，五年来，中国航发及所属单位和个人多次获得司法部、国务院国资委颁发的"七五"普法先进单位及个人、中央企业法治工作先进工作者等荣誉，在国务院国资委开展的法治建设第一责任人调研评估中获A级评价。高度注重理论与实践相统一、相促进，五年来总结归纳实践经验形成《清算注销工作法律指引》等各类指引指南13个，其中5个被纳入中央企业法治建设优秀案例，2项为承接的国务院国资委专项课题研究成果，获得上级机关和兄弟央企的认可和好评。

百尺竿头进一步，风雨同舟又百年。伴随着中国共产党成立101周年、新中国成立73周年的脚步，中国航发也将向着百年央企、世界一流航空发动机集团的目标迈进，在取得辉煌成绩的同时，法治建设成效定会在企业发展道路上留下浓墨重彩的一笔。

（中国航空发动机集团有限公司总会计师、党组成员、总法律顾问　唐斌）

中国石油化工集团有限公司

坚持守法诚信　强化合规管理
全面夯实中国石化高质量发展根基

中国石化坚持以习近平新时代中国特色社会主义思想为指引，从捍卫"两个确立"、践行"两个维护"的政治高度，深入学习贯彻习近平法治思想，积极贯彻落实国资委法治央企建设工作部署，持续提升依法合规经营管理水平，筑法治之基、行法治之道、积法治之势，积极打造具有强大战略支撑力、强大民生保障力、强大精神感召力的世界一流洁净能源化工公司，不断提升党和人民好企业形象。

一、切实加强党对企业法治建设的全面领导

始终坚持党对国有企业的领导，把加强党的领导与公司治理有机结合，将党的领导贯穿依法治企、合规管理全过程、各方面，健全完善权责法定、权责透明、协调运转、有效制衡的中国特色现代企业治理机制，推动党组（党委）"把方向、管大局、保落实"、董事会"定战略、作决策、防风险"和经理层"谋经营、抓落实、强管理"有机统一。公司党组第一时间学习贯彻习近平法治思想，传达落实全面依法治国新精神、法治央企建设新要求，把守法诚信作为企业安身立命之本，把加强合规管理作为防范风险、行稳致远的重要保障，把尊法学法守法用法作为一种习惯、一种素养来培育，常态长效开展党组（党委）理论学习中心组法治专题学习，各级领导干部培训、各类专业领域培训均设置法治合规课程。坚持将企业法治建设与生产经营中心任务同谋划、同部署、同实施，结合贯彻落实习近平总书记视察胜利油田重要指示精神，全面启动"牢记嘱托　再立新功　再创佳绩　喜迎二十大"主题行动，全力构建以制度建设为基础、以风险管控为导向、以内控体系为平

台、以合规管理为抓手、以法律支撑为保障的"五位一体"法治工作格局。公司党组带头讲合规、促合规、防风险，倡导从决策到执行都要"按法律来、照制度办"，强调"不合规的事一件不干、不合规的钱一分不挣"，将依法合规、诚信经营写入公司章程，明确董事会审计与风险委员会统筹协调法治合规管理体系建设工作、每年专题听取法治合规与内控风控工作汇报，坚决在法治轨道推进生产经营和改革发展。坚持法治建设与弘扬石油石化优良传统紧密结合，积极推进法治宣传教育融入企业生产经营各领域，渗透到法治建设各环节，常态化开展宪法、民法典等法律法规学习，近42万名干部员工完成合规学习并签署承诺。

二、巩固夯实企业高质量发展的法治基础

坚持以习近平法治思想武装头脑、指导实践、推动工作，把加强合规管理作为企业法治建设第一责任人的重要职责，将合规管理体系建设纳入公司"十四五"规划统筹部署，制定实施公司"十四五"法治建设规划纲要、"八五"普法规划，与深化改革三年行动和对标一流管理提升行动协同推进。集团及138家直属单位均成立依法治企领导小组（合规委员会），搭建形成以集团党组《中国石化全面依法依规治企强化管理的意见》为"根"（1），以《中国石化诚信合规管理手册》《中国石化合规管理办法》为"干"（2），以专项工作指引和制度规范为"枝和叶"（N）的"1+2+N"合规管理制度体系。建立健全"管业务必须管合规，管业务必须管风险"责任制，做实合规管理"三道防线"，强化职能部门、事业部、经营单位一线的合规管理主体责任，明确法治合规部门总体统筹合规管理各项工作，做好日常沟通协调；职能部门结合业务条线日常管理与专项任务，细化落实职责范围内合规管理任务；各事业部在落实职能部门工作部署基础上，承担板块合规管理主体责任；各企业承接落实公司工作要求，结合业务特点、企业实际具体组织开展各层级合规管理工作。坚持在法治轨道深化改革强化管理，完善和落实总法律顾问审核把关机制，将合法合规性审查和重大风险评估作为重大决策事项必经前置程序，持续强化规章制度、经济合同、重要决策100%合法合规性审核。加强制度全生命周期管理，强化制度法律合规审查，常态化开展制度有效性评估，将制度执行情况纳入巡视、审计、内控监督检查，强化制度到基层一线"最后一公里"建设，提高制度严肃性、权威性和执行力。充分利用大数据、区块链、云计算等信息技术，推进应用系统功能集成，建设"法治合规数智平台"，加强不同功能和渠道间的互联互通、资源共享、有效集成，实现域内应用数据统一采集、分析和应用。

三、突出强化法律合规风险防范化解能力

围绕服从服务发展大局、争创更好经营业绩中心任务，主动适应市场化、法治化、国际化发展需要，扎实推进法治建设与业务拓展、生产经营、市场营销等工作紧密结合，切实发挥法治固根本、稳预期、利长远作用。全面梳理和明确总部及企业高风险业务、高风险岗位及重点人员"两高一重"范围，推动合规管理要求进内控、进业务、进流程、进岗位、进职责。建立重点领域合规风险清单，累计识别安全生产、生态环境保护、财税、招投标、劳动用工等领域合规风险 837 项。启动重要岗位合规职责清单、关键业务流程合规管控清单"两个清单"编制工作。高度重视企业信用信誉维护，建立完善企业信用自律监控、报告、修复、运用机制，按月开展企业信用信息监测并督导做好信用修复。建立完善重大风险年度评估、季度监测、预警报告、督查督办、风险问责等工作机制，在全面风险管理风险矩阵中增加合规风险识别、合规审查要求，构建完善大风控体系下的"要素识别—危害评估—策略选择—防范控制—监控跟踪—应对处置—改进提升"合规风险闭环管理模式。突出强化经营业务合规管理，建立健全法律法规识别转化机制，持续编发重要领域专项合规管理工作指引、风险清单，发布并动态更新中国石化企业生产经营所涉法律法规清单及经营类行政许可、资质、证照目录，将法律法规、合规风险"大清单"分解成便于部门使用的"小清单"。连续 3 年开展内控制度执行有效性提升行动，通过内控检查、审计监督、巡视监督"大监督"，实现第一轮内控监督 3 年全覆盖。重点加强国际化经营风险防范，印发《关于加强涉外依法合规经营 夯实国际化经营法律合规风险防线的实施意见》，建立健全涉外法律合规风险排查联席会议、月度报告机制，建立涉外合规调查统一应对机制，持续跟进敏感国家、敏感领域立法、司法及执法动向。强化提升依法维权能力，多措并举推进法律纠纷案件"压存控增"，案件数量和涉案金额连续三年实现"双下降"。

世界领先，法治先行；基业长青，合规护航。中国石化将坚定不移贯彻落实党中央决策部署，坚定不移走中国特色社会主义法治道路，紧紧围绕"产品卓越、品牌卓著、创新领先、治理现代"的目标要求，推动实现从被动合规向主动合规转变、从标准合规向过程合规转型、从运营合规向治理合规发展、从形式合规向本质合规跨越，以更加有力有效的法治保障，助力和护航公司加快建设世界一流企业和高质量发展。

（中国石油化工集团有限公司总法律顾问　杜江波）

中国海洋石油集团有限公司

锚定改革发展，推进法治建设
为建成国际一流能源公司提供坚强法治保障

中国海油是波澜壮阔的改革开放的时代产物，依法治企是其与生俱来的鲜明胎记。1982 年成立之初，国务院领导就对中国海油提出两条原则，一是必须依法办事，二是必须依程序办事。40 年来，这两条重要原则得到了历代海油人的坚定秉承与不断弘扬，彻底融入了海油人血脉之中，成为海油不断深化法治央企建设的精神来源与不竭动力。中国海油成立之初即在总部层面设置了条法部，主管合同谈判、草拟、签约业务和有关法律事务，中国海油也是最早开展总法律顾问制度建设的央企之一。中国海油始终牢记"在经济领域为党工作"的崇高使命，充分发挥了国资央企在国民经济中的"稳定器""压舱石"作用。企业综合实力大幅提升，公司资产总额从 28 亿元增长至 1.33 万亿元，累计实现利润总额超 1.3 万亿元，上缴利税费超 1.5 万亿元；经营质量指标稳居央企前列，自 2004 年国资委开始施行中央企业负责人经营业绩考核以来，中国海油已连续 18 年被评为 A 级。这些成绩与中国海油不断强化依法治企、合规经营密不可分，是中国海油法治建设成效的具体体现。

一、狠抓顶层设计，强化组织保障

中国海油党组高度重视法治建设，认真学习落实习近平法治思想，把企业法治建设视为实现国际一流能源公司战略目标的重要保障。为加强组织领导，2018 年中国海油成立了法治建设领导小组，协调推动法治建设各项工作，2021 年又整合组建了集团法治建设委员会，由集团总经理任主任、副书记和分管领导任副主任，每年定期听取报告、指导工作。办公室设在集团法律合规部，制订计划并具体实施，做到职责到岗，责任到人。为进一步推动法治建设向深层次推进，中国海油党组制定印发了《中国海油执行〈党政主要负责人履行推进法治建设第一责任人职责规定〉实施办法》，将所属单位主要负责人履行推进法治建设第一责任人职责情况纳入领导人员综合考核评价指标体系。国资委印发《关于进一步深化法治央企建设的意见》后，中国海油认真研究，结合公司实际，积极草拟制定实施办法，以此作为中国海油"十四五"法治建设的纲领性文件。在集团董事会层面，明确由董事会审计委员会负责推进企业法治建设，将企业法律合规工作情况作为董事会年度工作报告的重要内容。

集团党组和董事会的高度重视是法治建设走深走实的重要保障，"十三五"期间，中国海油按照国资委部署，全面推进法治央企建设，取得了显著成效。在2020年国资委法治央企建设验收总结活动中，中国海油获得了93.2分，在95家央企中排名第12位，依法治企工作取得了阶段性成果。

二、扭住牛鼻子，持续加强总法律顾问制度建设

中国海油把总法律顾问制度建设作为推动法治工作的重要抓手，中国海油在集团总部和重要子企业全面实施了总法律顾问制度，总法律顾问作为企业高级管理人员，全面领导企业法律管理工作，参与重大经营决策，已经在公司章程和工作细则中予以制度化、流程化。坚持总法律顾问专职化、专业化方向，配好配齐懂业务、精法律的总法律顾问，宁缺毋滥。持续加强法务管理机构建设，从2018年开始，中国海油坚持问题导向，率先在央企总部层面深入开展法律管控模式和运行机制改革，强化法治央企建设整体性、系统性和协同性，法治工作取得明显成效：一是加强法律资源共享。为强化法律风险管控，解决法律资源分配不均、人员素质参差不齐问题，设立了法律支持中心，这是中央企业设立的第一家法律共享支持机构，得到了国资委和央企同行的关注支持。二是完善法律机构建设。推动集团所属7家重要子企业进一步完善独立的法律机构，推动海外企业成立法律机构，配备与企业规模和需求相适应的工作队伍，有些非重要子企业根据生产经营需要，也设立了法律合规机构，同时推动在某些重要海外区域，设立独立法律机构，配备相应法务力量。三是进一步厘清法律支持中心与各单位法律职责界限，强化法律工作条线协同、上下联动，发挥法律支持中心优势，推动形成全集团法律工作一盘棋的新格局。

三、坚持法律工作与经营管理深度融合

"十三五"期间，中国海油大力促进法律工作与经营管理的深度融合，进一步深化法律风险防范机制，规章制度、经济合同、重要决策法律审核率达到100%，法律审核成为经营管理的必经环节。为提高法律管理信息化和数字化水平，建设合同管理信息系统，并实现与采办、财务、审计等系统业务流程的整合。中国海油加大纠纷处理力度，对重大境外纠纷，运用"以打促谈"策略，纠纷存量压减成效明显，最近四年来纠纷金额大幅降低，每年平均降幅达12%。坚持"预防为主"纠纷管理思路，梳理案例，总结经验，形成一系列管理建议。针对生产经营存在的风险，及时发布风险提示函并提出针对性的整改建议和处理措施。中国海油从源头抓起，加强标准合同工作，按业务类别制定和修订标准文本，制定、修订各类标准合同700余份，提高了法律审核质量和工作效率以及风险防范能力。

与其他中央企业法律机构不同的是，中国海油总部法律合规部承担着对外合作职能，负责与外国石油公司合作勘探开发海上区块的组织协调及合同签署工作，这项职能使得法律工作与生产经营结合得更加深入和紧密，通过不断加大对外合作力度，提高对外合作质量，为增储上产核心任务贡献力量。截至目前，中国海油共与21个国家和地区的81家公司签订了228个石油合同和协议，目前正在与13个国家和地区的19家石油公司执行25个石油合同和协议，累计吸引境外勘探开发投资共计360余亿美元。

四、狠抓队伍建设，持续打造精法律、懂业务的精干高效法律队伍

党的十八大以来，习近平总书记就法治队伍建设作出一系列重要论述，强调实施依法治国基本方略，建设社会主义法治国家，必须有一支高素质队伍。这一论述指明了法治队伍建设的重要性。国资委在《关于进一步深化法治央企建设的意见》要求加强队伍建设，重视涉外法治人才培养，拓宽法务人员职业发展通道。中国海油认真贯彻落实中央要求和国资委部署安排，在推进法治央企工作中，始终高标准、严要求，倾力打造和维护好一支忠诚干净担当，具备专业能力、商务能力、协作能力和创新能力的法律顾问队伍。一是坚持专业化和专职化，坚持法务人员80%持证率不放松。新进入法律队伍的人员必须拥有法学教育背景或相应资格证书，对于历史原因未取得法学教育背景或相应资格证书的，积极鼓励考取。二是坚

持开展法律顾问职称评审。把法律顾问职称评审作为拓宽法务人员职业发展通道的有效方式，截至目前，海油全系统法务人员累计200余人次参加评审，150余人次获评各级法律顾问职称。同时，为进一步拓宽职业通道，积极探索建立公司律师制度。三是加强法律培训，提高业务素质。不仅加强法律人员学习培训，同时也加强非法律人员培训，不仅线下现场培训，还通过线上视频培训，运用案例分析，身边人讲身边事，强化培训效果，形成共识。四是健全法律人员交流锻炼制度。搭建多领域、多层次交流锻炼平台，有计划地安排优秀年轻法律工作者到基层一线任职，到困难艰苦岗位和海外岗位锻炼，提高解决实际问题的能力。

（中国海洋石油集团有限公司法律合规部总经理　王保军）

中国南方电网有限责任公司

全面落实"两个一以贯之"
推动制度优势转化为治理效能

中国南方电网有限责任公司（以下简称公司）以习近平新时代中国特色社会主义思想为指引，落实习近平总书记"两个一以贯之"重要指示，运用法治思维和法治方式完善中国特色现代企业制度，实现党的领导与公司治理有机统一，探索出具有南网特色的治理新路。

一、坚持党的领导，为做强做优做大南方电网提供政治保障

建立中国特色现代企业制度，关键在于把党的领导落实到公司治理各环节，推动党的主张和重大决策转化为企业的战略目标、工作举措、广大职工的自觉行动和企业改革发展实际成效。我们牢牢把握"央企姓党"的本质属性，坚持和加强党的全面领导，确保党组"把方向、管大局、促落实"的领导作用充分发挥。

确立党组织在公司治理中的法定地位。全面完成"党建入章"，明确公司党建总体要求，规范党组织在决策、执行、监督各环节的权责和工作方式，使党组织成为公司法人治理结构的有机组成部分。完善"双向进入、交叉任职"的领导体制，明确党组（党委）书记、董事长由一人担任，董事长、总经理分设，符合条件的党员总经理担任党组（党委）副书记并进入董事会，党组（党委）专职副书记进入董事会且不在经理层任职，实现党组（党委）班子与其他治理主体适当交叉、相对独立、配备科学。

细化党组织决定和前置研究讨论事项范围。明晰党组"定"和"议"的具体事项。其中，党组织工作机构设置和调整方案等党的建设等方面重大事项由党组

决定；公司重大投资项目等重大经营管理事项，由党组前置研究讨论后，再按规定由董事会等其他治理主体决定。党组织既把好方向又不包办代替，实现领导作用发挥与其他治理主体行权履职的有机统一。修订公司"三重一大"决策管理规定，将"四个是否"作为党组前置研究讨论的标准，保证决策科学。

创新探索党组织前置研究讨论方式。探索"制度审议、综合审议、一事一议"三种党组织前置研究讨论方式。"制度审议"是指针对方向正确、大局凸显、有规可循的决策事项，党组织以审议制度的方式，实现对同一类事项的统一前置研究把关，不再需要依照制度对同类事项逐个重复审议。例如，党组织已经前置研究讨论了《公司资金管理规定》，则不再对公司依据该制度为集团内各单位提供委托贷款和借款业务的具体事项进行把关。"综合审议"是指针对方向正确、大局凸显、总体可控的决策事项，党组织以对工作整体计划进行审议的方式，实现对同一批事项的统一前置研究把关，不需要对计划内项目逐个进行前置研究。例如，党组织已经前置研究讨论了包含捐赠事项的年度计划预算方案，则不再把关计划内捐赠项目的具体列支。"一事一议"由党组织逐事逐项前置研究讨论，保证前置研究讨论"不留死角"。实施分类研究后，前置研究讨论议题减少50%，实现风险管控与决策效率的统一。

二、完善公司治理，为南方电网实现高质量发展提供制度支撑

建立中国特色现代企业制度，要有利于国有资产保值增值，有利于提高国有经济竞争力，有利于放大国有资本功能。我们加快完善"权责法定、权责透明、协调运转、有效制衡"的公司治理机制，使治理主体职责定位更加清晰，贯彻党中央决策部署、国家战略和出资人意图更加到位，进一步增强公司竞争力、创新力、控制力、影响力和抗风险能力。

绘制重大事项决策"一张表"。制定《公司重大事项决策权责清单》，纵向覆盖公司总部和出资企业两个层级，涉及25个业务领域、35个一级业务、131个具体权责事项，横向集成"三重一大"事项、行权主体及方式、行权路径、承办部门、法律文件和制度依据等要素，实现重大事项决策的可视化管理，为公司治理主体、外派董事和各级管理人员决策提供规范指引。全面理顺治理主体权责，明确股东会权责事项10项，党组决定事项35项、前置研究讨论事项54项，董事会权责事项92项，经理层权责事项45项，让各主体知道自己有哪些权、管哪些事，确保"清单之外无权力"。

规范董事会授权管理。印发《公司董事会授权管理细则》，明确制订公司发展战略纲要和中长期发展规划等董事会法定职权、需提请股东会或国资委决定的13

类事项不得授权。制定《公司董事会权责清单和授权清单》，将52项一般性、多发性事项由董事会授权给董事长或总经理决策，快速响应市场变化，提升决策效率。要求授权给董事长、总经理的决策事项，分别以董事长专题会、总经理办公会等会议形式研究讨论，确保授权后的"三重一大"事项符合集体决策要求。

优化法人层级授权。构建精准授权模型，从战略地位等6个维度开展出资企业授权评估，区分4种授权类型：对主要从事管制业务的公司"一般授权"，对主要从事非管制业务的公司"适度授权"，对市场化程度高、治理机制成熟、行权能力较强的公司"高度授权"，对参股公司"充分授权"。差异化实施法人层级授权，修订《公司法人层级权责清单》，总部审核审批事项限缩至128项、放权事项增加至142项，高达53%的放权比例充分激发子企业活力。通过39项精准化、差异化授权，解决授权"一刀切"问题。建立授权调整机制，每年开展授权审计，动态调整授权力度，对违规行权的单位和个人予以整改问责。

推行管理型和治理型分类行权。基于中央企业政治、社会和经济三重属性，分类规范公司对出资企业的行权路径。对于落实党中央重大决策部署和国家重大战略的事项、国资委管控事项、公司"五中心""七统一"管控事项，坚持管理型行权，依托总部职能管控，确保步调一致、不折不扣落实到位。对于日常经营事项，推行治理型行权，依托股东权利和外部董事管控，依靠法人治理结构行权，把股东意志转化为管理要求。其中，依托股东权利管控事项15项，依托外部董事管控事项29项，治理型行权占比达到34%，避免"刺破公司面纱"的风险。

全面落实子企业董事会职权。制定《落实子企业董事会职权工作方案》，将落实董事会职权名单扩展到二、三、四级单位共计88家子企业，实现各层级应建尽建董事会子企业全覆盖。制定《落实子企业董事会职权工作到位标准》，按照"形式到位＋实质到位"的要求，细化落实董事会6项职权的127项到位标准和76项佐证材料，杜绝"纸面落实"。按照"能快则快、能好更好"分批加速推进，在"双百企业""科改示范企业"率先突破的示范引领带动下，重要子企业董事会职权已于2021年底前落实到位。

三、编制治理范本，为南方电网打造一流治理体系提供操作指引

一流企业要有一流治理。我们坚持目标引领和问题导向，精准识别公司治理的重点、难点、突破点，在央企中率先编制《不同治理结构公司治理范本》，为打造集团公司一流治理体系、推动中国特色现代企业制度更加成熟定型作出典型示范。

　　编制不同治理结构公司治理范本。以"股东会、党委、董事会、经理层、监事会"标准治理结构为基础，针对"子公司和分公司、董事会和执行董事、党委和党支部（党总支）"等区别，形成以公司章程为统领，涵盖重大事项决策权责清单和治理主体议事规则的六类不同治理结构公司治理范本。其中，公司章程范本融入国企改革三年行动重点要求，推动国企改革举措制度化；重大事项决策权责清单范本根据治理主体职能定位，厘清各自权责界面，推动治理主体协调运转、有效制衡；治理主体议事规则范本规范治理主体决策机制和程序，强化执行监督。

　　健全分公司治理机制。针对部分分公司党组织"事无巨细"，直接成为企业生产经营的决策和指挥中心等突出问题，在领导体制方面，综合考虑单位规模、业务范围等情况，统筹确定分公司党委书记和总经理是否分设，分设的明确党委书记为"一把手"并担任副总经理、党员总经理担任党委副书记。试点探索党委成员与经理层成员适度分离，避免高度重叠，确保发挥各自功能和作用。在权责配置方面，党的建设方面的重大事项由党委决定，重大经营管理事项经党委前置研究讨论后再由经理层决定，经营方针、年度计划预算等重大事项归至总公司决定。同时，将审计内控相关权责事项决策权赋予党委，增强党委对经理层的监督。

　　规范设执行董事子企业治理机制。针对部分企业执行董事"照搬董事会职权"，重大经营管理事项由执行董事个人决定等突出问题，在领导体制方面，明确党委书记和执行董事一般由一人担任，总经理一般单设。总经理单设且是党员的，应担任党委副书记。特殊情况下，党委书记、执行董事和总经理由一人担任的，一般应配备分管党建工作的副书记，且不在经理层任职。在权责配置方面，党的建设等方面的重大事项由党委决定，重大经营管理事项须经过党委前置研究讨论后再由经理层决定，经理层选聘权、业绩考核权、薪酬管理权等事项提级至出资人决策。执行董事不直接决策"三重一大"事项，通过以党委书记身份参加党委会、经理层决策前必须与执行董事沟通一致等机制参与决策。

　　探索设党支部（党总支）子企业治理机制。针对部分党支部发挥作用"虚化弱化"，未对企业重大经营管理事项前置研究讨论等问题，在领导体制方面，具有人财物重大事项决策权的公司党支部，明确一般由企业负责人担任党支部书记。在权责配置方面，党支部年度工作计划和报告等党的建设重大事项由党支部委员会审议，党员大会决定；党组织机构设置等重大事项由党支部委员会审议后提交上级党委决定；其他党的建设重大事项由党支部委员会决定。重大经营管理事项由党支部委员会前置研究把关。

　　（中国南方电网有限责任公司总法律顾问、法规部总经理　唐远东）

中国华能集团有限公司

进一步深化法治央企建设　助力高质量发展再上新台阶

中国华能集团有限公司（以下简称中国华能）坚持以习近平新时代中国特色社会主义思想为指导，按照国资委法治央企建设有关要求，围绕公司中心工作，践行公司党组确定的"1—3—5"法治建设总体目标，即"加强党对法治建设的领导，落实和强化各级企业主要负责人、各级经营管理人员和全体员工的法治责任，推进公司治理、决策、运营、监督、权益保护法治化"，走出了一条独具特色的法治华能道路，为企业改革发展提供了坚强的法治保障。

一、加强党的领导，落实法治建设责任

加强党对法治工作的全面领导。坚持党把方向、管大局、促落实，确保依法治国基本方略、法治央企建设各项要求、法治华能建设各项任务在本企业落实到位，把党的领导贯穿到依法治企和法治工作全过程、各方面，确保公司法治建设沿着正确的政治方向前进。中国华能党组推动制定了《关于进一步深化法治华能建设的指导意见》《企业主要负责人履行推进法治建设第一责任人职责规定》《法治华能建设五年规划（2021—2025）》《法治宣传教育规划》等一揽子法治建设指导性文件，为法治工作指明了方向、明确了路径。

强化领导干部示范带头作用。狠抓领导干部这个"关键少数"，推进依法治企责任的落实。规范建立法治专题学习工作机制。公司党组、企业主要负责人、其他经理层成员不定期参加法治专题学习活动，通过理论学习、实务研讨等多种形式的学习安排，强化对全面依法治国、习近平法治思想、重要立法成果的学习和理解。层层压实法治建设第一责任人职责。推动公司各级企业主要负责人积极落实法治建

设第一责任人职责，定期听取法治工作汇报，定期学习法治知识，统筹谋划法治工作，对重要工作亲自部署、重大问题亲自过问、重点环节亲自协调，确保企业在法治的轨道上运行。

强化总法律顾问履职。总法律顾问牵头落实法治建设各项任务，指导法律事务机构开展工作，参与公司重大事项决策，发挥法律审核把关作用。注重完善总法律顾问履职机制，建立"三重一大"决策事项法律审核清单制度，规范法律审核刚性要求。

提升全员法治意识。常态化开展法治宣传教育活动，重点通过华能培训中心、华能 E 学 APP、腾讯会议等平台开展普法活动，打造出了民法典网络学习、总法律顾问和法律事务机构负责人专训班、企业法律顾问专训班、合规管理专训班等一大批精品普法活动，有力提升了全体员工尊法学法守法用法的意识和能力。

二、紧扣改革发展目标，强化法治的支撑保障作用

坚持"两个一以贯之"，推进公司治理法治化。紧紧围绕国企改革三年行动，依法不断完善中国特色现代企业制度，健全各司其职、各负其责、协调运转、有效制衡的国有企业法人治理结构。完成公司制改制，制定新章程，建立第一届董事会，外部董事占到多数。进一步规范公司章程管理，厘清公司党组、董事会、经理层等各治理主体权责边界。加强党的领导，将党建工作总体要求纳入公司章程；制定公司党组及所属企业党委前置研究讨论重大经营管理事项清单，坚持加强党的领导与完善公司治理有机统一。依法加快健全市场化经营机制，积极推进"三项制度"改革。充分发挥契约这一法治载体的规范作用，推进经理层成员任期和契约化管理。积极推进"双百企业"综合改革，大胆探索混合所有制改革，坚持以法治方式解决改革中的突出问题。三年来，公司改革攻坚战取得重大进展，中国特色现代企业制度更加完善，依法治理水平明显提升。

健全依法决策机制，推进公司决策法治化。严格遵守公司章程、董事会议事规则、法人授权等文件规范，严格执行"三重一大"决策制度，明确各决策会议的职权范围和决策权限。严格履行国资管理决策程序和法人治理决策程序，确保重大事项经由公司党组前置研究讨论，认真落实职工参与、专家论证、风险评估、合法性审查、集体决策等程序要求。在公司推进管理体制改革、集约化专业化经营、新能源项目决策权力下放过程中，重点研究防范和化解法律风险和合规风险。完善重大决策事项合法性审查机制。坚持未经合法性审查或者经审查不合法的，不提交决策

会议讨论。决策会议讨论事项涉及法律问题的，总法律顾问列席并提出法律意见。落实民主管理制度。支持和保证职工代表大会依法行使职权，发挥职工董事、职工监事参与公司决策的作用，加强职工民主管理与监督，保障职工的知情权、参与权和监督权。

完善法律风险防范机制，推进运营法治化。建立事前审核把关、事中跟踪控制、事后监督评估的工作机制，做到业务拓展、法律先行，业务发展到哪里，法律风险防范措施就保障到哪里。加强重点领域法律风险防范，做好对授权管理、合同管理、采购招标等重点领域，产权流转、收购并购、融资担保、不良资产处置等关键环节的法律风险防范，确保国有资产安全，维护公司权益。结合公司加快清洁能源产业发展的实际，加大对新能源投资并购的法律投入，制订新能源项目《投资开发法律指南》《投资并购法律指南》《EPC 审查指南》等指导文件，为规范全系统依法合规开展新能源投资并购提供法律指引，从源头防控风险。项目实施阶段，进一步加大法务人员配备，严把法律审核关口，全程参与项目的尽职调查，谈判协调，交易文件的起草、审核、履行、争议解决，确保项目有效落地。同时，注重强化对从业人员的法治培训，为各级企业项目前期和投资并购工作人员提供专项法律培训，强化不同交易环节的风险防控和应对。近年来，公司新能源发展创历史最好水平，大型基地开发取得重大进展，清洁能源发展呈现新的格局。

加强法律监督职能，推进监督法治化。坚持"管""治"结合，推动法律监督、法律管理、合规管理同步开展。加强对依法治企责任落实、授权管理、合同管理、采购招标、诉讼案件处理等重点工作的法律职能监督，督促被监督主体落实责任，确保各项工作依法合规。统筹协调法律、合规与风险、内控、审计、财务、纪检监察等的监督职能，形成监督合力，提升监督实效。强化考核考评和责任落实，发挥正向激励作用，完善法治华能建设统计考评体系，提高法治建设情况在绩效考核中的权重，对在法治建设中作出突出贡献，有效防范化解重大法律风险、避免或挽回重大损失的集体或个人给予表彰和奖励。严格落实问责制度，对推动法治工作不力、重大经营活动未经法律审核、违法违规经营发生重大法律纠纷案件、未履行或未正确履行职责造成企业损失等情形，严格追究有关负责人的责任。

全面加强法律纠纷案件管理，推进权益保护法治化。完善并落实案件管理制度。建立健全"统一管理、分类指导、分级负责"的案件管理机制，公司总部加强对公司系统法律纠纷案件的处置指导、资源协调、申报备案、统计分析、风险提示和考核问责。二级企业强化对自身及所属企业案件管理的责任，建立分管领导牵头、总法律顾问负责、相关部门参加的重大案件处理机制。严格执行重大法律纠纷案件报告制度。强化检查和监督，杜绝瞒报漏报，严格责任追究。建立健全案件分析和风险提示制度。及时开展案情分析，深入查找纠纷原因和风险点，发布风险提示函，采取有效措施从源头上防范和杜绝类似案件发生。努力形成解决一个案件、完善一项制度、防范一批风险的良性机制。近三年，通过开展诉讼"攻坚战"，公司集中清理了一批历史遗留的重大案件，案件数量和涉案金额实现双降。

三、坚持以人为本，打造高素质法治人才队伍

深入贯彻落实中央人才工作会议精神，面向企业改革发展实际，加强高素质法治人才队伍建设。

坚持自身培养和引进优秀人才并举，推行管培生储备人才计划，定向为总部和二级企业招聘优秀毕业生；部分法律业务需求大的企业，通过市场化选聘引进优秀人才，增强人员队伍结构的多样性。

推进法律事务机构建设，在原法律事务管理机构的基础上，总部增设法律合规管理中心，开展区域法律合规管理中心的试点工作，创新法律合规管理和法治人才管理机制，拓展人才内部流动和晋升通道。

推动公司律师注册工作，鼓励符合条件的法务、合规人员申请公司律师资格，组织参加并开展公司律师专项培训和有关考核。创造实践机会，通过承办重大案件、参与重大项目，全方位培养锻炼法治人才。

加快涉外法治人才培养布局，选拔优秀涉外法治工作者参与国内专项培训和境外轮岗锻炼。提供全方位的继续教育和培训，通过内部集训、外部参训、网络学习等方式，为法务人员提供再学习的机会，提升专业素养和管理水平。探索合规管理人才试点，为法务人员提供新的职业发展方向，建立合规管理专员制度，推进业务部门设立兼职合规管理专员，扩充法治队伍力量。经过几年的发展，公司法治人才队伍总体数量稳中有升。

站在新的历史起点，中国华能将继续以习近平法治思想为引领，深入贯彻落实全面依法治国基本方略，按照国资委进一步深化法治央企建设部署，不断加强法治工作体系建设，全面提升法治工作能力，厚植法治文化，积极打造治理更加完善、经营更加合规、管理更加规范、更加守法诚信的法治企业，为法治中国、法治社会建设贡献自己的力量，彰显中央企业应有的责任和担当。

（中国华能集团有限公司党组成员、总法律顾问　王益华）

中国华电集团有限公司

以习近平法治思想为指引
科学构建中国特色现代企业制度体系

习近平法治思想是全面依法治国的根本遵循和行动指南，为中央企业加强法治建设、推动高质量发展指明了方向。中国华电集团有限公司是中央直管的国有重要骨干企业，主要业务包括发电、煤炭、科工、金融等产业板块。近年来，中国华电认真学习贯彻习近平法治思想，全面加强"法治华电"建设，坚持"立执司守"协同发力，持续推进中国特色现代企业制度体系科学构建和有效运行，取得了积极成效。

一、科学建章立制，构建系统完备的现代企业制度体系

"法律是治国之重器，良法是善治之前提。"规章制度是"企业之法"，中国特色现代企业制度是"企业之良法"。中国华电贯彻落实习近平总书记关于国有企业"两个一以贯之"的重要论述，结合自身经营发展实际，科学谋划和推动现代企业制度体系建设，提升了企业运转的制度化、规范化水平。

一是坚持党的领导。党的领导是中国特色社会主义制度的最大优势，必须始终坚持党对国有企业的领导这一重大政治原则，将党的领导贯穿到依法治企全过程和各方面。中国华电组织各企业将坚持和加强党对国有企业的全面领导写入公司章程，配套制定《党委（党组）议事规则》，明确党组织的议事内容和程序，实现了党的领导有章可循。二是加强顶层推动。制定《现代化制度体系建设三年实施计划》，明确公司系统现代化制度体系建设的路线图和时间表，确立制度建设"一体系、一张网"的工作目标（"一体系"即全集团协同一致的制度管理框架体系，

"一张网"即全集团上下贯通的制度信息化管理网）。三是创新体系构建。研究构建了"三纵三横"制度管理框架体系，"三纵"由基本制度、一般性制度和实施细则类制度构成，"三横"由一、二、三级业务领域构成，编制了《制度层级树状图》和《制度业务领域框架图》，厘清了制度对应的业务领域和制度间的上下位关系，形成了与公司治理高度契合的现代企业制度体系。四是规范审批管理。成立制度委员会，制定《制度审批权限清单》，建立制度征求意见及合规审查表、制度预审表、制度委员会审核表以及制度审核工作程序。定期组织开展制度清理工作，每年制定《年度制度立改废计划》《适用于公司系统制度分级分类管理名录》，指导各级企业动态完善制度体系。

二、严格制度执行，确保规章制度有效实施

"天下之事，不难于立法，而难于法之必行。"企业规章制度的生命力在于实施，制度得不到有效执行，建章立制就成了形式主义。一直以来，中国华电坚持多措并举狠抓制度执行落实，有效发挥了制度管理的效能。

一是规范治理主体履职机制。区分不同类型企业，分类研究制定《公司章程编制指引》，督导各企业修改完善公司章程，配套制定《"三重一大"事项决策权责清单》，实现了各治理主体履职清单化。制定《董事会规范运行指引》，规范董事会建设和运行管理。推广应用"三重一大"决策管理信息系统和"三会"议案审核信息系统，通过系统配置强制落实制度要求。二是加强制度执行的督导检查。通过"法律体检"、内控合规监督评价等方式，常态化开展制度体系完整性和运行有效性的监督检查。每年编制《重点监督检查制度计划表》，分批推进实现制度监督检查全覆盖。将制度立改废释及执行情况纳入年度法治工作考核，通过奖惩机制促进制度有效执行。三是推进内控合规风险一体化管理。创新构建以风险防控为导向、以合规管理为基础、以内部控制为手段的内控合规风险一体化管理体系。在一体化建设过程中，建立制度规范清单、审查事项清单、责任清单和各项业务管理流程，将制度要求转化为内控合规审查要点并嵌入岗位职责、业务流程和管理信息系统，确保制度刚性执行。

三、强化监督问责，保障制度执行效能

全面依法治企，必须通过制度固化权力运行的制约和监督机制。中国华电建立

了系统完备的监督问责机制，对制度执行进行监督，对违规行为进行追责，有力地维护了制度权威。

一是打造具有华电特色的"大监督"体系。建设"党统一指挥、全面覆盖、权威高效"的监督体系，推进纪检监察监督、巡视监督、审计监督有机衔接，将制度体系是否完备、制度执行是否严格作为监督检查的重点。二是筑牢协同运行的"三道防线"。构建业务监督、职能监督、执纪监督"三道防线"，业务监督坚持业务工作检查与制度执行检查同步推进，职能监督侧重开展年度监督评价和问题缺陷整改督导，执纪监督突出对关键环节和重要事项的监督检查和问责。"三道防线"协同发力，共同推动制度体系的健全完善和有效执行。三是构建违规责任追究体系。集团公司总部设立监督部，专门负责违规经营投资责任追究等工作。制定实施《违规经营投资责任追究实施办法》，明确在经营投资中违规决策造成国有资产损失或其他严重不良后果的，对相关责任人进行问责处理。落实"三个区分开来"要求，制定《尽职合规免责事项清单》，指导各级企业开展合规免责工作。

四、培育法治文化，营造依法合规的良好氛围

习近平总书记指出："法律的权威源自人民的内心拥护和真诚信仰。"只有让法治信仰根植于全体员工心中，形成全员尊法学法守法用法和遵规守纪的思想自觉和行为自觉，法治央企建设才能真正走深走实。中国华电注重普法宣传教育，厚植依法合规企业文化。

一是全面开展普法宣传。编制印发《开展法治宣传教育的第八个五年规划（2021—2025年）》，系统谋划和部署法治宣传教育工作。实施全员法治素养提升行动，分类编制公司系统全体人员、领导人员、法务人员等3个《应知应会法律法规清单》，分步骤、系统化提升全员法治素养。组织开展"12·4"国家宪法日、安全生产月等主题普法活动，深入开展以"美好生活·民法典相伴"为主题的民法典学习宣传普及工作。将民法典学习宣传与"我为群众办实事"结合起来，公司系统建立125个法律咨询服务站，开通热线电话205个，2021年为职工提供法律咨询服务共计1.29万人次。二是持之以恒开展法治培训。举办民法典、刑法修正案（十一）等专题培训。编制印发《总部合规管理手册》《合规行为准则》《境外员工合规行为规范指引》《企业员工刑事合规手册》。通过"华电网校"平台录播、视频现场直播等方式，每年举办覆盖全体法务人员的法治培训。三是多渠道开展制度宣贯。建成制度管理信息系统，实现了制度起草发布、协同管理、多维查询等功能，

形成了覆盖公司系统的制度信息化管理网。通过"华电法治大讲堂"、专题培训班等形式，对制度进行宣贯，在公司系统营造了自觉尊崇制度、严格执行制度、坚决维护制度的良好氛围。

"经国序民，正其制度。"近年来，中国华电坚持以习近平法治思想为指引，"立执司守"协同推进，全面建成了系统完备、科学规范、内容简明、运行有效的现代企业规章制度体系。"一体系、一张网"现代企业制度管理被国务院国资委确定为管理提升标杆项目。现代企业制度体系的科学构建和有效运行，为"法治华电"建设打下了坚实基础，有力地促进了企业高质量发展，公司连续 10 年荣获中央企业负责人经营业绩考核 A 级。在今后的工作中，中国华电将深入学习贯彻习近平法治思想，不断深化"法治华电"建设，推动将制度优势更好地转化为治理效能，为创建具有全球竞争力的世界一流能源企业提供坚强的法治保障。

（中国华电集团有限公司总法律顾问、首席合规官　董全学）

中国长江三峡集团有限公司

持续深化法治三峡建设　推动三峡集团高质量发展

近年来，三峡集团以习近平新时代中国特色社会主义思想为指导，深入贯彻落实习近平法治思想和党的十九大和十九届历次全会精神，认真落实国务院国资委法治央企建设要求部署，围绕集团改革发展中心工作，聚焦"实现一个目标、健全五个体系、提升五种能力"的总要求，着力完善法治工作体系，强化法治工作引领支撑作用，推进合规管理走深走实，依法治企整体水平不断迈上新台阶，为谱写清洁能源和长江生态环保"两翼齐飞"新篇章、创建世界一流企业提供了坚实法治保障。

一是组织领导更加坚强有力，顶层推动持续强化。三峡集团牢牢抓住"法治建设第一责任人"这个关键，不断强化依法治企主体责任。全面设立了由主要负责人任组长的法治建设领导小组，制定了法治建设第一责任人职责实施办法，建立了党组（党委）法治专题学习、公司法治工作会议、子公司第一责任人法治工作年度述职等制度机制，并将依法治企能力纳入选人用人条件。集团主要领导谋划部署，组织制定加强法治工作体系建设的指导意见和"十四五"时期法治建设规划实施方案，全面落实法治工作与公司整体战略同谋划、同部署、同推进，突出了"头雁"对法治三峡建设的引领带动作用。

二是依法治理迈出更大步伐，现代企业制度不断完善。三峡集团坚持把依法治理、依法决策作为根本要求，持续推动治理体系和治理能力现代化。强化章程在治理体系中的统领作用，分类优化不同子公司章程模板。制定党组决定事项清单和前置研究讨论重大经营管理事项清单，完善董事会授权管理办法和董事会授权决策方案，修订总经理工作规则，进一步规范治理主体权责界面和运行机制。全面落实法律意见书制度，持续提高依法决策水平。统筹推进和保障三项制度改革，股权激励和二级子公司职业经理人机制实现零突破，中国特色现代企业制度体系不断健全。

三是合规经营取得重大进展，风险防控扎实推进。三峡集团不断强化合规管理。所属公司全面设立合规管理委员会，制定合规管理制度，编制新能源、长江生态环保、境外业务等重点领域合规手册及指引，搭建了合规管理"三道防线"。适应法律法规及监管政策等外部合规环境变化、集团优化管控及新战略发展需要，加强制度"立改废释"，补齐管理短板，制度体系的全面性、适用性、可操作性不断提升。建立合规风险提示预警机制，加强合规审查评估，开展合规监督评价，合规管理机制不断健全，风险防控扎实有效。

四是规范管理水平全面提升，法治支撑保障有力。三峡集团坚持法治工作融入中心、服务大局，持续打造三峡法律服务精品工程，全力支持保障改革发展中心工作。打造法律服务保障精品工程，推动法律服务靠前一步、走深一步，全面参与引战改制、混改、国际化经营等重大经济事项，不断提高规章制度、经济合同、重要决策的法律审核质量。打造法律风险防范化解精品工程，建立法律风险常态化排查处置机制，研究制定风电、光伏等系列法律风险防范指引。打造知识产权法律保护精品工程，加强科研合作、自主创新、冬奥品牌开发等涉知识产权事项的法律服务，研究知识产权法律保护标准化合同条款体系，制定知识产权法律保护工作指引，为集团公司科技创新贡献法治力量。

五是案件管理扎实有效，守法诚信建设成效明显。三峡集团牢固树立"减少损失就是创造价值"理念，深入推进法律纠纷案件处置化解，全力保障改革发展成果和国有资产安全。持续开展案件"压存控增"，强化中央巡视境外案件管理管控和处置，认真组织开展劳动争议案件压降专项工作，推动案件风险化解取得明显成效。加强案件管理规范化建设，完善案件制度体系，制定案件处理标准化工作指引，形成案前策划、案中谋划、案后评析、结案归档、成果汇总的完整机制和管理链条，案件管理效率和处置应对能力明显提升。聚焦重大案件化解处置，妥善处理大型水电站建设库区移民补偿类等典型疑难案件，相关胜诉判决形成典型判例，有效防范了同类案件的风险隐患，为推进国家重点工程建设、维护库区地方社会稳定作出实实在在的贡献。

六是机构和队伍建设取得全面突破，法治工作体系建设不断健全。三峡集团聚焦总法律顾问制度建设，持续完善法律工作组织体系，法治工作队伍蓬勃发展。集团设立专职总法律顾问，成立独立法律合规部门和法务中心，优化整合法律、合规、风险、内控职能，实现一体化管理。各子公司全面建立总法律顾问制度、设立法务管理机构，并延伸到三级单位和境外重点区域。不断加大法律专业人才引进培养力度，优化人才结构，全集团专职法律工作人员队伍不断壮大，超过集团员工总数的 5‰，成为新时代推动企业法治建设、保障持续健康发展的重要力量。

总结回顾三峡集团法治工作取得的成绩，主要是做到了五个坚持：一是坚持以习近平法治思想为根本遵循。深入学习领会习近平法治思想的丰富内涵和核心要义，把习近平法治思想作为推进法治建设的最根本遵循，以行之有效的举措将习近平法治思想转化为脚踏实地的具体行动，切实把习近平法治思想贯彻落实到法治三峡建设全过程。二是坚持贯彻落实国资委法治央企建设要求部署。按照国资委法治工作三年目标、五年规划、落实第一责任人职责、法治央企建设总结验收等重点专项工作要求，不断推动法治三峡建设走深走实、升级换挡。三是坚持以打造三峡法律服务精品工程为目标。牢固树立法律服务精品意识，突出法律服务精品工程导向，不断优化法律规章制度建设，持续完善法律工作标准化，高质量服务中心工作，切实发挥了法律服务支撑保障和价值创造功能。四是坚持法律管理对标世界一流。以法治央企总结验收工作为重要契机，坚持世界一流的高标准、严要求，深入对标查找法治工作的差距与不足，按照"深化、融入、巩固、拓展、升级"五项要求强化整改提升，为法治工作实现世界一流水平奠定了基础。五是坚持凝聚全集团法治工作合力。三峡集团各级干部员工始终凝心聚力，克难攻坚，协力共进，形成了共建共享共治的法治三峡建设格局，凝聚了依法治企的磅礴力量。

当前世界百年未有之大变局加速演进，境内外风险形势严峻复杂，三峡集团改革发展任务艰巨繁重。"十四五"时期，三峡集团将坚定不移贯彻习近平新时代中国特色社会主义思想，持续深入落实习近平总书记对三峡集团改革发展重要指示批示精神，以习近平法治思想为指导，按照国务院国资委深化法治央企建设要求，紧紧围绕实现法治工作世界一流水平目标，高质量推进法治建设各项工作，更好发挥法治固根本、稳预期、利长远的作用。

一是强管理，着力健全法治工作体系。加强顶层设计，编制深化集团法治建设的指导意见，分类研究制定各子公司深化法治建设实施方案，持续强化全集团依法治企合力。紧抓"关键少数"，进一步配齐配强各单位总法律顾问，明确各子公司法治建设第一责任人和总法律顾问履职责任清单，加强履职检查督导，不断完善法治建设领导责任体系。

二是促融合，着力完善合规管理机制。强化管理要素趋同性整合，不断推进法律、合规、内控、风险一体化管理和协同运作。推动组织领导一体化，延伸机构管理一体化，推进防线搭建一体化，实现机制运行一体化，持续优化工作方式，同步开展法律审核与合规审查，同步组织合规监督和内控评价，减少交叉重复，提升一体化管理效能。组织开展合规管理强化年专项工作，推动形成职责分工更加明晰、机制运行更加顺畅、合规意识更加牢固、风险防控更加有效的合规管理体系。

三是补短板，着力提升风险管控能力。按照依法合规经营综合治理专项行动要求，开展合规管理全级次、全领域、全方位排查，突出 PPP 项目等重点领域合规风险管控。全面梳理制度建设问题短板，进一步优化制度体系，提高制度质量。落实合规风险提示预警机制，及时印发合规风险提示函，督促整改提升。加强涉外法治工作统筹谋划，研究制定加强集团公司涉外法治工作的指导意见。梳理境外重要子公司、重点区域合规管理机构设置及人员配备情况，明确合规管理负责人、配备法律合规人员，确保合规要求有效贯通到境外一线。加强境外项目风险排查，严守境外业务法律合规风险底线。

四是提质量，着力增强法律引领支撑能力。筑牢三峡法律服务精品工程，全力支持新能源投资与开发建设、长江大保护等重点业务，提高法律审核质量与效能。研究制定知识产权法律保护规章制度，加大知识产权法律支持服务力度，强化科技创新法律保障。推进法律纠纷案件"压存控增、以案创效"，保障各类案件防范化解取得良好成效。加强法治工作信息化、数字化建设，提高法律合规管理水平。加强履职能力建设，持续加大法律合规人才引进和培养力度，健全专业履职培训体系，不断提高法律合规人员履职成效。

五是筑理念，着力厚植三峡法治文化。深入学习宣传习近平法治思想，做好学思践悟、知行合一，持续提升理论指导实践的能力和成效。将培育依法合规文化作为法治建设的基础工程，编制员工合规清单，使依法合规、守法诚信成为全体员工的自觉行为和基本准则。落实"八五"普法要求，制定年度普法计划，进一步推进法治宣传教育制度化、常态化、多样化，拓展学习宣传的广度深度，打造内容丰富的法治宣传教育阵地和专业学习培训平台，营造浓厚的全员尊法学法守法用法氛围。

（中国长江三峡集团有限公司总法律顾问 王理平）

国家能源投资集团有限责任公司

以习近平法治思想为指引，
高质量创建世界一流示范企业

2020 年召开的中央全面依法治国工作会议上，确立了习近平法治思想在全面依法治国工作中的指导地位。这是我国社会主义法治建设进程中具有重大现实意义和深远历史意义的大事。习近平法治思想内涵丰富、论述深刻、逻辑严密、系统完备，是顺应实现中华民族伟大复兴时代要求应运而生的重大理论创新成果，是马克思主义法治理论中国化最新成果，是全面依法治国的根本遵循和行动指南。国有企业特别是中央企业，是中国特色社会主义的重要物质基础和政治基础，是党领导的国家治理体系的重要组成部分，对中央企业而言，贯彻落实全面依法治国首要的就是要推进全面依法治企。以习近平法治思想为引领，加快"创建世界一流示范企业"是新时代赋予国有企业的历史责任和使命。

为落实党中央国务院深化国有企业改革的决策部署，按照国资委的工作要求，国家能源集团于 2017 年 11 月 28 日由原国电集团和神华集团重组成立。自成立以来，我们认真学习领会习近平总书记关于国有企业改革发展的重要指示批示精神，践行"社会主义是干出来的"伟大号召，以创建具有全球竞争力的世界一流示范企业为目标，从"战略＋运营"管控模式的构建，到生产经营、转型发展的推动，都是在法治轨道上进行的。不仅保障了企业发展的政治方向，而且提高了工作整体效率，取得了良好的经济效益和社会效益。集团连续三年获国资委央企业绩考核 A 级。2021 年，营收和效益同比显著增长，国企改革三年行动稳步推进，顺利完成能源保供重大政治任务，新能源发展取得积极进展。这期间，法治工作固根本、稳预期、利长远的作用得到有效发挥，法治央企建设硕果累累，工作感悟颇多，体会最深的有五个方面。

一、坚持党的领导，筑牢法治工作的根和魂

习近平总书记指出"党的领导是中国特色社会主义法治之魂"。坚持党对国有企业的领导是重大政治原则，离开了党的领导，法治央企建设就难以有效推进。国家能源集团全面落实"两个一以贯之"，把加强党的领导与完善公司治理有机统一，充分发挥党组织把方向、管大局、促落实的领导作用，支持董事会、经理层依法行权、高效履职。集团党组高度重视法治工作，将其作为集团"十三五"和"十四五"规划重要内容，真正做到与生产运营同规划、同部署、同落实。及时成立新集团法治建设领导小组与合规管理委员会，出台"法治国家能源"建设方案、法治宣传教育规划、合规管理工作方案等系列纲领性文件，高标准完成顶层设计，系统部署推进，为法治工作取得实效奠定坚实基础。

二、抓住"关键少数"，提高法治工作成效

领导干部能否运用法治思维和法治方式开展工作，直接决定着法治央企建设的成效。一是推动法治建设第一责任人职责在各层级企业落实落地。集团主要领导切实将依法治企作为"一把手"工程，亲自研究、亲自部署、亲自协调、亲自督办法治合规相关重大问题和重要任务，充分发挥依法治企考核指挥棒作用，各级企业主要负责人严格履行法治建设第一责任人职责，并建立制度长效机制。二是不断提升领导干部法治素养和能力。建立领导干部定期学法制度，集团各级企业均将习近平法治思想和法治合规内容纳入党委（党组）理论学习中心组必学内容，作为各期青年干部培训班、各类专项业务培训班的必修课程，锤炼各级干部运用法治思维和法治方式去深化改革、推动发展、化解矛盾、应对风险、维护权益的素养和能力。重大法律案件中我方主动起诉的案件数量连续三年保持在六成以上，"怕打官司""遇见官司绕着走"的情况得到有效扭转。三是干部以身作则弘扬法治合规文化。集团领导班子成员切实做好尊法学法守法用法的"领头雁"，带领全系统近 30 万员工签署"合规承诺书"，践行依法合规誓言，培育法治合规文化。

三、融入中心工作，激发法治工作活力

一是将法治工作要求融入生产经营全过程。新集团成立以来，全面梳理管理职

责、捋顺管理机制、查找合规缺陷，以法治思维系统重构了集团规章制度体系，将依法合规要求深度融入各项管理制度和运行机制；搭建包含所有法治合规业务、覆盖各层级企业的法律管理信息系统，通过信息化手段将法律把关嵌入业务流程；强化对新能源发展战略、亏损企业治理及重大资本运作项目等重大任务的保障，立足"双碳目标"和能源保供政治任务需要，依法合规护航集团内促转型发展，外保国计民生。二是为改革发展中心工作提供全流程"伴随式"法律服务。集团正在深化落实国企改革"1+N"政策体系，扎实推进国企改革三年行动，致力于形成更加成熟更加完善的中国特色现代企业制度。全面深化改革既是打破传统条框和固有利益藩篱的过程，也是适应新形势、建立新机制的过程。一"破"一"立"之间，势必需要有更加系统的法治思维、更加完备的法治机制、更加灵活的法治手段作为保障，需要法律人员深度参与改革方案设计、实施路径选择、交易谈判、协议审核等重点环节，确保改革举措于法有据，发展过程依法合规。三是推动建立权责明确、上下联动、各负其责又相互促进的法治工作大格局。法治央企建设是一项系统工程，我们一直致力于形成法律、合规、内控、风险管理高效协同的工作机制，构建法治领导机构、法律事务部门与业务部门协调联动，集团总部、子分公司和基层企业分层负责的工作体系，落实各方主体责任，激活法治工作生命力和战斗力。

四、严防法律风险，确保国有资产保值增值

一是法律审核关口前移，实现由灭火队向消防队的转变。集团总部和各子分公司均把法律审核把关作为涉法重大决策的前置程序，并以制度形式明确总法律顾问列席党组会、董事会、总办会等重要会议，切实做到"决策先问法、违法不决策"；自上而下统一合同管理权责分工和流程规则，交易契约风险管控更加深入和规范，从源头防控重大法律合规风险。二是运用法律武器维护企业权益，通过案件管理创造价值。连续三年狠抓法律案件"减存控增"工作，创新实施重大案件分层挂牌督办机制，深入实施劳动用工、工程建设领域法律案件压降行动，对案件高发重点单位进行专项督导，全集团法律案件金额连年下降，通过案件应对处置共避免和挽救多项经营损失，有效守护改革发展成果，维护企业良好形象。三是努力建强法治合规队伍。习近平总书记强调，"全面推进依法治国，建设一支德才兼备的高素质法治队伍至关重要。"国家能源集团已将法治人才建设纳入集团"十四五"人才规划，实施具体举措，通过外抓引进、内抓培养，努力打造一支讲政治、精法律、通业务、懂管理，集消防队员、参谋助手和维权先锋于一体的法律合规攻坚队

伍，真正发挥强管理、促经营、防风险、创价值作用。

五、抓实涉外法治，保障境外资产安全

习近平总书记指出"中国走向世界，以负责任的大国参与国际事务，必须善于运用法治。"结合国际法律合规监管不断趋严的实际，国家能源集团高度重视境外法治合规工作。一是加强对重点涉外法律问题的前瞻性研究。密切跟踪国际投资运营法治环境变化，研究 CPTPP、RCEP 等国际协定和贸易规则变化对企业的影响，特别是对美相关法律法规的研究剖析，掌握"长臂管辖"等机制可能涉及的禁止性规定，为境外业务合规推进提供有力支撑。二是切实加强对境外新能源、重点煤矿项目开发建设的法律支持。重点把握境外项目前期论证、商务谈判及重要法律文件起草等关键环节，加强全过程法律把关，保障境外业务依法合规运作。三是深化境外合规管理。将境外合规和境外腐败治理作为集团合规管理体系和境外风险管理体系建设的重点内容，着力健全制度、完备机制，从业务流程上严格规范境外投资行为，有效防范合规风险。四是定期全面开展境外法律风险排查，有针对性地制定防范和应对措施。对出现的经济及劳工法律纠纷，及时研究应对，保障境外业务平稳有序、法律风险可控在控。

"十四五"已顺利开局，在"双碳目标"任务下，贯彻新发展理念，推动绿色转型和高质量发展是我们今后很长一段时间的主题。企业兴则国家兴，企业强则国家强，全面建设社会主义现代化国家，必须有一批能够体现国家实力和国际竞争力、引领全球科技和行业产业发展的世界一流企业做支撑。无论是要争做在国际资源配置中占优势地位的领军企业，还是要做以内涵型发展引领质量效益提升的领军企业，都应在习近平法治思想指导下，以法治思维和法治方式来构筑管理模式、创新工作机制、深化企业改革、推动绿色发展，要牢记初心，笃行不怠，为实现第二个百年奋斗目标做出更大的贡献。

（国家能源投资集团有限责任公司总法律顾问　刘学海）

中国电信集团有限公司
以高质量法治工作护航企业高质量发展

　　法律是治国之重器，是实现治理体系和治理能力现代化的重要基础和关键保障，在建立和完善现代企业制度的过程中，全面依法治企具有全局性、战略性、基础性、保障性地位。充分发挥法治固根本、稳预期、利长远的重要作用，对于推进企业高质量发展具有十分重要的意义。

　　党的十九大以来，中国电信始终坚持以习近平新时代中国特色社会主义思想为指导，认真学习贯彻习近平法治思想，按照全面依法治国战略部署和法治央企建设总体要求，系统思考，全向发力，推动企业法治建设取得长足进步。加强顶层设计，成立依法治企工作领导小组和合规委员会，形成主要领导负总责、总法律顾问牵头推进、法律部门负责落实、各部门共同参与的工作格局；在总部去机关化的大背景下，独立设置法律部（合规管理部），实现了组织建设方面的重大突破，法治工作体系不断健全和完善。融入改革发展，在企业重大改革、重点业务中，全面参与、主动作为，提供法律解决方案，法治工作价值更加凸显。加强队伍建设，完善总法律顾问制度，在二级单位配齐配强总法律顾问；强化法律人员素质培训和能力培养，队伍的专业化、职业化水平持续提升。创新工作方式，加快法治工作信息化建设，利用大数据、人工智能等技术开发建设法律信息系统，为法治工作注智赋能。通过集团上下的共同努力，依法治企工作迈上新台阶，为企业高质量发展提供了有力支撑。近三年集团通信主业收入年复合增长率达到6.1%，连续10年高于行业平均水平；2021年利润总额跨越300亿元大关；目前服务的用户数超过11亿户。在国资委法治央企建设（2015—2020年）总结验收中通信行业排名第一，公司副总法律顾问张建斌获评中央企业"十佳"优秀总法律顾问，4名法律人员获评法律事务先进工作者；3家单位、2名个人被全国普法办评为"七五"普法先进单位和个人。法律信息系统和"智慧法务"系统项目成果入选 2019 年中央企业信息化应用典型案例,获得 2020 年中国通信行业管理现代化创新成果一等奖。

回顾五年来的工作实践,我们有一些深刻的体会:

一、坚持抓住"关键少数"、切实发挥领导干部的示范带动作用,是推进企业法治工作高质量发展的政治保证

领导干部是依法治企的重要组织者、推动者、实践者,是推进企业法治建设的关键所在。我们高度重视发挥领导干部的带头作用,把抓"关键少数"和管"绝大多数"统一起来,以各级领导干部带动全体员工尊法学法守法用法。一是充分发挥党组(党委)的示范作用。建立企业党组(党委)听取法治工作汇报、理论学习中心组专题学法制度。集团党组深入学习习近平法治思想,及时跟进学习习近平总书记关于统筹发展与安全、坚持底线思维防范化解重大风险等重要讲话和指示批示精神,不断增强运用法治思维和法治方式深化改革、推动发展、应对风险能力。二是推动主要领导履行法治建设第一责任人职责。集团主要领导以身作则、以上率下,带头尊法学法守法用法,及时解决有关重大问题,将法治建设与改革发展工作同部署、同推进、同督促、同考核。党组书记、董事长出席集团法治工作会议,对依法治企工作作出部署、提出要求。三是发挥总法律顾问"承上启下、连接内外"的重要作用。建立总法律顾问制度、重大决策合法合规性审查等制度,总法律顾问由领导班子成员兼任,确保全面参与企业重大决策。目前,已基本实现二级单位总法律顾问全覆盖。同时,建立总法律顾问述职制度,连续五年统一组织开展年度述职,确保总法律顾问全面履职。四是建立评价机制,层层压实法治建设责任。连续多年对所属单位法治工作进行督导评价,对落后单位进行督导和帮扶,确保重点任务有序推进、有效落地。

二、坚持融入中心服务大局、切实发挥法治工作的支撑保障作用,是企业法治工作的核心价值

作为全局性、战略性、基础性、保障性工作,法治工作只有融入企业改革发展大局、全力做好支撑服务,才能最大限度地发挥固根本、稳预期、利长远的作用,才能体现自身的价值。同时,法律支撑不仅要做"急诊科大夫",及时妥善处理各种重大风险事件和纠纷案件,更要做"保健科医生",立足于治"未病",融入企业

中心工作、嵌入相关业务流程，为企业科学决策和健康发展提供精准的法律意见。正是基于这样的认识，近年来我们积极推动法治工作全面融入企业改革发展，支撑保障企业应对重大风险挑战。一是主动支撑服务国家重大决策部署。做好防范打击通讯信息诈骗、提速降费、携号转网、移动转售等重点任务的法律支撑服务，充分研究论证，准确把握法律底线和政策界限，保障国家重大决策部署有效落实。二是高度关注防范化解各领域重大风险。坚持底线思维，牢固树立风险意识，完善制度、强化执行，充分发挥"三道防线"合力，有效防范重点业务、境外合规和腐败、重大改革、反垄断、疫情防控等领域的风险，确保风险可管可控，将风险降到最小程度。三是积极服务企业重大改革、重点业务发展。将法治工作与改革发展重点任务有机融合，积极支撑回归 A 股上市、专业领域改革、混合所有制改革等重大改革工作；强化业法深度融合，加强新技术、新业务、新业态分析研究，为大数据、云计算、产业数字化等重点业务发展提供法律解决方案和风险防范指引。

三、加强法治队伍建设、提高队伍的政治素质和业务能力，是企业法治工作高质量发展的根本保障

推进企业法治建设，必须建设一支德才兼备的高素质工作队伍。多年来，我们着眼长远发展，采取有力措施，努力打造一支精通法律、熟悉管理、掌握国际通行规则、主动创造价值的法治工作队伍，更好地为企业改革发展服务。一是加强学习、提高队伍的思想政治素质。把政治建设摆在首位，加强队伍的政治理论学习，胸怀"国之大者"，提高政治"三力"，为增强"四个意识"、坚定"四个自信"、做到"两个维护"提供思想基础、把牢政治航向。按照"党建统领、守正创新、开拓升级、担当落实"的要求，切实转变队伍的思想作风、工作作风。面向青年、面向未来，筹备建立"法治理论与实践"青年学习研究小组，搭建青年人才快速成长的平台。二是完善制度、推进法治工作队伍专业化职业化。制定公司律师管理办法，建立公司律师制度，开展企业法律顾问职业岗位等级评审，全集团专职法律人员持证率已超过80%。三是强化培训赋能、提高队伍的履职能力。针对总法律顾问、法律部门负责人、法律工作人员量身定制课程，分层分类开展专业培训，提升履职能力。聚焦重点领域，开展专题研究，编制工作指引、案例选编，加强经验共享，指导基层工作。创新方式，在企业网上大学搭建"天翼法苑"普法专区，组织录制培训课程，2021 年发布普法内容 159 项，全年学习时长超过 190 万小时。

四、推进"数智化"建设、为法治工作插上数字化翅膀，是推进企业法治工作高质量发展的重要手段

法治工作要实现创新升级和高质量发展，离不开信息化手段。近年来，我们认真落实国资委法治工作信息化、数字化建设要求，充分发挥国家信息化建设主力军、国家队的优势，利用现代信息技术，加快法治工作用数赋智步伐、提升数字化管理水平。2013 年，全面启动法治信息化建设，历时四年开发完成合同管理和法律辅助系统，建立起一级架构、四级应用的法律事务管理平台。2018 年以来，探索引入人工智能，实施"智慧法务"项目，建设信用风险防控、智慧合同管理、案件辅助应对、工商智能处理等功能模块，实现信息一点汇聚、全网共享、实时更新、及时预警。目前，结合公司实施云改数转战略，对法辅系统进行全国云化改造、合同全生命周期管理、合同电子印章试点，持续推进法治工作数智化，极大地提高了工作效率、降低了基层的工作负担。

雄关漫道真如铁，而今迈步从头越。面对"十四五"企业发展新的目标任务，中国电信将继续坚持以习近平法治思想为指引，深入贯彻全面依法治国战略部署和法治央企建设要求，坚定信心，锐意进取，守正创新，开拓升级，全面落实企业"十四五"法治建设任务，以高质量的法治工作为企业高质量发展保驾护航，以优异成绩迎接党的二十大胜利召开。

（中国电信集团有限公司董事、党组副书记　刘桂清）

中国联合网络通信集团有限公司

高站位高目标体系化推进依法治企
争做新时代法治央企建设排头兵

"法者，治之端也。"党的十八大以来，以习近平同志为核心的党中央加强对全面依法治国的统筹谋划和坚强领导，深刻回答了新时代为什么实行全面依法治国、怎样实行全面依法治国等一系列重大问题，形成了习近平法治思想，为全面依法治国提供了根本遵循。中国联通高举习近平法治思想伟大旗帜，深入落实党中央全面依法治国和国资委法治央企建设决策部署，聚焦"数字信息基础设施运营服务国家队、网络强国数字中国智慧社会建设主力军、数字技术融合创新排头兵"新定位，全面深化依法治企，扎实推进合规经营，积极培育法治生态，充分发挥法治固根本、稳预期、利长远作用，为"强基固本、守正创新、融合开放"新战略落地和高质量发展提供了坚强法治保障。

抓住关键，党建统领，公司依法治理水平持续提高

习近平总书记强调，抓住领导干部这个"关键少数"，就等于抓住了"牛鼻子"。中国联通党组将法治建设作为推进治理体系和治理能力现代化的重要抓手和谋划部署全局工作的重要内容，不断强化顶层推动和法治建设第一责任人职责落实，切实发挥"关键少数"头雁效应。一是加强组织领导，成立由董事长、党组书记亲自挂帅的法治建设工作推进委员会，组织制定并推进实施法治建设方案、第一责任人履职办法，保证了法治建设有方向、有目标、有遵循。二是压紧压实各层级第一责任人职责，推动各级子企业主要负责人100%签订法治建设履职责任书。三是提升"关键少数"法治意识，党组中心组开展年度专题学习，各级领导干部带头

学法，不断提高运用法治思维和法治方式的能力和水平。四是建立长效保障机制，将依法治企要求纳入经营业绩考核、法治素养和法治能力作为选人用人条件、法治建设履职列为主要负责人和总法律顾问年度述职必备内容等，取得了良好成效。

国有企业是党执政兴国的重要支柱和依靠力量。坚持加强党的建设是国有企业的"根"和"魂"，是国有企业的独特优势。中国联通发挥混改优势，突出党建统领，着力提升依法治理能力。一是党的领导全面融入公司治理。修改公司章程，确立了党组织在治理结构中的法定地位。坚决落实党组前置研究程序，确保党组织充分发挥把方向、管大局、促落实的领导作用。二是治理主体依法履职。完善公司治理制度体系，科学确定出资人与子企业、股东会与董事会、董事会与经理层的权责界面、议事规则和工作细则，促进不同治理主体各司其职、各负其责、相互制衡、协调运转。三是做实上市公司董事会，总法律顾问列席董事会涉法议题，促进依法规范高效决策，明确审计委员会为推进法治建设的专门委员会，将法治合规建设情况作为董事会年度工作报告的重要内容。

突出重点，制度保障，合规经营管理体系不断健全

近年来，国内外风险环境复杂严峻，中国联通将强化依法合规经营作为贯彻落实党中央国务院决策部署、适应市场化法治化国际化发展需要的重要举措，作为法治建设的重要内容和重点领域，着力推动合规管理走深走实。一是立足大合规，全面构建管理体系。强化组织领导，集团及分子公司成立合规委员会，牵头组织推动合规工作；敏捷迭代"1+N+X"合规制度体系，制定合规管理办法2.0版，发布诚信合规行为准则和专业线合规管理实施办法，明确合规管理职责要求，推动落实全员、全域、全面合规，细化专业线合规主体责任，持续夯实业务部门、法律部门、监督部门三道合规防线，积极探索法律、合规、风控协同运作有效路径；健全合规保障机制，建立违规举报机制，持续深化法律、审计、纪检协同联动，切实强化违规行为问责追责，探索建立员工诚信体系。二是聚焦重点难点，深化精准管理。针对外部监管重点和公司违规经营风险高发领域，及时梳理合规管理难点痛点，编发APP隐私政策合规指南、行政处罚案件合规警示函、业务资质合规问题风险提示函等，举办各类培训，促进业务源头合规。三是坚持底线思维，着力抓好境外合规风险防范化解。完善涉外境外合规制度体系，强化涉外合规流程管控，印发出口管制和经济制裁、境外反腐败、欧盟GDPR数据保护等多份合规指南，妥善应对涉外风险事件，切实维护国家利益和公司境外运营合法权益。

不以规矩不成方圆。制度是企业内规,确立了运营发展的基本规则。中国联通高度重视规章制度的根本性、全局性和基础性作用,多措并举持续强化制度意识、树立制度权威、抓实制度执行,逐步形成用制度管权、按制度管事、靠制度管人的良好治理局面。一是全面落实党和国家有关制度建设要求。将十八大以来有关加强制度建设精神及中央企业健全治理体系、固化改革成果等要求全面融入规章制度管理,修订完善章程、议事规则、董事会授权、派出董监事等根本和基本制度,夯实制度治理基石。二是建立全集团纵横交互的立体式制度体系,纵向分级以公司章程为核心展示集团各单位治理规则的层级性,横向分类从经营管理维度展示制度建设覆盖各专业领域的完整性。三是坚持"立改废释"并举,强化制度执行。明确将法律政策变化、重大改革配套、经营管理需要等8种情形作为立改废释情形;推行制度版本管理,推动制度动态更迭。压实制度学习宣贯与执行评价责任,强化监督检查,促进制度优势切实转换为治理效能。四是加快数字化转型,持续提升智能化管服能力。建设运营集团集中一体数字化制度平台,支撑规章制度全生命周期管理,通过自动编码确保版本迭代链条清晰完整,促进制度与公文管理全面无缝衔接,成功实现流程简化快捷、界面友好实用、业务协同联动的管服目标。

聚焦问题,规范管理,风险防控化解能力显著增强

几年来,中国联通持续深耕精细化管理,建立健全"防控补改"四位一体、全面覆盖的法律风险防范机制,积极推进数字化建设,着力提升集团整体风险管控能力。以保障重大决策、招标投标、合同全过程管理为主线,紧盯风险防控关口,为纵深推进混改、落实监管要求和促进经营创新提供全面法律支撑,为公司董监高履职提供全方位法律服务。以纠纷管理为重点,坚持以案促改、标本兼治,着力提升综合治理成效。一是构建制度体系,在纠纷管理基本框架基础上,就案件综合评价、整改问责等管控重点制定配套规则,进一步压实责任,不断强化以案促管、源头防治、系统治理。二是建立重大案件联动处置和红黄牌分级督办机制,紧盯重大案件处置,全力维护国有资产权益。三是开展诉讼案件标本兼治等专项行动,及时排查提前化解风险,深入开展纠纷预警、风险提示、管理问责,引导业务规则和管理流程持续完善;定期复盘总结经验,发布典型胜诉案例通报,总结提炼推广复制优秀经验,有效提升集团纠纷防治整体水平。

中国联通的信息化建设起步早、门类全,经过近10年发展,已建成覆盖全领域、贯穿全流程、支撑各层级的全集团一体化法律管理系统。近年来,顺应数字化

智能化浪潮，加速推进"智慧法务"建设，积极探索智能场景应用，深化合同、制度、纠纷、普法、合规等重点管理领域数智化建设，大力推动法务管理向数字化转型升级。开展智慧合同系统 3.0 建设，加快合同系统与业务中台连接，推动合同数据与业务数据贯通共享，促进合同全流程数字化管控。建设制度统一管理平台，全集团近 5 万项制度实现从起草审核到执行评价在线管理闭环。围绕引诉、起诉、应诉、问责等全流程在线管理完善法律纠纷案件管理系统，推进涉诉风险常态化管理，实现操作流程规范化、证据材料透明化、分析数据实时化。运营"法治在沃"数字普法平台，推出数据视图驾驶舱，统筹法治宣教资源，开启上下贯通精准普法新局面。上线商事信用管理平台，强化经营异常、行政处罚、执行失信等 5 类信用信息管理，实现全集团各级分子机构信用信息常态监测、预警处置、快速修复闭环管理。建设运营智能问答知识库平台，借助 AI、大数据等技术手段，构建高频法律咨询问题知识库，通过智能化工具实现问题实时回复，快速响应业务需求，赋能基层一线，释放法务数据最优价值。聚焦合规审查、过程跟踪、监测预警，加强重点业务领域和关键运营环节的合规管控，促进合规要求嵌入业务流程。此外，还持续迭代了知识产权、授权书、法治队伍在线管理系统功能。通过推动法律业务全领域数字化，实现"规范管理、敏捷高效、精准监控、信息共享"，释放数据要素价值，有力促进了业法深度融合。

健全组织，培育文化，法治建设基础不断夯实

硬实力、软实力，归根到底要靠人才实力。中国联通筑牢法治合规基础，着力健全工作组织体系、打造一支高素质人才队伍。一是总法律顾问制度建设不断深化，总法律顾问普遍设立，履职作用充分发挥。二是以"集约化运营、专业化服务、市场化管理、数字化转型"为改革方向的集约共享体系建设不断深化，集团层面组建法律服务支撑中心，各省级单位有序推进法律集约共享运营，通过互联网化嵌入式服务、扁平化管理、矩阵式团队，实现集团总部与子公司、省级公司与地市公司在法律专业人员、业务、资源方面的统筹调配和一体化支撑。三是法律人才队伍建设不断深化，打造四级法律人才队伍，建立公司律师管理机制，开展岗位等级资格评审，组建专业内训师团队，加强培训交流，注重人才培养，激发了队伍活力。四是人才支撑作用不断增强，为中国联通新战略落地提供全面法律支撑，为重要经营管理创新提供全程法律服务，为新业务新运营提供专业支持。在重大项目工作中，公司律师团队深度介入，高效支撑管理层决策，保障顺利推进。针对新兴领

域法律问题，研究形成系列成果，内容覆盖改革发展、业务经营、机制创新、实操技能等多方面，充分发挥专业共享赋能作用。

法安天下、德润人心。法律信仰的形成，离不开法治文化的滋养和熏陶。真正管用而有效的法律，不只写在纸上，更要写在人们心里。中国联通将法治合规文化作为法治建设的重要基础支撑，着力打造接地气的法治宣教阵地，通过主题普法、专项普法、新员工培训、送课到基层、普法讲座、微信、微课、微刊等，多形式、多类型、多元化开展法治宣传教育，培育企业合规文化，不断提升全员法治合规意识。集团董事长、党组书记亲自发布合规倡议书，公司上下组织全面签订合规承诺书，举办合规微视频大赛，开设"合规助沃行"公众号，在网上人才发展中心开通运营法治合规线上专区，建设全集团统一的"法治在沃"普法平台，通过集约化运营普法资源，为基层人员赋能，营造了良好的尊法学法守法用法氛围，领导干部依法决策、全体员工尊法守法的意识和行动自觉明显增强。

下一步，中国联通将深学笃行习近平法治思想，认真落实全面依法治国决策部署和法治央企建设要求，紧紧围绕公司"十四五"战略规划和国企改革任务，锚定新定位新战略，不断深化法治联通建设，争做新时代法治央企建设排头兵，为高质量发展和向世界一流企业迈进提供更加有力的法治保障。

（中国联合网络通信集团有限公司党组成员、副总经理、总法律顾问　唐永博）

中国移动通信集团有限公司

高举习近平法治思想伟大旗帜
奋力谱写"法治移动"建设新篇章

作为央企中坚力量，一年来，中国移动高举习近平法治思想伟大旗帜，深入贯彻落实中央全面依法治国战略部署，在国资委等上级单位指导支持下，坚持和加强党的全面领导，围绕公司改革发展中心任务，奋力谱写"法治移动"建设新篇章，筑牢创世界一流"力量大厦"法治根基，为公司高质量发展作出了积极贡献。

一、坚持和加强党的领导，做实"四个提高"

没有理论上的清醒，就没有政治上的坚定和行动上的自觉。中国移动集团党组率先垂范，靠前谋划，第一时间组织习近平法治思想专题学习并在全集团范围内下发专项学习通知，要求各单位把学习贯彻习近平法治思想作为当前和今后一个时期的重要政治任务，纳入党组织学习、干部管理培训、员工教育的必修课，不断深化思想认识、筑牢理论根基。集团各单位积极落实党组要求，全面开展习近平法治思想大学习。集团上下深刻理解党的领导是推进全面依法治国的根本保证，把坚持和加强党的领导，贯穿到依法治企的全过程各方面。各单位建立党组（党委）书记任组长的"法治移动"建设领导小组，强化领导职能，将法治能力提升同领导班子建设有机结合，与公司经营发展相匹配的法律组织体系逐步健全。履行法治建设第一责任人职责，定期听取法治建设和合规管理专题汇报，研究部署"法治移动"建设重要工作。推动党建工作与依法治企纳入公司章程。优先提拔法治意识素养高、依法办事能力强的干部，完善管理人员法治建设考核制度，述职述廉与述法同步开展。把法治学习作为党组织理论学习的必修课程，开展宪法、民法典、网络安全法、数据安全法、个人信息保护法等专题学习。

通过坚持和加强党的领导，依法治企政治站位、制度优势、组织效能、法治意识不断提高，公司法治工作基础不断夯实。

二、强化高质量发展法治保障，做优"四个助力"

中国移动始终坚持依法经营、深化依法治企，加强法律与业务的深度融合，不断适应市场化、法治化、国际化营商环境，锻造提升核心竞争力，为实现高质量发展提供坚实法治保障。

一是助力公司转型升级。围绕公司数智化转型、"5G+"计划实施、CHBN融合发展，公司法治工作落实5G新基建战略部署，有力支撑5G、AI、大数据等经营资质授权，充分保障利用5G关键窗口期，集约高效建设共享信息基础设施。二是助力公司改革落地。全力支撑保障国企改革三年行动，助力公司制改制、机制体制改革等任务顺利完成。对"双百行动""科改示范行动"改革方案进行法律论证，有力支撑基层网格化运营。三是助力公司创新发展。强化知识产权管理，支撑5G商标布局、客户品牌焕新、"九天""智慧中台"等创新发展，加强冬奥会、亚运会等重大赛事权益指导，强化知识产权创造、运用、保护。四是助力公司履责担当。不断加强境内外全域法律风险防范化解，妥善推进公司ADR退市和A股上市工作。积极维护公司合法权益，圆满处理各类诉讼争议4000余件，挽回损失数亿元。深度参与国家立法工作，为国家立法积极建言献策，累计为数据安全法、个人信息保护法等30余项立法反馈立法建议300余条。

通过持续深化业法融合，强化高质量发展保障能力，法治工作在助力公司转型升级、改革落地、创新发展、履责担当等方面发挥了积极作用。

三、聚焦"法治移动"建设，做强"五个能力"

作为国家治理体系的重要组成部分，中央企业贯彻落实全面依法治国方略的首要任务就是推进全面依法治企。

中国移动聚焦"法治移动"建设，一是强化法治思维能力。深入践行"和法同行　尊享规则"为核心价值观的法治文化理念，推出"红法印"统一标识，全面推广"12345"法治宣教体系。总结"七五"普法成效，评优选先，3家单位获全国"七五"普法先进单位。启动"八五"普法规划，发挥"和法树"网上阵地价值，年度学习人次累计超千万，全面提升全员法治意识和运用法治思维方式解决问题的能力。二是强化依法治理能力。加强顶层设计，完善法人治理结构，将依法治企、合规经营纳入董事会管理范畴，规范设定公司股权架构和管理层级。落实"三重一大"决策机制，强化重大决策、规章制度、经济合同的全过程管理，实现法律审核三个100%。三是强化合规经营能力。实施"合规护航计划"，持续推进境内外合规体系建设。围绕构建境外"五位一体"的大合规体系，研究制定境外合规管理体系建设方案。试点境外单位首席合规官制度，明确十二方面职责，推动首席合规官作用发挥。四是强化数智管理能力。稳步推进法律领域数智化建设，深化人工智能、大数据等技术应用，建设完成集中化智能化合同系统，年均处理合同近百万份、金额逾万亿元。打造"中移獬智"合同系统专属品牌，完成"1+5+N"智慧合同产品体系一期产品化封装和商标注册，应用案例入选"智慧中台"最佳实践案例。五是强化法律工作能力。不断推进法治央企建设要求达成，持续开展总法律顾问约谈第一责任人、片区分组交流、法治建设年度评价考核工作，发布法治建设最佳实践，实现经验共享。深化法律顾问队伍建设，开展法律顾问等级评定和公司律师试点工作，建设完善法律专家库，累计选聘147名法律专家，组织专家库课题研究和成果推广应用。完善总法律顾问制度，实现总法律顾问全覆盖，持续开展总法律顾问述职，表彰十佳百优法律顾问，法律人员和持证率均实现翻番，高素质法治工作队伍不断壮大。

通过聚焦"法治移动"建设，法治思维、依法治理、合规经营、数智管理、法律工作等能力不断增强，有效提升了依法治企工作水平。

一年来，公司在习近平法治思想的指引下，做好依法治企、合规经营大文章，把法治建设融入各条线、合规经营深入各领域，强化风险防范全覆盖，让每一份文件、每一个决定、每一项工作都有扎实的法治基础、经得住法治检验，为公司高质量发展提供有力保障。公司自上而下全面推进法治央企建设的良好局面蔚然形成，"法治移动"已成为全集团法治建设的"金名片"。

四、高举习近平法治思想伟大旗帜，续写"法治移动"建设新篇章

进入"十四五"时期，世界百年未有之大变局加速演进，世纪疫情影响广泛深远，不稳定不确定因素明显增多，公司面临的法律环境更加复杂、形势更加多变。在看到成绩的同时，我们也清醒地认识到，随着发展阶段、发展环境、发展条件的变化，公司法治建设在保障高质量发展方面，仍存在着短板和不足。公司主动预判

风险、化解危机的意识仍需加强；涉外法治工作能力、合规风险管控能力仍需强化；法治人才队伍尚不能满足公司数智化转型需要，依法治企整体水平仍需提升。面对新形势、新问题，迫切需要进一步深入学习贯彻落实习近平法治思想，深化"法治移动"建设，不断巩固提升依法治企工作水平，向治理完善、管理规范、经营合规、守法诚信的法治央企目标不断迈进。

国资委深入贯彻落实习近平法治思想，切实解决央企法治建设急难愁盼问题，在总结"十三五"时期法治建设成果的基础上，《关于进一步深化法治央企建设的意见》应运而生，为新时期法治央企建设指明了方向，明确了时间表、路线图。中国移动按照国资委关于进一步深化法治央企建设的各项要求，围绕公司"推进数智化转型、实现高质量发展"工作主线，就"十四五"时期"法治移动"建设工作进行了规划部署。

一是坚决贯彻落实习近平法治思想。把握"三新一高一共"总体要求，在巩固拓展"法治移动"阶段性成效基础上，锚定公司做强做优做大数字经济的总体目标，确立新时期"法治移动"建设的总体目标思路、重点任务，将法治建设作为构筑创世界一流"力量大厦"的重要内容，做到与公司战略同推进、同落实，充分发挥法治固根本、稳预期、利长远的保障作用。

二是坚持整体谋划。发挥集团法律部门牵头抓总作用，切实履行统筹协调、督促检查、推动落实职责；其他管理部门和各单位从自身业务出发，各司其职，找准与法治工作建设的结合点，搭建法治工作框架下的法务、合规、风控一体推进的协同管理体系，形成法治建设合力。

三是坚持建强组织。锻造忠诚干净担当作为的高素质法治工作队伍，深入推行总法律顾问制度，培养与公司发展数字经济相匹配的法律人才，不断提升法治工作队伍专职化、专业化水平，为公司改革发展提供有力法律支撑。

法治强则企业强，法治兴则企业兴。新时期，我们将深刻领会把握习近平法治思想的核心要义和理论精髓，自觉做习近平法治思想的坚定信仰者、积极传播者、模范实践者，深入落实国资委法治央企建设各项工作要求，续写"法治移动"建设新篇章，让法治成为公司转型发展征途中贯彻始终、保障始终、推动始终的护能者、赋能者、使能者，为公司走好高质量发展"赶考路"贡献法治智慧和力量。

（中国移动通信集团有限公司党组成员、副总经理、总法律顾问　高同庆）

中国电子信息产业集团有限公司

统筹推进"五位一体"，实现风险管理集约化

—— 中央企业加强风险管理集约的思考

一、中央企业加强风险管理集约化的背景

为全面提升中央企业抗风险能力，党中央和国务院相关部门出台了多部法规和指引，多维度加强对中央企业的监管。2006 年国资委出台了《中央企业全面风险管理指引》，明确了全面风险管理的基本框架。2008 年财政部等部委联合发布了《企业内部控制基本规范》，2010 年发布了《企业内部控制配套指引》。2014 年党的十八届四中全会作出全面推进依法治国的重大战略部署，国资委随即印发了《关于全面推进法治央企建设的意见》，要求中央企业切实增强依法治理能力，着力强化依法合规经营和规范管理。2018、2019 年国资委陆续发布了《中央企业违规经营投资责任追究实施办法（试行）》《中央企业合规管理指引（试行）》和《关于加强中央企业内部控制体系建设与监督工作的实施意见》等文件，开启了全面加强对中央企业风险监管的新篇章。2020 年 6 月中央深改委审议通过了《国企改革三年行动方案（2020—2022 年）》，国资委按照中央精神印发了《关于开展对标世界一流管理提升行动的通知》，对中央企业推进管理体系管理能力现代化提出了更高的要求。

实践中，中央企业开展风险管理工作面临全新的挑战：如何将内涵丰富的风险管理理论及监管要求与中央企业实际相结合、构建既符合自身特色又满足监管要求的风险管理体系，支撑企业高质量发展和打造世界一流企业；如何在大视角下重新认识风险管理，以及如何厘清风险管理、法治建设、合规管理、内部控制和违规责

任追究之间的内在逻辑；如何有效整合风险监督资源，重构风险管理职能，提升风险综合防控能力等。

二、统筹推进"五位一体"是顺应风险管理集约化的重要抓手

经过研究发现，中央企业通过推进"五位一体"，充分实现了五项职能之间的有效融合，并实现了与企业治理、经营和管理的深度融合，使得中央企业能够站在风险管控全局，多措并举、综合施策、协同发力，切实达到了"1+1>2"的预期目标，有效提升了综合风险防控的效果。

（一）从实际需求看，中央企业需要推动风险管理集约化

经营需要集约，管理同样需要集约。目前，中央企业的管理线条已然较多，而合规管理、违规责任追究作为新增职能，如果与相关职能不能深度融合，而是各成体系、分开孤立开展，分别建立一套体系和流程，管理线条将会进一步增加，易于形成"铁路警察，各管一段"的问题。一方面，单个职能往往仅从自身角度出发，管理思路和行为均非常受限，做决策、看问题易于碎片化、片面化，难以兼顾风险管理全局，管理过程中易于顾此失彼；另一方面，五项职责如不集中，将会分散于不同的机构，风险管理资源将难以聚集，单项职责往往较为弱势而难以与经营管理深度融合，往往形成"两张皮"的现象。因此，五项职责不深度融合，既使得机构膨胀、管理成本增加，又可能由于管理职能交叉而出现相互重叠、互相掣肘、相互干扰的情况，导致预期的管理目标难以圆满实现、风险管控的效果往往不够理想。

同时，中央企业总部管理资源相对充足，面对多个线条还可以符合要求，但所属企业管理链条一般较长，基层企业生产经营任务繁重，如果同步增加多项管理职能，完成逐级"复制"，并要求配备相应资源，在三级及以下企业将可能面临很多的困难，难以有效落地。因此，从实际需求看，中央企业存在大力推动风险管理集约化的内在需求。

（二）从内在逻辑看，五项职能存在集约化管理的基础

从宏观职能上来看，虽然风险管理、法治建设、合规管理、内部控制、违规责任追究五大管理职能在管理体系来源、体系目的、体系语言和监管思路与部门等方面均有所不同，但五项职能存在很大的共性和交集，都是通过对风险的管控进而促进企业战略目标实现的重要管理活动，其根本目的是为企业健康持续发展提供保障，存在集约化管理的基础。

法治建设要求企业坚持依法治理、依法经营、依法管理，确保企业按照法律法

规的要求运行，有效防范法律风险。企业法治建设目标是努力成为治理完善、经营合规、管理规范、守法诚信的企业。因此，在依法治国环境下，法治建设是企业经营的最基本要求，在五项职能中其内涵最小。

合规管理的目标是企业及其员工的经营管理行为符合法律法规、监管规定、行业准则和企业章程、规章制度以及国际条约、规则等要求，有效防控合规风险。合规管理是近年来部分企业为适应宏观监管日趋严格的形势，在企业内部积极主动开展的一项重要活动，是企业在确保依法运行的基础上，对自身规范管理的进一步提升，是一种更高的管理追求。同时，经营合规也是法治建设的重要目标之一，因此，合规管理是比法治建设更为宏观的概念。

内部控制侧重于通过输出管理制度和流程保障经营管理活动有序开展。但仅靠完善的内部控制管理体系只能解决一部分内部风险，无法完全确保企业健康可持续发展。在未嵌入风险管理、合法合规"基因"情况下，内部控制不能保证合法，也不能保证合规，保证的是预期的确定性和有效性，而剩余内部风险和外部风险都无法仅靠内部控制的方式解决，必须通过风险管理的理论和方法来识别和应对。因此，法治建设和合规管理作为管理追求，需要以内部控制为载体来实现，是内部控制建设的重要内容；而内部控制需要注入风险和合法合规的价值导向和具体要求，确保内部控制的科学有效。

风险管理是对企业面临的风险进行全面有效的管理，是企业管理发展的高级阶段，而法治建设、合规管理、内部控制和违规责任追究均是为应对企业运行中可能面临的风险而采取的一系列管控风险的方法和措施，保障企业健康可持续发展。因此，风险管理属于更加宏观的管理概念，其他四项职能均是其底层基础。底层基础如果不够牢固，风险管理往往易于成为无源之水、无本之木。只有在底层基础达到一定程度之后，风险管理才能得到有效支撑、充分发挥作用。

违规责任追究是企业对违规经营造成损失风险的事后纠偏过程，也是对风险管理不到位的纠正机制。违规的"规"主要包括国家法律法规、国有资产监管制度和企业内部管理规定等内容。违规责任追究中明确了11个方面72项责任追究的情形，其中风险管理是一项重要内容，其他情形中也包括法治建设、合规管理和内部控制的因素。当企业在风险管理、法治建设、合规管理和内部控制方面违反规定导致国有资产损失或其他严重不良后果时，将面临责任追究，因此，违规责任追究是风险管理考核奖惩的重要一环，也是法治建设、合规管理和内部控制的闭环和有力抓手。

内控评价是对内部控制体系有效性进行全面评价的过程，要求客观、真实、准确揭示经营管理中存在的内控缺陷、风险和合规问题。因此，内控评价作为再监督环节，应按照"建评分离"的原则，保持相对独立。同时，相对目前监管需求和企业管理需要，现有内控评价范围较窄、效果有限。为全面评价企业风险管理有效性，内控评价应逐步从单纯内控评价向综合评价转型，将风险管理、法治建设、合规管理等内容也纳入评价范围，更能充分发挥评价对企业管理的促进作用。

因此，从大的视角来看，五大职能都可以纳入全面风险管理范畴，从目标、理论、体系和方法等方面均可进行深度的融合，其具体关系如下图。

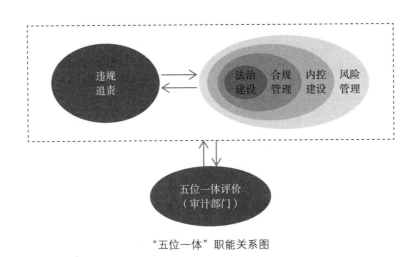

"五位一体"职能关系图

（三）从实践层面看，"五位一体"可以实现有效融合相互支撑相互促进

在"五位一体"大风控格局构建中，中央企业应坚持以风险管理为统领、以法治建设和合规管理为价值导向、以内部控制为支撑、以违规追责为闭环，实现一体化管理模式。

1. 五大职能以风险管理为统领。如前文分析，风险管理属于更加宏观的管理概念，其他四项职能是其底层基础。一方面，风险管理的理念、思路、方法和工具应当全面贯穿到其他四项职能，即以风险管理为统领，系统开展其他四项职能。另一方面，企业在确定风险管理的总体目标、原则、机制和方法时，应统筹四项职能，充分考虑四项职能的管理状况，充分依靠其工作成果，充分调配管理资源，才能全面发挥风险集约管理的作用。

2. 以法治建设和合规管理为价值导向。在风险管理统领的基础上，法治建设和合规管理着力推动企业治理完善、经营合规、管理规范、守法诚信。企业应将风险、法治和合规"基因"，通过管理制度和流程融入企业治理、经营和管理的方方面面，进而实现落地生根，规范企业各级员工的行为并形成本能习惯，逐步使企业树立起风险、法治和合规的价值导向，进而成为企业文化的重要内容。

3. 以内部控制为支撑。内部控制的核心是输出管理制度和流程，而"好"的制度流程应该具有风险、法治和合规"基因"。只有具备这些基因，内部控制才能确保企业健康可持续发展。同时，在风险管理统领下，法治和合规作为价值导向，其职能的落地必须以内部控制为载体，通过制度和流程对接、支撑和落地实施，并通过持续管理评价不断完善和提升。

4. 以违规责任追究为闭环。一方面，当企业缺乏风险、法治和合规的价值导向，或价值导向未通过内部控制充分发挥作用，而导致企业产生国有资产损失或其他严重不良后果时，违规责任追究作为管理闭环，就要实现对相关责任的追究。另一方面，在违规责任追究开展过程中，也可以对企业在风险管理、法治建设、合规管理和内部控制方面存在的不足进行检视，推动企业自我纠偏，进一步完善经营管理。

三、以"五个着力"为抓手统筹推进风险管理集约的具体建议

中央企业应按照"五位一体"的内在逻辑积极推动风险管理职能的统筹和融合，在融合理念、组织结构、管理过程中充分体现职能的融合，目标是逐步在全系统实现风险管理集约化，逐步构建具有企业自身特色的"五位一体"风险管理体系，为企业的高质量可持续发展夯实管理基础。

（一）着力形成与宣贯"五位一体"融合理念

理念是行动的先导，是工作思路、工作方向、工作着力点的集中体现。实践中，五项职能相互独立、自成体系、各自为战，给企业风险管理带来一定的困惑。中央企业想要推进风险管理集约化、提升综合抗风险能力，必须首先破解风险管理理念的困惑，形成融合理念，并指导具体实践。

1. 破解风险管理理念困惑。中央企业应通过内部研讨、专家座谈、企业调研沟通等途径，对五项职能的内涵和关系进行深入的研究，逐步对职能融合的必要性和可行性达成共识，形成统筹推进"五位一体"、加强风险集约管理的融合理念。同时，中央企业应推动风险集约化理念逐步在全集团形成高度共识，成为各级企业董事会、经营层、业务人员的内心认同，通过内化于心、外化于行，形成"人人谈风险、处处倡融合"的管理氛围，为深入推进"五位一体"奠定扎实的基础。

2. 加强理念宣贯，统一思想。理念的持续宣贯将为"五位一体"的全面落实

奠定坚实的思想基础。中央企业应通过多种途径加强"五位一体"风险集约管理理念的宣贯，进一步凝聚共识，深入推进"风控产品"的供给侧改革，持续加强对风险管理理念、方法、工具和标准等向全集团输出，帮助广大企业领导干部、经营管理人员和一线员工深入理解"五位一体"理念和要求、掌握必备的风险管理知识，让企业各级员工知道"五位一体"是什么、为什么、更懂得如何干、如何干好，进而不断提升依法合规经营意识和风险防控能力，夯实企业高质量发展基础。

（二）着力重塑"五位一体"组织体系

"五位一体"的统筹推进需要组织体系的健全和保障才能够有效落地。中央企业应该在董事会、经理层、牵头部门、业务部门和审计部门等多个层面完善相应组织体系和工作机制。

1. 重塑董事会"五位一体"领导格局。董事会是现代公司治理的核心，控风险是其核心职能之一。风险管理是"自上而下"深入开展的，"五位一体"风险集约管理自然离不开董事会的高度重视和大力支持。在中央企业总部层面，董事会应重新梳理职责权限，在原有职责基础上，增加合规管理和违规追责等职责，将"五位一体"的管理权限集中赋予董事会，形成集中统一的领导格局。董事会应下设专门风险管理委员会，主要成员以外部董事为主，定期听取风险集约管理专项汇报，并提出明确工作要求，确保董事会控风险作用的充分发挥。在所属企业层面，中央企业应积极推动所属企业董事会建设，通过会议要求、文件制度、监督检查、述职考核等形式落实董事会对"五位一体"风险集约管理的领导和监督作用，明确把防控风险作为各级董事会的重要职责。同时要求二级企业在董事会设立涵盖五项职能的风险管理委员会，进一步完善管理组织体系、逐级落实管理责任。董事会"五位一体"领导格局的形成，更易于集中管理资源，有利于统筹大风控体系建设，充分实现资源优化配置，避免企业产生系统性风险。

2. 重塑经理层"五位一体"管理职能。在董事会领导下，企业经营班子是推动"五位一体"工作组织落地的关键。在集团总部层面，中央企业应调整成立专项领导小组，包括风险管理、法治建设、合规管理、内部控制和违规追责职能，实现经营班子层面"五位一体"的职能集中。领导小组应及时听取"五位一体"风险集约管理专项汇报，对重大事项进行研究，并及时向董事会报告，向董事会负责。同理，在所属企业层面，中央企业也应要求二级企业在经理班子层面设立涵盖五项职能的专项领导小组，实现职能权责的全面对接落实，确保管理体制有效衔接和贯通。

3. 重塑牵头部门与业务部门"五位一体"权责关系。为统筹推进"五位一体"，中央企业应调整总部风险管理机构设置及职能分工，推动"五位一体"风险管理职能建设，统筹内部管理资源，推进一体化建设，普遍建立"五位一体"集约化的牵头管理部门，加大对风险管理资源的投入，努力做到组织到位、职责到位、人员到位，并逐步向所属企业延伸。"五位一体"牵头职能部门的设置和职责的强化，避免了五项职能的分别设立，打破了五项职能之间的藩篱，使得五大职能可以很好地进行融合并发挥最大化作用，形成企业综合管控风险的一道"密网"，有效解决了企业面临的管理困惑。

"五位一体"风险集约管理得以有效组织的基础是要厘清牵头部门与职能部门、业务部门和所属企业等在风险集约管理中责权利关系。中央企业应坚持牵头管理部门是"'五位一体'管理的管理者"、其他职能和业务部门是"业务条线内'五位一体'管理的龙头管理者"的理念，强调牵头管理部门在文化打造、理念方法、体系搭建、标准制定、专业工具、信息共享以及组织、协调和指导等方面的专业职能，从而将具体风险管控责任落实到相应责任单位，强调风险管理职责和具体管理职责应责权利相统一，授予管理和经营权利的同时，授予相应的风险管理职责。管理权责的清晰划分，避免了管理主体之间职责不清、互相推诿的问题，能够实现部门之间有效协同、互相支撑、优势互补，确保了风险防控体系科学、全面和有效落地。

在具体实践中，风险管理部门作为牵头部门，应积极明确融合思路，加强理念宣贯、营造融合氛围。业务部门应坚持"业务谁主管、风险谁负责、措施谁提出、实施谁负责"的原则，积极履行业务条线内"五位一体"风险管理职责，一线业务人员要掌握与职责相关的"五位一体"风险管理意识和方法，将风险管理融入岗位职责、形成岗位技能，做好业务的同时做好"五位一体"风险管理工作，有效实现业务发展与风险管理的有机融合，切实从业务源头防范风险。

4. 重塑审计部门"五位一体"评价职能。审计部门也需要按照"五位一体"的理念进行职能完善。中央企业审计部门应积极改进传统的工作模式和方法，逐步从以风险为导向的财务审计内控评价向"五位一体"风险管理综合评价转型，将"五位一体"风险管理全面纳入关注领域，综合评价企业全面风险管理工作。审计部门职能的转变，也符合国资委对审计工作的目标定位和管理趋势。

（三）着力提升"五位一体"战略高度，提高现代企业治理能力

在公司治理方面，中央企业应将"五位一体"的管理权限集中于董事会，有利于董事会对风险管理工作的集中统一领导，可以充分发挥董事会控风险的职能，符合现代公司治理的发展趋势。同时，中央企业应在全系统推进风险管理委员会的设立，为董事会的科学决策提供重要支撑，有利于董事会层面进一步加强控风险职能。为进一步加强企业董事会建设，提升科学决策能力，中央企业应积极推进深化改革，创新开展专职董监事制度实践，选派党性强、能力优、经验丰富、岗位匹配度高的专职董监事，充实到重要子企业董事会中，并要求专职董监事切实履行职责，积极贯彻股东意志，全力促进企业发展。这一重要举措对中央企业深入推进国有企业改革治理实践、提高现代企业治理能力意义重大。

在董事会不断深化改革的同时，"五位一体"的战略高度也应不断提升。中央企业应高度重视"五位一体"风险管理对实现战略目标、创造价值的作用，特别将"五位一体"风险管理提升到战略层面，深入融合到集团全面深化改革、战略规划、年度经营计划与重点工作制定过程之中。在"十四五"时期，中央企业应进一步加强"五位一体"风险防控体系建设，充分认识加强风险防控体系建设"谋长远、固根本"的重要意义，以高度的历史方位感、使命感和责任感，加强对风险防控体系建设的研究和安排，着力解决企业在治理、经营和管理等方面的深层次问题，站在全系统"五位一体"风险防控体系建设、支撑高质量发展的宏观高度，提出清晰的风险防控体系建设目标和工作任务，并将其作为企业战略规划的重要内容。

（四）着力推动"五位一体"深度融合，提高经营管理质量和效益

"五位一体"重在融合推进，既要推进"形"融，更要推进"实"融。中央企业应坚持体系化思维、持续推进管理创新，协同开展工作，既要统筹推进"五位一体"的内部融合，也要推进"五位一体"与经营管理的深度融合。

1. 促进"五位一体"内部融合。在工作组织方面，中央企业应着力统筹五项职责，力争首先实现形式上的融合。每年应对"五位一体"风险管理工作进行统筹安排，统一工作思路，明确工作方向和重点；建立企业工作台账，结合实际管理状况，提出个性化年度风险管理重点工作任务计划，对"五位一体"工作的推进提出明确要求；组织企业对下开展"五位一体"综合检查，内容全面覆盖五项职能；制定"五位一体"综合评价考核标准，根据企业管理实际，对企业进行年度考核，并进行约束化扣分处理；加强"五位一体"综合风险提示，以风险提示函的形式向企业提出意见和要求，指导企业加强风险管理；组织"五位一体"综合培训等。

在具体工作开展中，中央企业应坚持融合理念，任何一项工作均避免仅单纯从一项职能出发，而要从"五位一体"的高度统筹推进，重点实现实质上的融合。比如，在内控体系建设工作中，中央企业应以"强内控、防风险、促合规"为目标，以制度和流程建设为抓手，通过明确部门职责正面清单，按照风险导向、关键节点依法合规和标准化的要求建立健全制度和流程，并由风险管理部门加强制度的综合审查，确保全面融入风险、法治和合规"基因"，使得内控体系的质量进一步提升。同时，中央企业应进一步健全完善内控评价机制，逐步将风险管理、法治建设和合规管理纳入内部审计监督评价范围，逐步健全完善统筹风险、合规和内控的监督评价体系，实现内控评价向综合评价的转型。

2. 促进"五位一体"与经营和管理的深度融合。"五位一体"不是孤立的，必须要与企业经营管理深度融合，才能焕发生机和活力，避免"自说自话"，产生"两张皮"的现象。业务部门是风险管理第一道防线，业务开展往往伴随着风险的产生。但现实情况是，企业第一道防线往往处于"失守"状态，业务开展未与风险管理、合规合法等工作同步开展，导致风险未能抓早抓小、及时化解。为有效解决该问题，中央企业应通过职责的融合和责任的落实，逐步将"五位一体"融入生产经营各领域。中央企业应赋予业务部门开展业务经营和风险管理的双重职责，不断促进业务人员掌握与职责相关的"五位一体"风险管理意识和方法，并将风险管理纳入岗位职责，使"权责利"完全匹配，因此，在具体经营过程中，业务部门能够从"五位一体"的宏观角度，对业务的风险、合法合规进行综合判断，支撑业务的开展，这样就做到了风险管理与业务经营的深度融合、同步推进，确保做好业务的同时做好"五位一体"风险管理工作，切实从业务源头防范了风险。

（五）着力打造"五位一体"专业团队

为确保"五位一体"的统筹推进，专业团队的打造不可或缺，不仅包括专职风险管理团队，也包括董事会、管理层、业务部门等其他管理人员，提升全员风险管理意识和能力。

1. 立体开展风险管理培训，提升全员风险管理能力。中央企业应建立多层次、多维度、多领域的立体式风险管理培训机制。针对党委（党组）成员，应建立中心组风险管理学习机制，定期邀请风控和法律专家进行专题授课；针对企业董监事，组织专门风险管理培训，提升专职董监事履职能力；针对企业高级管理人员，定期组织规范管理培训班，"五位一体"风险管理意识和能力培养应是其中重要内容；针对"五位一体"管理部门人员，定期组织业务培训，提升管理人员业务素质；针对业务部门及一线业务人员，应组织与具体业务职责相关的培训课程，要求做好业务工作的同时做好"五位一体"风险管理工作，切实提升第一道防线的风险防控意识和能力。

同时，中央企业应高度重视风险管理经验总结分享，深入开展"向失败学习"警示教育，组织召开典型案例专题研讨，对实际发生的风险管理案例进行"复盘"，深入"解剖麻雀"，开展深刻反思，吸取经验教训，举一反三，倡导企业向管理要效益，多一些有效经营，少一些无效经营，杜绝负效经营，用管理固化经营成果，不断提高企业发展的质量和效益。

2. 推进"五位一体"风险管理队伍职业化、专业化和事业化建设。为满足工作需要，中央企业应持续加强"五位一体"管理队伍建设。"五位一体"管理人员应做到"知识转化为能力，能力转化为价值"，并应努力成为"懂专业、懂管理、懂业务、懂财务、懂规划、懂经营"的复合型人才。同时，中央企业应不断提升"五位一体"风险管理的程序化、标准化、常态化，增强管理人员的使命感、存在感和满足感，拓展管理职能，提升管理实际效果，稳固管理队伍，逐步形成一支知识全面、能力综合的专业化管理队伍。

（中国电子信息产业集团有限公司副总法律顾问　孔雪屏，中国电子信息产业集团有限公司法律事务部处长　李刚）

中国第一汽车集团有限公司

以习近平法治思想为指引，
为建设世界一流汽车企业提供坚实法治保障

明法者强，慢法者弱。2020年召开的中央全面依法治国工作会议，首次将习近平法治思想确定为全面依法治国的指导思想，为新时代全面依法治国提供了根本遵循和行动指南。中国一汽深入学习贯彻习近平法治思想和习近平总书记视察一汽重要讲话精神，认真落实中央全面依法治国和国资委法治央企建设各项要求和工作部署，构建"争创合规价值创造标杆，勇当法治保驾护航先锋"的法治一汽愿景，持续深化法治一汽建设，紧密结合中国一汽战略规划及改革发展，在强化法治顶层设计、深度融入重大决策、持续深化法商融合、纵深推进合规管理、创新培育法治文化等方面，实现了依法治企能力、法律风险防控水平、法治文化软实力的全面提升，公司总体经营屡创新高，自主品牌跃迁成长，创新能力大幅增强，法治工作效果明显。

一、强化法治顶层设计，充分发挥组织领导作用

中国一汽党委高度重视法治工作，全面统筹推进法治一汽建设。一是切实履行法治建设第一责任人职责。党委书记、董事长、总经理深入学习领会习近平法治思想与国资委法治央企建设工作要求；董事会、董事会专门委员会定期听取和审议年度法治工作报告与年度合规管理报告，统筹法治建设各项任务；总经理办公会听取法治建设工作汇报，对法治建设提出总体要求；分管领导大力推进法治建设的组织与实施，参与法治建设专题研讨，对法治建设实施进行整体把关。二是不断完善法治建设制度体系。形成以法治规划为纲领、以业务管理规定为支撑的全面制度

体系，制定法治工作规划、普法规划，建立健全总法律顾问制度、法律事务管理规定、合规管理规定等 12 项管理文件。三是持续加强法治建设要求的贯彻落实。定期组织召开法治工作会议、合规大会等法治建设会议，向各级子公司传达国资委法治央企建设要求，部署法治建设工作任务；通过开展子公司法治建设调研、交流、验收等活动，全面摸排子公司法治建设情况，支持解决子公司法治建设瓶颈问题；大力推进法治工作规范化、标准化、专业化、数智化，强力推进子公司法治建设进程，持续提升法治建设实效。

二、深度融入重大决策，强力支撑公司战略实施

通过开展前瞻法务研究、重大决策法律审核、重大项目法律服务等途径，深度融入重大决策的前期论证、审核审议、落地实施全过程，保障重大决策的合法合规、顺利实施。一是开展前瞻法务研究，为重大决策提供有效参考。聚焦业务前沿、实务难点、热点问题，建立了新法新规速递、竞争信息收集、前瞻法律研究工作机制，2020 年以来累计发布法务观察 12 期、竞争情报研究报告 10 期、前瞻法律问题研究报告 15 项。二是多维参与重大决策过程，对决策方案进行审核把关和赋能优化。形成"三位一体"法律审核机制，法律审核嵌入在线系统，总法律顾问列席各层级决策会议，确保重大决策合法合规，并在完善优化方案方面发挥重要作用。三是全面深化项目法律服务，有效助力项目顺利开展。全程参加与公司战略和发展密切相关的投资、改革等重大项目，深入参与项目方案设计与论证，拓展公司治理设计等职能，形成了项目法律风险评估机制，延伸项目签约后法律服务。

三、持续深化法商融合，加速提升法治工作质效

中国一汽秉持法商融合理念，法务与业务部门同频共振，提供场景化、产品化和一站式的整体法务解决方案，持续提升法律服务质量和效率。一是提升合同管理水平。推行合同管理文本模板化、审核专业化、管理智能化，在抗疫保供、合同业务创新、涉外合同典型问题解决、重大合同业务谈判等方面充分发挥协同支撑作用。二是全面管控集团纠纷案件。形成了诉前化解纠纷、诉中案件处理质量提升、诉后总结复盘反哺业务的工作机制，妥善处理纠纷案件，避免或挽回大量经济损失；实行案件分类管理，建立了质量纠纷、劳动人事纠纷、金融案件等常见类型案件管理模式。三是完善商标管理。基于集团品牌战略和业务战略，拓展优化

商标布局，规范商标使用管理，形成了与市场监督部门联动的商标打假维权机制；2020 年以来新增商标注册增幅达 41.3%，2021 年度"中国一汽"驰名商标评估值 3726.72 亿元，品牌行业排名持续第一。

四、纵深推进合规管理，加固筑牢合规风险屏障

中国一汽快速响应，落实国资委全面合规管理要求，以"合规创造价值"为目标，全新构建了合规管理体系，取得阶段性成果。一是加强合规管理制度体系建设。构建以合规行为准则为纲领、合规管理指引为工作指南、合规手册/岗位合规须知为操作规范的三层合规制度体系，形成合规指引及合规手册 25 项，覆盖重点领域 90% 以上。二是健全合规管理组织体系。不断强化董事会对合规管理的统筹领导作用，自上而下建立八层的合规管理组织体系，实施组织赋能计划，发挥体系合力。三是完善合规管理运行机制。建立合规要求动态监测识别及外规内化机制，梳理合规要求 932 项，合规要求 100% 嵌入体系文件并有效执行；建立合规风险防范机制，每年开展合规风险排查，按季度跟踪重大合规风险事件，及时开展合规风险预警；将合规管理纳入部门考核指标，以评促建，持续夯实业务单元合规管理工作基础。四是深入开展合规专项工作。围绕监管要求、重点领域、当期经营需要，开展数据安全、公司治理、境外经营等专项合规工作 15 项，成效显著。五是营造浓厚合规氛围。发布合规方针、理念，高管带头签署合规承诺，向员工及合作伙伴提出合规倡议，开展合规对标、合规论坛、交流研讨等活动，传递合规声音，强化合规意识。

五、创新培育法治文化，持续提升全员法治素养

通过纳入企业文化、搭载知识模型、嵌入培训体系、融合新媒体、融入业务场景等多种方式，持续丰富法治文化内涵，提升全员法治意识和法治能力。一是将法治文化纳入中国一汽企业文化。法治要求纳入员工手册、重点法律知识纳入总监级以上知识模型、法治素养纳入总监级以上任职要求。二是分层分级开展法治培训。理论中心组定期开展法治专题学习，每年开展总监级以上人员、体系人员、重点业务领域人员、新入职大学生等线上线下法治培训，实现法治培训 100% 全覆盖。三是丰富法治宣传形式。利用一汽在线、一汽 EASY、e 汽学、企业微信等平台开展法律法规、监管要求、违法案例的宣传活动。四是开展形式多样的普法活动。开展

"国家宪法宣传日暨合规宣传月""民法典宣传月""普法知识竞答"等系列活动，持续提升普法宣传的参与度、影响度，突出普法实效，在全集团营造尊法学法守法用法的法治氛围，提升全员法治素养。

在树立民族汽车品牌、打造世界一流企业、开创新时代中国汽车产业发展的新道路过程中，中国一汽始终坚持以习近平法治思想为指引，紧紧围绕集团战略和经营发展重点任务，不断完善法治工作举措，强化法治工作实效，提升法治工作水平，为中国一汽战略实施和改革发展提供了坚实有力的法治支撑保障。下一步，中国一汽将继续以习近平法治思想为指引，按照党中央、国务院，以及国资委关于法治建设的总体要求，紧紧围绕"健全五个体系，提升五项能力"的"十四五"法治建设目标，快速推进"合规管理强化年"专项工作，进一步深化法治一汽建设，以高质量法治工作助力中国一汽高质量发展，为中国一汽向着世界一流汽车企业奋进贡献法治力量。

（中国第一汽车集团有限公司总法律顾问　王延军）

中国一重集团有限公司

国之重器的法治建设

近年来，中国一重集团有限公司（简称中国一重）始终坚持以习近平新时代中国特色社会主义思想为指导，深入贯彻落实习近平法治思想，全面贯彻落实党的十九大和十九届历次全会精神，落实中央全面依法治国委员会第一次会议部署以及中央企业法治工作会议精神，按照《关于全面推进法治央企建设的意见》《中央企业主要负责人履行推进法治建设第一责任人职责规定》和中央企业"十四五"发展规划，主动作为、多措并举，坚持服务战略、服务大局，防范重大法律风险，紧紧围绕公司生产经营和深化改革中心任务，不断加大法治工作推动力度，持续在健全法治工作体系，坚持三项审核100%，法律风险防范，处理应诉起诉案件，清理呆滞账款和"七五普法"等方面稳步推进工作，为公司做强做优做大提供法律保障。

一、2016—2020 年法治工作取得的主要成效

（一）加强顶层推动，公司法治建设第一责任人有效落实

习近平总书记强调，各级党组织和全体党员要带头尊法学法用法守法。中国一重党委认真贯彻落实习近平总书记重要讲话重要指示批示精神，加强对法治建设的统一领导，充分发挥党组织把方向、管大局、促落实的重要作用，严格执行《党政主要负责人履行推进法治建设第一责任人职责规定》和《中央企业主要负责人履行推进法治建设第一责任人职责规定》，公司主要负责人切实履行了推进法治建设第一责任人职责，带动公司各级领导干部依法经营管理。一是成立了由公司党委书记、董事长为组长的法治工作领导小组，公司法治工作坚持在党的领导下开展，依法治企成为"一把手"工程。二是在《公司章程》第十四条中规定"董事会负责指

导、推进企业法治建设，对经理层依法治企情况进行监督"，确保依法治企进章程。三是制定下发了《中国一重企业主要负责人履行推进法治建设第一责任人职责实施办法》，明确了公司经理层全面依法治企的责任，推动公司各级企业主要负责人切实履行法治建设第一责任人职责，从制度上压实"关键少数"的主体责任。

（二）法治央企建设全面启动实施

中国一重按照国资委《关于全面推进法治央企建设的意见》，将法治工作要求纳入公司章程，建立了三个层次（公司、战略管控型单位、战略运营型单位）的法律事务工作体系，充分发挥各级总法律顾问专业把关和积极推动依法治企重要作用，为公司合法合规运行提供了工作体系基础，不断推动合规经营水平的提升。同时根据"十三五"法治央企建设总体要求，编制了《2018—2020年法治一重建设纲要》，确保公司依法治企能力水平进一步增强，依法合规经营水平显著提升，依法规范管理能力不断强化。

（三）着力加强法律纠纷案件管理，维护公司合法权益，防止国有资产流失

根据国务院国资委《关于进一步加强中央企业法律纠纷案件管理工作的意见》，促进公司提升案件水平，公司对《诉讼案件管理办法》进行了多次修订，强化案件处置的主体责任。一是加强与公司内部各单位的联动，做好应诉案件工作。2016年至2020年，公司保持对发生的应诉案件做到有案必结、未结必跟的态度，其中未结案件多是2019—2020年度发生现尚未审结的案件。二是采取法律手段依法清收欠款。2016年至2020年，对全公司范围内发生的起诉案件，已结案件，多数已取得生效判决且执行完毕；对于无力还款的企业，已向法院申请强制执行；对于破产的企业，已按规定程序进行债权申报。

（四）着力促进依法治理，不断完善法律风险防范机制

一是促进公司规范履行股东职责。中国一重严格按照法律法规要求和《公司章程》规定，合理确定股东权利边界。在工作中注重通过股东会决议、派出董事合法合规的方式对非全资子公司行权履职，避免因违反公司治理规定，被"刺破面纱"，对子企业承担无限连带责任。二是建立完善了以《法律事务管理制度》为核心的制度保障体系。目前共有《法律事务管理制度》《合同管理制度》《法律纠纷案件管理办法》《外聘律师管理办法》《合规管理实施细则》《重大决策及重大项目法律事务管理办法》《总法律顾问制度实施办法》《企业主要负责人履行推进法治建设第一责任人职责实施办法》（暂行）和《法律意见后评价制度》等9项制度和办法支撑公司法务工作运行。三是继续实现法律审核三个100%。2016年至2020年，法律事务部共审核各单位制定和修订的重要规章制度及流程324项，出具审核意见168

份，保证规章制度的合法合规性有效防范或降低公司在经营行为中的法律风险。四是制定、修订公司示范合同文本，从经济行为源头防控法律风险。五是根据市场变化及公司业务实际，及时发现业务工作中的各项法律风险，制定并下发法律风险提示与合同业务操作指南。六是加强境外法律风险防范，有效应对中美贸易摩擦带来的不利影响。七是按照《内部控制指引》规定，加强授权管理，开展公司合同代理人培训考试及授权工作。

（五）支撑公司"供给侧改革"，协同相关部门稳妥处置"僵尸企业"

为深入贯彻习近平新时代中国特色社会主义思想和党的十九大精神，打好防范化解重大风险攻坚战，落实中央经济工作会议、全国金融工作会议和政府工作报告部署，积极稳妥处置"僵尸企业"。2016年至今，协同相关单位稳妥处置了一重集团苏州重工有限公司、一重集团马鞍山重工有限公司和一重集团绍兴重型机床有限公司等3家"僵尸企业"并均已完成处置。

（六）推进合规管理建设，加强企业合规管理工作

为切实抓好合规管理工作，中国一重从组织机构入手，自上而下构建与业务发展相适应的合规风险管理组织体系。一是设立合规委员会，与企业法治建设领导小组合署，承担合规管理的组织领导和统筹协调工作；二是由法律事务部作为合规管理牵头部门，组织、协调和监督合规管理工作，为其他部门提供合规支持；三是由审计与风险管理部负责指导监督股份公司合规管理工作，为公司合规管理工作持续深入开展提供组织保障；四是各业务部门负责本领域的日常合规管理工作，主动开展合规风险识别和隐患排查，发布合规预警，妥善应对合规风险事件，组织或配合进行违规问题调查并及时整改。

同时，进一步完善了合规管理工作机制。一方面完善了合规管理制度，制定了《合规管理实施细则》；另一方面围绕各项业务流程及内控管理，对现有规章制度进行梳理和完善，建立了以"法律事务相关工作制度"为核心的制度保障体系。同时，要求已委派总法律顾问的子公司，按照公司一级制度内容，制定符合自身实际发展的二级制度，现各子公司均已建立起"法律事务工作制度"框架，并已制订下发了部分制度。

在公司范围内推动示范合同文本的使用，并开展与各供应商签订《中国一重供应商通用条款》工作，将廉洁条款纳入"合作商"合同文本中。借助社会征信机制，对有违纪违法记录的企业给予警告或列入与全公司合作的"黑名单"，营造"腐败难行、廉洁易商"的健康营商环境。

（七）抓好法律队伍建设，普法宣传工作有序开展，依法治企人员素质稳步提高

一是会同人力资源部等相关部门，开拓渠道，采取内外部招聘相结合的方式选拔各类优秀人才，吸收有专业背景、相关工作经验及相关执业资格的人员充实公司法律顾问队伍，解决公司法务工作的人才需求。二是精心组织，积极参加上级部门及同行业普法交流活动。积极参加国资委组织的第一期至第七期机械行业法治工作互动交流会，并在我公司成功举办了第三期机械行业法治工作互动交流会，各中央企业相互学习借鉴工作经验，共同推进法治央企建设再上新台阶。三是利用外部资源，邀请法院法官、知名律师开展法律知识专题讲座，切实提高公司经营管理人员的法治观念及法律风险防范意识。

奋进新征程、建功新时代，中国一重将在以习近平总书记为核心的党中央坚强领导下，全面学习贯彻习近平法治思想，进一步推进法治央企建设，提高依法治企水平，为中国一重全面振兴和高质量发展提供坚实的法律保障。

（中国一重集团有限公司法律事务部副总经理　于鑫）

中国东方电气集团有限公司

发挥保障支撑引领作用，提升依法治企效能

2021 年 11 月，国务院国资委印发了《关于进一步深化法治央企建设的意见》，提出"十四五"时期中央企业法治建设取得更大进展，对改革发展支撑保障更加有力，部分中央企业法治工作率先实现世界一流的目标，为新时代、新形势下中央企业法治工作指明了方向和路径。

"一流的企业不仅要有一流的技术、一流的产品这种"硬实力"，也要有一流的法治工作这样的'软实力'作为支撑保障。"近年来，东方电气集团紧紧围绕习近平总书记运用法治思维和法治方式应对风险挑战的要求，在案件管理、法律风险防范、风控体系建设、合规管理等领域强化法治的保障支撑引领作用，在促进企业法治建设水平不断提升上取得了一定成效，2020 年，在国务院国资委法治央企建设验收中，东方电气集团获得 92.8 分，在制造类央企中名列首位。

狠抓案件管理，发挥法治保障支撑作用

"以案创效"，保障经营健康发展。2011 年，为了解决印度 S 厂燃煤发电机组总承包项目结算纠纷，东方电气集团首次主动提起境外司法程序，经过 6 年国际仲裁，客场作战，在 2017 年，取得了全面胜利，收回资金共计折合人民币约 2.66 亿元。我们总结，本案之所以能以我方取得良好结果彻底了结，主要原因在于公司领导班子的高度重视，充分履行法治建设第一责任人职责，在纠纷处理中坚持"以我为主"，发挥集团法务的统领作用，协同境内外专业律师的力量，与项目人员共同推进，全力维护合法权益。

纠纷案件处理是法律工作人员化解风险的重要手段，东方电气集团领导班子

落实依法治企的重要组织者、推动者、实践者的职责，将案件处理宝贵经验固化进规章制度：在公司《"三重一大"及重要事项决策管理规定》中规定重大案件处置方案的决策程序和紧急情况下的授权决策程序；在法律管理制度中明确要求重大案件要成立由主要负责人统一负责、总法律顾问协调处理的专案组，集中力量应对纠纷，严格落实重大案件及时报备制度。

此后，东方电气集团在印尼项目尾款结算纠纷、巴基斯坦项目预付款保函兑付纠纷、印尼项目税务行政纠纷等多个国际诉讼、仲裁案中，均成立了总法律顾问牵头的专案组，充分发挥总法律顾问的法律引领作用、论证把关作用、快速决断决策作用，调动各方资源，提前谋划、统筹应对，取得了良好的结果，成功化解重大法律风险，保障了国有资产安全。

"以案促管"，持续创造法律工作价值。2021年是"十四五"的开局之年，公司党组、董事会在研究部署法治风险工作时要求，要着力推进案件压降，开展"十三五"期末积案清理专项行动。通过努力，我们在2021年期末，实现了积案数量、金额双降超70%的良好效果，涉外案件办结率达80%，且未新增涉外案件。此外，为立足企业适应市场化、法治化、国际化发展的需要，我们以解决企业生产经营重点管理中的疑难问题为出发点，组织编写了《"十三五"期间典型法律案例集》，评选出十大法律案例，复盘案件处理过程，深刻剖析发案原因，及时完善规章制度，助力公司管理效能提升。

狠抓"三个提前"，发挥法治引领作用

习近平总书记在多个场合反复强调，我国正处在实现中华民族伟大复兴的关键时期，世界百年未有之大变局加速演进，改革发展稳定任务艰巨繁重，对外开放深入推进，需要更好发挥法治固根本、稳预期、利长远的作用。东方电气集团深入思考以法治思维和法治方法深化改革、推动经营发展的企业法治建设大命题，法律工作从"救火队"向"防火墙""参谋部"转变，按"开展任何工作，法律先行一步"原则，将法律、风险、合规管理关口不断前移，持续提升法治工作对企业生产经营的引领能力。

提前介入经营业务。针对以往法律工作停留在事前合同审核和事后法律纠纷案件处理层面、法律与业务融合度不够、法律工作人员无法及时发现和识别风险的问题，我们围绕将法治要求贯穿经营始终、保障企业领导层依法决策的目标，注重引导和规范法律工作人员深度参与企业重点业务领域，明确法务事前介入重大风险项

目的范围和要求，细化法务参与重大项目全流程风险管控的环节和方式。部分重点子企业大力推行项目法律顾问制度，法律工作人员深入项目一线，参与合同谈判与交底、函件草拟与审核，强化履约过程管控，有效降低发案风险，为企业持续健康运营提供了有力保障。

提前加强风险识别。我们认为，企业经营最基础的活动就是经济合同的签订和执行，如果合同签订有瑕疵、或执行中商务风险管不住，后续法律风险防范或者止损就会缺乏基础。因此，我们近年着重思考的问题，就是要解决法律能做到对经济合同的事前审查和事后处理争议、但不能有效管住合同执行中的风险，法律管理与合同管理存在"断层"的问题。沿着将法律工作和企业工作深度融合的思路，我们从2018年开始，由业务部门和法务部门共同对合同风险进行常态化识别、管控，实现了风险识别和管控的关口前移，进而做到了法律审核对整个合同生命周期的"全覆盖"，业务和法律不再是"两张皮"。从运行效果看，这种法律管理与合同管理相融合、开展动态合同风险防控监督的机制，成效是明显的，实现了法律工作的价值创造。此外，2021年，我们开展建设覆盖全集团的合同管理系统，依托信息化手段，明确关键控制点，强化合同履约，提升合同风险管控的有效性。

提前谋划合规布局。在国内外政治经济环境不断变化的复杂环境下，在常规法律风险防范和纠纷案件处理之外，东方电气集团突出法律专业部门以法律管理为基础，强化全面风险管理、合规管理、内控管理为重点的职能定位。我们以法律事务管理为中心，构建了全面风险管理"3456"体系和重点风险动态管控机制，铺开合规管理全覆盖和"14+N"的合规义务清单梳理。此外，为了切实加强重点风险领域专项管控，针对美国、欧盟各项禁令、制裁及"实体名单"，我们常态化组织所属企业全面梳理排查境外合规风险。2020年，东方电气集团根据对中美大国博弈的世界政治经济局势判断，深入分析和提前谋划企业涉外合规管理体系，在美国出口管制、国别制裁及海外反腐败等重点领域开展专项工作，全面分析辨识风险，制定合规指引，并在2021年将境外合规要求纳入企业规章制度、建立出口管制合规管理和审查机制，为企业在作"走出去"的国家队和主力军的开拓路上，防范涉外合规风险、保障国际化经营行稳致远，打下了坚实的基础。

面向新发展阶段，推动法治建设迈上新征程

当前，我国正处在加快构建新发展格局的关键时期，以经济建设为中心是兴国之要，发展仍是解决我国所有问题的关键。东方电气集团作为中央企业，将自觉担

负起为稳定宏观经济大盘、保持经济运行在合理区间作出更大贡献的职责。

"十四五"期间，东方电气集团要打造具有全球竞争力的世界一流企业，集团公司党组书记、董事长俞培根在年度风险防范暨法治工作会议上专门强调："具有全球竞争力的世界一流企业，法治必须是一流的。"东方电气集团将继续深入贯彻落实习近平法治思想，按照"世界一流"的法治工作标准和要求，把强化法治管理作为企业完善治理体系和提升治理能力的重要依托，坚持底线思维和法治思维，围绕一条主线，健全三个体系，实施三个重点工程，抓好五项基础工作，使全集团法治理念更加强化、治理机制更加完善、制度体系更加优化、法律工作体系更加健全、作用发挥更加有效，以法治保障公司竞争力、创新力、控制力、影响力、抗风险能力全面提升，为实现高质量发展、打造具有全球竞争力的世界一流企业提供更有力的法治支撑保障。

（中国东方电气集团有限公司党组成员、副总经理、总法律顾问　张继烈）

鞍钢集团有限公司

以习近平法治思想为指引　深入推进法治鞍钢建设

2020年11月，中央全面依法治国工作会议明确了习近平法治思想在全面依法治国中的指导地位，也为中央企业依法治企工作指明了方向、提供了根本遵循。鞍钢集团认真学习领会习近平法治思想的核心要义和丰富内涵，切实把习近平法治思想贯彻落实到全面依法治企全过程，法治鞍钢建设取得显著成效。在国务院国资委组织的法治央企建设总结验收中，鞍钢集团名列前茅，有3位同志分别获得了中央企业优秀总法律顾问、法律事务先进工作者荣誉称号。

健全"四个体系"，法治建设工作取得新提升

健全责任体系。以习近平法治思想为指导，承接落实国务院国资委深化中央企业法治建设的要求，制定《关于进一步深化法治鞍钢建设的实施方案》，将法治工作与企业整体发展战略同步规划、同步实施。制定《鞍钢集团有限公司企业主要负责人履行推进法治建设第一责任人职责规定》，将推进法治建设第一责任人职责要求纳入领导人员综合考核评价体系。

健全组织体系。推进以总法律顾问、首席合规官制度为核心、分级负责的法律合规管理组织体系建设。集团总部和二级子企业设置总法律顾问、首席合规官岗位，实现重要子企业总法律顾问、首席合规官配置率100%。其他各级企业根据实际，全面推进配置总法律顾问和首席合规官。在集团本部和重要子企业设立一级独立法律事务管理部门，其他子企业设立合署办公的法律事务机构。

健全制度体系。制定（修订）《鞍钢集团有限公司法律事务管理办法》《鞍钢集团有限公司合规管理办法》《鞍钢集团有限公司法律纠纷案件管理办法》《鞍钢集

团有限公司全面风险与内部控制管理办法》《鞍钢集团有限公司外聘法律中介机构管理办法》等制度文件，组织出台《合同管理合规指引》《法律纠纷案件管理细则》《重大经营风险事件报告工作规则》《企业登记管理合规指引》《专用印章管理合规指引》《总部职能部门合规管理指引》等一系列规范性文件，形成了较为完整的法律管理制度体系。

健全考核体系。发挥考核评价对法治鞍钢建设的引导作用，进一步完善法治鞍钢建设评价指标体系，制定完善《鞍钢集团有限公司法治工作考核评价办法》《鞍钢集团合规管理建设及运行评价指标体系》《鞍钢集团合规管理体系评价指南》，系统设计考核评价关键要素指标和方法，从定性和定量不同维度进行考核评价，纳入子企业负责人年度战略绩效考核。

推进"两个融合"，服务中心能力取得新突破

推进法治建设与企业中心工作深度融合。以开展法律尽职调查为前提，以谈判拟定协议文件为基础，以通过境内外反垄断审查完成工商登记变更为关键，为顺利完成鞍本重组提供有力支撑。完成厂办大集体改革和退休人员社会化管理，制定指导性法律文件 30 余份，累计审核相关文件 200 余份，出具法律意见等支撑材料 40 余份，有力保障改革依法合规顺利推进。

推进法律管理与企业经营管理深度融合。全面完成 27 家全民所有制企业改制工作，建立健全中国特色现代企业制度。完善各级企业法人治理结构，健全治理主体依法履职机制，以完善母子公司运行规则为基础，制定《鞍钢集团核心业务权限规范》《鞍钢集团总部业务审批权限规范》等制度，进一步落实子企业作为市场经营主体的法人自主经营权。

建立"三项机制"，风险和内控工作开创新局面

建立风险预警通报机制。密切关注国家法律法规修订、政府监管政策变化、市场环境变化等情况，拓展风险信息源，提升风险防范的及时性和有效性，及时发布推送风险预警通报，指导相关业务部门和子企业结合实际，制定风险防控措施并组织整改。

建立运行重大事项风险合规联审机制。在业务授权审批权限中明确需进行联审的重大经营事项，对重大经营项目严格履行风险评估与合规"5+X"联合审查，并

将联审机制延伸至二级子企业，为企业依法合规科学决策提供支撑。

建立风险内控"2+N"工作机制。鞍钢集团法律合规部与审计部作为一体两翼，进一步建立健全风险内控与审计监督的常态化协作机制，为业务部门和子企业搭建贯穿问题揭示、风险识别、缺陷研判、组织整改、落实责任全过程的工作平台，增强风险防范和内控工作合力。

突出"五个着力"，合规管理体系建设取得新进展

着力合规管理顶层设计。鞍钢集团构建"1+3+4+N"合规管理体系建设总体格局。"1"即锚定实现"全级次、全领域、全方位"一个合规体系建设总体目标；"3"即形成"总部抓总牵动、二级子企业做实做强、基层单位覆盖贯穿"三级联动；"4"即加强"合规组织、合规制度、合规运行、合规保障"四个体系建设；"N"即强化"市场交易、安全环保、产品质量、知识产权、劳动用工、财务税收、数据保护"等重点业务领域合规管控。组织制定《鞍钢合规管理体系建设一览图》，形成"标准样板"，为集团一体化推进合规体系建设清晰路径。

着力合规管理机制建立。聚焦合规管理组织体系、制度体系、运行体系和保障体系建设，建立健全合规风险识别、评估、预警机制，重大合规风险事件报告机制、重大决策事项合规审查机制、合规管理评价机制、违规问题整改机制、违规行为追责问责机制，确保合规管理体系有效运行。

着力专项合规治理。围绕合同管理、招投标管理、名称字号管理等生产经营重点领域，组织开展系列合规专项治理，排查、梳理薄弱环节与突出问题，完善相关管理制度，制定印发《鞍钢集团有限公司企业字号合规管理办法（试行）》《鞍钢集团有限公司合同管理合规指引》等文件，有效推动生产经营重点领域、关键环节的规范合规管理。

着力境外企业合规体系建设。制定印发《鞍钢集团境外经营合规管理办法》，系统规范企业境外经营合规管理要求。组织重点境外企业成立境外合规管理专项组织机构，制定合规管理制度文件，开展境外合规风险排查，建立健全符合当地监管要求的合规管理体系，打造鞍钢集团境外企业合规体系建设示范单位，以点带面，全面加强境外企业合规体系建设，系统强化对境外企业合规管控，提升企业境外合规管控水平。

着力提升合规数字化管理。以信息化推动企业治理体系和治理能力现代化，全面加强法律合规管理信息化、数字化。运用大数据、人工智能、云计算等新一代信

息技术，获取并整合外部法律法规、内部规章制度、重点业务领域等数据资源，构建一体化合规风控中台，探索智能化应用场景，实现法律合规风险在线识别、分析、预警、处置，制度合规、管理合规、决策合规、业务合规利用信息化系统全面升级。

做到"四个坚持"，确保法治鞍钢建设正确方向

鞍钢集团法治建设之所以取得上述显著成果，得益于不断增强学习贯彻习近平法治思想的思想自觉、政治自觉、行动自觉，始终做到"四个坚持"：

坚持党对依法治企工作的全面领导。习近平总书记指出："党的领导是中国特色社会主义法治之魂。"鞍钢集团将坚持和加强党的全面领导贯穿法治鞍钢建设的全过程和各方面，自觉增强"四个意识"、坚定"四个自信"、做到"两个维护"，坚定不移走中国特色社会主义法治道路。成立以集团党委书记为组长的法治鞍钢建设工作领导小组，统筹协调集团法治建设，切实发挥党组织把方向、管大局、促落实的重要作用。健全完善党委（常委）会定期听取法治工作汇报、定期开展党委中心组法治专题学习、述职必述法等制度，充分发挥党委核心领导作用。

坚持抓住领导干部这个"关键少数"。习近平总书记强调："各级领导干部在推进依法治国方面肩负着重要责任，全面依法治国必须抓住领导干部这个'关键少数'。"各级企业领导人员是本企业法治建设的重要实施者、组织者、推动者，是企业法治建设的关键所在。鞍钢集团紧紧抓住推进法治建设第一责任人职责这个牛鼻子，将企业主要负责人推进法治建设第一责任人职责要求向各级企业延伸，引导各级领导人员带头尊法学法守法用法，发挥其"关键少数"作用，运用法治思维和法治意识推动改革发展。

坚持打造高素质法治工作队伍。习近平总书记强调："法律的生命在于实施，法律的实施在于人才。"鞍钢集团通过成立法治工作协作组，建立"一组三平台"工作机制，搭建"业务协同推进""学习交流提升""专项课题研究"三个法治队伍建设工作平台。突出业务实操锻炼，聚焦集团重大经营项目、重大诉讼案件，开展多维度法律培训，让骨干业务人员在实操实战中加速提升业务能力，打造一支敢于说"不"、善于说"行"的高素质法治工作队伍。

坚持服务企业改革发展大局。习近平总书记指出，我国正处在实现中华民族伟大复兴的关键时期，改革发展稳定任务艰巨繁重，需要更好发挥法治固根本、稳预期、利长远的作用。鞍钢集团始终站在政治和全局的高度上统筹推进依法治企

工作，牢固树立全局意识和系统观念，坚持把法治建设作为企业改革发展的基础性工作，充分发挥法治在战略结构调整、推进现代企业制度建设、发展混合所有制经济、防止国有资产流失和亏损企业治理等深化改革重点任务中的保障作用，全面支撑企业高质量发展。

下一步，鞍钢集团将以习近平法治思想为指导，按照国务院国资委《关于进一步深化法治央企建设的意见》"健全五个体系、提升五种能力"的整体部署，紧紧围绕鞍钢集团"十四五"战略规划和国企改革三年行动重点任务，构建纵向以法务管理、风控管理、合规管理为支柱，横向以信息化建设为链条的"三纵一横"法治鞍钢建设工作体系，为高质量发展新鞍钢建设提供有力支撑和保障。

（鞍钢集团有限公司总法律顾问、首席合规官　计岩）

中国铝业集团有限公司

深耕崇法善治厚植中铝优势

——中铝集团改革创新法律管控体系的实践

中国铝业集团有限公司（以下简称中铝集团）坚持以习近平法治思想为指引，深入推进依法治企，不断改革创新集团法律管控体系，针对业务领域多、差异大、产业链长和下属企业多、规模小、分布散等特点，建立了以区域法律中心为载体的集约化法律服务共享模式，取得良好效果。

一、改革完善集团法律管控体系

中铝集团总部位于北京市海淀区，是中央直接管理的国有重要骨干企业，在2021年《财富》世界500强中排名第198位。集团资产总额约6400亿元，2021年销售收入5100多亿元，主要从事铝、铜、铅锌等矿产资源开发、有色金属冶炼加工、相关贸易及工程技术服务等多个业务领域，现有12个业务板块，所属骨干企业68家，境内外上市控股子公司7家，业务遍布全球20多个国家和地区。中铝集团业务领域多，大多数业务都形成了完整的产业链，各业务板块所属企业数量多，分散在各有关省区市，基本上都位于偏远地区，这些特点给集团的法律管控体系建设带来了不小的挑战。

多年的实践证明，作为一家特大型跨国公司，中铝集团的法律管控体系无论是采用分散模式，还是集中模式，都需要各个企业设立法务管理机构或在相关部门设置法务岗位来实现法律管理和服务的全覆盖。但是，随着业务扩张和法治建设的深入推进，法律管控乏力、法务人员配置不足、素质与能力参差不齐等问题逐步显现。经过多方调研、深入论证，中铝集团的法律管控逐步建立了垂直管理与分散管理相结合的矩阵式模式，即：按职能划分的纵向管理关系和按执行任务划分的横向管理关系形成的管理矩阵。除了按照企业层级形成的纵向管理关系外，中铝集团探索创新设立了区域法律中心作为横向法律服务机构，在集团所属三级企业比较集中的省区设立，为该区域内各板块公司所属统一提供法律服务，这些三级企业及其下属企业不再设置法务机构或者岗位。

2017年以来，陆续设置了山东、山西、河南、西北、贵州、广西、东北等7个区域法律中心。本着全覆盖和将风控端口前移的目标，统筹全公司内部法律资源，适度打破法人、行政区域边界和管理层级限制，设置区域法律中心统一服务和管理区域内企业的法律事务。区域法律中心与中铝集团、板块公司的法律机构环环紧扣，形成了"两级管理、三级服务"的法律管控体系框架，即：集团法律合规部为"权威综合型的法律管理与服务机构"，板块公司法律合规部为"权威专科型的法律管理与服务机构"，区域法律中心为"全科医生型的法律服务机构"。

二、集约化法律服务共享模式运行情况

国务院国资委印发的《关于落实中央企业法制工作第三个三年目标有关事项的通知》提出，中央企业及其重要子企业规章制度、经济合同和重要决策的法律审核率全面实现100%。中铝集团在此基础上提出了"两个100%全覆盖"，即：全面实现规章制度、经济合同、重要决策100%经过法律审核，全级次企业法律审核的覆盖率100%。为了有效整合资源，强化专业队伍，改变过去基层法律队伍零散、不稳定的局面，针对所属企业分散的实际情况，创新形成了"一横三纵"的集约化法律管控模式，建立了法律服务资源共享机制。

一是采用市场化手段充实总法律顾问队伍。2017年以来，中铝集团创新用人机制，通过猎头、公开招聘等方式选聘了8位总法律顾问，施行市场化薪酬，开展市场化考核模式，招聘的总法律顾问突破了级别、工作单位性质的要求，着重从组织协调能力、法律专业水平、企业法律工作经验等方面进行考察，建立了高素质法律人才能进能出、能上能下的工作机制。集团和各级企业的总法律顾问从2016年的4位，迅速扩充至目前的18位，对中铝集团的法治工作迈入央企前列发挥了举足轻重的作用。为了保障总法律顾问高效履职，有效发挥"头雁"效应，2018年集团印发《总法律顾问工作规则》，明确总法律顾问的职责、权限、责任以及工作流程，为其发挥牵头推进依法治企和法律审核把关作用提供了制度保障。集团每季度召开一次总法律顾问座谈会，总结交流工作经验，研究讨论集团重大法治问题，

并组织开展年度述职工作，总法律顾问的专业骨干作用和团队合力得以充分发挥。

二是通过集约化方式共享法律服务。2017年，中铝集团设立了西北、山西、山东、贵州、河南等5个区域法律中心，公开招聘专业、专职总法律顾问，为区域内跨业务板块的公司本部和所属全级次子、分公司提供法律服务。2019年，又设立广西区域法律中心，2021年增设东北区域法律中心。在专职专业的总法律顾问带领下，跨区域、跨板块的区域法律中心很快组建起法律团队，探索形成有效管用、符合各区域企业实际的法律服务机制，较好解决了基层人才缺乏、引不进、留不住、用不好等问题。集团及时总结各法律中心的实践经验，制定了《区域法律中心管理暂行规定》，为区域法律中心的规范化管理提供了制度依据。几年来，各区域法律中心的工作得到了集团和有关板块公司领导的充分肯定，所服务企业的满意度也比较高。

三是纵向完善板块公司的法律工作机构。集团以中铝国际工程股份有限公司、中国铜业有限公司、中铝资本控股有限公司等三个板块公司为主体，开展纵向集约化的法律管理和服务，要求实现三级以下企业的法律审核覆盖到底，完成纵向整合。三大板块公司的法务人员队伍迅速建立，实现了法律审核的全覆盖。以中铝国际为例，2018年6月之前，本部没有独立的法律机构，本部和所属企业均没有专职总法律顾问。通过集约化整合之后，本部聘任了专职总法律顾问，成立了独立的法务与风控部，下属8家重点企业聘用了专职总法律顾问，其中7家企业设立了独立的法律事务机构，法律服务覆盖到所有下属企业，整个板块的法律人员数量实现翻番，占到了在岗职工总数的7‰。

四是加大业务培训和资源共享力度。在健全法律工作机构、充实专业人员队伍后，集团加大了人员培训和资源共享力度，先后邀请国务院国资委、应急管理部、生态环境部等单位法规司负责同志讲授合规管理、安全环保等课程；与清华大学、国家法官学院等单位合作，每年举办法律专业人员培训班，为法律人员提供了系统的业务培训。集团还要求，所属企业的法律培训、普法宣传等成果要在集团内共享，避免重复，所有板块公司、法律中心多次开展延伸至全集团的培训和成果共享，实现了培训资源在全集团的共享，为各级企业法律人员提供了更多专业培训机会，促进了法学理论和业务技能的提高。

三、集约化法律服务共享模式成效明显

通过集约化共享法律服务，建立区域法律中心，促进中铝集团法律机构迅速形

成上下一盘棋的局面，各项法治工作顺利推进，取得了明显成效。

一是法治工作迈入先进行列。通过改革完善集团法律管控体系，建立集约化共享法律服务机制，中铝集团的法治工作得到迅速提升。2018年，国务院国资委开展了法治建设第一责任人督促检查工作，中铝集团获得A级，在央企中排名并列第三（总排名第七）；2021年2月，在国务院国资委印发的《法治央企建设（2015—2020年）总结验收情况表》的通报中，集团获得并列第三名（总排名第五）的好成绩。

二是法律的价值创造作用凸显。集约化法律服务共享模式，促进了法律价值创造功能。近几年来，中铝集团把法律纠纷案件"去存量、控增量"作为每年的重点专项工作来抓，案件胜诉率始终保持在73%以上，年均挽回和避免经济损失约25亿元。每年的存量案件数量和涉案金额同比分别下降50%、30%以上，每年新增案件数量和涉案金额同比分别下降约40%。集团法律人员自行代理的案件，每年都占当期结案总数的40%以上，年均节约法律服务费2000万元以上。

三是法律管理的精细化和标准化不断增强。目前，集团法治工作形成了"四库、三书、一简报"的格局，为提高法律管理效能和服务质量奠定了坚实基础。（1）四库。《规章制度库》，共收入集团各类规章制度350件，实现了对规章制度的全生命周期管理；《常用合同示范文本汇编》（第一版），包含16大类、300种合同范本；《涉诉黑名单库》，列入了一些诚信严重缺失的企业和个人；《中铝集团律师库》，由北京分库和13个地方分库组成。对这4个库，将实行动态管理，定期更新。（2）三书。《企业领导人员应知应会法律合规知识读本》（第一版），作为各级企业领导人员学习法律合规知识和培训的教材；《法律纠纷典型案例汇编》（第一辑、第二辑），各收入集团内部企业发生的真实案例160多个；《全面风险管理典型案例汇编》（第一辑），收入集团内部企业发生的真实案例57个。（3）设立《法治与风险管理简报》，作为法律工作沟通、交流的重要载体。

（中国铝业集团有限公司总法律顾问　胡振杰，中国铝业集团有限公司西北区域法律中心总法律顾问　薄海深，中国铝业集团有限公司法律合规部合规管理处经理　胡梦梦）

中国航空集团有限公司

坚持法治引领 赋能稳中求进
争创世界一流航空集团依法治企标杆

　　法治兴则国兴。党的十八大以来，以习近平同志为核心的党中央从坚持和发展中国特色社会主义的全局和战略高度定位法治、布局法治、厉行法治，创造性提出了关于全面依法治国的一系列新理念新思想新战略，形成了习近平法治思想，为新时代全面依法治国提供了根本遵循和行动指南。

　　依法治企，行稳致远。中航集团牢记央企使命担当，珍惜载旗航空荣光，持续深化法治中航建设，坚持在法治轨道上推进治理体系完善和治理能力提升，凝心聚力打造世界一流航空产业集团，努力形成习近平法治思想在法治央企中的生动实践。"十三五"期间，中航集团加快提升依法治企水平，为发展筑基，为改革助力，成为法治央企忠实的拥护者、自觉的实践者和坚定的推动者。"十四五"以来，中航集团坚持法治引领，赋能稳中求进，构建新时代依法治企新格局，进一步深刻认识到依法治企是企业高质量发展的重要支撑，是全球化竞争中有效应对重大风险挑战不可或缺的制胜法宝。

一、坚持党的领导为法治中航建设提供了根本保证

　　坚持党的领导是法治之魂。在党中央、国务院国资委的坚强领导下，中航集团党组牢牢把握依法治企的根本遵循，坚定政治站位，坚持从战略全局出发，一张蓝图绘到底，持续深化法治中航建设。

　　强化顶层设计。党组定期听取审议重大法治事宜，发挥法治中航领导小组功能，落实法治建设第一责任人制度，确保组织领导到位。全面发挥依法治企稳基

础、固根本、利长远的作用，在法治轨道上推动防范化解重大风险、深化改革发展、创建一流示范企业和落实中央巡视整改等重大任务推进，确保战略支撑到位。致力于建设高质量制度体系，完备顶层制度设计，以法治中航建设规划及实施方案为统领，围绕"重法律、强内控、促合规、防风险"，构建了"1+12"重要制度和实施办法，确保制度建设到位。"十三五"以来，中航集团立足行业特色，锚定世界一流，集中精力补短板、强体系、立标杆，基本构建了治理完善、经营合规、管理规范、守法诚信的法治格局，确保法治基础建设到位。

激发创新驱动。抓住集团、股份一体化改革的契机，党组审时度势，精准发力，深度整合法律、资产、财务等相关管理资源，推动理念升级和管控创新，在央企中较早实施"法律、风险、内控、合规"协同运作机制，主动对标世界一流航企，参照国内外先进典范，取得积极成效。把握法治央企建设的历史机遇，乘势而上，稳步推动法治组织体系建设不断深化，在能力和水平上下功夫。在集团党组、各级党委的支持下，增设 7 个二级法治相关组织机构及 60 个法治专职岗位，并在北美、欧洲等境外大区设置了合规专员，法治工作的独立性、专业性和基础性显著增强。立足央企特色和行业实际，一方面严格章规矩，支持行业监管模式变革，完善以法定自查为代表的行业合规监管转型；另一方面，顺应国际化竞争，不断提高斗争能力，深入开展境外国别合规管理，着力防范化解反垄断、数据保护、出口管制等领域潜在的风险。

抓好关键少数。党组带头尊法学法守法用法，及时组织依宪治国、全球合规、数据保护、新时代法治央企等专题学习研究，将学习贯彻习近平法治思想作为一项长期政治任务持续推进，深学之、笃信之、践行之，以高质量法治支撑高质量发展。发挥各所属单位法治建设能动性，落实法治建设第一责任人制度，加快推广实施总法律顾问制度，增强补齐 11 家重点企业的专兼职总法律顾问，盘活法治人才存量、优化关键岗位匹配，将法治成效纳入重点绩效指标体系，法治思维和法治意识成为各级领导干部必备的素养和履职考核内容。

二、推动业法融合为法治中航实施抓准了管理切口

法治的生命力在于实施。创建一流企业必须有一流的法治支撑。中航集团坚持问题导向和目标导向相结合，从治理体系、制度体系、组织体系、执行机制等多方位着手，全面落实国资委新时代法治央企建设新要求，在依法经营、诚信合规和防范风险方面打造核心竞争力，提升基础管理规范化水平。

融入公司治理，积法治之势。坚持在法治轨道上践行中国特色现代企业制度。推动党中央决策部署、法律法规和国资委指导意见落地生根，在公司治理中实现党的领导制度化、程序化和法治化，构建权责法定、职能明晰、高效运行的治理架构。强化董事会定战略、作决策、防风险职能，将法治建设重点纳入议事规程，纳入董事会年度审议内容。发挥章程管理对健全公司治理的统领作用，推动党建进章程，统筹全级次章程法律审核，实现法律相关负责人参与各类决策会议。以重大事项权责清单为治理索引，夯实过程管理、分级管理、授权管理，健全配套制度、建立对应流程，明确操作权限，实现公司治理分解、延展到每一个重要领域、关键环节，有效覆盖每一个管理层级，坚持贯彻落实"两个一以贯之"，不断完善构建公司治理机制。

支撑改革攻坚，行法治之力。正确把握法治和改革的关系，做到重大改革于法有据、依法而行，在改革中持续完善法治，将法治体系建设同步纳入改革专项任务。集团在国企改革三年行动中充分激发法治动力、发挥法治作用，为推进集团重大改制、境外投资、专项帮扶、三供一业等改革任务提供了强有力的法治保障。运用法治思维解决难点、痛点，兼顾历史和现实，在确保依法合规加快处理历史遗留问题的同时，防患于未然，避免当前的管理疏漏成为新增的历史遗留。健全重大改革项目合规自查机制，全程参与重要合资、并购项目，深度参与标的公司治理结构谋划，在关键问题上运用法律手段切实维护集团权益；指导改革试点企业加快授放权管理；组织信用信息公示专项管理，规范境内外分支机构注册登记管理；健全企业资产监管体制机制，强化"三重一大"决策和运行监管系统建设，按程序依法公开决策信息。

服务生产经营，筑法治之基。在贯彻发展战略中精准法治定位，在集约化、规模化运营中发挥法治功能，在服务中彰显法治水平，审核解惑、定纷止争。强化制度规范，将整章建制工作纳入合规管理体系，有效衔接外法内规，制定制度管理办法及编拟指引，探索制度管理全周期模式。强化法治审核，提高把关质量，保证重大决策、经济合同、规章制度审核三个百分百，"三重一大"风险评估应评尽评，公司关键节点和敏感领域实现内控流程全渗透，合规管理全覆盖。强化价值创造，全力以赴投入生产运行、疫情防控、经营服务、深化改革工作中。坚持依法科学有序防控疫情，第一时间建立疫情法律应急机制，发布依法防控疫情和经营风险预警，为各类生产运行事项提供 200 余项法律支持。强化合同管理，实施高风险合同高频监测、制订合同履行相关指引、稳步实施合同全周期管理，突出履约过程风险把控。强化重大纠纷案件的督导挂牌销号管理，着力解决了一批境内外历史遗留重要案件，实现近三年无新增大案。

三、争创世界一流为法治中航深化增添了持续动力

法治是治理现代化的重要标志。依法治企是企业发展永恒的主题。"十三五"以来，中航集团在总结已有法治建设成效的基础上，进一步明确提出了争创一流法治水平的目标，抓准当前和未来一个阶段法治工作的主要矛盾和矛盾的主要方面，把基础性、体系性、长远性的问题摆在更加突出位置，全面提升能力和水平，推动法治中航建设向纵深发展。

立足实际丰富法治理念内涵。发扬航空企业抓"生产运行安全"的传统优势和先进做法，进一步确立并倡导"经营管理安全"理念。实践证明，越是运营全球化、服务市场化的航企，面临行业强监管、法律问题政治化的风险越大，相应的法治化要求越高。必须将确保依法合规、强化风控明确为重大战略任务，持之以恒加以推进，才能赋能企业稳健经营，不断完善合规管理体系，有效遵循双向合规，重点增强境外合规管理，才能从源头维护好企业重大权益。

不断夯实法治建设管理抓手。扎实筑牢风险防控"三道防线"建设。关口下沉，做实做厚前台的具体业务环节，做专做强中台的管理支持环节，持续优化后台的审计监督环节，促进三道防线协作联动，相互策应，有效防范化解重大风险。持续推动"法律、风险、内控、合规"一体化管理做深做细，集成法治资源，发挥管控合力，共用一个方法论、共享一套机制流程，全面风险管理覆盖全业态、内控管理贯穿全过程、合规管理严格边界底线、法律管理处置纠纷维权，实现闭环管理。重视预案管理，形成典型案例剖析和整改制度，查处隐患，举一反三，最大限度避免损失，维护企业利益。自觉融入反腐倡廉监督大格局，协助扎紧制度笼子，形成法治监督信息共享交流机制，增强震慑合力。

厚植法治文化有效提升能力。实现高质量法治建设，争创一流法治水平，归根结底需要深耕法治土壤，在法治文化上下功夫，在法治能力上见真功底，将普法效果转化成治理效能，为干事创业营造更好的法治环境。将依法办事、提高执行力放在首位，在法治实践中强化法治自觉，形成谋定而后动、决策先问法、执行有依据、风险必评估、危机有预案的管理文化。提升涉外法治能力。在国内国际双循环背景下，拓宽国际视野，深入研究国际规则和涉外法律，密切关注高风险区域的法规政策变化，着力加强境外重要子企业和重点区域的法务资源配备，落实涉外法治人才专项培养计划。增强精准施策能力。实施风险量化分级管理，建立健全风控合

规指标监测体系，量化风险框架政策及标准，推广风控合规清单制度，完善重大风险合规事件报告制度。提高信息化应用能力。在业法融合过程中，进一步增强全业务、全流程数据的共享、集成和监测，以法定自查、合同管理信息化、风控智能化建设为突破口，加强信息技术在法务领域的应用，改进效率，提升效果。推动管理制度化、制度流程化、流程信息化，将内部控制、合规监管嵌入自动控制中，提高法治约束的刚性。

全球航空业发展面临前所未有的困境，发展态势和竞争格局正在发生深刻变革。要实现稳中求进，强基固本，有效防范化解重大风险，更需要坚持战略定力，坚持法治引领，为改革添翼，为发展筑基，中航集团有信心，乘法治中国之势，开法治中航新篇，争做新时代法治央企新典范。

（中国航空集团有限公司总法律顾问　张华）

中国东方航空集团有限公司
精心打造法律合规体系　护航企业高质量发展

过去的一年，中国东方航空集团有限公司（以下简称中国东航）在重重困难中昂首前进，圆满完成迎接建党百年安全生产任务，展现了中央企业应有的政治担当；以高度的责任感和使命感承担了整个民航1/3以上的防疫运输任务；加快推进脱贫攻坚，接续乡村振兴，成为唯一一家以单位整体方式获得"全国脱贫攻坚先进集体"称号的民航企业；筹办首届北外滩国际航空论坛，以国内首批"全生命周期碳中和航班"引领社会共识，这些成绩的背后离不开东航法务团队的保驾护航。近年来，中国东航深入学习贯彻习近平总书记全面依法治国新理念新思想新战略和习近平法治思想，围绕"学做'设计师'、成为'监理师'，当好'消防员'"的工作要求，全面打造法律体系，压紧压实法治建设责任，推动法治东航建设不断向纵深发展。

"关键少数"带头，全维度深化法治建设

加强顶层设计，根据国务院国资委《关于进一步深化法治央企建设的意见》，中国东航结合公司实际，全面谋划"十四五"时期的法治建设，制定了《进一步深化法治东航建设的实施方案》。把依法治企纳入企业各项规章制度中，积极推动法治工作重点要求进章程，把习近平法治思想贯穿决策管理、生产经营全过程，坚持做到依法治企、合规经营。将法治建设情况作为企业董事会年度报告的重要内容，明确要求董事会审议事项涉及法律问题的，由企业总法律顾问列席并提出法律意见，充分发挥总法律顾问和法务团队在章程制定、执行和监督中的作用。

中国东航始终坚持把法治建设作为"一把手工程"来抓，抓住领导干部这个

"关键少数"，持续推动法治建设第一责任人职责落实，并制定了相应考评办法和管理手册，将法治素养和法治能力作为企业选人用人条件。把握住了"关键少数"，中国东航法治建设得以在全维度上不断深化。在集团层面，建立了定期开展党组中心组法治专题学习机制，深入学习贯彻习近平总书记全面依法治国最新讲话和重要指示批示精神，深入学习领会习近平法治思想的核心要义。在各单位各部门举办"主要领导讲法律课"专题活动，并配套编撰完成讲授材料汇编。自 2016 年起连续举办五期中高级管理人员法治专题培训班，受训干部达 340 余人次。东航下属各投资公司均已制定了企业主要负责人履行推进法治建设第一责任人职责制度，把第一责任人履职情况作为年度述职的重要内容，纳入考核评价体系。

把握民航央企特点，精准建构法律合规体系

中国东航作为我国三大国有骨干航空运输集团之一，大型央企的体量规模、民航的行业特色和国际化的运行环境对东航的法治建设提出了更高要求。目前中国东航法务人员已有近 190 人，集团设立总法律顾问牵头做好企业法律工作，旗下 10 家投资公司均配备总法律顾问，上市主业公司东航股份也有多家子公司配备了总法律顾问，法务团队共同保障东航各项改革发展任务依法推进。

近年来，法务团队在重大决策、经济合同中的审核率达到了 100%，并建立完善合同管理制度，加强合同履约监控。着力强化对企业重大股权改革项目的法律支撑力度，保障东航物流混改等重要改革方案的合法合规。加强重大项目审核力度，为北京大兴、上海浦东等各地机场的东航基建项目提供法律保障，同时高效参与三产清理专项工作，协助解决清算工作等难点问题。东航法务团队牢固树立"减少损失就是创造价值"理念，采取一系列行之有效的措施加强纠纷案件管理，有力维护了国有资产安全和公司合法权益。

围绕东航国际化战略，东航法务团队重点在投资并购、飞机引进、海外融资、联营合作等领域的重大项目提供有力的法律保障和支持。组织海外营业部合规培训，建立健全企业境外合规风险管控机制，并加强商标境外注册保护。成功应对美国司法部针对中国东航下属中货航的所谓反垄断刑事调查，妥善应对 B737MAX 飞机停飞相关法律问题，在国内航企中率先向波音公司提出索赔。

聚焦企业中心任务，强化依法合规管理

为进一步增强合规管理职责，2018 年，中国东航法律部更名为法律合规部，增设合规管理分部，并结合民航行业特点，制定下发合规管理制度及高风险领域合规指引，保障东航在不同国家和地区合规运营。为保障合规管理体系有效落地，中国东航设置合规疑虑邮箱，作为违规疑虑监督的官方渠道；制定合规承诺条款，督促合同各方依法合规经营。

围绕越来越受旅客关注的消费者个人数据权益，东航在民航企业中设立首位数据保护官，建立健全旅客信息保护队伍。根据国内外法律法规开展合规整改，发布隐私政策，持续推进与供应商签署相关协议，明确合作伙伴的数据保护义务和责任，并率先开展数据保护影响评估，着力为旅客提供安心、安宁的航空运输服务。在国际指数公司 MSCI（明晟）ESG 评级中，东航连续两年被评为 A 级，关于隐私与数据安全在全球航空公司中拥有最佳实践。

面对新冠肺炎疫情带来的风险和挑战，中国东航坚决贯彻落实党中央、国务院决策部署和工作要求，把防范法律合规风险作为疫情防控工作的重要内容同谋划、同部署、同检查、同督促。设立应对处置新冠肺炎疫情领导小组，专门组建由法律合规部牵头的法律支持工作组，统筹负责疫情防控法律工作。及时跟踪国内外相关管制政策，系统分析疫情对重大项目的影响。紧抓制度机制建设，编制疫情法律特刊和指引，依法做好员工关爱和劳动用工管理。国资委在"国资法治"微信公众号上对东航相关经验做法进行介绍，东航成为首批被报道的五家央企之一。

持续加强能力提升，打造民航法治建设优秀典范

多年来，中国东航的法治建设不仅为企业自身发展有力保驾护航，还为中国民航的行业成长作出贡献。中国东航积极参与国家立法，加强与民航局、上海市政府等沟通，就民航及地方立法、行业政策、发展规划等提出东航方案，保障行业和企业利益；成功举办和参加国际航协（IATA）法律年会；负责国资委中央企业劳动用工案件压降、管理提升专项工作。积极协助中国航协、上海市长宁区人民法院落实航空争议调解中心调解事宜。联合民航局、国内航空公司、知名高校等，完成了中国民航首本民航案例英文出版物《中国民航法律案例精解（英文版）》（Selected Aviation Law Cases in China）。积极推广创新普法工作方式，推进"互联网＋法治

"宣传"行动，建立法治东航微信公众号，截至目前，共发布155期，推文323篇。

中国东航始终坚持建设德才兼备的法治人才队伍，推进核心关键岗位队伍建设，采用"一部两制"人才选聘机制，法律合规部9位关键岗位人员实行市场化薪酬，并积极推进公司律师管理工作，现共有公司律师45人。2021年开展中国东航第一期"法治人才库（鹰库）"选拔工作，共22人入库，为公司依法合规经营提供有力的人才保障。

2017年、2018年，分别选拔优秀法务人员参加首届上海市企业法务技能大赛及全国"法治民航 信用民航"法律知识竞赛，均获佳绩。2022年，结合"合规管理强化年"，中国东航开展"强合规 防风险"主题征文活动，公司干部员工踊跃参与，共收到305篇投稿文章，为培育合规氛围、增强合规意识、践行合规文化打下良好基础。

近年来，中国东航推进法治工作力度持续增强，取得了明显成效。在2018年国务院国资委"中央企业主要负责人履行推进法治建设第一责任人职责规定贯彻落实"督促检查工作中，东航被国资委评为A级企业；2020年，在国资委组织开展的法治央企建设总结验收中名列前茅。进入新发展阶段，中国东航将持续强化理论武装，学懂弄通做实习近平法治思想；持续提高政治站位，切实加强领导干部法治意识；持续强化体系建设，坚持防范化解重大法律风险；持续强化法治队伍建设，进一步提升法律管理水平；持续加强能力建设，全面提升依法治企水平，助力中国东航高质量发展。

（中国东方航空集团有限公司总法律顾问 郭俊秀）

中国南方航空集团有限公司

大力加强合规管理　推动南航高质量发展

"法令行则国治，法令弛则国乱。"习近平法治思想的提出，为全面依法治国提供了最新的指导思想和行动纲领。对于企业，法治亦是其长足发展、行稳致远的有力保障。作为央企，中国南方航空集团有限公司（以下简称南航）坚持全面贯彻落实习近平法治思想，坚定不移地推进法治南航建设，加强合规管理建设，保证企业在法治轨道上经营运作，推动南航高质量发展，为南航建设成为具有国际竞争力的世界一流航空运输企业提供更加有力的法治保障。

一、总体工作情况

南航将手册管理打造为南航合规管理的特色与核心内容，梳理完善公司规章制度及业务规范，纳入手册管理，运用信息化手段将手册嵌入管理过程与业务流程，增强执行刚性和约束力，为合规管理夯实基础。我们通过构建手册、合规、风险、内控、法律5项工作＋合规管理系统1个平台的"5+1"合规管理工作机制，分析经营管理中存在的合规风险，加强合规审核，协同进行合规监督，形成合规管理闭环，有效防控违规风险，确保公司及员工的经营管理行为符合法律法规、监管规定、行业准则和企业章程、规章制度以及国际条约、规则等要求。

从2017年起，南航按照"一切行为形成制度、一切制度纳入手册、一切手册落实到行动"的管理要求，通过"手册编写年""手册落实年""手册管理提升年"三年时间自上而下重点推进，变革管理模式，成功打造了"一个平台、两级手册、三大分类、四个管理层级、五项业务流程"的规范化管理体系，实现了所有规章制度、业务流程的体系化、层级化、信息化管理。

在此基础上，南航根据法律法规变化及外部监管、风险管理、内控管理、纪检监察、巡视、手册考评工作中梳理出的风险与整改要求，持续完善内控缺陷认定标准、风险评估标准和合规指引，构建相互融合协同高效的制度体系和业务流程，夯实"5+1"合规管理机制基础。手册体系不断完善，定期开展制度梳理，及时将合规要求固化为公司手册，为合规管理全覆盖、有效运行奠定基础。2021年，南航共完成手册文件"立改废"14332份次，推动手册"从厚到薄""由全到优"初见成效，在南航各业务领域持续推动统一制度规范和业务标准，为防控经营管理合规风险提供有力抓手。截至2021年12月，共有公司级手册38套，1638份手册文件；部门级手册73套，31776份手册文件。为加强手册质量管理，构建了由手册建议者、审批者、运营者、评估者、监督者五个"者"构成的手册质量管理体系。目前南航共有手册评审专家组43个，评审专家400余人。

南航通过信息化建设，提高合规管理的管理效能。2017年起，南航启用手册平台及移动端"南航手册"。依托手册管理平台，确保所有手册须经法律审核才能签发生效。移动端"南航手册"便于南航员工在决策、业务操作等各环节、多环境中，随时随地、高效便捷查阅手册文件，为经营管理提供权威参考指引，为南航依法合规、安全高效运行提供智能化解决方案。截至2021年底，手册管理平台总访问量逾1600万人次，年度访问量760万人次。为实现合规要求嵌入各业务管理平台，我们逐步推进手册平台与其他业务系统对接，不断增强外法内规执行的刚性及有效性。此外，我们自主研发上线具有合规检查、风险预警、整改通知、培训管理等功能的合规管理系统，进一步提升合规管理信息化水平。

二、合规管理七大措施筑牢高质量发展基础

南航持续完善合规管理工作机制，自主研发上线合规管理系统，加强合规审核，协同进行合规监督，形成合规管理闭环，有效防控违规风险。

为继续加强合规管理建设，南航严格落实国资委合规管理各项要求，把加强合规管理放到深入贯彻习近平法治思想的高度来认识，放到保障公司高质量发展的层面来推动，加快突破合规管理难点，补齐短板，持续以手册管理为基础，以推动合规管理数字化、智能化为抓手，明确七项任务措施。

一是持续加强制度管理，健全手册体系。加强对规章制度全生命周期管理。通过加强手册质量管理工作，增强制度体系的完整性与协同性，形成系统完备、层次清晰、相互衔接、务实管用的规章制度体系。

二是强化合规意识，切实发挥"关键少数"作用。把强化公司管理人员法治思维、合规意识作为合规管理的首要任务。把学习习近平法治思想、强化合规经营理念作为党委（党组）中心组集体学习、管理人员集中培训的重要内容。持续健全主要负责人履行推进法治建设第一责任人职责，带头落实管理制度，严格依法依规决策。

三是健全合规管理工作机制，加快突破重点难点。进一步明确业务部门合规主体责任、合规部门牵头责任、纪检监察审计等部门监督责任，着力打造合规管理三道防线的工作格局。推动合规要求向各级子企业延伸。根据行业特点突出抓好高风险领域合规管理，通过完善岗位手册，嵌入管理流程，提高管理水平。在手册管理基础上，强化法律、合规、风控协同运作。

四是着力抓好境外合规，全面保障国际化经营。探索推进在重点区域海外营业部配备法律合规人员。完善境外重大项目全程参与机制，强化法律合规审查。加强对境外规则的研究，做好反垄断、出口管制等领域风险防范应对工作。

五是深入开展监督问责，形成合规管理工作闭环。组织开展手册管理季度自查与年度检查工作，推动用规则管人管事，形成长效治理机制。与内控工作相配合，强化过程管控。充分发挥纪检、监察、巡视、审计等监督作用，完善违规行为处罚制度，让制度"长出牙齿"，对违规行为坚决问责。

六是进一步夯实合规管理专业队伍，不断优化知识结构。充分吸纳法律、财务、管理、运营等多方面的人才，持续提升合规管理队伍的专业水平。在业务部门和基层一线配备合规管理员，加强对经营决策和业务行为的合规审查，切实防范合规风险。

七是加快推进合规中心建设，实现合规管理数字化、智能化转型。将结构化手册内容精准推送至公司各管理、生产系统，实现合规要求嵌入岗位职责和业务流程，及时提示重要风险和业务规范。推进合规管理系统与手册、OA、风险内控、I-CARE自愿报告及法定自查等系统对接，对经营运行依法合规情况进行在线监控和风险分析，实现信息集成与共享。积极推进合规业务中台建设，将制度手册、电子用印、智能合规审查等业务流与业务能力进行标准化建设，向各管理系统和生产系统进行输出。

三、总结与愿景

南航大力加强合规管理，及时总结经验，改善不足，从各方面进行系统推进，确保依法合规经营，服务于公司高质量发展。我们将切实提高政治站位，把思想和行动统一到全面依法治国战略部署上来，落实好合规管理各项工作，持续深化法治南航建设，为公司高质量发展贡献力量，为建设法治央企、法治社会、法治国家贡献力量。

（中国南方航空集团有限公司法律标准部总经理　林晓春）

中粮集团有限公司

法治中粮"CIS 矩阵"

众所周知，中粮集团的"全产业链"业务模式是以客户需求为导向，市场化为方向，通过产业链布局，打通种植、收储、物流、贸易、加工、养殖屠宰、食品制造与品牌营销等多业态，从田间到餐桌，从大宗农产品到终端品牌消费品，形成农粮食品上中下游产业有机融合，充分发挥集团资源整合优势，打造"产业链 好产品"，用心守护国人餐桌幸福。与此同时，中粮集团围绕主责主业，一方面，为农业发展提供金融支持，发展信托、期货、保险、基金等金融业务链，产融结合、服务"三农"；另一方面，依托旗下大悦城，"大悦中国，赋美生活"，以"创造城市永续价值，追求可持续性幸福"为使命担当，为中粮高质量发展添能蓄力。

中粮法律团队 400 余人，通过法治中粮的"CIS 矩阵"，在总法律顾问带领下立足大宗农粮、品牌消费品、金融、地产四大业务板块，致力"业法融合"，努力推动全面依法治企，护航企业改革发展。在总结各产业链法律管理、专业化法律管理和系统平台建设经验基础上，中粮旗下各企业正在灵活运用并不断优化 CIS 方法论，不断为业务赋能，不断提升法律管理水平和法律服务能力，持续彰显着法务价值。

CIS 中，C（Chain）：指产业链，即横向业务链条，按照

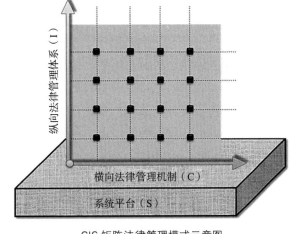

CIS 矩阵法律管理模式示意图

产业链条的业务特性配置法律资源，实现法务对各链条关键节点的全方位、全过程管理；I（Inter-function）：指专业职能，即纵向专业链条，建立自上而下的法律专业职能管理体系，实现法律风险管控职能从集团总部到专业化公司再到各级业务单位的全线贯通；S（System）：指系统平台，即法律基础管理，主要包括"忠良数字化法务平台"和法律队伍专业能力建设。CIS模式，可以简单概括为"两条主线贯穿、一个平台支撑"。中粮集团全法律系统"十年磨一剑"，围绕这一模型，紧密结合产业链布局，通过建体系、强合规、防风险、求创新、压"控清"、树标杆，在横向、纵向和系统平台建设工作上全面推进，促进了具有中粮特色、符合中粮业务实际的"CIS矩阵"法律管理模式落地生根。

一、构建横向法律管理机制（C）

建立以产业链条为主线的横向法律管理机制是"CIS矩阵"法律管理模式适应全产业链战略的最直接途径。它通过集团各主要业务单位法律工作机构内部合理的岗位设置和职责划分，保证法律工作覆盖从种植到食品营销，从金融到地产，从收储到外贸等各产业链条的关键环节，实现对各产业链法律风险的全景扫描和全过程管理。横向法律管理的优势在于对产业链的全方位法律合规风险管控的"全覆盖"，强调产业链"前端"和"终端"的法律管理、不同业务节点的差异化处理、业务部门和项目一线的主体责任。通过中粮"横向到边"的法律管理体系建设，集团基本做到了法律管理无死角、无明显漏洞，各个业务板块形成了"自觉守法、遇事找法、解决问题靠法"的良好法治文化氛围。

值得强调的是，当前中粮集团"国际化"步伐正持续加大，海外资产和业务大幅增加，所涉国别法域不断增多，探索建立高效全面的横向涉外法治管理机制尤为重要。为此，我们一是加快涉外法治工作战略布局，协调推进国内治理和国际治理，更好维护国有资产的安全和发展利益；二是加强涉外法律合规风险防控，建立全球合规体系，严格执行涉外重大项目和重点业务法务全程参与制度，把法律合规管理融入岗位、业务、流程，有效强化中粮集团国际涉外法治能力建设；三是积极参与国际规则的制定和完善，在大宗粮食贸易、食品安全、生物多样性、转基因技术、农粮标准等领域，提出契合国际法治和我国实际以及符合集团利益、且能为国际社会所普遍接受的建设性方案，有效增强了中粮集团在国际法发展中的话语权和影响力。

二、完善纵向法律管理机制（I）

纵向法律管理机制建设的核心内容是以专业职能为主线，在重要决策、商业项目、合同、知识产权以及法律纠纷案件解决等法律管理职能领域，由集团总部主导，自上而下建立具有统一制度和流程的法律管理体系。

《中粮集团"十四五"法治建设规划》持续强调法治建设第一责任人职责，将第一责任人职责要求向子企业延伸，通过依法治企和法律纵向专业"双考核"，全面落实企业主要负责人对法治建设重点问题研究、部署、过问、协调、督办，不断健全领导责任体系、依法治理体系、规章制度体系、合规管理体系和工作组织体系，全面提升引领支撑能力、风险管控能力、涉外法治能力、主动维权能力和数字化管理能力。

除了合同与公司事务管理、诉讼与仲裁管理、知识产权与合规管理等依法治企专业条线的纵向管理外，未来五年，集团总部将进一步发挥法治建设主导作用，调动全集团力量，"纵向到底"，充分利用现有管理工具，对照国标 GB/T35770 和 ISO19600，推动法律合规管理更上一个台阶，做到既降低管理成本，避免"九龙治水"、多头管理、各自为政；又提高综合效能，提升合规管理"三道防线"的衔接效率，形成法务、内控、风控与合规等大监管合力。通过穿透式法律体检、全面风险排查、"七大专项治理""五种依法治企能力"建设，"抓预警、治未病"进一步强化法律合规风险的事前预防和事中管控，以法治力量确保集团"遵纪守法，坚决杜绝违规经营"。

三、加强系统平台建设（S）

以强化法律系统组织管理、信息管理和中粮法律人专业素养为主要内容的系统平台建设，是我们保证"CIS 矩阵"法律管理模式中横纵两条线均衡发展，保障基于全产业链战略的法律风险防范机制有效运行的基石。

2021 年开始，在集团 IT 统建项目框架内，我们运用大数据、区块链、云计算、云存储、人工智能等新一代计算机科技工具搭建的"忠良数字化法务平台"正在持续优化和全面升级。合同管理、案件管理和知识产权管理等功能模块持续完善，合规管理和纵向法律专业考核等功能模块从无到有，法律合规审核作为必经流程嵌入重大决策和重点业务管理，法律合规风险实现在线识别、分析、评估、预警、防控和处置。现阶段，"忠良数字化法务平台"正按计划向各级企业和境内外重要项目延伸，并不断丰富智能化应用场景，今后还将与财务、产权、投资、业务等系统互联互通，与国资国企在线监管系统无缝对接。相信不久的将来，"忠良数字化法务平台"将更加安全、稳定、可靠、便捷，做到流程顺畅、上下贯通、全面覆盖、智能推送、数据集成，完成从信息化向数字化的升级迭代。

此外，我们不断加强法治学习培训，十年如一日坚持忠良书院的"一年四期全系统法律合规专业培训"，开展合规宣誓，提出合规倡议，签订合规承诺书，使"依法合规、守法诚信"成为全体中粮人的行为自觉和基本遵循，成为"忠良品格"的核心内涵。在专业化公司总法律顾问基本配齐、法律机构基本独立设置的基础上，我们还在司法部和国资委指导下，按照《中粮集团公司律师工作方案》，逐步推广公司律师工作，以进一步加强法律人才队伍培养，充分发挥公司律师在依法治企中的作用，为集团打造出一支德才兼备的高素质法治队伍，为践行 CIS 法律管理模式，实现"法治中粮"的宏伟目标提供人才保障。

在全产业链战略的引领下，借助"CIS 矩阵"法律管理模式，中粮集团法律管理在各产业链不断发展延伸过程中扮演了越来越重要的角色，法律职能与业务运营之间建立了越来越密切的协同机制。

新时代，中粮集团将在习近平法治思想引领下，继续厚植法治文化、对标世界一流、发掘自身潜能，充分吸收借鉴法律合规管理优秀经验，补短板、强弱项、破难题，不断完善"CIS 矩阵"法律管理模式，加快提升依法合规经营管理水平，实现法律价值创造。在"十四五"期间将 CIS 打造为法治中粮的名片和集团高质量发展的助推器，为中粮集团行稳致远贡献法治力量，为法治央企建设贡献中粮智慧。

（中粮集团法律部合规与知识产权部副总经理　周多）

中国建筑集团有限公司

践行使命担当　深化依法治企
以高质量法治保障企业高质量发展

中国建筑是全球最大的投资建设集团，2021年世界500强的排名上升至第13位，全年新签合同额突破3.5万亿元，同比增长10.3%，经营效益与发展质量再创历史新高。这其中就有高质量法治建设的突出贡献，正如集团党组书记、董事长郑学选在2022年法治工作会上指出的，"集团多年来一直保持高位平台稳健运行，法治工作提供了非常重要的支撑"。结合工作实践，笔者认为中国建筑能够实现高质量法治保障高质量发展的核心关键，就是始终注重"四个引领"、牢固夯实"四个能力"、精准聚力"三大保证"。

一、始终注重"四个引领"，为企业高质量发展把关定向

注重思想引领。集团始终深入学习贯彻党的十九大、十九届历次全会精神和中央全面依法治国工作会议精神，把学习贯彻习近平法治思想作为首要的政治任务常抓不懈，落实到各级党组织理论学习中，落实到各级领导干部培训中，落实到"七五""八五"普法活动中，2021年各级党组织中心组专题学习400余场，各级企业专题普法300余次，推动学习宣传常态化、制度化，筑牢"两个坚决维护"的思想基础。

注重政治引领。集团牢固树立"党的领导是推进全面依法治国的根本保证"意识，全面加强党对企业法治工作的领导，第一时间落实"第一议题"要求，及时分解细化全面依法治国和国资委法治央企建设新部署、新要求、新任务，纳入依法治企工作清单中督导落实。完善治理体系，明确党组织、董事会、监事会、经理层等

公司治理机构职责，支持各机构依法依章履职。深入落实法治建设第一责任人履职建设，各级企业主要领导定期听取法治工作专题汇报，出席法治工作会，部署安排法治重点工作，将依法治企纳入各级企业年度党建工作考核、经营业绩考核，将法治素养和依法履职情况作为考核使用干部的重要内容，各项要求全面覆盖集团总部、37家二级单位、314家三级单位。

注重战略引领。集团结合企业改革发展实际，全面加强法治建设顶层设计。认真谋划目标，落实国资委《关于进一步深化法治央企建设的意见》，高标准高质量编制完成"十四五"法治建设专项规划，谋定法治工作"率先达到世界一流水平"的奋斗目标，明确"法律、风险、合规"一体化建设的总体路径。积极参与立法，五年来参与公司法、建筑法等国家及地方各层级立法政研活动100余次，参与WTO对韩国等10多项国际规则、贸易政策制定，为法治中国建设贡献中建智慧，为中资企业获得当地公平贸易机会和更好法治环境发挥中建作用。强化职能建设，构建法律、风险、合规"三位一体"管理平台，做强法治建设指挥中枢，董事会层面明确董事会合规管理职能，明确审计与风险委员会的法律、合规、内控、风险的监督和评估职能；经理层层面设立集团主要领导担任主任的风险与合规管理委员会；职能部门层面将合规和风险管理职能调整至法律事务部。

注重文化引领。优秀企业文化是企业高质量发展的必备条件，而优秀的法治文化是企业文化的重要基石。集团积极构建治理完善、经营合规、管理规范、守法诚信的法治文化，突出文化融合，将其融入集团核心价值观，纳入集团文化体系同谋划、同落实、同推进。厚植法治思维，把宣传法治理念、培养法治精神、树立法治思维、养成法治工作习惯，作为法治宣传教育主要目标和任务，落实领导干部学法用法制度，培育深厚的法治文化。强化多元宣传，通过开展"4·26知识产权日""民法典""12·4宪法宣传周"等主题活动，全员参加全国应急管理普法知识竞赛、连续两年取得二等奖的优异成绩，开展模拟法庭，与最高人民检察院、北京市人民检察院联建普法等活动，推进法治进机关、下项目，每年组织普法活动超过2000场，惠及人次500余万，开拓"政企共建，检企共建，律企共联，校企共学"新局面，促进全员法治意识大提升，普法成果得到上级肯定，"十三五"期间全集团获省部级以上奖项近50项。

二、牢固夯实"四大能力"，为企业高质量发展奠定基础

夯实合规管理能力。合规管理是企业高质量发展的重要保障。集团通过强化合

规管理组织体系、运行体系、监督体系建设，不断夯实合规管理能力。一是持续优化组织体系，统一将合规管理职能划归法律部门，形成 300 多人的合规专岗队伍；业务部门、法律部门与纪检、监察、巡视、审计等监督部门紧密配合、充分联动，筑牢合规管理"三道防线"。二是持续规范运行体系，建立重大合规风险监测报告机制，定期开展合规风险信息收集分析；扩大合规审查覆盖范围，明确法律合规审查要求前置"三重一大"决策，积极探索将合规审查嵌入业务部门、经营单位管理流程，全面实现合规审查在重点领域和关键环节有效全覆盖；分层分类开展合规管理培训，提升全员合规意识。三是持续深化监督体系，将法律监督嵌入集团大监督体系，紧盯公司主责主业和关键环节，开展诉讼等专项监督政治，强化责任追究，以监督推动合规经营、合规管理，形成长效整改机制，进一步防范合规风险。

夯实风险防控能力。集团始终高度重视风险防控，积极应对内外部风险。一是强化源头管控。集团分别制定工程建设项目与地产项目承接底线办法，明确工程建设项目 15 项、地产项目 5 项底线标准，全面确立负面清单，同时健全法律审查机制，建立触限审查、叫停审查、否决审查等制度，2021 年否决各类项目 350 余个，进一步夯实源头风险防控。二是完善重大风险管理机制。风险评估方面，开展重大风险调查问卷，有效识别重大风险；风险排查方面，开展十大领域风险隐患排查整治，督促责任单位对发现的风险隐患制定整改措施，确保整改到位；风险监测方面，进一步优化重大风险报告程序，明确报告范围、报告机制，做到早预警、早报告、早处置。三是狠抓重大风险防范化解。针对重大风险事项，集团总部成立领导小组和工作小组，及时制定专项风险化解方案，由法律部牵头，整合资源、一线作战，聚焦商票处理、优先受偿权救济、破产应对、财产保全等风险化解关键工作，摸索出一套行之有效的重大风险化解常态机制，锻炼出一支能打硬仗、善打赢仗的风险化解队伍。

夯实境外法治能力。集团深刻领会习近平总书记关于加强涉外法治工作的重要指示精神，着力加强集团对涉外法治工作的统筹管理。一是强化总部引领。制定涉外法治工作实施方案和境外廉洁合规工作任务清单，打造穿透式涉外法治管理体系；制定实施境外子企业设置首席合规官和总法直派制度，强化境外法治组织保障。二是聚焦风险防控。实行内部人员主导、外部人员辅助的管理方案，统筹资源协调解决境外风险事项，成功化解多个境外风险；主动应对制裁风险，深入研究制裁规则，2021 年发布各类研究报告、风险提示函与风险应对指引 150 余份，提高运用国际规则能力；聚焦经营合规风险，组织多轮排查，2021 年编制发布 3 批共 38 个国别的海外经营法律风险清单，为境外经营提供工作参考。三是加强合规整治。编制境外经营领域合规风险隐患排查专项方案，明确 22 类 55 项排查内容，整改率 100%；制定覆盖境外项目投标、履约、廉洁管理、商业伙伴管理等领域 6 大类 83 个合规管理要点，开展专项检查，推动合规管理充分融入境外经营管理全流程。

夯实案件管理能力。案件管理是企业法治建设的重要职能，也是保障企业健康发展的内生需求。集团多年来创新探索案件管理实践，形成了一套行之有效的管控模式。在案件管理上，建立案件策划、结案、积案管理制度，全集团 91% 的案件实现创效盈利，累计创利 57.4 亿元。在重大案件处理上，集团总部实行"一案一策精细办""特大案件直接办""重大案件督促办"等工作机制，近三年重大案件规模压降 200 多亿元，集团总部直接办理的特大案件累计实现回款 40 多亿元、确认债权 60 多亿元、化解风险 90 多亿元，督办的重大案件办结案件金额超过 140 亿元。特别是落实国资委要求，开展为期一年的"压存控增、提质创效"专项行动，集团及子企业全部成立行动专班，主要领导担任组长，谋划推动；企划、人事、财务、金融、投资、市场、海外等部门作为组员，强化系统联动；总部选派精干力量，直接支援、定点帮扶薄弱单位，共同推进案件专项行动取得突出成效，全部超额完成行动目标。国资委连续四期在《中央企业法治工作动态》大篇幅报道集团案件管理 13 项创新措施和工作成效，还邀请集团作为 4 家央企之一，在法治央企建设媒体通气会上，介绍"十三五"时期案件管理先进经验。

三、精准聚力"三大保证"，为企业高质量发展提供保障

聚力人才保证，全面加强法治队伍建设。全面推进依法治企，建设一支德才兼备的高素质法治队伍至关重要。多年来，集团深化法治队伍建设，产生了强烈的人才集聚效应，为集团高质量发展提供了充足的智力保证。积极推行总法制度建设，纳入公司章程中，纳入年度法治考核中，总法人数达到 310 余人，设置率达到 95%。坚持推进法务机构完善，全集团设置独立法律事务机构的二、三级单位达到 280 余家，整体设置率达到 89%。大力推进队伍建设，多形式、多渠道引进企业所需法务人才，法务人员数量连年增长，近三年增速一直保持在 30% 以上；注重人才培养，建立完善的员工培训机制、成熟的导师带徒机制、顺畅的轮岗交流机制、长效的激励机制，在领导序列外，建立 T1-T7 法务人才评定机制，为法务人员开辟专业序列职业发展路径，已形成一支 2800 余人的法治工作队伍，占企业管理人员比重超过 8‰。

聚力数据保证，全面增强综合管理效能。集团加快智能法治建设，深化合同管理、案件管理、合规管理、风险管理等重点领域信息化、数字化建设，为集团经营管理提供了重要的数据支持。各子企业先行先试，成果丰硕。中建三局上线风险管理数据系统，实现项目风险数据自动抓取、实时监测、智慧分级、智能预警。中建八局将"法治八局"与"数字八局""智慧八局"深度互融，打通系统壁垒，上线信息化 BI 分析系统，实现合同要素、风险条款自动识别与处置。

聚力商标保证，全面提升企业品牌形象。商标是企业发展的重要战略性资源。集团多年来深耕商标管理，促进中建品牌价值和社会美誉度的整体提升。一是积极推进商标注册，2018 年实现"中建"商标行政、司法双认驰，加快商标马德里国际注册，目前已获 16 个国家和国际组织核准，中建品牌海外影响力得到进一步提升。二是规范商标使用，明确商标使用证据收集、规范使用标准，收集并制作商标使用证据材料上万份，为商标维权积累丰富素材。三是加强商标维权，中建环球商标侵权及不正当竞争系列案件全部取得胜诉判决；持续推进商标异议，与 2020 年相比，侵权注册商标数量下降 90%，市场上新注册假"中建"公司数量下降 94%；重拳打击假冒行为，清理注销 29 家假冒企业。

（中国建筑集团有限公司总法律顾问、法律事务部总经理　张翌）

中国旅游集团有限公司［香港中旅（集团）有限公司］

坚持依法治企　强化顶层设计
深入推进中国特色现代企业制度建设

党的十八大以来，以习近平同志为核心的党中央在领导全面依法治国、建设法治中国的伟大实践中，通过历史和现实相贯通、国际和国内相关联、理论和实践相结合，提出了一系列全面依法治国新理念新战略新举措。为深入贯彻和全面落实习近平法治思想，中国旅游集团有限公司作为旅游行业唯一的重要骨干中央企业，认真学习领会习近平法治思想，坚决落实全面依法治国战略部署，按照国务院国资委国企改革三年行动有关重点任务和深化法治央企建设的意见要求，深入推进中国特色现代企业制度建设，通过近年来实施的一系列治理体系和体制机制改革，企业经营效益稳步提升，管理效能明显改善。

坚持依法治企，强化顶层设计，集团治理制度建设水平持续提升

中国旅游集团以习近平新时代中国特色社会主义思想为指导，深入贯彻党的十九大、十九届历次全会以及中央经济工作会议精神，落实国企改革三年行动部署，按照在完善公司治理中加强党的领导的有关要求，持续加强集团治理制度、体系建设、顶层设计，深入推进在完善公司治理中加强党的领导。截至 2021 年底，集团建立形成了以公司章程、集团关于贯彻落实《关于中央企业在完善公司治理中加强党的领导的意见》实施意见为总体性文件，包括坚持党的领导、加强董事会建设、规范治理、强化监督等为支撑的集团公司制度体系。此外，集团根据不同层级企业的发展定位、企业类型和差异化管控需要，研究制定了《集团参股管理规定》，为丰富完善集团差异化治理模式奠定了制度基础。同时，集团通过制度制定修订计

划管理，严格制度规范性合规审核，加强制度评估跟踪督导，及时组织制度宣贯培训，集团公司治理制度建设水平持续巩固提升。

坚持把党的领导融入公司治理各环节，严格制度执行刚性约束

中国旅游集团坚持把党的领导融入公司治理各环节，明晰党组织与其他治理主体的权责边界，理顺决策程序，严格制度执行程序，集团党的领导融入公司治理实现了制度化、规范化、程序化。集团和各二级公司修订完善了公司章程、"三重一大"决策制度实施办法、党委会工作规则、董事会工作规则、总经理工作规则等一系列法人治理文件，11 家设立党委的三级企业已制定"三重一大"决策制度实施办法，各治理主体职责边界、功能定位更加清晰，决策机制和运作规则更加顺畅、规范。境内党委建制企业实现了党建工作进章程，明确了党组织在公司法人治理结构中的法定地位。

集团和所属企业明确了党组织在企业决策、执行、监督各环节的权责和工作方式，坚持党的领导，加强党的建设成为企业管理制度体系不可分割的组成部分。集团研究明确了党委重大事项决策权责清单，各二级公司和设立党委的三级企业，均已明确党委前置研究讨论重大经营管理事项清单，并建立清单动态调整机制。集团积极推动"双向进入、交叉任职"的领导体制，符合条件的党委班子成员通过法定程序进入董事会、监事会、经理层。集团持续完善考核评价机制，实现了党建与业务同安排、同部署、同落实、同考核，考核结果纳入绩效，与调薪、晋升、评优评先等直接挂钩。集团强化监督体系建设，将党组织监督体系与企业监督体系深度融合，深入推进从严治党，不断完善全面从严治党的制度体系和监督机制，严格落实各级党委的主体责任，加强对"一把手"的监督，建立"一岗双责"管理机制。

2021 年，集团持续推动"三重一大"决策运行系统优化、数据填报和系统操作培训，实现了与国资委、集团内部数据全面贯通，集团总部及二级企业相关信息填报、分析、查询等功能得到有效运用，系统成功入选国资委"国资监管信息化建设创新示范项目"。在"三重一大"决策会议和事项信息全流程跟踪管理方面，集团严格落实相关规定和制度要求，严控决策内容和程序，集体讨论决定"三重一大"事项，集团党办、董办、总办按照各自承担职责服务决策会议，通过会议筹备组织、记录纪要、督查督办等方式对"三重一大"决策事项进行全流程跟踪管理。

加强董事会建设落实董事会职权,董事会运作有序推进

中国旅游集团按照国务院国资委党委书记、主任郝鹏在中央企业董事会建设研讨班上提出的"六个着力"要求,认真研究领会国资委陆续修订、发布的系列公司治理工作指引文件精神,进一步完善集团董事会制度建设,制定《集团董事会授权规则》修订草案,完成对《董事会工作规则》《董事会专门委员会工作规则》《董事会秘书工作规则》等制度文件的梳理和修订工作。其中,集团 8 户二级法人公司全部建立了董事会,6 户二级公司(事业群)结合企业实际,设立了董事会专门委员会并制定了相应的工作规则。集团所属 232 户三级及以下应建尽建董事会的子企业已全部建立董事会,并实现外部董事占多数。

按照国企改革三年行动决策部署,集团 2021 年底印发了《关于加强子企业董事会建设落实董事会职权的工作方案》,明确了子企业董事会应建范围。按照"分批分期、积极稳妥"推进原则,4 户重要子企业已制定具体实施方案,出台了包括战略管理、投资计划管理、人工成本管理、资金管理、对外担保管理、捐赠管理等合计 18 项配套制度。

健全经理层行权履职制度机制,企业经营效率有效改善

2021 年,中国旅游集团进一步完善了董事会授权经营体制,区分企业类型进行差异化授权,通过突出绩效考核"指挥棒"作用,大力推行任期制和契约化,激活公司经营活力,集团层面全年完成董事会授权事项审批共 17 次。集团制定完善了《对二级公司董事会规范运作管理办法》《派出董事履职管理规定》等制度,以及对二级公司董事会、经理层的授权清单,在战略规划、投融资、资产处置、财务预算等 19 类、57 个具体事项上进行了差异化授权放权,按照"一企一策"原则,动态调整完善授权清单。

集团坚持以深化"三项制度"改革为突破口,推动健全市场化经营机制,集团制定了《三项制度改革实施指导意见》《关于推行经理层任期制和契约化管理的指引》《任期制和契约化管理操作参考指引》,推动干部管理由身份管理向岗位管理转变,实现了经理层成员任期制和契约化管理全覆盖,其中 8 家二级公司和 11 家三级公司实行了职业经理人制度。集团通过对《职业经理人机制管理办法》进行修订,完善了职业经理人"选聘—契约化管理—绩效考核—薪酬兑付—退出管理"的

管理内容，完善了对落实董事会职权的二级公司（事业群）职业经理人的聘任由董事会决定、任免前按规定程序报集团党委备案等事项内容。2021 年，集团大力推行管理人员竞争上岗、末等调整和不胜任退出等制度，集团各级企业新聘任管理人员中近 50% 都通过竞争上岗方式产生。

回顾过去，中国旅游集团在习近平法治思想和全面依法治国战略的引领下，在国务院国资委等上级单位的悉心指导和关心帮助下，坚守初心、担当使命，迎难而上、不懈努力，团结协作、踏实笃行，集团依法治企工作基础不断夯实，中国特色现代企业制度建设水平持续提升。展望未来，中国旅游集团将继续以时不我待、只争朝夕的精神，高举习近平法治思想伟大旗帜，紧密围绕中央全面依法治国目标任务，深入推进中央企业法治建设，不断提高中国特色现代企业制度体系建设水平，持续推动集团高质量发展再上台阶，以优异成绩迎接党的二十大胜利召开。

（中国旅游集团有限公司［香港中旅（集团）有限公司］法务和风险管理部总经理　张征）

中国节能环保集团有限公司

善法治走稳赶考路，行合规当好答卷人
有力保障新时代国有企业高质量发展

中央企业认真贯彻落实党中央全面依法治国战略部署，按照国务院国资委关于法治央企建设总体部署要求，紧跟时代、锐意进取，大力推进法治建设，依法治企能力明显增强，为企业改革发展提供了坚实法治保障。

站在新的历史起点上，中国节能环保集团有限公司（以下简称中国节能）坚持以习近平新时代中国特色社会主义思想为指导，深入学习贯彻习近平法治思想，持续深化企业法治建设，继续推动法治央企建设迈出坚实步伐，努力为中国节能"十四五"高质量发展提供更坚实法治保障。

善法治　提升引领企业高质量发展的法治能力水平

中国节能作为一家中央企业，深刻认识到全面依法治企是贯彻落实习近平法治思想的重要内容和具体实践，是保障集团公司持续深化改革、奋力推进高质量发展的必然要求。近两年来，中国节能坚定不移把准依法治企正确方向，法治建设始终紧盯国企改革三年行动和集团"十四五"规划，深入分析对集团提出的新要求新任务，坚定不移深化依法治企各项工作，持续提升依法治企能力水平，切实在习近平法治思想引领下想问题、作决策、促改革、谋发展，引领全面依法治企各项工作落到实处、见到实效。

加强战略引领谋篇布局，切实履行推进法治建设第一责任人职责。中国节能充分发挥法治建设领导小组在推进法治建设中的领导作用，坚持战略引领，探索"法律、风险、合规、内控、监督追责"一体化运作机制，通过全面依法治企有效保障

公司治理体系的系统性、规范性、协调性，把法治建设贯穿在谋划和落实企业发展战略目标的全过程，体现在党的建设、公司治理、管理提升、经营规范、风险控制等各个领域。中国节能大力弘扬法治意识、法治精神，通过完善履行推进法治建设第一责任人职责落实约束机制，推动各级党委健全党领导全面依法治企的制度和工作机制，坚持抓领导干部这个"关键少数"运用法治思维和法治方式的能力建设，推动法治的引领、规范和保障作用得到充分发挥。

补短板强弱项筑基固本，不断提升法治服务保障能力。中国节能坚持"两个一以贯之"，根据自身改革任务要求、自身战略定位和所处行业发展特点，从公司章程的顶层设计着手，将国企改革三年行动重点要求纳入公司章程等制度体系，持续在法治轨道上促进完善现代国有企业制度，有效提升企业依法治理能力和水平。近两年来，中国节能着力把促改革、保发展和防风险作为企业法治建设的根本任务，积极服务保障企业中心工作和发展战略落地。促改革上，保障改革于法有据，及时将改革成果形成制度性成果，提升国企改革综合效能；保发展上，依靠法治规范管理，不断堵塞管理漏洞，为企业高质量发展保驾护航；防风险上，持续完善法律合规风险防控机制，管好企业重点领域、关键环节的风险点。中国节能部署开展法治工作信息化建设，打造"数字法治"已成为提升集团法治服务保障能力的重要路径。

行合规　助力提升企业高质量发展的核心软实力

合规管理已经成为企业管理和法治建设的一个重要组成部分，更是企业软实力的重要体现，有效的合规管理帮助企业更好地应对不确定性和风险挑战。合规不仅是国有企业发展的内在需要，也是新发展阶段中央企业所承载使命和任务的必然要求。自国家有关部委陆续发布合规管理工作指引以来，中央企业合规管理步入了快车道。中国节能把合规管理作为实现"世界一流的节能环保健康产业集团"愿景的重要保障，近两年来持续推动合规管理能力提升，加强合规管理体系建设，强化经营合规风险防控，合规管理日益成为企业重要的管理基因。

全覆盖明责任健全机制，牢固树立合规经营理念。中国节能立足企业自身实际，按照"业务谁主管、合规谁负责"的原则，着力搭建全员参与、全程监控、全面覆盖的合规管理体系，构筑合规管理"三道防线"，基本完成合规体系的搭建。中国节能通过推行合规负面清单，明确了业务管理的红线、底线，制定印发《合规管理手册》，划分了集团所涉11个主要业务领域的合规负面清单和合规义务事项，包含 45 个合规重点、269 个合规负面清单、263 个合规义务事项，为企业依法经营、合规管理提供行动指南和基本准则。

抓重点克难点层层落实，推动合规管理走深走实。企业领导合规意识强不强，是决定合规管理成效的重要前提和关键因素，中国节能把合法合规性审查作为党委会、董事会必经前置程序，对企业"三重一大"决策涉法问题和审议事项做到"应审必审"，确保决策先问法、违法违规不决策，强化企业主要负责人及企业各治理主体严格依法依规决策。中国节能统筹境内和境外业务管理特点，把境外合规风险作为合规管理工作的重中之重，将合规管理向境内外子公司延伸和穿透，通过完善重大项目全程参与机制，强化法律合规审查，督导下属公司开展合规管理，组织合规培训，宣贯合规事项。2022 年中国节能将全面落实国务院国资委"合规管理强化年"工作部署要求，认真研判法律法规、监管政策、行业规范、国际准则有关合规管理的新变化，有效建立员工自查、业务部门负责人审查、职责相关管理部门监督审查的三道合规审查管理防线，进一步推动企业合规管理工作再上新台阶。

防风险　持续推动企业高质量发展行稳致远

防范化解企业重大风险是实现企业高质量发展的重要前提和基础，也是稳住企业市场主体、统筹发展和安全的关键。有效防范化解重大风险，是"十四五"时期中央企业高质量发展面临的重大挑战，有效防范、化解、管控各类风险，已成为检验与考验企业市场竞争能力的重要标准。法治建设和合规管理的重要目标就是法律合规风险防控。近两年来，中国节能将风险防控摆在突出位置，着力提升集团管控水平和风险防控能力，把统筹安全与发展摆在全局性、战略性地位进行谋划部署，坚决守住不发生重大风险、系统性风险的底线。

正源头抓要害未雨绸缪，全面提升风险预研预判能力。中国节能树立"强内控、防风险、促合规"三位一体内部控制体系建设，细化涵盖主要业务领域、核心流程和关键控制点的内控标准库，力争把风险化解在源头，防止各种风险传导、叠加、演变、升级。针对风险点、管理盲区较多的领域及涉外风险因素，中国节能将其作为重点方向加强风险预判和全面风险排查。近两年来，中国节能毫不松懈严格法律合规"三项审核"，聚焦投资并购、财务资金、国际化经营、疫情防控等重大风险强化监测预警和排查处置，加强投资并购风险防范和警示，严控债务资金风险，加强对系统内各级子公司融资和担保的集中管控，严格参股投资、参股企业和字号管理，严防 PPP、垫资建设、违规挂靠等业务风险，实现对全系统重大经营风险和涉外法律合规风险的监控预警。

强监管严问责强化执行，着力增强企业抗风险能力。从根本上防范化解各类风险隐患，积极应对外部环境变化带来的挑战，关键在于办好自己的事，练好内功，加强监督约束。中国节能强化年度风险评估结果与集团日常业务的结合，重点关注不同时期的风险点、风险多发的子公司及风险蔓延的趋势。针对违规经营、盲目投资、只投不管等以往企业经营管理活动发生的突出问题，深刻剖析、举一反三，组织开展投资并购专项治理、集中采购领域专项巡视、"抓党建、促经营、防风险"综合督导等一系列活动，深入实施综合监督管理，推动审计监督、财务监督、法律监督、干部监督、巡视监督、纪检监督协同发力，形成监督合力，确保及时发现和解决问题与风险隐患，合力筑牢国有资产安全防线。中国节能认真履行国有出资人监督职责，依法依规开展监督追责，对违规经营投资问题抓早、抓小、抓苗头，坚决克服侥幸心理，营造"要我合规"转变为"我要合规"的良好氛围，切实将重大损失风险扼杀在萌芽状态。

中国节能作为一家以节能减排、环境保护为主业的中央企业，是践行习近平生态文明思想的"国家队"和"主力军"，依法治企、合规管理、防控风险是中国节能做强做优做大、走向世界一流的义不容辞的责任和担当。中国节能将持续深化法治央企建设，有力服务保障集团在推动生态环境持续改善、建设生态文明和美丽中国、国家"碳达峰""碳中和"目标实现、促进经济社会持续健康发展等方面作出应有贡献，以优异成绩迎接党的二十大胜利召开。

（全国政协委员，中国节能环保集团有限公司党委书记、董事长　宋鑫）

中国诚通控股集团有限公司

学习贯彻习近平法治思想　保障国有资本运营行稳致远

党的十八大以来，以习近平同志为核心的党中央从坚持和发展中国特色社会主义的全局和战略高度定位法治、布局法治、厉行法治，创造性提出了关于全面依法治国的一系列新理念新思想新战略，形成了习近平法治思想。中国诚通坚持以习近平法治思想为指引，以资本运营为中心，不断提升法治能力，法治工作取得显著成效，为推动国有资本运营高质量发展作出了积极贡献。

一、紧扣国有资本运营脉搏，于转变之中孕育新机

为持续推进法治央企建设取得新的进展和成效，中国诚通作为国有资本运营公司，在法治建设方面不断寻求转变，为国有资本运营中心工作提供有力法治保障。

一是法治工作实现了从专项业务工作向全面覆盖、全员参与的全局性、战略性工作的切实转变。法治合规不再是某个部门的一隅之地，而是从思维、制度到实践的一套系统，是中国诚通的核心理念和全体员工的自觉遵循。法治思维和法治方式体现于治理、经营、管理等各个领域，法治要求贯穿于企业决策、执行、监督各个环节，依法治企已经成为中国诚通的重要软实力。

二是法治建设实现了从主要依靠法治工作队伍推动向主要领导履行第一责任人职责，分管领导、总法律顾问配合推进的切实转变。法治工作不再由法律合规队伍单兵作战，而是由主要领导部署、指挥、落实，成为法律合规队伍与其他领导、部门共同配合的一项体系性工作。在风险管理委员会的指导与督促下，所出资企业风险事件处置进度明显加快，处置成效愈发明显。集团法治建设全面推开、纵深推进，呈现矩阵式分布特征，与集团日新月异的发展态势相得益彰，成为中国诚通又

一道亮丽的风景线。

三是法律工作内容实现了从法律事务向风险防范、内部控制、合规管理和法律监督一体化推进，从重大危机和事件处理到全过程防范的切实转变。法治工作与中心工作深度融合，同步统筹谋划、同步推进；法律管理与企业经营管理深度融合，充分发挥服务保障、规范管理和价值创造作用。

二、贯彻法治建设三大主题，高质量发展谱写新篇

自党的十八届四中全会确定"全面依法治国"战略布局以来，中央企业法治工作进入了高速发展通道，法治基础不断夯实，法治面貌焕然一新。中央企业应抓住这一历史机遇，守正创新、担当有为，提高法律供给质量，将法律专业素养与财务金融投资、风险内控咨询等相结合，成为擅长提出解决方案的"法律＋"综合服务提供者，与资本运营脉搏同频共振。

中国诚通以资本运营为中心，坚定不移贯彻法治建设三大主题："引领改革""支撑发展""保障安全"，不断提升法治能力，法治工作取得显著成效。

一是坚持法治引领改革，增强法治思维和法治工作方式，推动集团各项改革稳步进行。改革和法治具有深刻的内在关联性。中国诚通深刻把握资本运营公司使命定位，主动谋划改革，不懈探索创新，在法治轨道上强化思想改革，使法治意识和法治观念更加深入人心；强化模式改革，以"管资本"为主的管控模式更加成熟；强化机制改革，将法治建设与经营管理深度融合，法治引领改革得到有力实现。

二是坚持法治支撑发展，充分发挥法治的护航稳舵功能，推动资本运营的高质量发展。中国诚通始终高度重视法治合规建设，保障基金运行愈加规范化，助力打造资产经营"升级版"，推动资本运营长远发展，探索知识产权价值运营，彰显资本运营"主力军"担当。

三是坚持法治保障安全，聚焦法律风险防范与处置，维护国有资产保值增值。中国诚通统筹发展和安全，依法管理、合规经营，从最坏处推演，向最好处奋斗。提升三项法律审核质量，加强法律风险防范；完善案件管理体系，推动风险事件处置取得新成效；强化敏感领域合规建设，健全境外合规管理体系，实现高质量发展和高水平安全的良性互动。

三、把握"十四五"时期国有资本运营公司法治工作的"一条底线、三个抓手、五大体系"

当前,中国诚通进入了高质量建成具有国际竞争力的一流资本运营公司新阶段。面对新变化、新环境、新挑战,要保持战略定力,增强发展自信,以"一条底线、三个抓手、五大体系"为重要举措和工作重点内容,固根基、扬优势、补短板、强弱项,切实增强法治建设的针对性、实效性。

一条底线,即坚持合规底线不动摇。在鼓励业务创新、市场开拓的同时,应当更加注重防控风险,把合规论证和合规检查摆在首位,避免造成新的风险隐患。将合规管理触角延伸到每项业务的"神经末梢",对合规风险提前识别、监测检查、报告处置,确保经营管理合法合规。

三个抓手,一是以主要领导履职第一责任人为抓手,全面健全依法决策机制。实践证明,企业厉行法治,领导干部是关键。"十四五"期间,应坚持法治建设抓"关键少数"的宝贵经验,坚决贯彻落实国资委关于法治建设的各项部署。按照企业章程及公司治理要求依法决策,确保各项工作按照规章制度有序开展。

二是以强化联系检查和法治评价为抓手,全面严格规范经营管理行为。进一步完善"管资本"为主的管控体制,以股权为纽带,使法治指导更为明确具体,督促检查更为精准细化,各项措施要求更具操作性。进一步细化法治建设的评价考核细则,完善量化指标,探索有效的激励模式,提升法治工作的整体效能。

三是以推行数字化法治管理工具为抓手,全面提升法治工作效能。以"四位一体"信息化系统为基础,充分运用大数据、人工智能等现代科技,逐步推行"智慧法治"。实现法律信息库、司法大数据互通融合,在法律规则适用、判例定向推送、裁判文书智能检索等实务操作中实现数据采集和信息整合。积极保护数字资产,推动知识产权资本运营走向实践。

健全五大体系,一是着力健全领导责任体系,进一步完善党委会、董事会、第一责任人的职责要求,法治建设经验成果向基层企业同步推广。二是着力健全依法治理体系,高度重视章程的统领作用,规范治理主体议事决策机制,结合资本运营实践完善落实总法律顾问履职制度。三是着力健全规章制度体系,强化对制度的全生命周期管理,定期开展制度梳理,加强宣贯培训,推动制度有效落实。四是着力健全合规管理体系,协同多方力量深入研究法治工作规律,深入开展资本运营法理探究,打造法治共建共治样板。五是着力健全工作组织体系,坚持总法律顾问专职化专业化、直接向企业主要负责人负责的工作方向，全面提升依法治企能力，锻造站得住、拿得出、叫得响的专精法治工作力量。

行远自迩，踵事增华。立足新的时代坐标，中国诚通将更加深入学习贯彻习近平法治思想，全力开创法治建设新局面，为建设法治先进、经营合规、风控完善的世界一流资本运营公司作出新的更大的贡献。

（中国诚通控股集团有限公司职工董事、总法律顾问　唐国良）

中国诚通控股集团有限公司

全面推进法治诚通建设　护航资本运营高质量发展

2020 年 11 月，中央全面依法治国工作会议确立了习近平法治思想在全面依法治国工作中的指导地位。习近平法治思想是马克思主义法治理论中国化的最新成果，是中国特色社会主义法治理论的重大创新发展，是习近平新时代中国特色社会主义思想的重要组成部分，是新时代全面依法治国的根本遵循和行动指南。在国有资本运营改革发展实践中，中国诚通以习近平法治思想为指引，坚决贯彻落实国资委部署要求，在总结既往法治合规工作经验的基础上，持续完善工作体系，探索新做法、新机制，不断推动法治合规建设向纵深发展。

一、保持战略定力，增强发展自信，周全谋划"十四五"法治合规顶层设计

当前，中国诚通以改革创新为动力，进入了高质量建成具有国际竞争力的一流资本运营公司的新阶段。新阶段意味着新变化，新变化带来新挑战，集团继续坚持稳中有进的工作方针，坚持"引领改革、支撑发展、保障安全"三大法治工作主题，变中求新、变中求进、变中突破。

从改革上看，随着国有资本运营实践不断深入，各项改革都已逐步进入深水区和攻坚期。推动企业治理体系和治理能力提升，需要更加注重以法治凝聚共识，及时通过制度形式破除改革障碍、预留改革空间、将改革成果定型化规范化，实现重大改革于法有据，防止偏离方向定位。

从发展上看，国有资本运营公司以流动性为工具进入国家战略导向的各个行业，领域更多、类型更广、资金更加密集，所需行业知识储备和风险、法律防控能

力差异性更大，需要更加牢固树立"资本运营、合规先行"的观念，强化业务板块法治与风控基础，填补业务风险管理薄弱环节，在升级改造现有业务板块、探索打造新板块的同时，做好内功修行，确保企业行稳致远。

从安全上看，世界正在经历百年未有之大变局，中央企业与国家前途命运联系之紧密前所未有，受宏观经济波动与周期性调整之影响前所未有，面临风险与变数前所未有，各类风险彼此交织、相互叠加，对法治工作产生深刻影响。国有资本运营公司需在发展的同时继续守住风险底线，提高预判能力，强化法治、合规、风险、内控等各大体系的协同建设，构建安全发展的强大堡垒。

二、以重大风险和合法合规性审查为重点，通过风险月报月会商机制，健全集团管控模式，推动企业进一步实现改革发展

明确规定风险信息的报送要求。集团对分散在各领域的风险事件分类分级标准予以整合，将风险事件划分为 6 个领域，每个领域影响程度划分为 4 个级别。对于重大及以上风险事件，应按照集团规定及时报送风险管理委员会办公室或相关部门，做到横到边、纵到底、无遗漏、无死角，助力集团全面掌握各企业整体情况。

整合集团力量防范化解重大风险。风险月会商会议要求在京班子成员及所出资企业主要负责人及相关领导、部门参会，常规参会人员不少于 28 人。月会商会议上，针对不同议题，与会人员从各自职责分别发表意见，了解、分析风险情况，协调部门予以化解，集中企业智慧攻坚克难，做到风险识别、分析和处置不缺位、不失位。

积极完善股东合规权责。会议讨论结果以纪要的形式下发，完善了股东监督权的履行形式，较好地贯彻落实了"管资本"要求。在风险管理委员会的指导要求下，成员部门积极履行股东知情权，了解评估所出资企业风险状况，并就有关事项进行质询。经初步统计，其间各成员部门下发风险提示函、管理建议函累计超过 30 份，在法律赋予的权利范围内，做好督促、检查、指导，完善对所出资企业的风险合规管控模式。

三、进一步夯实法治基础管理，有效保障与服务集团的高质量发展

着力健全规章制度体系。强化对制度的全生命周期管理，定期开展制度梳理，加强宣传和贯彻培训，增强刚性约束，推动制度有效落实。以规章制度废改立为抓

手，聚焦基金投资、金融服务、资产经营、股权管理、战略孵化等五大功能板块，及时指导试点实践。总法律顾问及法律事务机构牵头负责章程审核，进一步健全以章程为基础的国有企业内部控制制度，强化制度执行，有效提升了制度的系统性、时效性，进一步形成制度体系完整闭环。

完善法治合规队伍建设。中国诚通按照上下联动、协同发展的体系，进一步完善了总法律顾问—法律事务部门—法治工作人员的基本架构。组织开展所出资企业总法律顾问招聘，指导新设立企业将法治建设与企业发展同步推进，第一时间建立总法律顾问制度。组织全系统法律事务工作人员参加国资委国有企业法律顾问等级资格评定、申请司法部公司律师，拓展法务人员的成长平台。

开展法治合规宣传工作。按照中央宣传部、司法部《关于开展法治宣传教育的第八个五年规划（2021—2025年）》制定中国诚通"八五"普法规划。充分利用国家法治宣传日开展专题普法，每年针对4·15国家安全日、5·28民法典颁布日、12·4国家宪法日，广泛开展"美好生活·民法典相伴"主题宣传月、"宪法宣传周"等活动。通过中心组扩大学习、专题合规培训、视频会议等形式，利用微博、微信等融媒体平台不断扩大宣贯范围，创新开展法治合规宣传活动，确保活动形式丰富多彩，活动效果得到落实。

通过信息平台为管理赋能。部署试运行"四位一体"信息平台，以业务为载体、以流程为主线、以风险为导向、以法治为基础、以内控为手段，将风险、内控、合规、法治四项职能融为一体。在此基础上开发出纠纷案件管理、合同管理、监督检查等6大业务模块，包含授权委托、宣贯培训、规章制度等34个操作细项，与办公系统进行集成，推进系统内数据的共享互通。

踔厉奋发正当时，笃行不怠向未来。"十四五"新蓝图前景美好，新征程催人奋进。中国诚通将深入贯彻党的十九届六中全会精神，以习近平法治思想为指导，认真落实国资委提出的法治央企建设目标，按照中央企业"合规管理强化年"相关部署，瞄准"一个目标"，健全"五大体系"，提升"五种能力"，围绕集团改革发展中心工作，保障国有资本运营工作持续高质量发展，谱写法治诚通建设新篇章。

（中国诚通控股集团有限公司法律合规部总经理　何建祥）

中国中煤能源集团有限公司

大力推进法治中煤建设 开启世界一流能源企业新征程

中国中煤能源集团有限公司作为国家唯一煤炭全产业链的能源央企，积极贯彻落实习近平总书记"四个革命、一个合作"能源安全新战略，着力发挥好煤炭能源供应"稳定器"和"压舱石"作用。集团公司立足"两个大局"、心系"国之大者"，确立了"存量提效、增量转型"的发展思路，推动煤炭有序减量替代，绿色转型平稳过渡，全面推进清洁能源开发，打造多能互补、绿色高效、治理现代的世界一流能源企业。2021年，中煤集团主动作为增产保供，不为利益所动，坚决执行长协定价机制不动摇，全力以赴多发多供，积极发挥能源保供主力军作用，全力保障国家能源安全，再登世界500强。

全面依法治国、建设法治国家是以习近平同志为核心的党中央作出的重大战略决策，为新时代推动社会主义法治建设提供了根本遵循和行动指南。2021年10月，国资委印发《关于进一步深化法治央企建设的意见》，提出了建设世界一流法治央企的目标，对企业开展法治工作起到了指航定向的作用。中央企业实现依法治企，坚持合规经营、依法应对重大挑战、抵御重大风险，是落实全面依法治国战略的重要体现，是推动中央企业战略升级和改革发展的重要保障。中煤集团作为能源领域的央企主力军，必须高标准落实中央决策部署，切实执行国资委各项要求，带头遵守国家各项法律法规，完善法人治理、规范经营管理，这是我们的责任，也是我们的使命。

一、强化法治工作顶层推动

（一）集团党委发挥依法治企"头雁"作用

集团党委坚持党对依法治企工作的全面领导，深入学习领会习近平法治思想，积极贯彻党中央关于全面依法治国战略部署，进一步推动"法治中煤"建设。编制完成《中煤集团落实〈中央企业主要负责人履行推进法治建设第一责任人职责规定〉的实施办法》，按照"统筹规划全局、关键事项把控、重点工作推进"的职责分工原则，党委书记、董事长和总经理各司其职，对重点问题研究、部署协调、推动解决，切实发挥法治建设领导责任。制定了《中煤集团合规管理暂行办法》，成立了中煤集团合规管理委员会，在基层一线企业全面实行法治建设"一把手"负责制，开展法律管理标准的层层对接工作，使全集团法治工作持续走向全面化、系统化、制度化管理轨道。

中煤集团每年召开法治工作会，集团公司董事长王树东对推动合规管理提出了更高要求，依法合规经营、按规矩办事成为企业文化的重要组成部分，为开展合规工作指明了方向、奠定了基础。集团党委认真学习《关于进一步深化法治央企建设的意见》，切实发挥关键少数作用，将依法治企各项要求落到实处。始终保持对依法治企工作的高度重视，将提升法治引领支撑能力、加强依法合规经营、推进全集团依法治理能力作为全面依法治企专项规划纳入集团公司"十四五"发展规划体系，同步研究、同步部署、同步推动、同步落实，为加强"法治中煤"建设提供了强有力的顶层设计和重要保障。

（二）健全依法治企顶层设计

充分发挥章程在公司治理中的统领作用。修订集团公司和股份公司章程，已将依法治企、风险内控、合规管理的相关内容纳入章程中，并在股份公司董事会职权中增加"推进企业法治建设，对经理层依法经营情况进行监督"。落实党委前置研究重大事项，推动党的领导融入公司治理，健全依法治理体系。进一步规范所属企业章程，结合董事会建设、混合所有制改革等工作，加强控股企业章程管理，切实维护控股股东权利，对混合所有制企业和股权多元化公司实施差异化管控；针对参股企业，合理设计议事决策方式和程序，有效避免"只投不管"。

（三）强化依法治企组织领导

中煤集团成立由董事长（党委书记）、总经理任组长，副总经理、总法律顾问任副组长，各部门主要负责人任成员的中煤集团依法治企工作领导小组，优化了法治建设办公室工作职责及专项工作方案。紧紧依靠董事会"定战略、作决策、防风险"的重要职能，把法治工作纳入董事会整体工作统筹谋划，依法合规经营、防范重大风险成为董事会工作报告和集团公司年度工作会报告的重要内容。董事会及审计与风险控制委员会定期听取集团公司合规管理、风险内控、依法治企有关情况的汇报，落实总法律顾问列席董事会研究讨论涉及法律合规相关议题，持续提升企业重大风险管控水平。

二、在习近平法治思想指引下，依法推动企业改革发展

（一）弘扬"守规矩"的安全文化

中煤集团作为大型煤炭能源企业，统筹推进能源安全和绿色转型发展，牢固树立"任何事故都是可以避免的，任何违章都是可以杜绝的，零死亡完全可以实现"的安全理念，严格照章办事，紧抓重大安全风险排查治理不放松，实行安全责任"唯一负责"。坚持合规建设，加强重点项目手续办理，2021 年依法核增煤矿产能 2460 万吨，坚持依法合规生产，为集团公司高质量发展储备力量。

（二）依法合规稳保供

2021 年下半年，电力、煤炭供应持续偏紧，多地出现拉闸限电，给经济社会稳定带来很大挑战。党中央、国务院高度重视能源保供工作，国资委进行总体安排部署，要求确保煤炭供应，控制煤炭价格。中煤集团主动为党分忧、为国尽责，承接国家和地方下达的保供任务 1620 万吨，第一时间与河北、天津、辽宁等 10 个省份发电供热企业签署保供合同，带头降价稳价，引导煤价理性回归，向社会让利 230 余亿元，关键时刻发挥了中央企业在能源保供方面主力军、压舱石作用。坚持长协合同履约，严格执行煤炭中长期合同和长协定价机制，按照合同约定落实好煤炭货源组织、运输、定价和结算等工作，全年长协合同履约率 90% 以上。组织开展煤炭贸易板块合规工作，明确煤炭贸易合规组织体系和制度体系，制定煤炭贸易合规清单。识别煤炭内外贸业务关键风险 60 项，提出控制措施 94 项，总结提炼"内贸七严格"和"外贸四必须"的合规要点，明确业务操作中必须禁止的 49 项不合规行为；加强买断贸易煤、煤化品自营贸易复核评估，定期开展自查自纠，坚决杜绝融资性贸易和"空转""走单"贸易，保障集团公司依法合规完成煤炭保供稳供任务。

（三）依法合规促改革

中煤集团深入贯彻落实习近平总书记有关国有企业改革创新的重要论述，全面推进国企改革三年行动走深走实，总体完成率达 80% 以上。全面落实"两个一以贯之"，坚持在完善公司治理中加强党的领导，修订董事会议事规则和总经理工作规则，梳理"三会"决策事项清单，理清管理权责和边界，促进规范运作。制定子企业董事会建设方案，落实董事会职权，应建范围内 97% 的子企业建立了董事会，加强控股子企业章程审查，组织开展对外合资合作章程的专项梳理和自查自纠。

按照管办分离原则，在集团公司法律合规部增加招标采购监管职能，负责制定集团公司招标采购管理制度、组织开展招标采购业务合规评价和监督。制定建设板块总体改革方案，依法合规推进工程处划转。加快退出高风险项目，通过法治化、市场化方式严控退出风险。完成中央企业煤炭资产管理平台转隶，修订平台公司章程、议事规则，持续提升煤炭资产专业化、法治化管理水平。集团公司先后接管7家央企煤炭资产，增加煤炭产能1.28亿吨，合理设计接收方案，妥善处置资产、债务风险，规范履行决策程序，依法合规实施接管，在贯彻落实国家供给侧结构性改革重大决策的过程中，显著提升了综合实力。

三、在习近平法治思想指引下，推进合规体系和制度建设

在集团主要领导的高度重视推动下，集团公司着力健全规章制度体系。2021年，集团公司加强规章制度管理体制改革，制订了《中煤集团规章制度管理规定》，一是完善了法律合规部归口管理职责，健全规章制度制定、执行、评估、改进等工作机制，加强规范性审核、合法合规审查、内控审核把关，强化对制度的全生命周期管理。二是规范规章制度的层级分类、管理模式、职责分工。构建分层分类的制度体系框架，提高制度的科学性和系统性。三是定期开展制度梳理，制定年度制修订计划，完善重点改革任务配套制度。四是构建精细化管理流程。全面梳理企业运营管理流程的要素、节点，建立"唯一负责"制度，分级分层厘清管理边界和管理责任，消除冗余环节，推进流程再造。

2021年，集团公司印发《外部通用法律禁止性、强制性规范指引（第一版）》《对外股权投资合规审查管理办法》等一系列合规管理文件或制度，健全合规基本准则。推动合规管理要求向子企业延伸，督促各子企业建立合规工作体系和运行机制，全集团梳理合规清单2459条，将合规要求嵌入岗位职责和业务流程。全面检视经营合规风险，针对市场营销、招标采购、合同签订、资金财务、章证使用等关键环节，研究完善责权分离、高效协同、有效制衡的运行机制和规则，优化监督制约体系。

四、在习近平法治思想指引下，推动企业转型升级

"十四五"时期，中煤集团提出大力推进光伏、风力发电项目布局建设，推动氢能、储能等技术储备和产业实践的发展战略，积极践行能源安全新战略和

"3060"碳达峰、碳中和行动，成为引领煤炭行业高质量发展的关键示范力量。多年改革发展的经验告诉我们，在改革的进程中，法治既是引领，又是底线和红线。法治工作围绕集团公司转型升级，积极研究涉及低碳转型、科技成果利用、新能源产业发展的法律法规，搞懂、弄清国家政策和法律规定；加强对行业热点和焦点问题研究，有序开展新能源项目法律风险应对，完善新能源管理体制机制，发挥区域优势，统筹谋划区域市场开发，加大清洁能源项目的储备。强化资源、安全生产、生态文明保护、科技创新等领域的合规研究和评估，保障集团公司各项工作能够做到依法合规、规范操作。

法与时转则治，治与世宜则有功。今后，中煤集团将坚持以习近平法治思想为指引，立足新发展阶段，贯彻新发展理念，推动法治中煤建设取得新跨越和新突破，筑牢企业行稳致远的根基，为集团公司高质量发展和建设世界一流能源企业引领护航！

（中国中煤能源集团有限公司法律及合规部总经理　张巧）

中国机械科学研究总院集团有限公司

政治引领　顶层推动　融入中心　服务大局
为中国机械总院改革创新发展提供坚强保障

中国机械科学研究总院集团有限公司（以下简称中国机械总院或集团）成立于1956年，一直致力于我国装备制造业制造技术（基础共性技术）的研究开发与推广服务，集聚了我国装备制造业制造技术研究开发最大的创新团队，多专业最综合的技术力量，形成了强大的技术优势和市场竞争力，科研成果广泛应用于国民经济和国防安全各重要领域，有力支撑了我国工业建设和现代制造业发展，是我国创新体系重要的组成部分。

近年来，中国机械总院坚持政治引领，认真贯彻习近平法治思想、党中央全面依法治国战略部署，落实国资委法治央企建设工作要求；坚持顶层推动，制定"大合规"体系建设规划，健全各项规章制度，推进法治工作力度持续增强；坚持融入中心，紧紧围绕改革三年行动目标和创新发展中心任务，推动法务管理融入重点领域、嵌入关键环节，法治建设与经营管理深入融合；坚持服务大局，全力做好规范管理、防控风险这篇大文章，充分发挥对集团高质量发展的支撑保障作用，依法合规工作取得显著成效。

一、强化组织推动，集团法治建设水平显著提升

中国机械总院党委高度重视法治工作，2020年法治央企建设验收评价中获得85.8分，比2018年考核评价提高15.8分，法治建设与合规管理水平迈上新台阶。一是集团法治与合规管理组织体系更完善。成立法治建设工作领导小组与合规管理委员会，统筹推进集团法治与合规体系建设，基本形成在公司治理层、经营管理层

和工作执行层等分级分层落实责任的集团法治与合规管理组织体系。二是法治建设第一责任人履职更到位。集团及各子企业主要负责人充分发挥"关键少数"领导作用，切实履行依法治企重要组织者、推动者和实践者的职责，自觉运用法治思维和法治方式深化改革、推动发展、化解矛盾、维护稳定。三是各级总法律顾问作用发挥更有效。总法律顾问是法治建设与合规管理的直接组织者，集团从完善制度、加强配备、科学考评等方面着力推进各级总法律顾问切实发挥在经营决策中的审核把关和参谋助手作用，确保集团各级总法律顾问履职到位。四是法律合规管理制度体系更健全。依法治国落实到企业层面就是依法治企，依法治企落到实处就是以制度治企。五年来，集团持续完善公司治理规则和内部管理制度体系，累计制（修）订各类制度 290 余项，其中涉及投资决策、资金管理、采购管理、招投标、合同管理、安全环保、信息管理等重点领域和关键环节制度 119 项。集团法务部门牵头对在行制度进行系统梳理，提出"废改立释"意见建议，持续保持制度先进性。五是集团法治建设考核评价更规范。强化考核评价，实现"三个纳入"：将子企业主要负责人履行推进法治建设第一责任人职责情况纳入领导人员综合考核评价指标体系，作为考察使用干部、推进干部能上能下的重要依据；将法治建设相关指标纳入对子企业负责人经营业绩考核体系，对发生重大法律纠纷造成损失及隐瞒不报或未按时报送的单位实施扣分、扣减负责人年薪等机制；将法治素养、法治能力要求纳入领导干部选人用人条件，引导和督促企业领导干部提升法治意识，推动法治建设走向深入。

二、强化顶层设计，系统推进"大合规"体系建设

一是规划引领，做好法治建设顶层设计。先后开展大合规体系建设课题研究，制定集团"十四五"大合规体系建设规划，引领打造"以风险为导向，法治为根本，合规为底线，内控为手段，审计评价为促进，违规追责为警示"的科学规范、系统有效的大合规管理体系；按照国资委部署制定出台《中国机械总院集团"十四五"深化落实法治建设实施方案》，进一步明确法治合规工作目标任务，细化 36 项落实举措。二是以点带面，试点推进"大合规"体系融合。2021 年以三家重点子企业为试点，着力推进集团合规管理与法律、内控、风险管理等职责体系的融合与协同，在试点基础上逐年推广，计划 2025 年实现重点子企业大合规体系建设全覆盖。

三、强化服务协同，法治工作支撑保障效果更加凸显

中国机械总院始终把融入中心、服务大局作为根本要求，推动法治与合规管理理念深入企业改革发展、融入重点业务，从专项工作向整体业务覆盖，践行依法治企理念，坚持依法合规经营。一是依法参与决策，大力支撑改革发展。集团法治工作全面参与建立现代企业制度、投资并购、科技创新、"双百"试点、管理层级压减、"两金"压控、重要商务谈判和历史遗留问题处置等改革发展重点任务，各级法务针对怀柔建设项目、企业改制、无形资产划转、内部委贷、股权处置等事项出具风险分析和法律意见，确保重大事项依法依规、稳妥推进。二是加强协同交流，深入开展"三项审核"。集团要求各级单位把合法合规性审核作为经济合同签订、规章制度制定、重大经营决策的不可逾越的重要环节。三是加强风险研判，有效防范法律风险。根据纠纷案件情况，识别风险隐患，通过发布各类风险提示函，及时预警防范建设工程承揽、劳动关系、知识产权、担保、资金管控等关键领域法律合规风险。四是做好案件管理，主动维权创造价值。牢固树立"减少损失就是创造价值"理念，加大主动维权力度，建立重大案件跟踪、专项督导制度，努力做到案件清、进度明、要点准、打得赢，三年来通过法律手段累计收回账款或避免损失 2.54 亿元。

四、强化融合，三道防线治理体系协同联动

注重协同，充分发挥审计、巡视和纪检等部门的合规监督职能，形成管理合力。一是着力构建"大监督"格局。通过跨部门联动，实现"管理共治、体系共建、成果共享"的监督工作格局，进一步筑牢依法、依规、依纪三道防线治理体系。二是多种途径开展重点领域、关键环节合规检查。将合规检查纳入各类监督工作全过程，协同开展专项整治、民企挂靠、公务用车、采购存货等专项工作，及时发现合规管理问题、推进落实整改，有效防范合规风险。三是发挥违规追责体系警示作用，提升合规意识。推进集团及各单位的责任追究工作体系全覆盖，对违规行为零容忍、严查处，两年累计查处追责事项 6 个，追责问责 13 人，规避损失风险3000 余万元。

五、强化队伍建设，法务人员履职能力有效提升

一是培养引进，集团法律人才配备明显增强。集团各级法务人员占员工总数比例稳定在 5‰ 以上；连续两年开展企业法律顾问职业岗位等级资格评审，16 人通过评审，有效提升持证比例。二是统筹资源，用好外部专业力量。建立外聘律所及律师顾问库，开展外聘法律机构评价，提高外聘法律顾问工作质量。三是学习交流，有效提升法务人员履职能力。积极参加国资委组织的法治央企建设协作组交流，组织各级法务参加国资委中央企业高级法律管理人员和总法律顾问履职能力培训班、法治大讲堂，切实提升履职能力。

六、强化宣传培训，集团大合规文化逐步形成

近年来，集团持续推进法治体系、法治能力、法治文化一体化建设，干部职工法治合规意识不断增强。一是集团领导干部以上率下，带头尊法学法守法用法。集团建立党委（中心组）定期学法制度，将习近平总书记全面依法治国相关论述、党和国家重要法律法规列入干部培训、党支部学习内容，先后开展民法典、国家安全法、宪法、安全生产法、审计法等专题学习，不断提高领导干部法律意识和法治思维。二是丰富教育方式，持续培育法治合规文化。多种形式开展全民国家安全教育日、宪法宣传周、"美好生活·民法典相伴"等宣传教育活动，组织各具特色的法治合规培训，针对不同岗位干部员工发放普法书籍，持续引导和培育良好的集团法治合规文化。

（中国机械科学研究总院集团有限公司党委委员、总会计师、总法律顾问 李连清，集团审计与法律风控部副部长 周鹏，集团审计与法律风控部法律风控主管 马琳）

中国钢研科技集团有限公司

坚持依法治企 强化合规经营
为企业高质量发展提供法律支持和保障

法治兴则国兴，法治强则国强。执政兴国，离不开法治支撑；社会发展，离不开法治护航。党的十八大以来，以习近平同志为核心的党中央将全面依法治国纳入"四个全面"战略布局，作出了一系列重大决策部署，开启了法治中国建设的新时代。落实依法治国的方略，在企业就是要坚持依法治企，推进企业法治建设。

中国钢研科技集团有限公司（以下简称中国钢研）是国家金属新材料研发基地、冶金行业重大关键与共性技术的创新基地、国家冶金分析测试技术的权威机构，为国民经济和社会发展作出了重要贡献。在企业法治建设上，中国钢研加强组织领导，落实依法治理、合规经营、规范管理、守法诚信要求，加强队伍建设，充分发挥法治固根本、稳预期、利长远的作用，促进了企业健康稳定发展。在推进法治企业建设中，关注全局、关注业务、关注协同，努力实现组织、职责、工作及效果的落实。

一、以集团战略为引领，顶层设计把握方向

一是制定专项规划，优化法治建设顶层设计。编制法律合规风控职能规划以及法治钢研实施方案，设置中国钢研法治建设发展目标；成立法治建设领导小组、合规管理委员会，统筹法律合规各项任务；与有关企业开展对标工作，借鉴流程、合同、制度管理上的经验；每年定期召开法治工作会、总法律顾问述职会，印发年度法治工作要点，分解落实任务。

二是紧抓"关键少数"，压实压紧法治建设主体责任。制定企业负责人履行推

进法治建设第一责任人职责，坚持抓住领导干部这个"关键少数"，明确企业主要负责人职责。同时要求所属单位根据实际制定第一责任人制度，逐级落实。

三是切实健全总法律顾问制度。在公司章程中明确建立总法律顾问制度，保障总法律顾问行权履职、重大决策合法合规审核机制有效落实。总法律顾问制度的设立，为经营和法治的融合、为法治钢研建设统筹布局和深入推进起到了重要作用。

二、以合规管理为导向，依法治理稳步推进

一是系统筹划制度建设。中国钢研将制度建设作为一项系统性、长期性、基础性重点工作，稳步推进，做到一年一小步，年年有进步。围绕成为引领材料技术发展的一流科技集团的愿景，以"一个钢研、一个目标"为指导，以厘清角色和明晰责任为总要求，将管控模式和职责分工与业务流程和管理流程相互参照，健全和完善依法合规、战略指引，支撑管理、推动改革，权责明确、运行有序，务实高效、迭代更新的制度体系。修订《规章制度管理规定》，建立制度计划、制定、评估、调整一系列工作流程。以法律部门牵头制度管理，从会签审核向统筹组织转变，从备案管理向源头管理转变。

二是修订"根本法"，突出章程的统领作用。集团公司及时修订章程，厘清各治理主体的职责边界，明确履职程序，同时层层推进党建、依法治企和合规管理、国企改革要求进章程的重大任务。

三是健全"基本制度"，发挥关键保障作用。修订完善党委会、董事会、总经理办公会等议事规则以及"三重一大"决策机制、决策清单和授权机制，构建权责明确、协调运转的治理架构，推动企业依法决策、科学决策。

四是细化"专项规章"，增强流程控制作用。按照"制度为根基和依据，流程规范为推进程序"的制度建设思路，初步将238项制度与14个一级流程、101个二级流程、1582个三级流程相衔接，并选取投资、合同、资金、考核等重点，在原有制度的基础上，进一步细化流程规范，对各关键控制点提出岗位责任要求，为后续推进流程信息化建设提供基础。

三、以服务业务为关键，法律管理发挥实效

一是严把审核质量关。在保障重要决策、规章制度、经济合同法律审核率100%的基础上，通过"内部研讨，外部协同"的方式，提升法律审核质量。"内部研

讨"，对存在争议的法律问题由法律部门内部集中讨论，仍有分歧的由总法律顾问协调解决；"外部协同"，协同外部法律专家资源，集思广益，提出合理化建议。

二是提升合同管理效能。修订《合同管理规定》，明确法律部门综合归口管理职责和业务部门专项归口管理职责，并将商务审查、技术审查、财务审查融入合同流程，明确重点环节审核义务和责任，并逐步推进与项目管理、商业合作伙伴管理、资金管理有序衔接，推进业务、合同、管理相融合。

三是以案促管创造价值。针对案件涉及领域广泛的特点，坚持"集中管理和分级负责相结合，案件处理与管理改进提升相结合"的管理模式，按照"减增量、控存量"思路，运用多元化手段，采用不同对策推进纠纷案件处理，新发案件注重分析与策划、主诉案件注重出击与成效、被诉案件注重沟通与反制、历史案件注重谋划与推进，有效实现案件数量、涉案金额双降的良好效果。

四、以宣传普法为支撑，法治文化氛围浓厚

一是制定普法规划。制定《法治宣传教育规划》，确立了普法工作的指导思想、主要目标和工作原则，规定了学习重点和主要任务，明确了普法人员范围，制定了工作措施和安排，并通过检查、答题的方式落实各年度普法重点工作任务，鼓励员工参与普法学习活动。

二是深入学习领会习近平法治思想。党委认真贯彻落实党的十九大和十九届二中、三中、四中、五中、六中全会精神，深入学习习近平法治思想，坚持党对依法治企工作的全面领导，扎实做好党史学习教育，发挥领导干部理论学习示范带头作用。通过深入学习党章、准则、条例等党内法规规章，不断增强执行党内法规制度建设的思想自觉和行动自觉，让党内法规内化于心，外化于行，真正做到讲纪律、守规矩。

三是抓住重点开展普法教育活动。围绕普法规划总体要求，进一步细化落实，在做好规定动作的基础上，与生产经营活动紧密结合，将安全生产、应急管理、劳动用工、知识产权、合同管理、合规管理、风险管理等与日常业务联系紧密的法律法规重点纳入职工教育培训计划。同时，合规部与普法办公室定期编制《法治资讯》，适时宣传新的法律法规、政策、典型案例，营造学法用法的氛围。

新时代赋予新使命，新形势提出新要求。中国钢研将积极落实全面依法治国的战略部署，坚持战略引领、夯实基础、重点突破，持续加强企业法治建设，不断提升依法治企能力和水平，为企业高质量发展提供法律支撑和保障。

（中国钢研科技集团有限公司总法律顾问　汤建新）

中国建材集团有限公司

贯彻习近平法治思想　书写法治建材新篇章

当前，实现中华民族伟大复兴步入关键时期。世界百年未有之大变局加速演进之际，稳定发展、改革开放依然是我国主基调，道阻且长，行则将至。行稳致远，需要更好发挥法治固根本、稳预期、利长远的作用。央企作为国民经济的"稳定器""压舱石"，必须认真贯彻落实习近平法治思想，依法治企，为高质量改革发展提供坚强的法治保障，不断提升央企在国际舞台上法治诚信的良好形象。

中国建材集团有限公司（以下简称中国建材集团或集团）作为国务院国有资产监督管理委员会直接管理的中央企业，是全球最大的综合性建材产业集团、世界领先的新材料开发商和综合服务商，连续11年荣登《财富》世界500强企业榜单，2021年排名177位。

中国建材集团在不断创造业绩新纪录的同时，也高度重视法治建设，深入贯彻落实习近平法治思想，持续提升依法治企能力和水平，书写法治建材新篇章。

一、党委带头学习习近平法治思想

中国建材集团党委书记、董事长周育先同志高度重视法治建设工作，在集团2021年度法治工作会议上，对法治工作提出要求，进行部署。周育先同志带头学习习近平法治思想，认真履行推进法治建设第一责任人职责。2021年，党委会集中学习习近平法治思想6次，党委理论学习中心组开展法治专题学习2次。党委委员认真领会习近平法治思想的基本精神和核心要义，并贯彻落实到各项重要工作中。具体体会包括：

（一）主动及时学

要紧跟中央步伐，不等不靠，不依赖上级部署，主动担当作为，认真学习习近平法治思想，领会习近平法治思想的最新动态，用以指导集团改革发展各项工作。中国建材集团党委重点学习了市场经济和法治环境的关系、改革和法治的关系、疫情防控和法治的关系等与集团息息相关的内容。

（二）深入延伸学

集团党委既学原文、读原著、悟原理，又结合实际，深入延伸学习。集团党委学习了习近平法治思想中关于涉外法治的论述，结合集团的国际化需求，深入分析央企面临的国际环境，专门学习了《欧盟外国政府补贴条例（草案）》，分析条例出台对集团的影响，在具体对欧投资和交易中作出预判，落实了习近平法治思想中关于统筹推进国内法治和涉外法治的要求。

（三）层层推进学

集团党委引领各级成员企业开展习近平法治思想学习，将学习层层推进，向基层企业延伸。2021 年，集团对二级成员企业党委专题学习习近平法治思想的情况进行了检查验收，二级企业党委全部定期开展学习，成果喜人。2022 年，集团检查验收将推进到三级企业。以查促学，将习近平法治思想引向基层，引向一线，确保集团在依法治企方面不留死角，不留空白。

各级党委带头学习习近平法治思想，抓住了依法治企的"关键人"，提升了主要领导的法治意识，为集团法治建设奠定了坚实的顶层组织基础。

二、多措并举落实习近平法治思想

（一）确定"4335"指导原则，依法规范企业运作

结合集团国有资本投资公司试点的有关要求，董事长周育先明确了集团总部"4335"指导原则，树立"四个理念"，建立"三个闭环体系"，做到"三个继续坚决坚持"，明确总部"五大功能定位"。

在"4335"指导原则中树立了"管好股权"的理念，要求按照《公司法》的规定，通过公司治理结构、派出董监事开展股权管理，厘清了股东和企业的管理边界。制定《关于发挥非公股东公司治理作用的指导意见》《派出专职董监事管理暂行办法》等规章制度，在公司治理中充分发挥非公股东的作用，进一步落实董事会职权。通过种种措施，逐渐淡化历史悠久的"上下级"思想，使企业真正意识到自身独立主体的法律地位。

（二）开展制度"废改立"，进一步提升治理水平

2019 年，党的十九届四中全会审议通过了《中共中央关于坚持和完善中国特色社会主义制度、推进国家治理体系和治理能力现代化若干重大问题的决定》，为贯彻落实会议精神，集团党委会通过了《关于深入开展规章制度"废改立"工作的决议》，集团总部成立规章制度"废改立"领导小组和工作小组，党委书记、董事长周育先担任领导小组组长；各级企业成立相应的"废改立"工作机构。明确了具体任务、时间节点，并建立了长效机制，全级次企业定期审核各项规章制度，进行更新完善。总部至少 5 年一更新，各企业至少 3 年一更新。自 2020 年至今，集团制度"废改立"数量近 4 万项，基本消除了"稻草人"制度，制度不再是摆设，执行力大大提升。

（三）建立"四位一体"法律体系，夯实法治工作组织基础

在"4335"指导原则中，"风险防控"是总部五大功能定位的重要方面。当前，央企发展面临的内外部环境空前复杂，各种风险因素明显增多，为贯彻落实习近平总书记关于防范化解重大风险的指示批示精神，集团总部强化了风险防控的职能，调整了法律合规部门的工作职责，在原来法律事务管理的基础上，增加了风险防控、合规管理和内部控制管理，建立了"四位一体"法律体系。法律合规部门的职责不再局限于传统上的法律审核和事后的诉讼处理，法审关口前移到重大决策作出之前，审核面同时扩展到风险防控是否充足、内控机制是否健全等方面，从源头上遏制风险发生。法治央企建设的组织基础进一步夯实。

三、成果显著书写法治建材新篇章

（一）中国特色现代企业制度进一步完善

通过开展制度"废改立"，集团总部制定党委会、董事会、总经理办公会 170 余项权责清单，建立了董事会向经理层授权制度，"三会"各司其职、协调运转的机制更加成熟。全级次 459 家企业完成董事会应建尽建，17 家重要子企业制定落实董事会职权方案。制定了穿透非穿透事项清单，70% 的事项通过公司治理实施管控，对党建纪检、安全环保等 10 个方面保持穿透管控，集团与子企业的权责边界更加清晰，两个"一以贯之"的要求在集团得到深入贯彻落实。

（二）依法治企效能进一步提升

依法治企理念深入人心，为集团高质量发展保驾护航。集团党委会、董事会多次审议法治央企建设的有关议题，为集团法治建设指明方向。集团全部二级成员企业和重要三级企业完成了总法律顾问的配置，法治建设逐步向基层推进。集团稳步向治理完善、经营合规、管理规范、守法诚信的法治央企迈进。

（三）风险防控能力进一步加强

集团开展积案清理专项行动，减存量，控增量，存量案件数量减少98%；2021年集团未终结案件同比减少25%。积极开展商标字号维权，成功完成被他人提出"撤三"的商标维权，对他人恶意注册的与集团近似的商标、字号，采取商标异议、不正当竞争诉讼等多种措施维护集团商标、字号等无形资产，集团全球品牌价值500强排名稳步提升至269位。主动压减低毛利高风险的贸易业务，非主业贸易同比下降57%。

中国建材集团以习近平法治思想为指导，坚持稳中求进工作总基调，贯彻新发展理念，多措并举推进法治央企建设，不断健全"五个体系"，持续提升"五种能力"，法治央企建设水平稳步提升，为高质量发展奠定了坚实的法治基础。

（中国建材集团有限公司法律合规部总经理　刘现肖）

中国有研科技集团有限公司

贯彻落实习近平法治思想 全力推动法治有研建设

近年来，中国有研科技集团有限公司（以下简称中国有研）深入贯彻落实党中央关于全面依法治国的工作部署，以习近平法治思想为指引，按照国务院国资委关于全面推进法治央企建设的工作要求，将法治建设与集团中长期发展战略和改革发展中心工作紧密结合，深入推进法治工作从专项业务工作向全面覆盖、全员参与的全局性、战略性工作转变升级，探索建立了法律事务、合规管理、全面风险、内部控制、内部审计、安全环保、防范化解重大风险、"不能腐"体制机制廉洁风险防控等一体化协同运作的风控合规管理体系，依法治企能力不断提升，全员法治素养显著提高。

一、全面加强组织领导，推动法治有研建设

中国有研一直以来高度重视法治工作，主要负责人作为推进法治建设的第一责任人，切实履行依法治企重要组织者、推动者和实践者的职责。一是集团领导高度重视。成立由主要负责人担任组长的法治建设领导小组，全面领导和推进中国有研法治工作，把法治建设纳入全局工作统筹谋划。二是每年组织召开法治工作会议。中国有研连续五年组织召开年度法治工作会议，中国有研主要负责人做重要讲话，部署重点工作，强力推动法治建设工作。三是党委中心组每年开展法治专题学习。中国有研党委中心组结合集团实际，重点围绕习近平法治思想、全面依法治国、中华人民共和国宪法、民法典等专题开展学习，不断增强依法治企意识。

二、健全依法治理体系，提升法治建设水平

中国有研持续提升依法合规经营水平，推动法治工作体系建设，确保依法决策、规范管理。一是明确推进法治建设工作的董事会专门委员会。董事会下设审计与风控合规管理委员会，负责指导法律合规管理体系建设，监控评价法律合规管理制度有效实施。二是完善总法律顾问制度。将总法律顾问制度写入章程，明确总法律顾问定位，充分发挥其审核把关作用。同时，规范总法律顾问述职制度，集团主要负责人多次现场听取各所属公司总法律顾问年度述职。三是研究制定权责事项清单。法律部门牵头梳理集团总部权责事项，制定权责事项清单、授权放权事项清单，厘清权责界面，进一步完善公司治理结构，优化工作流程，提升决策效率。四是完善规章制度体系建设。强化法律部门对规章制度的归口管理职责，结合公司制改制，全面梳理规章制度，制定总体规划，按照总部制度建设年、所属公司制度建设年和制度深化完善年的三年行动方案，系统推进层次清晰、相互衔接、务实管用的规章制度体系。

三、建立风控合规管理体系，推动体系协同运作

2016 年底中国有研组织机构改革设立合规部，统筹负责集团法律事务、合规管理、全面风险、内部控制、规章制度等管理职能，这是集团落实国务院国资委探索开展"大合规"管理体系要求的有益尝试，是着力提高风险防范能力的重要举措。一是探索建立风控合规管理体系。遵循"目标 – 风险 – 控制 – 监督"的设计思想，探索开展风控合规管理体系建设，用表单方式直观呈现重要流程、控制目标、风险事件、控制指引等要素，制定《中国有研风控合规管理指引》，并指导所属公司开展相关工作。二是完善重点业务管控。站在集团管控视角，梳理干部管理、投资管理、资金管理、风控合规等重要领域，健全干部任职资格体系及选拔任用流程；完善投资管理制度，细化经营性投资、金融投资、科研投资、基建投资管理要求；优化资金管控体系，健全资金集中、资金预算、银行账户、授信融资等管控要求；明确风控合规整合监督工作机制，厘清董事会下设审计与风控合规管理委员会职责。三是健全完善合规管理体系。贯彻落实国资委合规管理工作要求，出台管理制度，进一步明确合规管理重点领域、重点环节和重点人员，全面梳理分析中国有研在出口管制、反垄断、境外投资、市场交易、产品质量、劳动用工等方面

面临的合规风险，制定应对措施，健全完善合规管理体系。四是深化体系融合工作。为有效协同各类风险管控体系，提升风险防范能力，中国有研探索开展将合规管理体系、防范化解重大风险体系、"不能腐"体制机制廉洁风险防控体系与原有风控合规管理体系融合，逐个分析各项工作的性质、内在联系、外部要求，结合实际情况，分别编制工作指引和工具表单，标注索引来源，升级改版《中国有研风控合规管理指引》。五是持续推动体系落地。中国有研每年以风控合规管理指引为依据，将内外部审计、巡视巡察、上市公司 IPO 过程中发现的各类问题进行汇总分析，选择重点业务领域，以内控评价为抓手，全集团定期开展监督检查工作，建立整合监督数据库，坚持销号管理，逐项落实问题整改情况，并将问题整改率纳入所属公司经营业绩考核，推动风控合规管理要求有效落地。

四、加强向子企业延伸，推进法治责任落实

为进一步提升各所属公司法治工作水平，保障依法合规经营，中国有研加强对各所属公司法治工作的指导监督。一是加强组织领导。各所属公司成立法治建设工作领导小组，全面领导法治工作，研究部署协调法治工作重点难点问题，统筹推进法治有研建设。二是落实所属公司法治建设第一责任人职责。各所属公司主要负责人定期听取法治工作专题汇报，党组织每年开展法治专题学习，并将法治建设第一责任人履职情况纳入年终总结。三是完善所属公司总法律顾问制度。大力推动总法律顾问制度的落实，二级及部分重要三级所属公司设置总法律顾问，并将总法律顾问制度写入章程，集团每年通过现场及书面形式组织总法律顾问述职。四是将依法治企要求纳入经营业绩考核。将所属公司经济合同、规章制度、重要决策等法律审核纳入经营业绩考核，各二级所属公司三项法律审核率均已达到 100%，有效防范法律风险。

（中国有研科技集团有限公司副总经理、总法律顾问　黄倬，中国有研科技集团有限公司合规部总经理　尹娇）

矿冶科技集团有限公司

坚持以习近平法治思想为指引，谱写法治央企建设新篇章

近年来，矿冶科技集团有限公司（以下简称矿冶集团或集团）以习近平法治思想为指引，认真贯彻落实党中央全面依法治国战略部署，紧紧围绕集团改革发展中心任务，深入推进依法治企，法治央企建设再上新台阶，为集团持续健康发展提供了坚强法治保障。

一、提高政治站位，真学笃行习近平法治思想

矿冶集团将推动学习贯彻落实习近平法治思想作为重要政治任务，认真贯彻落实党中央关于全面依法治国的决策部署，增强"四个意识"、坚定"四个自信"、做到"两个维护"，切实加快法治矿冶集团建设的步伐。集团主要领导在党委理论学习中心组带头讲授习近平法治思想，邀请专家学者专题系统讲授习近平法治思想。党的十九届六中全会召开后，集团各级领导干部认真学习《中共中央关于党的百年奋斗重大成就和历史经验的决议》中法治建设相关内容。坚持学用结合，以习近平法治思想为指导，精心编制了集团"十四五"法治、合规规划，切实将习近平总书记关于法治建设的重要指示批示精神落地、落实、落细。

二、勇毅担当作为，压紧压实第一责任人职责

矿冶集团持续深入抓好主要负责人履行推进法治建设第一责任人职责的规定，集团党委书记、董事长韩龙高度重视法治工作，带头学法、尊法、用法，精心谋划

部署集团法治建设。一是加强组织建设，推动成立董事会法治建设委员会（合规管理委员会），组织体系更加完善。二是加强队伍建设，配齐配优配强重要二级子企业总法律顾问队伍，实现了重要子企业百分之百建立总法律顾问的目标。三是加强思想建设，每年度出席法治工作会议并部署安排法治建设工作，明确要求各级领导干部要增强法治意识，树立法治思维，有力推动了依法治企理念深入人心。

三、对标世界一流，持续提升基础管理水平

以国资委对标世界一流活动为契机，不断夯实法治建设基础管理。一是不断完善制度体系，相继制定了《外聘律师管理办法》《合规管理办法》《合规管理手册》《重大工程项目法律顾问管理办法》《关于建立经营投资尽职合规免责事项清单机制的实施意见》《违规经营投资责任追究实施细则》等。二是不断提升职业尊荣，推动北矿科技、当升科技、北矿新材等重要子企业总法律顾问进章程，从制度层面明确了总法律顾问的高管地位，为他们履职提供了制度保障；成功向司法部申请公司律师资格，拓宽了法务人员职业发展通道。三是不断深化合同管理，提升合同管理精细化水平。更新完善了集团标准合同文本库，固化了有利于己方的权利义务条款，提高了审核效率；制定了合同审核要点职责清单，明确审核流程中各主体审核职责，建立了责任倒追机制。

四、防范化解风险，保障改革发展依法合规

全面参与业务风险防范，为矿冶集团改革发展保驾护航。参加 EPC 重大合同评审、公司重组清算、参股企业管理、投资尽调等重大改革发展事项，切实发挥法律安检员的作用，对项目开展的合法合规性进行审核把关。通过参与项目评审、开展尽职调查、出具法律意见书、制定风险预案等措施警示风险、规范程序，保障事项的合法合规与风险可控。主动融入国企改革三年行动，全力保障各项举措始终在合法合规的轨道上运行。针对国企混改，研究编写了《关于国企混改中公司章程设计的重难点问题探讨》，从十个方面对章程有关法律法规和政策规定进行了全面解读；参与各单位员工持股方案研讨，对方案的合法合规性进行把关；对新设混合所有制企业的成立过程进行监督，审核投资协议及公司章程；为经理层成员任期制、契约化管理等事项建言献策。

五、搭建合规体系，"三道防线"格局基本形成

建立了集团合规管理组织体系和合规管理制度体系，搭建了以"三道防线"为主要内容的合规管理架构。业务部门作为合规管理第一道防线，在日常工作中将合规要求嵌入科研、产业、工程、财务、投资、人事等各个业务模块的流程和环节中；法务部门作为合规管理第二道防线，对合同、规章制度、重要决策进行法律审核，提出意见建议；各级审计、纪检、巡视部门作为合规管理的第三道防线，通过工作联席会、人员交流、信息共享等方式协作互动，构建"大监督"格局。三道防线协同配合，形成立体监督网，切实起到"治已病、防未病"的作用。

六、开展法律培训，厚植诚信合规文化理念

积极落实"七五""八五"普法规划，紧扣时政热点，突出民法典、民事诉讼法等新出台、新修订法律法规的宣贯。邀请了国资委政策法规局多名领导到集团指导工作，邀请了中央党校、中国社会科学院、中国政法大学、中国人民大学等多名专家学者到集团进行授课。作为东道主成功举办法治工作协作组交流会。综合运用普法知识竞赛、法治讲堂、内刊《矿冶通讯》开设专栏、集团法治微信群等平台，宣传和普及宪法、法律、合规知识。通过开展一系列的法治宣传活动，集团法治文化氛围更加浓厚，员工法治意识不断增强，学法、守法、用法成为广大干部职工的行动自觉。

七、加强案件管理，切实维护集团合法权益

落实案件主体责任，做好法律纠纷案件的防控和处置工作，提升案件管理质效。通过内外部力量的协同配合，集团近年来发生的诉讼纠纷案件多数取得良好结果。积极协调处理未进入诉讼程序的法律纠纷和信访案件，将纠纷化解在初始状态，避免事态进一步扩大。在案件处理时，强调以我为主，优先选择由内部人员进行代理，锻炼了队伍的实战能力，节省了律师费用。针对败诉案件，充分挖掘其警示教育价值，做好总结归纳，开展以案释法与以案示警。

八、抓好涉外法治，助力集团"走出去"行稳致远

从法律合规角度加强境外项目的管理，针对境外项目，事前做好项目所在国法律环境的调研分析，评估涉外风险。在合同签订时，对合同内容的合规性进行审查，排查潜在的漏洞，做好相关提醒提示。积极开展涉外法律风险的研究，制作了长臂管辖、出口管制、反商业贿赂、反垄断（经营者集中）等培训材料，对集团涉外部门进行专题培训。妥善应对中美贸易摩擦，建立工作会商制度和信息通报制度，分析中美贸易摩擦对集团生产经营及科研工作的影响，提出应对措施，不定期就涉美法律风险和应对措施向相关单位进行通报。

春来征程万里阔，扬帆奋进正当时。下一步，矿冶集团将以习近平法治思想为指导，深入贯彻落实全面依法治国决策部署，紧紧围绕集团"十四五"发展规划落实国企改革三年行动、对标一流等重点工作，以更加饱满的工作热情，以求真务实的工作作风，以追求极致的专业精神，将集团的法治建设推向一个新的高度，为打造具有全球竞争力的世界一流矿冶科技集团公司作出更大的贡献。

（矿冶科技集团有限公司副总经理、总法律顾问　李建忠，矿冶科技集团有限公司法律审计部主任　戚迎波）

中国国际技术智力合作集团有限公司

全面依法治企保障高质量发展
健全合规机制助力创世界一流

全面依法治国是坚持和发展中国特色社会主义的本质要求和重要保障。国有企业特别是中央企业，是中国特色社会主义的重要物质基础和政治基础，是党执政兴国的重要支柱和依靠力量。国有企业坚持全面依法治企，是建设法治中国的必然要求、是深化国企改革的重要遵循、是做强做优做大中央企业的基础保障。

中智集团是唯一一家以人力资源为核心主业的中央一级企业，是人力资源服务行业的"国家队"与"排头兵"。"十三五"时期，中智集团深入学习贯彻落实国务院国资委《关于全面推进法治央企建设的意见》《中央企业主要负责人履行推进法治建设第一责任人职责规定》，打造治理完善、经营合规、管理规范、守法诚信的"法治中智"，在法治央企建设总结验收工作中成绩优秀、位列前茅。回顾过往的工作历程，我们总结了一些经验启示：

一、全面依法治企保障高质量发展

要正确理解高质量发展的内涵外延、充分认识法治与发展的辩证关系，才能有效发挥全面依法治企对高质量发展的保障作用。"高质量发展"是新时代中国经济的主题词。国有企业高质量发展的根本在于增强国有经济的竞争力、创新力、控制力、影响力和抗风险能力，这也是国企改革三年行动的关键任务。只有坚持在法治下推进发展，才可能实现可持续的高质量的发展；只有在发展中不断完善法治，才可能实现可持续的良法善治。从中智集团的发展实践看，全面依法治企对高质量发展的保障作用主要体现在以下四个方面：

一是全面依法治企完善现代治理体系。章程是统领公司治理体系的纲领性文件。通过加强对章程的合法性审核，能够有效保障章程依法制定、依规实施，合理配置股东权责、明确规范议事规则和行权方式，确保党组织在公司治理体系中的合法地位、优化治理效能。通过法务部门牵头各职能部门科学开展规章制度"立改废释"工作，为公司依法治理、合法经营、规范管理提供制度依据和保障。中智集团结合企业日常管理的实际，通过章程制定范本化、决策事项清单化、制度培训线上化等特色工作方法将企业治理的法治化、制度化和现代化有机融合。

二是全面依法治企引领改革发展创新。法治思维与法治方法是企业改革发展创新的"方向盘"。只有深入研究政策法规、准确把握改革要求、积极研判改革路径，才能在复杂多变的市场环境下找到企业的生存发展之路。法治思维与法治方法是企业改革发展的"助推器"。只有厘清了改革难点重点、掌握了风控方法举措、确保了操作依法依规，才能做到艺高人胆大，将改革的步子迈得更大、迈得更稳。中智集团通过强化规章制度、经济合同、重要决策三项重点工作的法律审核，编发《中智法律速递》及重点领域专项合规指引，法务部门积极参与三项制度改革、混合所有制改革、投资管理等重点工作，形成了法律促改革、法律促发展的良好工作格局。

三是全面依法治企维护国有资产安全。企业的健康稳健经营是实现国有资产保值增值的基本路径。打击侵权行为、防范化解纠纷、维护正当权益也是确保国有资产安全的必要手段。中智集团认真落实"以案促管、以案促建"的管理理念，做到主动维权不手软、积极化解不怠慢、及时止损不拖延，在防范化解法律纠纷的同时稳妥处置纠纷案件，在深度开展案件分析的同时制定宣贯改进措施，年均避免或挽回经济损失4000余万元。

四是全面依法治企筑牢重大风险底线。当今世界正经历着百年未有之大变局，新一轮科技革命和产业变革深入发展，国际力量对比深刻调整，世界经济复杂性、不稳定性、不确定性进一步凸显。从国内形势来看，随着国内大循环、国内国际双循环新战略的形成，以及新冠肺炎疫情给社会经济带来的巨大影响，包括人力资源服务行业在内的各行各业都正在经历着不同以往的深刻调整。中智集团以开展风险排查、完善内控体系、严格责任追究为抓手，将内控合规规范写入岗位职责，督促各层级干部员工增强机遇意识和风险意识，筑牢不发生重大风险的底线。

二、健全合规机制助力创世界一流

要正确理解世界一流企业的要义、充分认识健全合规机制与企业管理提升的协同关系，才能有效发挥合规管理对创建世界一流企业的促进作用。党的十九大报告提出"培育具有全球竞争力的世界一流企业"。国务院国资委制定印发《关于开展对标世界一流管理提升行动的通知》，推动中央企业和地方国有重点企业形成系统完备、科学规范、运行高效的中国特色现代国有企业管理体系。因此，世界一流企业参与全球范围内的市场竞争，除了要在营收规模、质量效益方面领先外，还必须具有一流的管理水平，在合规守信、履行社会责任方面成为典范。"合规"虽是一个舶来词，但其"符合规则、遵守规范"的释义却也是对中华传统文化中规矩意识的体现。纵观全球范围内能够实现基业长青的"百年老店"，无不在经受时间与市场考验的历程中建立了完善的合规管理机制。中智集团对标研究世界一流企业的发展实践，在健全管理机制方面注重以下四个要点：

一是高层级。建立健全公司主要负责人领导、总法律顾问牵头、法务部门归口、各职能部门协同联动的管理机制；董事会审计与风险管理委员会负责决定公司法律合规管理体系、研究决定合规管理重大事项，党委会、总经理办公会定期听取合规管理专题汇报；成员单位领导人员参加合规培训、签署《合规承诺书》，确保合规管理责任自上而下层层压实、推动关键少数发挥带动作用。

二是全覆盖。一方面，坚持合规管理制度应为全体员工普遍遵守，不因人员特殊或项目特殊而有例外；另一方面，坚持合规管理要求应覆盖各业务领域、各级机构单位，覆盖决策、执行、监督的全流程，不因资源有限或重视不足而有缺失。在此基础上，加强对重点领域、重点环节、重点人员的合规监管，通过发送法律合规风险提示函、制定合规管理与风险控制指引、开展专项合规排查等方式让合规工作抓铁有痕、踏石留印。

三是强协同。持续探索法务、合规、风控、审计、违规经营投资责任追究等管理职能的协同运作，组建法务合规与审计部，配合纪检监察、财务监管等相关工作，构建企业大监督格局；持续提升业务、合规、监督部门的协同能力，将合规管理要求、监督整改任务纳入企业管理模式再造、业务流程改进过程中，变合规"离心力"为合规"聚合力"。

四是优文化。积极传导"合规创造价值"的管理理念。充分发挥人力资源服务资源优势，推进中智集团"领导员工齐参与，客户业务相结合"四位一体的普法工作模式不断优化。通过开展人力资源领域专项政策法规研究、提供劳动人事法律服务、开展公益普法宣传等多种途径帮助客户构建和谐稳定用工关系、实现主营业务合规治理水平提升，打造"法'智'中国、'典'亮职场"等一系列普法宣传明星品牌，营造干部员工乐于普法、善谈合规的文化氛围。

"十四五"时期，中智集团加快培育世界一流人力资源服务"领头羊"企业，既肩负着服务国家"六稳""六保"工作大局和人才强国战略的央企使命，又承担着引领行业新发展格局和推动企业高质量发展的时代责任。新时代、新目标、新挑战，中智集团党委充分认识深化法治央企建设对中智集团战略升级、改革深化、实现高质量发展的重要意义，坚持以习近平新时代中国特色社会主义思想为指导，学习贯彻习近平法治思想，落实国务院国资委《关于进一步深化法治央企建设的意见》精神，第一时间研究制定了《中智集团"十四五"法治建设实施方案》。蓝图已经绘就，功力必不唐捐。全体中智法律人将坚持锲而不舍、守正创新的精神，以时不我待的信念与决心着力健全"五个体系"、持续提升"五种能力"，不断深化"法治中智"建设，为中智集团建设具有国际竞争力的世界一流综合性人力资源服务企业筑牢坚实法治基础。

（中国国际技术智力合作集团有限公司总法律顾问　章祖达）

中国铁路通信信号集团有限公司

夯实法治合规基础 为中国通号高质量发展护航

中国铁路通信信号集团有限公司（以下简称中国通号）深入学习贯彻习近平法治思想，落实国资委《关于进一步深化法治央企建设的意见》，公司党委从战略发展的高度，推进法治通号建设，结合企业实际和业务特点，以防控公司重大风险为导向，定目标、加手段、建机制、配人员，始终面向公司业务发展需要，促融合、打基础、提能力、强专业，系统打造法治合规管理体系。中国通号本着"不求短期出成绩、但求长期有效果"理念，将法治规划超前一点、措施做细一点、基础打牢一点、机制建设系统化一点、专业精益求精一点。经过"十三五"和"十四五"初的持续建设，法治通号建设水平整体提升，有 8 项工作成果入选央企法治建设优秀案例库。在国务院国资委开展的法治建设第一责任人督促检查工作中，中国通号获得 A 级，在央企中排名并列第一。

中国通号是全球领先的轨道交通控制系统解决方案提供商，2015 年登陆香港联合交易所，2019 年作为首个中央企业和首个 A+H 股公司首批登陆上交所科创板。高铁列控系统是高铁的"大脑和中枢神经"，中国通号拥有世界领先的高铁列控技术，实现了我国高铁、地铁全套列车控制系统技术的完全自主化和产品的100% 国产化，拥有高铁 CTCS-3 级列控系统、地铁 CBTC 列控系统等轨道交通核心自主的八大核心技术，为我国 15 万公里铁路、4 万公里高铁提供安全保障。作为中国高铁"走出去"的重要一员，中国通号参与印尼雅万高铁、匈塞铁路、中老铁路等境外项目，向世界展示了"中国高铁"亮丽的国家名片。

一、统筹规划建设

一是系统分析，在"十三五"和"十四五"之初，中国通号即制定发布了《中国通号"十三五"法治合规规划》《中国通号"十四五"法律合规与风险内控工作实施方案》，从统筹规划着手，系统谋划部署。根据公司发展战略规划目标，系统研判法治合规管理需求，确保能够同步提升、同步发展、同步保障。系统研究公司以及各子公司的资产规模、营收规模、业务特点、面向的市场环境、所处的企业发展阶段等因素，确保摸清家底、自我判断准确。

二是量化目标，基于战略需求分析和公司内部现状研判，在"十三五"法治合规规划中提出了十大方面 32 项规划措施，在"十四五"实施方案中针对健全"四个保障"、提升"五种能力"、建好"一个平台"的总体目标，提出了 36 项重点工作任务措施，并针对公司内部各级子公司不同情况，明确提出法治通号建设具体量化目标，确保规划可实施、易考核。

三是分解任务，针对规划实施时间跨度大、目标任务不可能一蹴而就等情况，将"十三五"规划目标逐项分解成不同推进阶段的具体任务，逐年逐项分解到年度工作任务中。在"十四五"实施方案中列明重点工作任务分解表和各子企业主要负责人履行推进法治建设第一责任人职责重点工作清单。同时，进行阶段性实施效果的检查评估，及时分析问题、总结经验、调整完善，确保规划目标的落地。

二、强化落实手段

一是事前明确要点，中国通号建立以规划目标为导向的执行机制，每年依据法治合规规划目标及年度分解任务，制定公司法治合规年度重点工作计划，子企业纳入本企业年度工作计划，形成各级企业、各职能部门密切配合、统筹协调的工作机制，落实法治合规规划年度重点工作进度安排。公司每年召开法治工作会，公司党委书记、董事长周志亮参会并提出要求，推动法治合规工作开展。

二是事中检查推进，建立公司党委、董事会各专门委员会、企业业务管理层三个层面的监督检查机制，建立多业务部门协同配合的检查机制，确保规划实施过程能够及时发现和解决具体问题。针对规划执行阶段结果，建立法治合规信息交流机制，及时推广法治合规规划落实工作经验。

三是事后考核评价，针对规划实施目标，建立法治合规考核指标体系，将法律合规管理考核指标纳入公司对各二级子企业主要负责人绩效考核，形成了六大方面42 项法律合规考核指标体系，并向公司三级子企业延伸，部分直接下沉到项目部。每年度的考核发挥了指挥棒的导向作用，确保法治合规工作与经营管理业务工作同开展同考核。

三、提升"关键少数"认识

一是制度一贯到底，公司及全部二级子企业包括重要的三级子企业，均制定了企业主要负责人履行推进法治建设第一责任人职责实施制度、党组织规范性文件及企业规章制度合法合规性审查管理制度，列出企业主要负责人忠实履行推进法治建设第一责任人职责"责任清单"，将法治素养、法治能力作为企业选人用人条件，将法律风险处理损失纳入责任追究制度，从而将法治通号建设理念和要求，通过制度一贯到底。

二是学习持之以恒，建立公司各级子企业领导班子法治学习常态化机制，把法律合规列入党委中心组学习内容，过去六年累计开展学习 566 次。把尊法学法守法用法情况作为考核领导班子和领导干部的重要内容，确保法律法规学习学得进、有效果。

三是责任层层压实，公司通过专题会议、专项部署、专项汇报等形式，不断强化企业各级领导人员的法治意识、法治思维，"十三五"期间公司连续召开全系统年度法治工作会和总法律顾问述职会，"十四五"开局之年，公司召开全系统风险防控专题会。公司党委书记、董事长周志亮均出席并提出工作要求，国资委政策法规局领导到会指导，公司全体领导班子成员及各二级子企业主要负责人参会。每年的法治工作会既是法治合规工作部署会，又是一次普法的宣贯会。

四、优化机构人员

一是创新管理模式，中国通号持续挖掘公司全系统法务资源集约化效能，不断创新管控模式。针对子企业所处不同发展阶段和管理现状，实施专项审核管控、委托方式和代管等针对性法律合规管理模式，确保法律管理更贴近企业实际发展需要。2021 年，设立风险控制中心，统筹全系统法律、风险、合规、内控、审计等管理资源，实施一体化管理模式。2022 年，在全部子企业设置独立的风控部，确保法治、合规风险管控深入业务一线。

二是打造人才团队，中国通号及二级企业全部配备了总法律顾问，设置了法律合规部门。搭建涵盖法律合规专才、复合型人才、管理型人才的金字塔型人才梯队，业务部门明确兼职合规联络员，开展定期专业培训，满足不同层级业务需求。建立法律合规骨干人才库，选拔培养公司系统内骨干人才。截至 2022 年 9 月，法治人才队伍中具有法律职业资格和企业法律顾问执业资格的持证率达 93.22%。

三是畅通职业通道，将法律顾问作为独立序列纳入公司人才培养体系和人才队伍建设规划，建立法律顾问专业人员职业岗位等级评价制度。开展公司律师申请工作，建立公司全系统法治合规人员轮训交流机制，选拔优秀年轻骨干人员进行定期轮训，多措并举畅通法治合规人才发展渠道。

五、打造管控"抓手"

一是风险提示机制，中国通号建立事前、事中、事后"三阶段"风险提示机制，提出风险提示、专项指导等 41 项。针对涉外法律合规管理、混合所有制改革等，开展法律合规前瞻性研究，作出事前风险提示；针对纠纷案件反映出的问题，跟踪重大项目实施情况，作出事中风险提示；针对重点业务、重大项目实施后的问题，进行分析和管理溯源，作出事后风险提示。

二是案件处理机制，构建专案跟踪、专人负责、专题研讨的纠纷案件管理模式，对子企业重大法律纠纷案件跟进指导，对多发频发法律纠纷案件的企业进行专项督导，"十三五"期间，处理法律纠纷 400 余件，共计避免或挽回损失约 3.77 亿元。持续推进公司内部法务人员代理案件制度，2021 年，法律纠纷案件内部人员代理率 76.4%。

三是审核把关机制，持续优化合同、规章制度、重要决策、法定代表人授权"四项"100% 法律审核机制，逐步提升法律审核质量。建立法务与财务部门的会商机制，协调处理非单纯法律问题。提炼总结各项法律审核工作中积累的经验，编制发布投资、合同、重要决策等重大事项法律审核办法或指引，明确各项法律审核的具体要点，促进实现统一的法律审核水准。

六、深入融合业务

一是把关口前移，配合公司战略业务拓展进程，前移法律合规风险防控关口，建立业务前期阶段的法律尽调、论证机制。针对重点业务、新兴业务领域，以前瞻性研究为切入点，建立前瞻性知识储备和培训制度，确保新兴业务，法律先行。

二是多环节介入，全面参与公司重大项目尽职调查、项目谈判、法律文件起草、关键文件审核、项目跟进、风险评估排查、法律纠纷处理，全过程发挥法律把关作用。

三是扩大业务内涵。对传统法律合规业务进行战略性思考，将法律合规工作上升到公司战略高度，以战略的视角审视企业内部管理。围绕公司战略发展业务目标，拓展法律合规管理内涵，突破既有领域，以公司内在需求为出发点，全面参与决策、协同管理和监督保障。

七、强化合规文化

一是培育法治合规意识，建设公司内部依法立规矩、讲规矩、办事按规矩的企业内部文化环境，强化制度硬约束，制度执行到人、到事、到底，逐级监督执行，强化制度执行检查的多职能部门协同机制，将企业主要负责人法治建设履职情况与领导干部奖励、任用、晋升挂钩。

二是全方位落实合规责任，分层分类落实合规管理责任，明确公司董事会、经理层、职能部门、业务岗位等不同管理层级侧重的合规管理责任，明确公司主要负责人、班子成员、中层干部、普通员工等全员全覆盖的合规管理职责。

三是多层面多渠道培训，利用多种媒体平台渠道，宣传法治建设，培育合规意识。针对不同层级、不同业务领域人员，采取集中学习、专业研讨、合规承诺等方式，强化公司合规文化，过去六年公司全系统累计组织培训314场次，使合规理念深入人心。

（中国铁路通信信号集团有限公司总法律顾问、法律合规部部长陈世奎，中国铁路通信信号集团有限公司法律合规部副部长　许晓平）

中国铁建股份有限公司

以法治力量保障企业高质量发展

法治是中央企业改革发展的坚强支撑保障，也是中央企业的核心竞争力。党的十八大以来，习近平总书记领导全党开展了一系列法治工作实践、理论创新，应运而生形成了习近平法治思想，以"十一个坚持"系统阐述了新时代推进全面依法治国的重要思想和战略部署，为新时代推进全面依法治国、依法治企提供了根本遵循。中国铁建坚持以习近平法治思想为指引，按照国资委《关于全面推进法治央企建设的意见》的目标要求，在公司领导的高度重视下，紧紧围绕企业中心任务，全面推进法治铁建建设，系统构建以法律管控为核心的"大风控"体系，着力强化合规管理，为发展成为最值得信赖的世界一流综合建设产业集团、推动企业高质量发展贡献法治力量。

一、牢固树立"一没四不"法治理念，更好发挥法治固根本、稳预期、利长远的保障作用

逢山凿路，遇水架桥。中国铁建秉承铁道兵令行禁止、勇于创新、一往无前的优良传统和工作作风，牢固树立"没有法律意见，领导不签字、议题不上会、单位不用印、上级不受理"的"一没四不"法治理念，全面推进法治铁建建设，为打造世界一流企业提供坚强法律支撑保障。

——把牢发展方向，充分发挥依法治企战略引领作用。中国铁建坚持把思想和行动统一到全面依法治国、依法治企决策部署上来，发扬钉钉子精神，一年接着一年干，确保法治建设始终沿着正确方向前进。公司统一部署法治铁建实施方案，所属企业对照方案逐项细化落实措施，明确工作目标、具体措施、责任主体和进度要

求。发挥总法律顾问、法律机构在章程制定、执行和监督中的作用，集中对所属企业"十四五"规划、公司章程进行统一审核，以通报进展、点名批评、发布模板等手段，推动公司及38家二级企业制定法治铁建子规划、修订章程，并明确负责推进法治建设的董事会专门委员会，落实法治工作核心要求，完善公司治理结构。

——落实第一责任人职责，充分发挥依法治企领导表率作用。新时期下，法治建设面临着许多艰巨任务。中国铁建秉承抓住"关键少数"、引领"最大多数"，公司董事会、党委会多次专题研究法治建设重大事项，成立法治建设领导小组，制订企业主要负责人履行法治建设第一责任人实施办法，连续组织召开公司主要负责人出席的全系统法治工作会议、制度建设专题会、案件降控专项会、总法律顾问述职会，推动形成了领导带头、上下联动、部门协同的法治建设大格局，强化法治工作重视程度、开展深度和覆盖广度。

——围绕中心工作，充分发挥依法治企支撑保障作用。通过多年实践，我们总结提出了"一没四不"理念并建立相应机制，探索"没有法律意见，财务不付款"，推动法律管理与经营管理深度融合。在依法决策上，建立董事会、党委会、总裁办公会等重要会议议题法律合规审核前置程序，公司法律合规部会上第一个发表意见。在依法经营上，公司法律合规部是各类重大专项工作领导小组当然成员，全程参与服务保障重大项目，组织开展课题研究，形成67万字的《基础设施建设项目投融资业务法律风险梳理及合规操作指引》专著在法律出版社出版发行。在依法管理上，开展全系统合同专项排查，组织总部11个部门赴35家企业、项目开展现场排查，督导重大合同2364份，整改合同风险1649项，从五个方面采取整改措施，推动建立合同风险管理长效机制。

——狠抓案件管控，充分发挥依法治企价值创造作用。中国铁建坚持"打赢官司也是创效"的理念，开展案件"压存控增、提质创效"专项行动，组织与28家重要二级企业负责人签订责任状，实施十项举措，实现连续三年案件数量和金额双下降，减损增效成绩显著。建立重大案件"五个一"处置机制，集中内外部资源处置一批重大案件，采取专人负责、专家派驻、专项督办、专案挂牌、全员摘标等方式，取得一系列胜诉、回款、注销侵权企业等积极成效，成功通过行政、司法双途径认定公司商标为国家驰名商标。

——配强三支队伍，充分发挥依法治企专业人才作用。打造法治央企离不开一支强有力的法治工作队伍。中国铁建把总法律顾问、专职法律人员、项目法律联络员三支队伍作为法治建设的重要保障，着力配齐配强。确保总法律顾问制度人员配备、职责落实、作用发挥"三个到位"，公司及38家二级企业、295家三级企业设立总法律顾问。落实机构人员"局六处四"目标，明确要求"重要二、三级企业本级法律人员分别不少于 6 人、4 人"，目前全系统法务人员总数 1446 人，占公司员工比例 6.58‰，较"十二五"末增长 64%。实施项目法律联络员"五项制度"，在 5284 个境内项目和 327 个境外项目设立了项目法律联络员，并配置兼职项目总法律顾问 1010 人。通过推进以总法律顾问制度为核心的企业法律顾问制度建设，实现法治工作有专职领导、专责部门和专业人员，夯实了依法治企组织基础。

二、构建"大风控"体系，探索建立风控一体化管理平台

为增强风险管控工作的全面性、实效性和权威性，实现工作协同、资源整合、成果共享，有效防范和化解各类风险，中国铁建积极构建以法律管控为主的"大风控"体系，强化全员、全面、全过程管控，完善风险防控体制机制。

——以顶层设计为引领，做好体系谋篇布局。体制完善、机制健全、责任清晰是全面、扎实构建"大风控"体系，做好风险防范工作的基础。中国铁建充分考虑集团管控要求，建立健全党委把关定向、董事会领导部署、经理层贯彻落实、"纵横结合、协同监督"的风险内控组织架构，推动各级法人单位设立党委领导下的风险管理委员会，统筹领导风险管理工作，通过定期会商、重点会商等工作机制，实现系统上下、单位内外、部门之间等各方面的信息共享、工作协同、资源整合，组织实施跨部门、跨单位重大风险管控。

——以责任落实为主线，强化风险管理履职。公司推动各级企业、各个部门全面梳理完善岗位职责，建立风险管理岗位责任制，针对各个岗位特别是关键岗位细化风险管理履责要求。逐步建立全员风险管理目标体系，使各岗位人员能够依规依据做好风险识别、分析、控制和报告，做到责任与权利相统一，考核与奖惩相一致，充分激发员工的积极性，强化责任担当。

——以过程管控为重点，实现风险预警预控。中国铁建形成了"1+3"风控制度体系，厘清"以业务流程评估为主，公司层面与业务流程并重"的风险评估思路，强力推进覆盖全系统、各层级、各岗位的岗位风险大识别和已发生风险事件收集，进一步细化"大风控"体系建设、运行和能力目标，健全风险评估、预防预警、信息共享、工作协同、事件处置、评价整改、考核问责、优化提升的风险管理机制，把风险消灭在萌芽状态。

——以信息技术为手段，促进风控体系运行。中国铁建坚持以"风险管理融入业务、融入信息化"为指导思想，正式启动以风险预警为核心的风险管控信息化系

统建设，以科学的大数据分析模型为基础，将风险管理意识、内部控制措施以及各类预警指标植入信息系统中，充分集成各类信息和数据，全力搭建风险识别、评估、监督、监测、预警平台，以信息化、数字化手段促进和保障"大风控"体系运行。

三、建良规、立体合，全面深化合规管理

——顶层推动持续发力，核心引领作用更加突出。公司成立党委领导下的合规委员会，董事会、党委常委会定期听取合规工作进展情况汇报，连续组织 12 次合规管理专题推进会，具体部署协调推进合规管理工作。召开合规启动大会和合规管理制度发布会，公司领导班子、总部机关各部门负责人全体出席，并设 6892 个视频分会场，全系统共计 114272 人参加。

——制度体系有效运行，合规工作能力不断增强。公司制订形成"1+9"合规制度体系，翻译成 6 种语言强化执行落实，尽职调查和风险评估率达到 93% 以上，合规审核率基本实现 100%。组织对公司总部 7 个部门进行了合规访谈，编写《合规风险评估报告》。建立合规季报、年报、重大合规风险报告等机制，畅通合规咨询与举报渠道。开展规章制度"立改废"专项清理，每年发布现行有效规章制度清单和废止规章制度清单。

——保障措施落实到位，全员合规意识大幅提升。合规管理机构不断完善，合规队伍不断壮大，公司设立合规委员会并任命首席合规官，全系统任命合规官 8795 人。合规培训形成常态化机制，针对不同层级人员，分类别组织了合规官高级课程、基础课程培训和合规技能、风险评估专题培训，以及新入职大学生合规知识培训等，共计 462104 人次参训，不断提高全员合规意识，持续提升合规管理水平。

（中国铁建股份有限公司党委常委、执行董事兼总法律顾问、首席合规官　刘汝臣）

中国交通建设集团有限公司

强化法治管理，提升能力建设
为精准实现法治中交持续升级版奠定坚实基础

站在新的历史起点上，中交集团以习近平法治思想武装头脑、指导实践，以坚定走中国特色社会主义法治道路的思想自觉、政治自觉、行动自觉，坚持党对国企改革依法治企的全面领导，不断提高法治思维与法治管理能力，打造法治中交升级版迈出坚实步伐，谱写新时代全面依法治企新篇章。

围绕完善顶层设计，持续夯实法治建设责任

中交集团牢记讲政治这一根本属性，牢固确立习近平法治思想在依法治企中的指导地位，在集团党代会精神指引下，编制出台《全面推进法治中交建设的指导意见》，将法治工作纳入公司"十三五""十四五"总体规划，为公司高质量发展谋划了务实可行的法律路径。为做好顶层设计的宣贯、分解和落地，成立了法治中交建设领导小组，董事会明确负责推进法治建设的专门委员会，夯实组织保障。出台第一责任人履职管理办法，推动第一责任人履职机制向基层延伸，制定各单位第一责任人履职清单，让"关键少数"真正有关键作为，压实第一责任。强化法律风险考核，考核结果纳入各单位经营绩效。公司已形成规划引领、年度推进、考核督导、对标评估、总结提升的法治建设闭合管理机制。

围绕坚持法业融合，持续深化法律风险防范机制建设

中交集团围绕公司高质量发展的主线，坚持法律与生产经营相融合，旗帜鲜明

将其贯穿到法律风险防范工作中，强化法商联动工作机制，全面覆盖，突出重点，护航公司行稳致远。坚持法律服务好生产经营，把依法治企要求全面融入企业决策运营各个环节，贯穿各业务领域，延伸至各管理层级，渗透进企业治理各个方面，做到不经法律审核不签约、不上会、不用印。集中优势法律资源做好重点领域的风险防控，服务于提质增效，抓住合同管理主线，聚焦分包管理薄弱环节，召开经验交流会，出台指导意见，建立负面清单制度，助力开源节流；服务于投资业务，健全投资项目法律意见书制度，强化履约过程的风险控制，协同做好投资人权益保护工作。建立"海外优先"法律支撑体系。将境内外法律风险防范体系统一规划，拉通管理链条，努力提升"走出去"的加速度和"走上去"的高水平，助力公司业务的国际化向公司整体国际化的转型。完善海外组织体系建设，将法治建设第一责任人履职机制建设、总法律顾问制度及机构建设向境外实体机构和项目延伸。突出海外合规管理，进行海外大合规体系的再梳理，建立以《海外员工行为准则》为核心、海外合规调查等八项运行机制为保障、采购等七个专项合规细则为支撑的海外合规管理制度体系；建设集审批、发布等多项功能于一体的海外合规系统。加强海外风险防控，推进海外国别法律风险数据库建设，举办海外风险防范交流会，系统提升国别风险应对能力。

围绕促进治理完善，持续增强依法治企能力

中交集团坚决落实"两个一以贯之"，以结构体系、制度体系、决策体系建设推动法治工作全面融入公司治理，坚持依法治理、依法决策、依法管理、依法监督一体推动。健全公司治理体系，推动"公司章程—管理纲要—治理主体议事规则—权责手册—管理制度—流程手册"的分级管理体系建设并进行数字化改造，初步构建了全面覆盖、横向协同、纵向贯通的规章制度体系，基本实现所有工作都有章可循、有法可依，基本形成权责明确、运转协调、制衡有效的法人治理结构。提升公司治理能力，通过合法合理配置、规范各治理主体权利义务，利用考核奖惩机制，提升公司制度治理和依法规范管理的水平，加快公司从行政命令式管理向现代治理转变，从依赖"人治"向基于制度、流程、规则的"法治"转变。保障依法依规决策，着力构建"大监督"格局，完善重大决策合法合规性审查机制，全面实现总法律顾问制度进章程，总法律顾问依章程参加、列席决策会议，切实把牢"三重一大"的法律审核关，保障国有资本投资公司试点改革、国企改革三年行动、授权放权改革、董事会建设改革等合法合规、走深走实。

围绕服务改革发展，持续增强法律保障能力

中交集团坚持以强化法治管理体系为基石，以提升能力建设为根本，为实现法治中交升级版奠定坚实基础。推进法律管理体系化，坚持法律服务、法律策划、法律管控和法律救济协同联动，基本形成以合同管理为主线、法治建设为保障、风险内控为手段、合规管理为底线的四位一体法律管理体系，并实现了统一规划、统一部署、统一推动、统一考评。推进法律管理数字化，围绕合同主线，试点上线财务云业财协同项目，通过核心系统的研发及数据标准的系统内固化，为法治中交建设提供强有力的数字化支撑体系。优化合同管理、授权委托管理系统，升级案件管理系统功能，法律管理效率大幅提升。推进法律管理价值最大化，加强权益维护，持续提升经济纠纷案件管理水平，坚持标准化管理，健全案件处理责任、策划、备案、监控和后评价机制，建立经济纠纷预防长效机制，形成法律和业务、总部和基层联动的案件处理机制，坚持规范个案办理和促进管理提升相结合。推进法律管理专业化。将法治队伍建设纳入公司人才建设整体规划，加大总法律顾问交流、公开选拔力度，优化工程建设板块大法务合约体系，探索构建境外区域中心法律服务共享化管理模式。加强法律人员的培养规划，形成专业培训机制，积极推进公司律师制度，分类建立法律顾问专家库，加快培养国际化法律人才。

围绕合规风控联动，持续强化全面风险管理能力

中交集团的合规风控工作始终围绕中心、服务大局，坚持战略导向，建立员工自查、部门负责人审查、合规官审查及合规官交叉审查的四道合规防线。调整优化合规委员会人员及职责，推进公司整体合规管理机制建设，深化全面风险管理，建立风险清单库，开展常态化风险评估，规范五步法风险评估流程，建立重大经营风险报送工作机制。深化法治合规文化建设，认真落实"七五""八五"普法规划要求，创新普法形式、丰富普法内容、突出重点对象、加强效果评估，形成覆盖全面、分级分类的法治合规培训机制，持续提升全员法治素养和依法行事能力。

新时代新征程，中交集团将继续深入贯彻习近平法治思想，积极落实国务院国资委决策部署，坚持结果导向，压实工作责任，全力支撑公司加快建设具有全球竞争力的"三型一流"企业，以实际行动和优异成绩迎接党的二十大胜利召开！

（中国交通建设集团有限公司党委常委、总会计师　彭碧宏）

中国农业发展集团有限公司

踔厉奋发 矢志前行 为企业高质量发展提供法治支撑

党的十八大以来，党中央提出一系列全面依法治国新理念新思想新战略，明确了全面依法治国的指导思想、发展道路、工作布局和重点任务，党的十九大将全面依法治国确立为新时代坚持和发展中国特色社会主义的基本方略，2020 年 11 月 16 日至 17 日，中央全面依法治国工作会议首次提出习近平法治思想。国有企业作为中国特色社会主义的重要物质基础和政治基础，作为我们党执政兴国的重要支柱和依靠力量，必须全面贯彻落实习近平法治思想，必须将习近平法治思想作为企业依法经营的指导思想和根本遵循。

中国农业发展集团有限公司（以下称中国农发集团）是国资委管理的唯一一家综合性中央农业企业，历经多年发展形成了包括以远洋渔业、畜牧业、种植业农业等横跨农牧渔的五大主业板块，以"服务现代农业、创造现代生活"为集团使命，以"服务国家乡村振兴战略，发展成为中国农业现代化、产业化和国际化的组织引领者，现代农业全产业链的综合服务商，安全优质农产品的供应商"为企业愿景。作为一家农业企业和充分市场竞争企业，服务"三农"的社会责任和市场经济的法治要求使法治工作在中国农发集团发挥着越来越重要的作用。

20 世纪 90 年代，中国农发集团还是一家专业从事远洋渔业的农业企业，作为最早走出去的国有企业之一，中国农发集团就开始认识到依法治企对企业发展的重要性，2000 年集团就在公司总部设立了法律事务室。在对农业部所属企业整合成为综合性农业企业的过程中，各企业遗留的一系列问题所产生的案件甚至一度威胁到企业的生存，法律部门在企业中发挥着"救火队员"的作用。如果说那个阶段企业对依法治企的认识还处于启蒙阶段，国务院国资委提出的"以事前防范和事中控制为主、事后补救为辅"的企业法制工作方针则为依法治企工作指明了方向。中国农发集团坚决贯彻国资委的相关要求，成立独立的法律事务部门，企业法治工作的重心逐渐由"事后"向"事前"和"事中"转变。

2015年12月国务院国资委印发《关于全面推进法治央企建设的意见》后，中国农发集团贯彻落实法治建设第一责任人职责，明确了党委书记、董事长、总经理在法治建设中的主要职责，全面开展法治央企建设，企业法治工作从此上了一个新台阶。

在开展法治央企建设的过程中，中国农发集团始终抓牢"关键少数"，集团党委第一时间将习近平法治思想纳入党委中心组学习内容，每年组织法治专题学习，提升法治意识；将法治央企建设作为集团战略落实的重要内容，与企业生产经营深度融合，秉承"治病于未病"的理念不断夯实重大决策、规章制度、经济合同三个法律审核百分之百；每年根据法律政策的变化开展制度"废改立"工作，每年对集团的制度汇编进行更新，强内控，固根本；成立远洋渔业法律服务中心，针对远洋渔业行业特点对国内外法律法规、区域性渔业组织规定进行全面梳理，编制落实远洋渔业行业合规手册，抓重点，促合规。中国农发集团以"治理完善、经营合规、管理规范、守法诚信"为企业法治央企建设的目标，以脚踏实地的行动成为法治央企建设的践行者。

2021年10月国资委下发《关于进一步深化法治央企建设的意见》后，农发集团第一时间制定了集团的落实方案，并将之作为集团法治建设的"十四五"规划，就健全"五种体系"、持续提升"五种能力"、持续深化集团法治央企建设进行了全面部署。2021年集团的法治合规工作培训会上，集团党委书记、董事长曹江林更是对集团的法治工作提出了"要将依法治企、合规经营作为企业生产经营的自觉行为，不断增强运用法治思维和法治方式推动企业改革发展的能力；不断提升法律管理能力，持续完善法律风险防范机制，夯基固本，勇于创新"的高要求，中国农发集团的法治央企建设进入了一个全新的阶段。

作为中国农发集团的一名企业法律工作者，我在这个岗位上工作了20余年，企业的法治工作的发展历程使我深深体会到，企业法治工作就是企业的免疫系统，就是企业的防御机制，她与企业的战略管理、财务管理、运营管理一起构成企业有机体的组成部分，是企业管理的不可或缺的内容，是打造"百年老店"的企业生命线。随着市场竞争日益激烈以及"走出去"战略的进一步推进，企业面临的法律环境更加复杂，形势更加多变。为适应市场化、现代化、国际化发展的需要，谋求企业长远发展，推进法治建设已经成为企业提高竞争力的必经之路。面对百年未有之大变局，企业必须走高质量发展道路，高质量发展需要高质量的法治合规工作作为支撑。依法合规治企是企业稳健经营、防控风险的必然选择，更是实现企业高质量发展重要保障和建设世界一流企业的内在需要！

作为一家充分市场竞争的企业，"治理完善、经营合规、管理规范、守法诚信"应当成为也必须成为企业自始至终应当秉承的理念；作为一家服务"三农"的中央农业企业，落实国家海洋强国战略、加快建设蓝色粮仓，需要熟悉、遵守、运用国际规则和所在国法律；打造世界一流动保企业、培育种业创新战略力量，需要有效保护知识产权；整合发展、发挥好上市公司平台需要洞悉资本市场规则……企业的高质量发展需要法治支撑，亦对企业法治建设提出了更高的要求，企业的法律工作者只有不断提升自己的业务能力，不断对自己提出更高的要求，才能更好地为企业发展服务。

2022年是"十四五"规划深化之年，是我国经济转型升级的关键之年，更是向第二个百年奋斗目标进军的提速之年，中国农发集团也将迎来全新发展的一年。中国农发集团法治工作队伍以"为集团高质量发展、实现战略目标提供法治支撑保障"为使命，坚持融入中心、服务大局、踔厉奋发，笃行不怠，锐意进取、扎实工作，以优异的成绩迎接党的二十大的胜利召开！

（中国农业发展集团有限公司法律合规部主任　臧亚利）

中国保利集团有限公司

习近平法治思想助推中央企业高质量发展

中央全面依法治国工作会议把习近平法治思想确立为全面依法治国的指导思想，这对我们国家法治建设具有里程碑意义。习近平法治思想内涵丰富、系统深刻，为中央企业应对重大挑战、防范重大风险、全面深化改革、提升治理能力提供了行动指南，是中央企业实现高质量发展的根本遵循。

一、战略引领　根植实践　习近平法治思想创造良好法治环境

回顾党的奋斗历程，从带领人民"站起来"到"富起来"再到"强起来"的各个发展阶段，无不重视法治、厉行法治。十八大以来，以习近平同志为核心的党中央提出全面依法治国战略，引领和推动我国社会主义建设发生历史性变革、取得历史性成就。新时代人民对美好生活需求日益广泛，不仅体现在物质文化生活方面，更对民主、法治、公平、正义、安全、环境等方面提出了更高要求，人民的权利需要法治予以保障。习近平法治思想正是在我国社会主义法治建设伟大实践中，顺应时代要求应运而生的重大理论创新成果，为落实全面依法治国方针，实现中华民族伟大复兴指明了正确方向、提供了根本保障。

在习近平法治思想指引下，中国特色社会主义法治体系不断丰富。以习近平同志为核心的党中央把中国共产党领导是中国特色社会主义最本质的特征写入宪法；组建中央全面依法治国委员会加强顶层设计；出台《法治中国建设规划》《法治社会建设实施纲要》和《法治政府建设实施纲要》，确立了全面依法治国的总蓝图、路线图、施工图；坚持立法与改革相衔接，确保重大改革于法有据；不断推进重要领域法律法规立改废释，完善中国特色社会主义法律体系；坚持依法防控疫情，保

障新冠肺炎疫情防控取得重大胜利；修改反垄断法，强化反垄断和反不正当竞争执法司法，依法保障企业健康发展，营造市场化、法治化、国际化营商环境。习近平法治思想营造出良好的法治环境，为各行各业的努力奋斗筑起法治屏障。

二、融入中心　服务大局　依法治企筑牢中央企业世界一流根基

习近平总书记强调："国有企业是中国特色社会主义的重要物质基础和政治基础，是党执政兴国的重要支柱和依靠力量，必须做强做优做大。"中央企业作为国有企业的重要组成部分，为我国经济社会发展、科技进步、国防建设、民生改善作出了突出贡献，担负着做大做优做强国有资本，发挥国有经济战略支撑作用的重大使命。中央企业作为落实全面依法治国的重要力量，要以适应市场化、现代化、国际化发展为目标，不断深化治理完善、经营合规、管理规范、守法诚信的法治央企建设，为加快建设世界一流企业筑牢坚实法治基础。

目前中央企业正面临着波谲云诡的外部环境压力和不断深入的自我革新挑战。世纪疫情不断反复，国际局势日趋严峻，随着"走出去"战略进一步升级，中央企业将更多地参与到国际竞争中去，要在国际规则制定中掌握主导权和话语权，这要求中央企业尽快提升国际化经营能力。中央经济会议指出 2022 年经济工作要稳字当头、稳中求进，各地区各部门要担负起稳定宏观经济的责任，对中央企业保持稳健经营提出明确要求。2022 年也是中央企业国企改革三年行动收官之年，既要进一步巩固已取得的改革成果，也要重点推进中国特色现代企业制度建设。

以习近平法治思想为支撑，中央企业需要善用法治之力在国际竞争中维护自身合法权益；严守法治底线确保各项业务"稳"字当头；利用法治轨道保障各项改革顺利落地。

三、健全机制　全面深化　保利集团以高质量法治保障高质量发展

（一）保利集团以法治固根基、促发展、利长远

保利集团从军中走来，在改革中成长，在开放中发展，在市场中壮大，在新时代跃升。作为改革开放的产物，保利在顺应时代潮流中进化成长，在市场浪潮洗礼中不断壮大，在持续发展中保障民生，从最初的军贸公司，逐步发展成为现代业务多元的大型企业集团，业务遍布国内 130 多个城市及全球近百个国家和地区。

"十三五"时期，保利集团资产总额突破 1.5 万亿元，营业收入、利润总额、

净利润年均复合增长率均超 20%。"十四五"期间，保利集团以"锻长补短、积厚成器"为己任，推进精益管理，聚焦改革创新，致力于"建设一流，追求卓越"，打造形成具有国际竞争力、国内领先的"5+1"业务体系，优化贸易、升级地产、做强文化、创新科技、做特工程，在牵引力、发展力、竞争力、驱动力、控制力、软实力、影响力、保障力的建设上得到明显提升，全面建成世界一流企业，并且力争在 2035 年，把保利集团打造成为世界级的卓越企业，为全面建设社会主义现代化国家贡献力量。

（二）保利集团法治工作走上快车道

保利集团深入贯彻落实习近平法治思想，从主要领导到普通员工，牢固树立法治意识，把依法合规、不逾红线作为经营管理的首要前提和基本衡量标准，贯穿决策、执行、监督全过程，使依法合规、守法诚信成为自觉行为和基本准则，集团法治工作进步明显。

一是统筹谋划顶层设计。保利集团制定法治建设"十四五"规划，逐项细化分解任务，明确集团法治建设总目标、路线图。推动法治建设"十四五"规划与集团"十四五"规划统筹谋划、同步推进。

二是发挥关键少数作用。坚持集团公司党委对依法治企工作的全面领导，不断完善党委定期专题学法、定期听取工作汇报、干部任前法治谈话、述职必述法等制度，将法治素养和依法履职情况作为考察使用干部的重要内容，切实发挥党委把方向、管大局、促落实作用。

三是不断强化合规建设。保利集团成立合规管理委员会，制定合规建设实施方案，印发合规手册，建立"1+N"的合规制度体系，强化境外合规风险防范，合规管理工作实现全面升级。

四是优化品牌创造价值。保利集团加大知识产权布局，升级知识产权管理，利用法律手段主动维权、强化品牌建设，启动收费机制，凸显品牌价值。

五是防范化解法律风险。集团法治工作与经营管理深度融合，将合法合规性审查嵌入合同管理、规章制度、重大决策等程序流程；利用大数据监控系统追踪监测潜在风险隐患；综合利用诉讼、仲裁等手段推动重大纠纷案件妥善解决，有效避免和挽回重大损失。

四、良法善治　固本利长　中国特色社会主义法治建设历久弥新

习近平总书记指出，"新中国成立 70 多年来，我国之所以创造出经济快速发

展、社会长期稳定'两大奇迹',同我们不断推进社会主义法治建设有着十分紧密的关系。"这彰显了法治固根本、稳预期、利长远的保障作用。针对当前和今后社会主义现代化建设面临的新问题、新挑战,法治将继续为深化改革、推动发展、化解矛盾、维护稳定提供坚实的基础,为包括企业高质量发展在内的各项事业发展提供根本性、全局性、长期性的制度保障。

保利集团将在习近平法治思想的领导下,持续深化集团法治建设,全面推动法治建设"十四五"规划落地,促使保利集团依法治理更加规范,合规经营更加完善、组织机构更加健全、管理方式更加科学,为集团实现高质量发展和建成世界一流企业目标提供更加有力的支撑和保障。

（中国保利集团有限公司法律合规中心主任 安静静）

中国建设科技有限公司

以更高水平依法合规工作
支撑和保障高质量国企改革发展

习近平法治思想是顺应实现中华民族伟大复兴时代要求应运而生的重大理论创新成果，是马克思主义法治理论中国化最新成果，是习近平新时代中国特色社会主义思想的重要组成部分，是全面依法治国的根本遵循和行动指南。近年来，中国建设科技有限公司（以下简称"中国建科"）认真贯彻习近平新时代中国特色社会主义思想，积极落实国务院国资委法治央企建设要求，深入推进法治体系、法治能力与法治文化建设，充分发挥法治合规在价值创造链上"守底线"的功能定位，以更高站位更实举措全面推进依法合规治企，为加快建设国内领先、世界一流的建设科技领域综合服务商提供坚强法务支撑、服务和保障。

一、强体系，构建依法合规治企新格局

依法治企是全面依法治国战略在企业层面的具体体现，是中央企业提升竞争力、谋求长远发展的必经之路。一是中国建科坚决贯彻落实习近平法治思想，围绕国资委法治央企总体目标，结合公司改革发展实际，将全面依法合规治企纳入"十四五"规划，形成未来五年法治央企建设实施方案，加强法治建设顶层设计。二是明确法治建设领导机构，形成党委书记为第一责任人、副总裁分管推动、总部法务与风险管理部门及所属企业法务归口部门组织实施、各职责主体共同参与的管理体系和工作机制，有效发挥保障作用。三是持续完善法治建设制度体系，制定《企业主要负责人履行推进法治建设第一责任人职责管理办法》，明确各级党委书记、董事长、总经理法治建设职责，不断强化依法治企主体责任。将法律规定及法

治建设要求嵌入重点领域、关键环节，不断推进依法治企向纵深发展。修订完善法律各项管理程序，明确集团总部对所属企业的管控职责，逐步形成一级抓一级的管理机制。四是健全法治合规工作机制，中国建科将章程管理作为推进依法治企的重要抓手，将总法律顾问制度纳入公司章程，做到依法决策、依法参与竞争、依法合规管理。将法治建设情况纳入董事会年度工作报告，将依法决策要求纳入决策会议议事规则，将依法治企成果纳入综合业绩考评。

二、强班子，引领法治建设系统新工程

中国建科始终将法治央企建设作为推动公司战略升级和改革发展的重要保障。一是中国建科将法治建设作为"一把手"工程，不断完善领导人员法治建设职责落实，建立健全法治建设领导小组，层层压实法治建设职责要求，从顶层设计保障工作有序推进，切实发挥总揽全局、牵引各方的作用。二是坚持党委理论中心组学法常态化，带头学习法律法规，重大事项党委前置审议，定期听取法治工作进展，充分发挥示范引领作用。三是中国建科各级领导干部提高政治站位，牢固树立法治观念，增强规矩意识，主要负责人亲自部署法治专题学习、合规体系建设、重点领域风险防范化解等专项工作，各所属企业主要负责人履行法治建设的主要组织者、推动者和实践者职责，自觉运用法治思维做好谋划发展、深化改革、维护稳定，确保各项工作在法治化轨道上有序开展。

三、强风控，服务集团改革发展新战略

风险防控始终是推动法治中国建科的重要内容，在公司改革发展中进一步促进业法融合。一是中国建科持续增强企业依法治理能力，将法律审核把关作为硬性要求和决策必经程序，法治工作深度参与混合所有制改革、投资并购、科技创新等重点任务，严格落实规章制度、经济合同、重大决策100%法律合规审核把关要求，严防法律合规风险，为生产经营提供了可靠的法律保障。二是妥善处置纠纷案件，实行统一管理、分类指导、分级负责、协作配合的法律纠纷案件管理机制，组织纠纷案件管理会议，完善证据链条，通过互联网庭审等方式方法加快推进积案化解，以案促管，及时完善制度，堵塞管理漏洞，有力维护公司合法权益。三是评估、识别、定期跟踪法律合规风险，优化补充风险指标库，强化法律合规工作与经营生产同频共振，审慎研究经营性债务重组、混合所有制改革、投融资等重点事项，为

公司平稳有序发展提供支持，对生产经营的支撑保障力度凸显。四是将境外企业法治合规建设作为加强境外企业管控的重要内容，全面梳理有关境外企业及项目管控内容，定期监测排查境外法律合规风险，专题研究国际规则等，不断完善风险防范机制。

四、强队伍，推进法治建设新模式

中国建科将法治队伍建设作为法治工作的重要切入点，大力推进专业人才建设。一是持续与世界一流企业对标对表，融合四项管理职能，率先从组织机构上实现法务、合规、内控、风险"四位一体"，并纵深推进基层单位法务职能建设。二是持续开展总法律顾问述职及评价工作，展示各子企业总法律顾问履职情况及个人风采，互通工作经验与心得，为进一步落实总法律顾问职责奠定基础。三是按照专职化、专业化要求，推动子企业总法律顾问选配，持续组织企业法律顾问职业岗位等级资格评审及公司律师申报，进一步提升专职人员持证比例，构建法治人才职业发展通道，为公司高质量发展打下扎实的人才基础。四是建立健全公司外聘律师库，进一步规范外聘律师选用、评价、调整机制，加强外聘律师对公司法治建设的服务保障能力，进一步壮大公司法治建设外部专家队伍。

五、强宣传，提升法治合规文化新境界

中国建科把增强全员法治能力作为推进法治工作的关键。一是全面加强各级干部法治学习，深刻领会核心要义，把握思想重点，将习近平法治思想转化为推动公司法治建设的强大动力。二是以宪法宣传、知识产权保护、安全生产、国际规则、公司法等为主题，开展特色法治讲堂活动，为企业提供与生产经营管理密切相关的法律知识，推动普法工作落地见效。三是发布法律实务案例信息、法律知识手册、公众号专栏、普法讲座视频、法律风险预控警示快讯等多种形式，多角度开展法治宣传教育，不断增强法治宣传教育覆盖面，有效增强干部职工法治意识。四是组织开展"强化法治宣传教育，推进民法典走进生活""我为群众办实事　法律服务零距离""青年普法在行动"等实践活动，着重对《民法典》《道路交通安全法》《个人信息保护法》《档案法》《保密法》等开展专题普法宣传，为员工更好履职尽责、维护个人权益做好法律知识储备。

站在"十四五"新征程，中国建科将深入贯彻习近平法治思想，认真落实国

资委法治央企建设要求，紧紧围绕"十四五"战略规划和国企改革三年行动任务，不断健全"五个体系"，持续提升"五种能力"，奋力开启中国建科法治央企建设新篇章。

（中国建设科技有限公司党委委员、副总裁　于凯，中国建设科技有限公司副总法律顾问、法务与风险管理部总监　赵四海）

中国冶金地质总局

坚持以习近平法治思想为指引
推动法治冶金地质建设再上新台阶

2020 年 11 月召开的中央全面依法治国工作会议，明确了习近平法治思想在全面依法治国的指导思想，在党和国家法治建设史上具有划时代的里程碑意义。这是马克思主义法治理论中国化最新成果，是习近平新时代中国特色社会主义思想的重要组成部分，是新时代全面依法治国的根本遵循和行动指南，具有强大的真理意义和实践伟力。中国冶金地质总局（以下简称冶金地质总局）坚持以习近平新时代中国特色社会主义思想为指导，深入学习贯彻习近平法治思想，不折不扣地把党中央关于全面依法治国的决策部署落到实处，主动适应中央企业市场化、法治化、国际化发展需求，始终把强法治、促管理、防风险作为保障冶金地质总局稳健发展的重要举措，着力打造治理完善、经营合规、管理规范、守法诚信的法治冶金地质，实现"十四五"良好开局。

一、深刻领悟习近平法治思想的重大意义，坚持党对法治冶金地质建设全面领导

坚持党的领导，是社会主义法治的根本要求，是党和国家的根本所在、命脉所在，是全国各族人民的利益所系、幸福所系，是全面推进依法治国的题中应有之义。党的领导和社会主义法治是一致的，社会主义法治必须坚持党的领导，党的领导必须依靠社会主义法治。只有在党的领导下依法治国、厉行法治，人民当家作主才能充分实现，国家和社会生活法治化才能有序推进。

冶金地质总局始终高举习近平新时代中国特色社会主义思想伟大旗帜，把学

习贯彻习近平法治思想与贯彻落实党的十八大、十九大和历次中央全会精神结合起来，牢记党的性质宗旨，牢记党的初心使命。始终坚持在思想上政治上行动上与以习近平同志为核心的党中央保持高度一致，坚决贯彻习近平总书记重要指示批示和党中央决策部署。始终坚守为国家建设提供资源保障、维护资源安全的特殊使命，把学习贯彻习近平法治思想的成效转化为推动全面法治冶金地质谋新篇、开新局的思路举措，增强法治建设自信，坚定履行社会责任，运用法治思维和法治方式在基础建设、生态文明、公共安全等领域凸显冶金地质作为央企的特殊功能作用。冶金地质总局党委领导本单位法治工作，贯彻落实党中央关于全面依法治国的重大决策部署，发挥把方向、管大局、促落实的领导作用。成立冶金地质总局推进法制工作领导小组，由党委书记担任组长，在党委领导下履行职责、开展工作，把握政治方向、协调各方职能、统筹法治工作、创造法治环境，带头依法依规办事，保证党的路线方针政策和党中央重大决策部署贯彻落实。冶金地质总局主要负责人是法治建设第一责任人，对法治建设重要工作亲自部署、重大问题亲自过问、重点环节亲自协调、重要任务亲自督办。法律事务机构坚决贯彻执行党中央以及上级党组织决定、决策部署、指示，建设政治过硬、业务过硬、责任过硬、纪律过硬、作风过硬的法治队伍。

二、贯彻落实中央全面依法治国重大部署，全面实施法治冶金地质建设

党的十八大以来，以习近平同志为核心的党中央从坚持和发展中国特色社会主义的全局和战略高度定位法治、布局法治、厉行法治，把全面依法治国纳入"四个全面"战略布局，放在党和国家事业发展全局中来谋划、来推进。全面实施法治冶金地质建设是全面依法治国战略的重要部分，是冶金地质总局实现战略升级和改革发展的重要保障。冶金地质总局始终高度重视法治建设，按照"建立机制、发挥作用、完善提高"的总体思路，连续实施法制工作"三个三年目标"，为依法治企打下坚实基础。2015年印发《中国冶金地质总局法制工作五年规划》以健全法人治理为基础，以促进依法经营为重点，以提升法务能力为手段，提出到2020年打造治理完善、经营合规、管理规范、守法诚信的法治央企目标。经过不懈努力，法治工作取得积极进展和明显成效，法治冶金地质目标初步实现，为改革发展提供了有力支撑。

着力在"关键少数"上下功夫。冶金地质总局党委书记是法治建设第一责任人，充分发挥党委在推进本单位法治建设中的领导核心作用，定期听取工作汇报，

及时研究解决重大问题，将法治建设纳入冶金地质建设总规划和年度工作计划，为法治建设提供保障、创造条件。党委中心组定期学法，系统学习中国特色社会主义法治理论，准确把握党处理法治问题的基本立场，开展"法治建设我先行"活动，加强对领导干部法律知识教育，不断提高运用法治思维和法治方式深化改革、推动发展、化解矛盾、应对风险的能力。

着力在"中心工作"上下功夫。坚持中心工作开展到哪里，法治工作就推进到哪里。全面参与冶金地质总局改革三年行动，在完善中国特色现代企业制度、稳妥推动混改和上市、加强资本管理与资产监督、构建协同监督机制等重点任务方面，全面梳理企业制度建设中的短板弱项，不断完善以章程为基础的内控体系，完善合规体系，完善责任追究体系和工作机制，及时排查处置风险隐患，加大对经济合同、规章制度、重大决策法律审核力度，确保意见落实到位，为冶金地质高质量发展提供有力法治保障。

着力在"法治环境"上下功夫。认真履行中央企业社会责任，普法工作有序推进，严格守法经营，注重诚信经营，坚决杜绝违法违规行为。通过案件处置、风险关口前移等经验做法，五年来通过依法维权共挽回和避免经济损失 5.9 亿元。为保护国有资产安全、维护改革发展良好秩序作出积极贡献。

着力在"合规经营"上下功夫。健全冶金地质总局特色制度体系，制定内控体系建设行动计划，明确内部控制体系建设情况梳理排查、调研培训、修订内控管理制度、组织内控评价、制定内控体系监督评价三年规划，发布《冶金地质总局内部控制体系（2021 版）》并动态调整更新。建立合规管理工作和制度体系，制定合规管理体系建设工作实施方案，从工作体系和制度体系两方面发力，健全完善冶金地质总局合规管理工作体系，逐步建立"规定—办法—准则、指南"三层次的制度体系，为法治冶金地质建设奠定坚实基础。

着力在"涉外法治"上下功夫。将涉外法治工作与风险防控相结合，积极应对国际化经营风险挑战，建成冶金地质总局第三方服务机构管理系统，全面筛查与第三方机构合作情况、向第三方机构提供数据信息情况。加大涉外项目法律审核力度，深入研究境外国家政策法律，定期开展境外法律风险排查，全面加强境外风险管控，提升冶金地质总局国际化经营能力和境外风险防控能力，坚决守住不发生重大涉外风险的底线。

着力在法律"风险防范"上下功夫。坚持防风险就是促发展，建立分类风险监测指标体系并进行监测，月度跟踪总结通报现金流风险、市场风险、工程项目管理风险、投资风险、人力资源风险等五大风险管控情况，确保管控落实到位，严守不发生重大风险底线。

着力在"法治队伍"上下功夫。强化法务管理机构建设，大力支持总法律顾问有效履职，畅通法治人才职业发展通道，强化法治队伍协作配合，加强信息共享、经验交流、业务合作，打造一支政治坚定、能力过硬、德法兼修的法治队伍。

三、进一步深化法治央企建设，推动法治冶金地质建设再上新台阶

当前中央企业面临的外部环境更加复杂，改革发展的任务更加艰巨，对法治工作的需求也更加迫切。国务院国资委印发《关于进一步深化法治央企建设的意见》（以下简称《意见》），对"十四五"时期持续深化中央企业法治建设作出全面部署。这是国务院国资委深入学习贯彻习近平法治思想，落实全面依法治国战略部署的又一重要举措，是未来五年推动中央企业法治建设接续奋斗的纲领性文件。

新征程上，冶金地质总局要深刻领悟"两个确立"的决定性意义，增强"四个意识"、坚定"四个自信"、做到"两个维护"，坚持以习近平法治思想为指导，紧紧围绕国企改革三年行动和冶金地质总局"十四五"总体规划，以争创一流目标为出发点和切入点，全面推进法治冶金地质建设，增强厉行法治的政治自觉和思想自觉，着力提升依法治企能力水平，为深化改革、高质量发展提供更加坚强的法治保障。将《意见》全面承接并落实到《中国冶金地质总局"十四五"法治工作规划》，推动"法治理念"再上新台阶，从主要领导到普通员工，牢固树立法治意识，把依法合规、不逾红线作为经营管理的首要前提和基本衡量标准，贯穿决策、执行、监督全过程。推动"治理机制"再上新台阶，以公司章程为统领，管理制度体系完善，治理结构规范，依法决策机制健全，风险管控精准到位，经营管理在法治轨道上有序开展。推动"管理体制"再上新台阶，建立顶层谋划、主要领导总负责、总法律顾问具体负责、法务管理机构主责推动、各职能部门协同配合的法治建设管理体制，有效动员各方力量，汇聚依法治企工作合力。推动"服务水平"再上新台阶，打造一支精法律、通业务、懂管理的高素质法治工作人才队伍，推动法治工作与经营管理深度融合，全程参与企业改革，助力重大项目实施，促进品牌价值提升，有效应对外部变革，确保改革发展各项任务依法合规进行。

冶金地质总局要继承好伟大的建党精神，弘扬地质行业"以献身地质事业为荣，以艰苦奋斗为荣，以找矿立功为荣"三光荣精神，展示出新时代地质工作者的新境界、新面貌、新气象，以永不懈怠的精神状态，一往无前的奋斗姿态，投身改革发展新实践，确保建设"一流地质企业"、打造"一流绿色资源服务商"战略目

标顺利实现。2022 年，风华正茂的中国共产党将隆重召开第二十次全国代表大会。冶金地质总局要更加紧密地团结在以习近平同志为核心的党中央周围，进一步用习近平法治思想武装起来，全面贯彻党的十九大和十九届历次全会精神，埋头苦干、毅勇前行，坚定不移推进法治冶金地质建设，满怀信心向前进，以优异成绩迎接党的二十大胜利召开！

（中国冶金地质总局总法律顾问　卢喜珠）

中国煤炭地质总局

高举习近平法治思想伟大旗帜
坚定不移助力法治央企建设

"十三五"时期，中国煤炭地质总局（以下简称总局）认真贯彻习近平总书记重要讲话和重要指示批示精神，深入践行全面依法治国基本方略，立足于为国家寻找矿产资源、新能源，把依法治企作为将总局打造成具有核心竞争力的世界一流地质与生态文明企业进程中始终坚持和把握的重要原则，持续推进法治建设，不断提高依法管理和经营水平，取得重大成效，有力保证了总局的健康发展。总局按照国资委全面推进法治央企建设要求，围绕生产经营、改革发展中心任务，坚持依法治理、依法经营、依法管理，法治工作取得了重大进步。

一是切实加强对法治建设的组织领导。总局党委高度重视法治工作，成立了法治建设体系领导小组、合规管理委员会，统一领导法治工作。切实履行推进法治建设第一责任人职责，印发了总局主要负责人履行推进法治建设第一责任人职责的实施办法，明确主要负责人履行推进法治建设第一责任人职责，切实履行法治建设重要组织者、推动者和实践者的职责。积极开展党委中心组法治专题学习，定期召开企业法治工作会议。

二是依法治企体系进一步健全。按照法治央企建设要求，成立了企业依法治企领导小组，配备企业总法律顾问，推行法治建设"六个纳入"工作，全面推动法治建设。不断完善重大决策合法审查机制，细化决策范围和权限，落实风险评估，法律审核，实施重大项目总法律顾问与法律工作人员提前介入；强化合同审核，制定合同范本，从源头控制风险；强化制度审核，梳理流程制度，实施业务流程再造。编制全局业务合规指引，促进业务管理规范化、标准化、精细化。

三是依法合规经营水平显著提升。不断加强制度建设，形成了相对完善的制度管控体系。先后制定了《总法律顾问工作职责管理暂行办法》《合规管理办法》《股权类投资项目法律审核指引》《法律纠纷案件管理办法》等法律合规类制度以及投资管理、财务管理、安全生产、知识产权、劳动人事等业务类制度，编制完成各类制度手册，促进各项业务管理工作规范化、标准化、精细化。开展法律风险梳理、合规风险排查专项工作，对合同管理、项目管理、投资管理、财务管理、安全生产、知识产权、劳动人事、采购管理等风险点进行风险排查。建立违规问责机制，强化责任落实，提升依法治企能力，促进合规经营。

四是依法规范管理能力不断强化。坚持规章制度、重大决策、经济合同三大法律审核，防范化解法律风险。不断完善法律审核管理体制机制，将法律审核全面嵌入各项业务流程，明确重大决策、项目必须经过法律审核，经济合同未经法律审核不得签署，规章制度未经法律审核不得上会决策，实现了法律审核全覆盖。此外，大力推进法治信息化、智能化建设，建立了法律信息化管理系统，包括合同管理、案件纠纷等模块，还建立了规章制度管理平台，实时动态维护。

五是企业法治文化氛围更加浓厚。"七五"普法工作启动后，研究制定总局法治宣传教育第七个五年规划，成立了普法工作领导小组，专门负责推动普法工作。通过建立法治讲堂、优秀案例库、微信平台、法治专栏等平台，不断丰富普法工作载体，同时利用各种主题日集中开展专题普法活动，不断提升全员法治意识、法治思维，营造浓厚的法治氛围。

今年是中国煤炭地质总局进行产业结构调整、全面转型升级、做大做优做强、推动高质量发展的重要历史时期。在新的发展阶段，我局将进一步推进集团公司组建、事企分体运营和机制转换、创新创造等一系列重大举措。重任在肩，使命光荣。面对改革创新发展的需要，尤其要运用创新思维、法治思维和底线思维，解决企业快速变革、发展的一系列问题，进一步推进依法治企对于有效化解外部风险，保障企业持续健康发展，具有不可或缺的重要意义。

面对新形势新要求，我局将以习近平新时代中国特色社会主义思想为指导，全面贯彻党的十九大和十九届二中、三中、四中、五中、六中全会精神，全面贯彻习近平法治思想，积极落实中央经济工作会议、中央企业负责人会议精神，按照全面深化改革和全面推进依法治国的战略部署，落实法治央企建设要求，围绕总局改革发展总体目标，适应市场化、现代化、国际化发展需要，坚持依法治理、依法经营、依法管理共同推进，坚持提升法治能力，法治文化，强化制度创新，以健全公司法人治理结构为基础，以促进依法经营管理为重点，以提升法律管理能力为手段，切实加强总局系统的法治建设，大力推动总局治理体系和治理能力现代化，主要包括以下几个方面：

一是要提高政治站位。充分认识习近平法治思想的重大意义，增强学习贯彻习近平法治思想的自觉性、坚定性，全面贯彻落实"十一个坚持"，坚定不移走中国特色社会主义法治道路，全面推进法治央企建设。

二是要学懂弄通悟透。深刻学习理解习近平法治思想的核心要义、精神实质，把深入学习宣传习近平法治思想作为全局一项长期政治任务，作为"八五"法治宣传教育工作重点，作为党委理论学习中心组学习、干部培训、党员学习的重要内容，不断深化思想认识、强化学以致用。

三是要在工作中贯彻落实。全面贯彻落实习近平法治思想的实践要求，聚焦落实到总局"11463"总体发展战略的各方面全过程，善于运用法治思维和法治方式深化改革、推动发展，充分发挥法治保障作用，全面推进法治合规工作融入主责主业，提升依法决策、依法经营、合规管理水平，提高防范化解重大风险的能力。

事业催人奋进，责任重于泰山。中国煤炭地质总局将进一步把依法治企摆在全局性、战略性、基础性、保障性位置来抓，大力推进法治煤地建设，不断提升依法治企水平，切实为国民经济和社会可持续发展提供更加有力的保障。

（中国煤炭地质总局副局长、党委委员、总法律顾问　范宝营）

中国航空油料集团有限公司

全面推进依法治企　践行央企责任担当

思想是行动的先导，理论是实践的指南。中央企业作为国民经济的"稳定器""压舱石"，是中国特色社会主义的重要物质基础和政治基础，是党和国家治理体系的重要组成部分。对中央企业而言，切实把习近平法治思想贯彻落实到全面依法治国全过程，首要的就是要深刻领悟习近平法治思想的实践要求，全面推进依法治企。

依法治企是全面依法治国的微观基础，是推动中央企业战略升级和改革发展的重要保障。中国航空油料集团有限公司（以下简称中国航油）在全球500多个机场为460多家航空客户提供航油加注服务，承担着保障国家航油供应安全的重大政治责任。中国航油始终胸怀"国之大者"，强化政治引领，坚持以习近平法治思想为指导，全面落实中央企业法治工作会议精神，坚定不移深化依法治企各项工作，持续提升依法治企能力水平，切实发挥法治固根本、稳预期、利长远的保障作用，不断提升公司依法治理、依法决策和依法经营的能力和水平，为中国航油建设具有全球竞争力的世界一流航油公司、实现高质量发展提供强有力的法治保障。2020年中国航油获得国资委法治央企建设五年综合验收考核并列第一名，回首过往，皆为序章，聚力前行，征程再起。

一、提升依法治理能力，保障企业改革经营依法合规

坚持党的领导，是社会主义法治的根本保证，是全面推进依法治国的应有之义。中国航油全面落实"两个一以贯之"要求，充分发挥党组织把方向、管大局、促落实的领导作用，强化董事会定战略、作决策、防风险职能，明确企业法治建设

专门委员会推进法治风控建设职责，将法治建设纳入企业发展规划和年度工作计划，与改革发展重点任务统筹谋划、一体推进。各级企业主要负责人高度重视法治工作，以上率下，积极履行法治建设第一责任人职责，做到重点工作部署、重要环节过问、重大问题督办，确保法治建设始终沿着正确的方向前进。2018年，集团公司章程明确了总法律顾问制度和总法律顾问高管地位，将法治工作列入董事会和主要负责人年度报告，切实保障了总法律顾问行权履职，重大决策合法合规审核机制的有效落地。重要子企业全面配备专职总法律顾问，成为经营和法治融合的重要纽带，为集团法治建设统筹布局和深入推进起到了重要作用。完善领导干部学法用法制度，狠抓"关键少数"的法治教育，把宪法、法律和党内法规列入领导干部学习培训必修课，确保每年开展法治专题学习内容，不断提高领导干部运用法治思维和法治方式深化改革、推动发展、化解矛盾、维护稳定的能力。

二、筑牢规范管理根基，推进制度建设体系持续优化

制度是企业赖以存续和有序运作的体制基础。中国航油在建立健全合规工作体系的基础上，突出制度体系建设。法律部门充分发挥归口管理的组织推动、综合协调、督促落实作用，不断健全规章制度制定、执行、评估和改进的工作机制。集团主要领导听取制度体系建设汇报，制定统一方案，明确内容、进度和要求，全面开展制度清理优化、梳理分类工作，搭建起3级3类29个子类的制度体系架构，明确和细化跨部门职责，有效解决相关业务职能管理缺失和交叉问题，公司系统化、规范化、清晰化的制度管理体系基本形成。建立规章制度动态梳理工作机制，在制度管理上逐步从会签审核向统筹组织转变，从被动把关向主动管理转变，从专项管理向全生命周期管理转变。制定《规章制度检查评估实施细则》《规章制度评审管理细则》等，逐步规范制度评审操作流程和要求，探索建立制度检查评估的工作方法和流程，促进制度体系的优化升级。

三、增强依法维权能力，积极防范化解各类风险

风险防范化解作为法治央企建设的重要内容，事关国有企业改革成效和发展质量。中国航油坚持常态化风险排查和重大风险主动应对齐抓并举。一是深化法律与业务融合，充分发挥法律部门专业审核把关作用，将法律审核纳入重要经营决策审核流程，确保决策信息共享和审核关口前移，为重大项目顺利落地提供有力的

法律保障。二是强化合同法律审查，不断优化合同管理体制机制，合同信息系统与ERP、资金等系统无缝对接，实现合同审核、执行全程在线运行，实现合同全生命周期管理，形成覆盖公司主要业务类型的各类合同范本95份。三是加大纠纷案件处置力度，坚持"集中管理和分级负责相结合，案件处理与管理改进相结合"的案件管理模式，明确集团总部及子企业案件管理权限和流程。严格纠纷案件的上报时点和要求，建立"双线汇报"的工作机制。通过加强典型案件分析，及时发现管理问题，堵塞管理漏洞，类案经验总结推广，实现"以案促管，以管创效"的目标，有效提升集团整体法治工作水平。近五年，中国航油历史和新发纠纷案件均得到妥善处置，挽回或避免经济损失43亿元。四是高度重视涉外法律风险防控工作，聚焦重点领域，全面排查境外企业存在的法律风险，健全风险信息周报、月度风险监控制度，及时辨识风险点，对共性风险发布提示函，提高内部风险预警能力。五是完善商标保护工作体系，建立集团注册商标管理动态台账，在多个国家和地区启动境外商标注册和续展工作，着力打造符合企业需求的防御型商标管理体系，对外主动开展品牌维权工作，妥善化解风险，对内及时发布风险提示函，指导企业强化管理措施，强化合规意识，防范侵权风险。

四、加强法治文化建设，积极营造法治航油文化氛围

依法治企需要法治文化的滋养和法治精神的支撑。中国航油通过完善普法工作机制，紧扣企业需求，创新普法载体，把学法用法与加强企业经营管理紧密结合，对提高企业依法治企水平，打造诚信合规文化氛围起到了重要促进作用。坚持法治宣传教育组织、计划、考核、经费"四个"到位，夯实普法基础。根据领导干部、经营管理人员、业务操作人员细分不同普法重点，将普法与经营管理实践相结合，提高了普法针对性、时效性。通过法律知识技能大赛、印发普法宣传专刊、案例普法培训、国家宪法日专题活动、总法律顾问以案讲法等多渠道开展普法宣传，利用微博、微信、短视频等新技术，拓展了普法工作的广度和深度，增强了全员的法治文化认同感。建立法律人员履职培训长效机制，划拨专项培训预算，委托第三方机构实施法律人员履职能力提升培训。定期召开法律工作会、合规管理专题培训等为各级法律人员创造交流学习的平台，法律人员实战技能大幅提升，法治合规意识显著增强。

我国正处在实现中华民族伟大复兴的关键时期，世界百年未有之大变局加速演进，改革发展稳定任务艰巨繁重，对外开放深入推进，中央企业面临的法律环境更

加复杂，形势更加多变。为适应市场化、现代化、国际化发展的需要，谋求企业长远发展，全面依法治企成为中央企业提高全球竞争力、高质量发展的必然要求。在过去的30年里，中国航油秉承"竭诚服务全球民航客户，保障国家航油供应安全"的企业使命，实现了"飞机飞到哪里，中国航油就加到哪里"的庄严承诺，在祖国大地上书写了"航油国家队"的责任担当和共和国主力军的绚丽诗篇。在未来，中国航油将承前启后，继往开来，砥砺奋进，担当作为，认真落实习近平法治思想，深入贯彻全面依法治国战略部署，坚定"创新发展、法治先行"的理念，紧紧围绕"十四五"规划和国企改革三年行动中心任务，推动法治航油建设向纵深发展，将法治要求贯穿决策执行监督全过程，覆盖生产经营管理各领域，着力打造治理完善、经营合规、管理规范、守法诚信的法治航油，为加快建设具有全球竞争力的世界一流航油公司的历史进程，更好地履行中央企业的经济、政治和社会责任，为实现中华民族伟大复兴的中国梦作出新的更大贡献！

（中国航空油料集团有限公司法律与风险管控部总经理　单海杰）

中国航空器材集团有限公司

全面建设法治航材　护航企业改革发展

新时代孕育新思想，新思想指导新实践。2022年，中央企业步入"十四五"的发展之年，中国航材也迎来了深化改革的关键之年，深刻理解和贯彻落实习近平法治思想的核心要义和精神内核，为法治航材建设提供理论指引，对形成法治建设大格局、助力企业改革发展有十分重要的意义。经过多年的探索、积累、沉淀和有序发展，中国航材的法治建设也有了深厚的收获和启迪：

要坚持党对国有企业的领导不动摇。国有企业的改革发展与坚持党的领导密不可分。坚持党对国有企业的领导，是深化国有企业改革必须坚守的政治方向、政治原则和根本保证。"十四五"期间，中国航材将继续落实国务院国资委要求，切实发挥党委把方向、管大局、促落实的领导作用，进一步明晰党委讨论和决定重大事项的职责范围，规范党委前置研究讨论重大经营管理事项的要求和程序，强化党委在执行、监督环节的责任担当，在完善公司治理中切实加强党的领导，确保公司决策部署及其执行过程符合党和国家方针政策、法律法规。

要坚持在法治航材轨道上推进公司治理体系和治理能力现代化。在董事会层面，根据公司章程，由集团公司董事会审计与风险管理专门委员会指导公司内部控制和法治建设，推进依法治企，对公司法治与风险管理制度及其执行情况进行定期检查和评估，确保风险可防在控；在经理层层面，设立集团公司法治建设领导小组、全面风险及内部控制管理委员会、合规管理委员会，负责法治建设和风险防范的协调、支持和监督工作，进一步提升公司依法决策水平；在子企业层面，随着集团对二级公司管控模式的确定，进一步完善二级公司管理所属三级及以下公司的体制机制，明确管控模式，做好公司治理顶层设计，合理配置股东、董事、经营层的权利义务，切实发挥公司章程在促进各治理主体依法行权中的引导规范作用。

要抓住"领导干部"这个关键少数。坚决落实《中国航空器材集团公司企业主要负责人履行推进法治建设第一责任人职责规定》，企业主要负责人作为推进法治建设的第一责任人，要切实履行依法治企重要组织者、推动者和实践者的职责，贯彻党中央关于法治建设的重大决策部署，认真落实国务院国资委关于法治建设的各项要求，自觉运用法治思维和法治方式深化改革、推动发展，把各项工作纳入法治化轨道。在法治素养和法治思维培养方面，以打造法治航材为目标，完善领导干部集中学法制度，组织开展领导干部集中学法课堂，把法治学习和实践作为各级领导干部的必修课，提高领导干部的法治思维和运用法治方式解决企业经营发展问题的能力，让各级领导干部切实成为推进法治航材建设的顶层推动力量。

要依法治企、合规运营，提升法律管理水平。在企业改革发展中进一步促进业法融合，推动法律职能由服务向管理延伸，全面促进"升级""融合"与"转变"。确立"强内控、防风险、促合规、创价值"的法治建设总目标，围绕企业经济运行一个中心点，强化法律审核把关，发挥法律管理创造价值的作用。坚持以融合发挥效能，将法律服务职能与法律管理相关职能有效结合，法律支持工作积极扩大到业务领域的全过程，保障集团公司战略目标有效推进。坚持以管理提升效益，完善经济合同、重大决策、规章制度的法律审核机制，确保高质量实现 3 个法律审核率100%。对重大改革事项开展法律论证，切实防范法律风险，确保各项改革措施于法有据。坚持以制度防范风险，法律事务、合规管理、内部控制管理、全面风险管理各项制度相互配合，建立健全贯穿全流程的合规管理体系，强化主体责任，推动合规管理与法律风险防范、监察、审计、内控、风险管理协同联动，实现风险防控能力全面提升。

要全面加强涉外法治工作。涉外业务要依法合规，必须强化合规意识，加强合规管理，切实防范法律风险。要健全涉外重要业务项目依法决策程序，严格落实专家论证、风险评估、法律审核、集体决策等程序要求，完善重大决策合法合规性审查机制；严格依照公司规章制度开展业务，规范立项、评审流程，法律部门全程参与重要涉外业务项目，针对业务、财务等关键人员开展培训，确保业务合规运行，严控法律风险。

中国航材将结合"十四五"规划，更好地发挥国有企业改革的突破和先导作用，加快完善中国特色现代企业制度，深入推进管理体系和管理能力现代化，全面建设法治航材，持续巩固法治建设成果，推动企业稳步改革发展。

（中国航空器材集团有限公司总法律顾问　张振刚）

中国电力建设集团有限公司

深化法治合规风险内控协同运作
实施综合性防控　护航高质量发展

近年来，中国电建集团以习近平新时代中国特色社会主义思想为指导，深入贯彻习近平法治思想，全面落实国务院国资委法治央企建设要求，深入推进公司法治体系、法治能力与法治文化的一体化建设，持续提升公司依法治理、合规经营、规范管理的能力与水平，打造守法诚信的法治电建，护航电建集团高质量发展。

搭体系，带队伍，构建依法治企新格局

全力落实好法治建设"一把手工程"。一是根据建筑行业的特点、管理架构等实际情况，研究制定了《贯彻落实〈中央企业主要负责人履行推进法治建设第一责任人职责规定〉的实施办法》，厘清了企业党委书记、董事长、总经理在法律事务机构建设、法治人才队伍建设、法律风险防范机制建设等方面的权责界面。二是集团主要领导研究部署、靠前指挥，连续10年出席法治与风险内控工作会议，专项布置、督促落实，全面推进法治电建要求。三是将"法治建设成效"作为衡量各级领导班子和领导干部工作实绩的重要内容，将"履行推进法治建设第一责任人职责情况"列入年终述职内容，纳入相关绩效考核指标体系，推动法治建设深入开展。

全面搭建好法治合规与风险内控协同运作体系。一是通过整合管理资源，在集团总部层面，于2014年初便探索建立了法治合规与风险内控协同管理机制，提升了集团法治合规与风险内控管理效能；在各子企业层面，有47家子企业将法治合规与风险内控职能整合设立专业部门，与总部形成了对接的管理职能组织架构。二是推动法治工作向全局性、战略性工作升级，将法治建设分别纳入"十三五"规划

和"十四五"规划、全面深化改革实施方案，为促进公司依法治理、合规经营、规范管理提供了制度保障。三是持续强化法律管控约束机制，形成涉及法律事务、法律审核、纠纷案件、合规管理、风险管理、内部控制、人才队伍、工作考核等八个方面的管理制度闭合体系。

全级次抓好法治人才队伍建设。人既尽其才，则百事俱举。电建集团一直坚持将法治人才作为企业法治建设的核心资源，将法治人才队伍建设、专业能力建设作为电建集团高水平法治工作的关键。一是以打造三类法治人才为核心，壮大队伍规模。专项制定《法治人才队伍建设管理办法》，明确各子企业的配备要求，通过组织公开招聘，着力打造总法律顾问、法律顾问骨干和国际业务三种类型的法律人才。2015年以来，公司法治人才团队人数由216人增长到553人，队伍规模增长了156%。二是打通专业成长通道，健全法治人才培养机制。建立职业发展通道，2010年以来共评出一、二、三级法律顾问180名，聘任公司律师136名，为法治人才打通专业成长通道。三是强化激励机制，建立取证激励、持证津贴和业务奖金制度，对于通过法律职业资格考试的人员一次性奖励5000—10000元，对于持证并在岗的人员，每月发放500—1000元津贴，对于在重大风险管控、应收账款催收、法律纠纷处置等方面取得突出贡献的法务人员给予专项奖励，为企业留住人才建立了制度保障。

强合规，善应对，服务国际业务新战略

有效运行"6+8"合规制度体系。一是推进境外机构（项目）合规管理体系建设。集团及各子企业均成立合规建设委员会，境外区域总部层面任命合规官、合规经理及合规专员。在境外合规管控工作机制上形成业务防控、合规监管、审计监督三道防线。二是健全境外合规管理制度体系。以多边开发银行《诚信合规指南》为基准，制定了核心合规准则，包含反腐败政策、投标合规等6个文件，建立了合规审计、合规风险评估等8项流程，形成了合规管控"6+8"制度体系。三是提升境外合规管理水平。通过境外合规月报、定期电话沟通、采购合规审计、项目审计访谈、发送合规培训宣贯材料、合规咨询等方式，指导和推动境外合规体系综合效能提升。

"五措并举"关注重点领域合规管控。一是强化境外经营投资重要领域和关键环节管控。充分运用大数据、信息化手段搭建线上监督平台，聚焦境外投资、市场营销、项目履约、社会公共安全和应急管理等主线。二是推进境外"三重一大"事

项提级管理。对境外重大风险、重点关注项目，党和国家领导人见签的"一带一路"项目及涉美合作、捐赠、咨询费等事项，实施提级管理。三是对重要境外机构（项目）主要负责人和财务负责人等关键岗位人员直接管理或实施任职备案管理。四是持续推进境外机构人员和队伍建设。定期梳理境外机构状态信息，规范境外员工劳动合同合规性，建立境外机构队伍信息月报制度，掌握驻外机构组织设立、员工数量和队伍情况。五是重视国际业务合规事件的处理。通过作出精准决策，做好精密部署，采取精细措施，构建精良体系，妥善应对了国际金融组织的相关调查，化解该等风险事项给公司带来的风险。

重审核，夯基础，支撑生产经营新模式

强化法律审核刚性。一是明确"三个不准"工作要求，强化合规经营。即规章制度未经法律审核，不准发布；重大决策事项未经法律审核，不准通过；经济合同未经法律审核，不准签署。二是建立"统一筹划、分级管理"的审核体系，统筹设计投资项目法律评审机制。明确投资项目决策阶段、实施阶段的法律评审任务，要求子企业《投资项目法律意见书》作为集团决策的必备要件，推动法律审核服务前移。三是推动法律审核标准化、规范化，制定颁布常用法律意见书示范文本汇编（2019版），共涉及PPP、EPC、股权收购、保函等18类示范文本，为各子企业开展法律审核提供了工作标准和规范。

把牢法律审核关卡。一是在规章制度法律审核方面，全面梳理公司制度，明确重要业务领域和关键环节的控制要求和风险应对措施，不留"暗门"、不开"天窗"，强化制度执行刚性约束。二是在企业投资与项目履约方面，全过程参与河北太行山、四川成安渝、广东佛清从等PPP项目合作模式及合同谈判等工作，从投标源头开展市场经营全过程风险防控。公司将法律服务延伸至项目履约管理环节，对项目经营过程中的重大风险源进行排查、识别，注重防范履约法律风险。三是在企业改革改制方面，深入参与上市公司治理、新能源集团重组设立、混合所有制改革、国有企业改革三年行动等各项工作，较好地发挥了支撑保障作用。

抓重点，防风险，保障集团高质量新发展

构建重大风险防控机制。对企业来讲，防风险就是保发展。电建集团自2017年构建"总部、子企业、项目部"三级重大经营风险项目管控处置工作组织机构至

今，目前已经形成了国际、市场、投资、财务、资金、法律等职能部门联合工作机制，已持续 5 年坚持召开月度工作例会、发布工作通报，动态调整风险项目清单，深入现场开展专项督导，形成了自上而下、由下及上的全系统开展重大经营风险项目管控处置工作局面。

聚焦重点开展风险管控。一是聚焦重大法律纠纷案件和案件高发企业。组织开展专项督导行动，对案件数量多、处理难度大的重点企业要进行专项督导与精准帮扶，"十三五"以来，公司通过处置法律纠纷案件挽回或避免经济损失逾 140 亿元。二是聚焦应收账款清欠。加强对债务人资信情况的实时跟踪关注，对于债务人长期拖欠工程款项的，主动出击，在陕西榆林某项目风险处置过程中，通过法律手段维权一次性收回应收账款 13.6 亿元，有效维护了企业合法权益。三是聚焦案件管理能力提升。切实提升法务团队自主办案能力，在案件处理实践中提升法律专业素养。通过以案促管，集团及时完善制度，堵塞管理漏洞，提升企业经营管理绩效。

着力关注风险项目处置。通过开展企业约谈、现场督导，PPP 项目风险专项检查等工作，有效防范了重大风险事项的发生。专项工作开展以来，共有 61 个风险项目实现风险的化解或关闭。沙特吉赞、印尼巴丹托鲁、厄瓜多尔德尔西等国际项目风险处置工作取得重要进展，国内项目预计减少亏损 17 亿元，8 个发电类投资项目实现扭亏为盈，7 个 PPP 项目的合规问题得到妥善解决，财务资金风险得到有效管控。

当前，建设法治中国蓝图已经绘就，深化法治央企建设的目标已然明确。中国电建将秉承法治信仰，保持昂扬斗志，以踏石留印、抓铁有痕的扎实作为，奋力开创法治合规与风险内控工作新局面，为集团"十四五"时期实施战略转型、实现高质量发展新征程保驾护航。

（中国电力建设集团有限公司党委书记、董事长　丁焰章）

中国能源建设集团有限公司

强化三项法律审核　筑牢法治能建之基

中国能源建设集团公司（以下简称中国能建）于 2011 年 9 月 29 日由中国葛洲坝集团、中电工程集团以及国网、南网的部分设计、施工和修造企业重组而成，是国务院国资委直接管理的特大型能源建设集团。中国能建组建后，始终把依法治企摆在重要位置，根据国务院国资委相关规定，制定法治能建实施方案，致力建设法治能建，坚持在法治轨道上实现企业高质量发展。

基础不牢，地动山摇。依法治企的基础出现问题，风险必然易发多发，进而影响企业发展质量。必须持续不断夯实依法治企基础，筑牢法治能建根基。中国能建坚定不移从理念之基、制度之基、体制之基和人才之基等维度持续发力，不断夯实法治能建基础，特别是在规章制度、经济合同和重要决策法律审核（以下简称三项法律审核）等法治基础性工作上下大功夫，筑牢法治能建的体制之基，持续改进完善，取得了显著效果。

强化三项法律审核扎牢法治能建之根

三项法律审核是国务院国资委成立以来特别强调并重点推进和考核的管理工作，是国有企业法律顾问最基本的工作，也是预防和控制法律风险的基础性工作，必须抓紧抓牢抓实。中国能建从公司领导到普通员工始终高度重视三项法律审核工作，持之以恒推进三项法律审核走深走实。

一是在中国能建《法律事务管理规定》一级制度中分三章、用 17 条专门规定三项法律审核该如何具体开展，将三项法律审核在制度层面加以规定，严格执行，使之成为内部控制的重要组成部分。

205

二是将三项法律审核嵌入管理流程、嵌入信息系统中，通过流程管控，持续硬化三项法律审核工作。

三是根据国资委三项法律审核要求，中国能建于 2013 年创新性提出"三个同步延伸"，实行法律管理与市场开拓、生产经营和产业链条同步延伸，确保法律管理全覆盖，不留真空，消除死角，不断完善法治能建建设的体制机制。

四是针对三项法律审核中存在的问题和不足，中国能建于 2018 年出台了《关于加强三项法律审核的指导意见》，夯实法律管理基础，切实提高三项法律审核的质量和效率，防控企业法律风险，推进三项法律审核工作提质增效。

五是将三项法律审核列入年度经营绩效考核，对三项法律审核没有达到 100%、三项法律审核质量出现问题的予以扣分，与经营者绩效挂钩，对三项法律审核突出贡献者予以奖励，完善三项法律审核奖惩机制。

"十三五"期间，中国能建共审查各类合同、制度和重要决策上百万份，涉及金额几十万亿元。在强调三项法律审核 100% 的同时，中国能建尤为重视重大经济合同和重大投资项目审查质量，要求法务人员在审查的时候既要敢于说"不"防范风险，更要善于说"可"化解风险。通过坚持不懈强化法律管理职责，扎牢三项法律审核工作之根，有效防范了系统性、根本性、颠覆性重大风险，控制了因不合规导致的诉讼案件的发生。中国能建建筑板块纠纷案件增长态势得到有效遏制，2021 年全系统纠纷案件数量和金额均降至历史低点。

确立"三个不得"夯实法治能建之基

鉴于企业发展中暴露的问题和风险事件，为进一步突出三项法律审核，严格三项法律审核把关，中国能建持续对三项法律审核进行改造升级，不断挖掘提炼三项法律审核的法治理念和管理内涵。

中国能建定期召开年度法治工作会议，总结成绩和经验，剖析问题和不足，部署下一阶段法治重点工作，丰富和完善企业法治文化。2018 年举行的法治工作会议，其重要成果是确立了"三个不得""十个严禁"。会议强调：要把纪律和规矩挺在前面，更要把依法合规挺在前面。要按"三个不得"规范我们的行为。规章制度未经法律审核，不得发布执行；重要决策未经法律审核，不得进入决策、审批程序；经济合同未经法律审核，不得签署。要把三项法律审核作为红线和铁律，严格执行，绝不容许任何单位、任何领导、任何个人逾越。至此，中国能建的"三个不得"红线禁令正式确立并日益深入人心，成为法治能建建设的重要抓手之一。

在 2019 年 2 月国资委召开的中央企业防范化解重大风险座谈会上，六家央企作了交流发言。中国能建作为六家发言代表之一作了典型经验介绍。在经验交流中，公司领导特别指出："系统总结案件提炼的'三个不得'和'十个严禁'作为生产经营管理的红线和底线，已成为公司防控重大风险的重要抓手，促进了公司风控水平的整体提升。"

2019 年以来，中国能建连续开展"三个不得"专项检查，90 余家所属单位累计开展超过 300 次的专项自查行动，发现和整改问题数百起，有力推动了"三个不得"持续走深走实。"三个不得"还被纳入公司"大监督"、巡视巡查、审计等工作中，成为必检必查的重要内容。经过三年持续开展专项行动，"三个不得"在中国能建已经入脑入心入行，成为各级企业依法决策、依法经营、依法管理的基本遵循，成为具有中国能建特色的企业法治文化不可或缺的组成部分。

新"三个不得"彰显法治能建之为

2020 年 12 月 29 日，中国能建印发《关于全面加强党的领导、加快高质量发展、深化系统改革和加强科学管理的若干意见》（以下简称《若干意见》）。这份 2 万余字、凝聚全集团智慧的重磅文件，为企业改革发展把脉问诊、谋篇布局、指明路径，全面吹响了中国能建加速发展的集结号、冲锋号，拉开了新时期高质量发展的帷幕。《若干意见》确立了中国能建"1466"战略，擘画了五年再造一个高质量发展新能建宏伟蓝图。在这份重磅文件中，特别强调要推进"三个不得""十个严禁"持续走深走实，全面深化法治能建建设，支撑科学管理和高质量发展两根主线，持续发挥法治在治理体系和治理能力现代化中的关键作用。

2021 年 11 月 12 日，中国能建举办了法治工作会暨大风控体系建设启动会。这是中国能建开展全面深化法治建设的一项重要里程碑，标志着中国能建正式开启建设世界一流法治企业。站在新的历史起点上，中国能建党委书记、董事长宋海良审时度势、与时俱进对"三个不得"进行全新诠释，从程序要求到程序和实体一体要求，进一步丰富和完善了"三个不得"内涵和外延，将法律审核拓展为法律合规一体审核。规章制度未经法律合规审核并通过，不得发布执行；重要决策未经法律合规审核或者经审核存在重大障碍不能排除的，不得进入决策、审批程序；经济合同等法律文件（含授权委托书）未经法律合规审核或经审核存在重大障碍不能排除的，不得签署。要始终以新"三个不得"规范法律合规审核，把三项法律合规审核作为红线，绝不容许任何单位、任何领导、任何个人逾越。

现如今，中国能建各单位迅速学习、贯彻、落实法治工作会和大风控体系建设启动会会议精神，新"三个不得""十个严禁"已成为中国能建全面深化法治能建建设和建设世界一流法治企业的重要抓手，必将在发挥法治固根本、稳预期、利长远的长效机制中凸显价值和作用。

"既要立足当前，运用法治思维和法治方式解决经济社会发展面临的深层次问题；又要着眼长远，筑法治之基、行法治之力、积法治之势，促进各方面制度更加成熟更加定型，为党和国家事业发展提供长期性的制度保障。"习近平总书记的深刻论断，正化为中国能建法治建设的创新实践。

展望未来，中国能建将深入践行习近平法治思想，坚决贯彻落实中央全面依法治国方略，坚决执行国务院国资委关于深化法治央企建设的决策部署，锚定目标、抓牢主线、突出重点、扭住关键、踔厉奋发、笃行不怠，持续深化三项法律审核等法治基础性工作，进一步夯实法治工作基础，努力将中国能建打造成习近平法治思想的生动实践基地，奋力推进中国能建迈向世界一流法治企业，为五年再造一个高质量发展新能建保驾护航。

（中国能源建设集团有限公司法务与合规部（法律中心）总经理　秦铁平）

中国黄金集团有限公司

深入贯彻习近平法治思想　聚力维护国有资产安全

习近平法治思想博大精深、内涵丰富，涵括中国特色社会主义法治建设的各个环节，关涉全面依法治国顶层设计、战略布局、重点任务和实践推进的各个方面和各个领域，贯穿其中的一条主线，就是坚持中国共产党领导。

中国黄金集团有限公司（以下简称中国黄金）新一届党委成立以来，认真学习贯彻习近平法治思想，按照中央全面依法治国工作会议部署，积极推进法治央企建设，发扬斗争精神，着力提升重大法律案件处理能力，真正发挥党委作为国有资本忠实维护者的作用，防范化解重大风险，确保国有资产做大做优做强、风险可控、保值增值，推动集团公司高质量发展。

本文以中国黄金党委秉承高度的责任心和使命感积极处理某历史遗留仲裁案件为例，阐述中国黄金在着力健全风险管控能力、主动维权能力，积极推进历史遗留重大法律纠纷案件处置，有效止住巨额损失，维护国有资产安全方面取得的实践成效与经验启示。

一、案件基本情况

2012年8月，中国黄金与四名自然人股东签订了《A公司股权转让合同》，收购了其中两名股东合计持有的51%股权，另外两名股东仍分别持有A公司39%和10%股权。合同约定本案所涉的三宗探矿权不纳入股权转让评估范围，而是以后根据探矿工作情况再对三宗探矿权进行评估作价并对股权转让价款作出调整。对于转让价款的不确定性约定为今后协议各方产生争议和纠纷埋下了巨大隐患。

2014年7月，四名自然人股东以中国黄金未按约定完成A公司三宗探矿权的探矿工作及未妥善维护导致两宗探矿权灭失为由提起仲裁，要求中国黄金赔偿矿权灭失损失、利息、滞纳金等合计 5 亿多元。

2020 年 2 月 27 日，仲裁委作出裁决，要求中国黄金向四名股东支付 1.15 亿元。中国黄金不服裁决，第一时间依法向北京市第四中级人民法院（以下简称北京市四中院）申请撤销仲裁裁决。

2021 年 5 月 8 日，经层报最高人民法院审核批准，北京市四中院撤销了仲裁委的错误裁决。至此，中国黄金及时挽回了巨额国有资产损失，历时 7 年之久的国有资产保卫战终于取得了全面胜利。

二、案件经验总结

（一）深入学习贯彻习近平法治思想，发扬斗争精神、勇于担当作为

第一，集团党委的坚强领导是案件胜利的决定因素。思想是行动的先导。中国黄金新一届党委始终坚持以习近平法治思想武装头脑、指导实践、推动工作，维护企业合法权益、防范和化解各领域风险。本案属于历史遗留问题，牵涉内外部各种错综复杂利益关系，新一届党委高度重视该仲裁案件，勇于担当作为，牢牢守住防止国有资产流失这条红线。党委书记多次组织召开党委会专题听取案件汇报、研究应对措施、督促工作落实，以上率下发扬斗争精神，坚决捍卫国有资产安全。实践证明，加强党的领导为案件成功撤裁提供了政治保障、指明了正确方向、打下了坚实基础，是案件胜利的决定因素。

第二，专项工作组攻坚克难是案件胜利的关键所在。集团党委第一时间组建专项工作组，聚力攻坚克难，高效快速地重新梳理 A 公司并购、运营、争端近 10 年历程相关上百份近 200 万字的合同、文件和案卷等历史档案资料，访谈业务经办人员务实冷静、抽丝剥茧，条分缕析案件前因后果，对案件进行深入透彻研究。

第三，多方协同联动机制是案件胜利的坚实保障。中国黄金党委坚持协同联动工作理念，统筹各方力量，及时发现、快速响应，持续紧密地向国务院国资委、相关自然资源部门以及各级人民法院等单位全面详细汇报案件情况，争取最大限度的理解与支持，努力克服新冠肺炎疫情对调查取证及程序推动带来的不利影响，无缝衔接各项撤裁流程，百折不挠地与对方股东的无理信访、恶意设置地方矿政审批障碍等行为作坚决斗争，咬定青山不放松、守得云开见月明。

（二）深挖历史遗留问题根源，持续解放思想、敢于动真碰硬

中国黄金党委不断提高战略思维、历史思维、辩证思维、创新思维，解放思

想，实事求是，从纷繁复杂的矛盾中把握规律，聚焦探矿权延续为撤裁关键环节。面对案件历时久、矛盾深的情况，中国黄金党委挖掘案件产生的深层次原因，最终梳理出三个"为什么"作为整个案件的突破关键点，即"股权转让合同条款为什么如此约定""作为案件关键的探矿权为什么会灭失且相关证件的原件丢失"以及"为什么在办理探矿权延续的过程中相关证件的复印件又会离奇出现"。中国黄金党委发扬刮骨疗毒的自我革命精神，勇揭伤疤，经过深入调查找到问题的根源，主要内部原因是相关企业管理混乱，负责人在主动担当作为和勤勉尽责方面存在不足；外部原因是自然人股东从始至终心怀不轨，部分地方政府部门有关人员违法违纪，最终导致了案件的发生。

正是通过深入分析，正确认识案件深层次问题，总结问题的根源在哪、现状如何、怎样突破，中国黄金才能快速准确地针对自然人股东提出的因矿权灭失给其造成损失的仲裁理由，坚决摒弃之前对此仲裁案件应对的旧思维、老观念，敢于动真碰硬。一是真问责、问真责。对于应对案件工作中推进不力、作风不实、不担当不作为的有关人员进行严肃问责。二是抓住主要矛盾和矛盾的主要方面。"打蛇打七寸"，深入研究并锁定相关探矿权的尽快延续恢复为撤裁关键环节，并快速推进围绕此环节攻坚克难、快速推进自然资源部行政复议工作。在取得有利行政复议结果的基础上，专项工作小组乘胜追击、现场盯办，全力克服自然人股东等人在当地省、市、县三级矿管部门设置的重重阻挠障碍，成功延续探矿权，获得了撤裁最关键、最具制胜力的主要事实依据。

（三）坚决扛起化解重大风险的政治责任，坚定信心决心、凝心聚力发力

面对历史遗留案件造成的巨额损失风险，中国黄金党委深入贯彻习近平总书记关于坚持底线思维着力防范化解重大风险的讲话精神，坚决扛起化解重大法律案件风险的政治责任。

一是保持战略定力，抱定必胜信念，坚韧不拔，绝不放弃。虽然法律对仲裁裁决设置了申请撤销的救济渠道，但司法审查对仲裁裁决保持审慎态度是不成文的规定，北京地区近年撤裁率仅有 0.15%。在如此低的撤裁率背景下，法院最终作出了支持中国黄金撤裁申请的裁定，成为北京市四中院近 5 年来的唯一撤裁案例，成功撤裁不仅确保了巨额国有资产的安全，更创造了仲裁救济奇迹，成为撤裁经典案例，引起法律界强烈反响。

二是组织多部门协同作战，提升驾驭重大风险的综合能力，形成合力。面对本案的各种复杂关系和矛盾冲突，中国黄金组织各部门深入研讨，充分发挥法律合规、地质资源、投资管理、财务管理等各部门的专业优势和实践经验，多部门密切配合，从多角度寻求突破口，牢牢把握工作主动权。

三、案件启示

该仲裁案件发生后，中国黄金以案为鉴，总结经验启示，加强整改完善，不断提升企业治理水平。

第一，案件应对过程中，要更加注重加强党的领导、以上率下，推动形成工作合力。专项工作组始终坚持加强党的领导，为撤裁案件取得胜利提供了政治保障、打下了坚实基础、形成了工作合力。在党委的坚强领导下，充分发挥专项工作组合力，逐案分析事件背景和案件成因，加大法律研究力度，梳理聚焦各方争议焦点，明确应诉目标和方向。加大集团系统内部各成员单位之间的统筹协调力度，群策群力发挥好各自在不同专业领域的优势。善于利用外聘律师的专业知识和社会资源提供支撑服务。加强与各级政府、国资监管部门、自然资源部门和司法机关的沟通汇报工作，争取获得更多外部支持。

第二，资源开发过程中，要更加注重尽职调查和法律审核，切实防范各类风险。特别是要把对民营合作方的资信调查和背景了解作为评判是否与其继续合作的重要条件。重视加强对交易合同的法律审查，与合作方洽谈、签订交易合同时更加注重对地质勘探、资源量真实性和相关违约责任的考量和约定，堵塞合同漏洞，防范资源负变风险及履约风险，防止将来授人以柄。强化对交易合同的履约动态监控，发现合作方存在违约迹象时及时表明态度并采取补救措施，避免损失扩大进而形成纠纷事件。

第三，企业运营过程中，要注重完善公司治理和内部监督。加强合规管理，区分全资、控股、参股等不同情形，依法行使股东权利。企业日常经营管理过程中进一步加强对矿权等重要资产的管理，完善矿权申请、延续、保留和注销等关键环节的流程控制。经营班子成员作为企业和股东间沟通的桥梁和纽带，要更加注重维护各股东之间及股东和企业之间的和谐关系，通过不断提升生产经营管理水平为股东创造更多价值，防范股东之间及股东和企业之间产生矛盾、引发纠纷的风险。企业还要高度重视内部监督和内控体系建设，防范企业内部人员的违规经营风险。

下一步，中国黄金将继续深入贯彻习近平法治思想，进一步深化法治央企建设，更加关注案件背后反映的问题，不断完善各项制度，提升集团公司经营管理水平。通过着力健全依法治理体系、合规管理体系和工作组织体系等手段，在

"十四五"时期努力使法治理念更加强化、治理机制更加完善、组织机构更加健全、管理方式更加科学，法治建设取得更大进展，为企业深化改革和高质量发展提供更加有力的法律支撑，为中国黄金早日建成世界一流黄金产业集团贡献力量。

（中国黄金集团有限公司党委副书记、董事　严弟勇）

中国广核集团有限公司

践行习近平法治思想，坚持运用法律语言，将股东管控意志依法合规延伸至境外，确保企业海外资产安全

当前，百年变局和世纪疫情交织叠加，世界进入动荡变革期，不稳定性、不确定性显著上升。无论是扩大对外开放、深化国际合作，还是防范化解风险、应对打压遏制，都要求我们深刻把握国内国际两个大局。习近平法治思想以深邃的历史眼光、宽广的国际视野，高瞻远瞩、审时度势地提出统筹推进国内法治和涉外法治的重大战略部署，既聚焦重点统揽全局，有效防范各类风险叠加，又格外强调海外利益保护，有助于中央企业保障海外重大项目和人员机构安全，有效维护国家主权、尊严和核心利益。

中国广核能源国际控股有限公司（以下简称"公司"）作为中国广核集团（以下简称"集团"或"中广核"）全资子公司，承担着集团境外清洁能源项目投资经营的使命，业务遍布15个国家和地区，总装机容量达1400万千瓦，是国家全面对外开放的排头兵，是中广核"走出去"战略的践行者。在复杂的国际形势以及日趋严格的境外监管环境下，面对不同的法系，230余个不同的法人主体，千差万别的属地环境要求、劳工标准、风俗习惯、宗教信仰，以及来自美国的"长臂管辖"等风险和挑战，公司积极践行习近平法治思想，运用法治思维，强化国际契约精神，通过国际通用的法律语言，积极应对挑战、防范化解境外企业经营过程中的重大风险，将国务院国资委有关境外资产的管理要求和股东管控意志依法合规延伸至境外，坚决维护公司合法权益。

一、提高涉外法律斗争能力，坚决维护公司海外资产安全

提高涉外法律斗争能力，必须在思想层面确立依法维护国家利益的观念，树立依法维权与敢于斗争的意识。公司下属的韩国公司是中国企业在韩国最大的独立发电投资项目，总装机 210 万千瓦。自 2010 年收购以来，韩国公司立足于韩国市场，依靠集团支持实现了滚动发展，总资产达 100 亿元人民币。但是由于缺乏有效治理管控，韩国公司原负责人长期对抗股东依法行权，抗拒董事会领导，导致公司存在较大的"内部人控制"风险。

为严格贯彻落实国务院国资委关于加强境外资产管理的要求，切实维护我海外资产安全，在集团党委的坚强领导下，公司上下统一思想，成立由公司总法律顾问为组长的专项工作组，深入研究韩国属地法律，细化行动路径，会同中韩外部律师准备各类法律文件，夯实依法治理基础，做好法律风险应对，积极运用法律武器，坚决维护公司在韩合法权益。

经过近一年的周密计划和 5 个月的艰苦斗争，在无成功经验可借鉴的情况下，公司坚持底线思维、敢于运用法律武器、践行"严慎细实"的工作作风、积极协调各方资源、创新治理管控方式方法，克服韩国疫情持续高发以及属地劳动法律对雇用单位的强制约束等各种内外不利因素，成功取得韩国公司的治理管控权，实现电厂安全稳定运行，没有发生重大舆情事件，并依法稳妥解除与原韩国公司负责人的劳动关系，有效降低"内部人控制"风险，确保了在韩国有资产的安全。在依法治理专项工作取得阶段性进展后，公司逐步加强了对韩国公司的治理管控力度，并围绕业绩提升采取积极有效举措，最终超额完成 2021 年度净利润指标，有效将治理成效转化成经营与发展实果。

公司依法合规开展境外子企业治理专项工作，一方面坚决贯彻落实了国务院国资委相关指示精神并取得实际成效，另一方面也为中央企业加强海外公司治理、维护自身合法权益进行了有益的探索与实践。

二、强化境外公司治理能力，依法合规落实股东管控意志

在境外公司治理管控方面，公司始终坚持"两个一以贯之"，践行法治央企建设的要求，以公司章程为基础，以董事会与治理授权为抓手，在遵守属地法律法规，尊重属地治理实践的基础上，推动中国特色现代企业制度建设依法合规地向境

外公司延伸。

一是坚持党的领导。作为在香港注册的国际化公司，公司在成立之初即把"公司党委研究作为董事会、经理层决策重大问题的前置程序"写进公司章程，确立了党委、董事会、经理层等各治理主体的地位与职责；同时，在严格落实境外党建相关工作要求的前提下，公司积极发挥境外党组织的政治核心作用，前置研究境外公司重大经营发展事项，有效将党的领导融入境外公司治理各环节，推进党委、境外党组织领导作用组织化、制度化、程序化，实现公司党组织领导与法人治理的有机统一。

二是落实提级管理要求。为加强境外子企业的治理与管控，根据国务院国资委的相关要求，公司对境外公司重大决策、重要人事任免、重大项目安排和大额度资金运作等事项，通过对董事会议案进行前置审核把关的方式实行提级管理，有效落实股东意志，切实防范境外公司经营管理风险。

三是加强董事会运作。公司全面推进下属区域实体公司"董书法"改革，实现董事会"应建尽建"、董事"配齐建强"，并建立专职外部董事库来拓宽境外公司董事来源渠道。公司在加强法人治理的同时，通过规范董事会运作，依法强化对下属境外公司的治理管控。

四是总法律顾问进章程。公司在章程中落实总法律顾问制度，明确总法律顾问由董事会聘任，并让其作为高级管理人员推进公司依法治理、合规经营；通过章程确立总法律顾问列席有关董事会、党委会并发表法律意见的机制，确保充分发挥总法律顾问在公司经营管理过程中的法律审核把关、防范化解重大法律风险的作用。

三、提升涉外法律保障能力，积极维护海外合法权益

一是建立法律事务分中心，加强内部法律资源统筹。公司境外业务发展到哪里，法律事务分中心就设立到哪里，法律支持服务就延伸到哪里。公司培养选派精通属地语言的中方法律人员担任法律分中心负责人，通过总部与境外各法律分中心垂直职能管理与横向业务协调，统筹公司内部法律资源，有效提高法律协同效应。

二是建立全球外部律师库，优化外部法律资源配置。根据境外公司业务特点与发展阶段，公司将全球业务范围内各个国家和地区优质属地律师事务所，按其专长领域，分门别类纳入公司律师库管理，并建立长期合作关系，以满足公司国际业务开展的法律需求，为不同法域、不同业务领域下的公司法治与合规工作提供坚实的外部法律资源保障。

三是坚持"以案促管、以管创效",依法维权创造价值。公司针对境外纠纷案件的特点,逐步形成一套系统完备的管理体系与实施计划,并对重大境外纠纷案件实行提级管理,形成由总部法律顾问牵头、境外公司协同联动的案件应对机制,确保案件及时妥善解决。2021年公司通过积极应诉、主动维权,累计避免或挽回经济损失超13亿元人民币,为公司经营创造了价值。

目前我国已进入新发展阶段,在构建以国内大循环为主体、国内国际双循环相互促进的新发展格局过程中,迫切需要运用法治方式推动建设更高水平的开放型经济新体制。在此背景下,公司作为"走出去"涉外法治建设的排头兵和先锋队,应当不断增强"四个意识"、坚定"四个自信"、做到"两个维护",切实承担起国际规则的实践者与国际治理经验的创新者职责。下一步,公司将继续坚持用国际规则说话、靠法律规则行事,依法合规行权,坚定维护公司海外合法权益,在国际化经营中迎来更高质量的发展契机,为国资央企维护海外资产安全,促进国际业务持续稳定发展提供中广核解决方案。

(中国广核集团有限公司审计法务部副主任　蔡午江)

华侨城集团有限公司

建体系、搭平台、出成果　全方位落实法治央企建设

2020 年 11 月，中国共产党历史上首次召开的中央全面依法治国工作会议，将习近平法治思想明确为全面依法治国的指导思想。2021 年 11 月，党的十九届六中全会明确了习近平法治思想在全面依法治国中的指导地位。在此背景下，华侨城集团坚持以习近平新时代中国特色社会主义思想为指导，深入贯彻落实习近平法治思想，以服务集团各项业务法律风险防控为出发点和落脚点，围绕"建体系、搭平台、出成果"的总体工作目标，践行精益管理方法，着力加强集团法律合规建设，搭建集团法务人员交流平台，深入推动全集团依法治企有关工作，全方位落实法治央企建设。

一、建体系：完善法律合规管理体系，深入开展合规管理，筑牢法律合规风险防控底线

华侨城集团高度重视法律合规管理体系建设，积极推进法律合规管理各项工作，不断丰富工作手段，提升工作质量。

（一）持续夯实合规管理组织基础

华侨城持续夯实合规管理组织基础，形成了集团法治工作领导小组／合规管理委员会、"合规管理强化年"领导小组和工作小组、集团总法律顾问、集团法律合规部和各职能部门、各级子企业等各层级统一领导、分级管理、逐级负责的合规管理体系，做到了合规管理工作责任主体明确、合规管理组织基础扎实。

（二）持续健全合规管理制度建设

为深入贯彻落实国资委法治央企建设和合规管理工作的要求，有效防范和控制

重大合规风险，根据国资委及其他有关规定，2020 年，华侨城集团制定了《华侨城集团有限公司合规管理办法》。2022 年 3 月，华侨城集团对照国资委要求部署，结合公司实际，细化工作举措，制定了《华侨城集团有限公司"合规管理强化年"工作实施方案》，形成了"6 类 20 项"合规管理重点工作，确保"合规管理强化年"的开展有纲可循，推进各项工作落地落实。2022 年 9 月以来，华侨城集团根据国资委发布的《中央企业合规管理办法》，结合企业实际，持续修订集团合规管理办法，合规管理制度日臻完善。

（三）持续完善合规管理运行机制

华侨城集团深入开展合规风险排查，于 2022 年 5 月开展了集团范围内全级次、全领域、全方位的经营业务合规风险排查，并于 2022 年 8 月开展了境外合规风险排查，在摸清底数、即查即改的基础上，持续关注整改，形成长效机制，防范化解合规风险，推动合规管理水平不断提升。在合规管理"规定动作"的基础上，华侨城集团针对各二级企业开展了合规自评工作，创新合规评价机制，采取"一二三"即"一张清单、两个阶段、三级联动"的方式，实现"自评、建设、考核、运用"闭环管理，强化评价结果运用，达到了"以评促建"的目的，推动各二级企业积极补齐短板，加强合规管理建设。为不断提升合法合规性审查质量，华侨城集团建立了合法合规性审查后评估机制，形成后评估台账，实现后评估工作覆盖业务流程和环节，将合法合规性审核落到实处。

二、搭平台：搭建企业法务人员交流平台，提升法治工作能力，打造水平过硬法治工作队伍

华侨城集团积极搭建法务人员交流平台，围绕法务人员"法律风险的防范者、经营价值的创造者、法治建设的推动者"的职责定位，通过开展主题研讨、进行调研交流、实现成果共享、进行评比表彰等，加强了法治机构和队伍建设，健全了法治工作组织体系，提升了依法治企的能力和水平。

（一）形成"OCT 法治同行"活动品牌

"OCT 法治同行"是华侨城集团法治工作活动品牌，是按照国资委要求着力提升依法治企各项能力、积极培育法治文化的重要举措。华侨城集团统筹协调搭建交流平台，聚焦与经营管理密切相关法治工作重点难点问题，组织各所属企业法务人员进行研讨，并以实地调研的方式开展活动，加强了集团对所属企业实际情况的掌握，促进了集团各企业之间的互动交流，持续提升集团法治工作水平。

（二）提高法治工作人员专业能力

华侨城集团高度重视法治工作队伍的建设，以提高集团全系统法治工作人员的能力和水平为目标，集团法律合规部开展了合同审核、证券纠纷案件等方面的内部业务知识交流，并积极组织各级企业法治工作人员参加国资委法治讲堂、宪法宣传日、普法问答、专题解读新颁布的《民法典》和《个人信息保护法》等培训和普法活动，使法治工作人员通过学习、分享和运用不断提高法治工作的能力和水平，营造法治工作领域互相学习、互相分享的良好氛围。

（三）积极开展法治工作评比表彰

针对法治工作中涌现出的一批政治素质好、专业能力强、成绩突出的优秀典型，华侨城集团通过公开评选的方式，对所属企业的优秀法律事务机构负责人和法律事务先进工作者进行了表彰，充分发挥了法治工作先进典型的引领示范作用，提高了法务人员的工作热情和积极性。

三、出成果：践行精益管理方法，深度融入主营业务，提高法律审核质量，深化纠纷案件管理，强化重点领域合规，总结形成法治成果，积极传播法治动态，切实开展普法工作

华侨城集团积极践行精益管理方法，围绕集团经营业务，深入推进法律审核规范化、精细化，加强重点领域风险管理，提升法律审核质量，实现"识别问题、查找原因、推进整改、总结提高"闭环管理，深化法律纠纷案件管理，强化重点领域合规管理，将普法工作贯穿组织运营全流程，抓好"时时、处处、事事、人人"，厚植法律合规文化。

（一）深度融入集团主业，保障经营业务发展

华侨城集团高度重视法治工作与经营管理工作的融合，通过将法律合规审核嵌入企业董事会议事规则、三重一大决策、党组织会议管理办法等制度和相关环节中，做到了流程的固化，为依法治企奠定了程序性基础。法律合规工作人员通过参加项目小组、开展法律合规审核、出具法律意见和法律风险提示函等方式深度参与到集团的经营管理活动中，实现了对企业规章制度、经济合同、重大决策的法律合规风险防控，为企业经营业务发展提供坚实法律保障。

（二）提高法律审核质量，服务改革发展大局

华侨城集团持续关注重点领域法律合规风险，通过案例分析揭示风险点并提出风险防范参考方案的方式，不断提高企业的风险防控能力和水平，服务集团高质量

发展；持续健全法律审核清单，实现"审核清单化""清单标准化"，印发了股权转让类项目法律意见书必备要素清单，编制合同管理合规风险库以及经营性采购类合同、宣传类合同流程管控清单，不断建立健全法律审核清单，完善合规义务识别和风险预警机制，将法律与合规要求深度融入企业经营管理。

（三）深化纠纷案件管理，实现价值创造和提质增效

华侨城集团持续深化纠纷案件管理，集团法律合规部及时跟进案件处理过程中的重要节点和进展，督办重大法律纠纷案件，常反思、常复盘，通过风险提示函、典型案件分析等形式，提示重大法律风险堵塞管理漏洞，不断提升法律风险防控水平，防止类似纠纷案件再度发生，避免和挽回损失，积极发挥纠纷案件管理工作对提质增效的支撑作用和价值创造功能。

（四）编制合规指引，强化重点领域合规管理

华侨城集团将重点领域合规管理作为合规工作重点，牵头各相关所属企业，制定了股权合作及退出、房地产项目销售、私募股权基金、商标权保护、劳动用工等重点领域合规指引，为集团开展相关业务、深入重点领域防范法律合规风险，提供了重要指引。

（五）整理编制法治工作研究成果，培育法律合规文化

华侨城集团深入学习习近平新时代中国特色社会主义思想，深刻学习宣传习近平法治思想，收集整理习近平总书记关于法治的重要论述摘编，并将习近平法治思想作为集团党委中心组学习课题。同时，华侨城集团双月编印《OCT法治＋》法治刊物，积极传播国资法治动态和信息，形成法治工作学习和宣传成果，切实开展普法工作，使法律合规文化深入人心。

近年来，华侨城集团深刻学习贯彻习近平法治思想，依据企业自身特点，围绕"建体系、搭平台、出成果"的总体工作目标，践行精益管理方法，深入推动依法治企有关工作，落实法治央企建设取得了较好成效。未来，华侨城集团将继续探索推进法治央企建设的新举措、新方法，力求在依法治企工作上取得新作为、新成绩。

（华侨城集团有限公司总法律顾问　陈跃华）

中国电气装备集团有限公司

高标准开启法治央企建设新篇章

2021年，在党的百年华诞历史节点，中国电气装备集团有限公司顺利重组，扎根在党的起源地，屹立于国际化潮头。集团重组整合以来，坚持以习近平法治思想为指导，深入贯彻全面依法治国战略部署，不断深化改革创新，加快整合融合聚合，形成合心合力合作，高标准高起点落实法治央企建设各项任务，推动法治企业建设掀开新篇章。

一、坚持顶层推动，构建法治领导责任体系

一是编制集团"十四五"法治央企建设实施方案，围绕"实现一个目标、健全五个体系、提升六种能力"的总体要求，加强顶层设计，高标准谋划法治企业建设规划，高起点推进法治企业建设任务落实，确保法治工作与"十四五"发展规划和年度计划同步推进、同步开展。二是制定《法律事务管理制度》《企业主要负责人推进法治建设工作实施办法》《总部合同签订审批管理规定》等制度，明确集团法律管控模式与原则，形成合同审核审批等工作流程，推动主要负责人切实履行法治建设重要组织者、推动者和实践者的职责。三是成立合规管理委员会，明确总法律顾问担任法治合规负责人，统筹保障各项工作有序开展。在合规管理委员会下设法治和合规工作办公室，负责具体落实集团法治建设及合规管理工作，将法治建设工作作为年度董事会等工作报告重要内容。

二、坚持以章程为统领，构建依法治理体系

一是以《国有企业公司章程制定管理办法》为依据，结合重组整合，严格规范制定集团章程，并形成所属企业章程范本，充分发挥法律专业审核把关作用，科学配置股东会、董事会等决策主体权责。二是推动落实总法律顾问切实履行合规管理职责，将合法合规性审查和重大风险评估作为重大决策事项必经前置程序；将法律审核要求嵌入合同审批、规章制度发布流程，使法律审核成为不可逾越的审批环节，持续保持经济合同、规章制度法律审核率100%。三是制定《党委常委会工作规则》《董事会工作规则》《"三重一大"决策事项实施办法》《董事会授权管理制度》等，形成权责法定、权责透明、协调运转、有效制衡的公司治理体系。

三、构建分层分类制度框架，推行三层制度体系

集团立足"出政策、立规矩、定标准"定位，建立以业务管理活动为核心的三层制度体系框架，制定总部275项制度标准，不断规范法人治理运作。一是围绕集团管控，制定总部制度体系建设方案。将制度体系划分为基本制度、职能制度、操作规范三个层级，构建以章程为核心的现代企业制度体系。二是围绕制度定位，加强制度评审。以简单管用为目标，坚持将业务管理合规、实用、高效作为制度评审的重要标准，将合规审查作为制度发布的必备环节，将文风要求作为制度审核的重要内容。三是围绕公司治理与外部监管要求，厘清各层级制度决策流程。明确法人治理、信息披露及重要基本制度由党委常委会前置研究、董事会决策，一般基本制度、重要职能制度由党委常委会前置研究、总经理办公会决策，其他职能制度由总经理办公会决策的规范流程。

四、构建合规管理体系，促进依法合规经营

一是制定《合规管理制度》，明确合规管理基本原则、合规管理重点业务要求及合规管理机制运行及内容等，形成集团主要负责人领导、总法律顾问牵头、法务管理机构归口、相关部门协同联动的合规管理体系。二是制定《内部审计管理制度》《违规经营投资责任追究实施办法》《尽职合规免责管理细则》等制度，不断健全合规管理运行机制。三是围绕新业务及改革发展相关法律风险，编制印发新能源

投建、工程总承包、国企混改、供应商合规管理、国际市场营销等重点领域合规管理指引，不断强化合规风险识别及预警管理，促进业务依法合规开展。四是开展合同规范管理专项行动，常态化落实合同法律风险防范工作机制。加强涉外法律合规风险排查，督导所属企业建立健全风险防控预案。

五、推进总法律顾问制度建设，完善法治工作体系

一是由董事会聘任集团总法律顾问，推进总法律顾问制度进章程，明确其高级管理人员的定位，领导法务部门开展工作。二是制定集团法治人才队伍建设提升方案，着力推动所属企业配备与企业规模和需求相适应的法治工作队伍，推进所属企业尽快补齐短板，专业化处置各类法律问题。三是加强总法律顾问队伍建设。鼓励及督导所属企业在内部培养择优选拔的基础上，面向社会公开招聘，选拔懂法律、懂经营、会管理的复合型优秀法治人才担任企业专职总法律顾问。

六、加强重点案件管理，有效维护合法权益

一是按照"统一管理、分类指导、分级负责"的案件管理机制，加大对重大案件的指导、协调和督办力度，充分运用诉讼手段，维护企业合法权益。2021年，综合利用催收函、律师函、诉讼、仲裁等多种手段加强回款，避免和挽回经济损失成效显著。同时主动打击商标商号侵权行为，主动维权能力不断提高。二是充分利用内外部法律资源，推行重难点案件合议机制，有效联动查找原因和风险源点，通过案件倒查经营管理和法律风险防范中的漏洞和薄弱环节，加强共性问题研究，深挖案外价值，提高法律纠纷案件管控效率和力度。

七、紧抓领导干部关键少数，增强法治内生动力

一是制定《领导班子工作守则》《党委理论学习中心组学习制度》，做到班子带头定规则、守规矩，发挥"头雁"效应。班子成员以身作则、以上率下，形成积极向上、奋力拼搏的干事氛围。二是坚持"第一议题"制度，把学习贯彻习近平新时代中国特色社会主义思想、习近平总书记系列讲话作为集团党委的"第一议题"、党委理论学习中心组学习研讨常设议题，把学习贯彻落实习近平总书记重要讲话作为推动集团改革发展各项工作的根本遵循，实现领导干部集中学法制度化、常态

化。三是编制"八五"普法工作方案，建立普法工作十项机制，重点突出宪法、民法典及与国资监管和企业经营管理密切相关法律法规的学习贯彻。四是开展形式多样的法治宣传。以"4·15"国家安全日、民法典宣传月、"12·4"宪法宣传周等为契机，充分利用微信群、宣传展板等线上线下平台，多措并举推进法治宣传进部门、进班组，营造全员普法浓厚氛围。

重组整合以来，面对国际疫情冲击、大宗原材料价格上涨等复杂形势，中国电气装备坚持经营发展与风险防控同步推进，发展稳中有进、稳中向好。新签销售合同同比增长14%，营业收入同比增长6%，回款同比增长11%，实现了整合元年的稳健起步，实现了"十四五"的良好开局。

2022年是中央企业合规管理强化年，也是进一步深化法治央企建设的发力之年。中国电气装备将在国资委的领导下，立足当前，放眼未来，坚守依法合规工作理念，奋发有为书写法治企业建设新篇章。一是坚持把贯彻落实习近平法治思想贯穿集团改革发展全领域、各环节，筑法治之基、行法治之力、积法治之势，不断提升集团治理体系和治理能力现代化水平。二是坚持把法治工作摆在更加突出的位置，切实扛起第一责任人职责，切实提升运用法治思维和法治方式深化改革、化解矛盾、推动发展的能力，带领广大干部职工尊崇法治、敬畏法律，不断推动集团法治企业建设迈上新台阶。三是深入推进"十四五"法治企业建设规划，进一步发挥法治固根本、稳预期、利长远的保障作用，不断提升公司法治创新力、业务融合力、支撑保障力、文化影响力，为建设世界一流智慧电气装备集团提供强有力法律保障，护航集团开创高质量发展新局面，以优异成绩迎接党的二十大胜利召开。

（中国电气装备集团有限公司党委常委、副总经理、总法律顾问　成卫）

中国国新控股有限责任公司

坚持法治建设与改革试点同步推进
为国有资本运营公司高质量发展提供坚实保障

近年来，中国国新控股有限责任公司（以下简称中国国新或公司）坚持以习近平法治思想为指导，深入贯彻落实党中央、国务院全面依法治国战略和防范化解重大风险决策部署以及国资委工作要求，聚焦国有资本运营公司试点目标和功能定位，围绕公司"十四五"时期"1345"战略目标，将法治建设作为公司改革发展的基础性、保障性工作，与改革试点工作同步研究、同步推动，持续推进"法治国新"建设，助力实现公司高质量发展。

一、加强顶层设计，依法治企组织建设工作坚强有力

一是持续加强组织推动。中国国新高度重视法治工作，始终站在政治和全局的高度推进依法治企和风险防范工作，公司党委发挥领导作用，统筹"法治国新"建设，董事会持续推进法治工作体系建设，经营层全力推动法治建设各项工作，有序化解各类风险隐患。二是持续健全工作体系。结合运营公司试点实际，建立"一二三四"法治工作体系。充分发挥法治建设领导小组作用，统筹推动依法治企和风险防范工作；着力加强总法律顾问和首席风险官制度建设，总部和法治建设重要子企业全面配齐总法律顾问，风险较高的业务板块配备首席风险官，充分发挥决策参谋和风险把控职能；抓好风险防范"三道防线"建设，发挥第一道防线首要责任、第二道防线审核责任和第三道防线监督责任；总部及所属企业组建法律风控部门，打造法律、合规、风险、内控四位一体平台，探索形成上下联动、高效运转的工作机制。三是持续强化规范引领。制定实施《中国国新"十四五"时期进一步

深化"法治国新"建设实施方案》《中国国新主要负责人履行法治央企建设第一责任人职责管理办法》《关于加强全面风险管理体系建设的指导意见》等文件，并将"法治国新"建设核心要求纳入公司"十四五"规划，作为公司依法治企和风险防范工作的行动纲领。

二、深入开展"风控深化行动"，风险防控扎实有效

一是稳步推进风险防控工作。将 2018 年确定为公司"风险防控年"，开展风险大排查，基本摸清风险底数；将 2019 年确定为公司"风险防控深化年"，部署开展"风控深化行动"，突出重大风险防控；2020 年按照风险"可控、在控、能控"的总体要求，强化风险防控机制建设；2021 年围绕公司"1345"战略目标，不断提升风险防范能力水平；2022 年落实国资委"合规管理强化年"工作部署，坚决守住不发生重大风险底线。二是持续强化重大风险防控。针对公司作为投资驱动型企业的特点，不断强化投资风险防范，严把投资方向关，坚决执行"四不投"（看不懂的不投、管不住的不投、够不着的不投、吃不下的不投），严格做到"五个守住"（守住轻资产运营模式、守住财务性投资为主、守住投资生态圈、守住产业链高端、守住关键核心技术"卡脖子"环节），切实提升投资质量；严把投资审查关，全面、客观、真实开展尽职调查和收益预测，真实反映被投企业情况和投资价值，强化法律合规审核，法律合规部门全程参与投资过程，保障业务依法合规运行；严把投资决策关，严格程序规范，研究细化"三重一大"事项清单，明确"四个上会，四个不上会"，落实"两层四次"决策程序；严把投资退出关，明确提出"三分投、七分管"，健全投资项目复盘和后评价机制，健全投后管理制度，探索分类实施投后赋能，统筹规划项目退出。同时，创新实施"五捆绑"约束机制（股权捆绑、跟投捆绑、超额收益递延捆绑、退出收益捆绑、运营捆绑），充分激发管理团队潜能，切实提升投资价值。三是不断健全风险防控机制。健全重大风险预警机制，制定《重大经营风险事件报告工作办法》，初步建立包括 4 类风险、27 项指标的监控预警体系；健全重大风险应对机制，提前制定应对方案，有效化解重大风险；健全风险防控协同机制，构建长效机制，守住不发生重大风险的底线。

三、强化公司治理，法治工作基础不断夯实

一是优化完善公司治理体系和决策机制。健全完善投资决策授权体系，明确 9

类 45 项决策事项，促进依法科学决策。制定实施权责事项清单和授权放权清单，明确 11 类 55 项权责事项和 6 类 64 项授权放权事项，厘清总部与所属企业权责边界，优化审批流程，提升经营管理水平。制定实施投资项目负面清单和合资合作准入标准，明确 13 项禁止类业务以及 14 项限制类业务，提出 16 项合资合作准入标准，防范业务风险隐患。二是持续加强制度建设。围绕试点实际，探索形成以公司章程为统领，涵盖基础管理制度、指引类制度、清单类制度三层，公司治理、职能管理、业务管理和党建工作四类，涉及全系统 2809 项制度的"三层四类"制度体系，为高质量发展筑牢根基。持续开展制度"立改废"工作，不断强化制度执行，加强违规投资经营责任追究，发挥制度规范引领作用。三是强化法律合规审核。将法律合规审核作为管理节点全面嵌入公司经营管理决策流程，实现三项法律审核 100% 全覆盖，在此基础上不断拓展法律合规审核的深度和广度。与此同时，公司不断强化重大法律纠纷案件管理，持续加强"国新"商标字号保护，依法维护国新品牌价值和合法权益。

四、深化合规经营，试点业务规范运行

一是加强合规管理统筹规划。成立合规委员会，统筹部署合规管理工作。制定实施《中国国新合规管理指引（试行）》，为公司运营业务依法合规运营提供制度保障。二是完善合规管理流程。推动合规管理融入业务开展全流程，通过制定负面清单、范本合同以及发布风险提示函等加强事前防范；通过强化法律合规审查等加强事中控制；通过强化法律监督、开展专项合规检查等加强事后监督，探索构建契合业务实际的合规管理流程。三是强化境外合规管理。持续健全境外法律风险防范机制，聚焦重点环节和重点法律问题，进一步抓好境外法律风险防控，维护国有资产安全。

五、培育法治文化，法治建设软实力有效提升

中国国新在培育形成优秀企业文化的过程中，不断强化依法治企和风险防范理念。以开展"八五普法"工作为契机，切实加大普法宣传教育力度，公司依法合规经营管理水平不断提升，契合运营公司特点的法治文化深入人心。

在开展法治建设的过程中，我们也积累了一些体会：一是始终坚持立足公司改革发展全局，科学谋划依法治企和风险防范工作。坚持"在法治下推进改革，在改

革中完善法治"，积极推动依法治企和风险防范全面融入公司试点核心业务，为公司改革发展提供有力支撑。二是始终坚持稳中求进工作总基调，将依法治企和风险防范作为改革试点的底线和生命线。坚持审慎经营理念，将风险防范作为企业永恒的主题，将"风险意识、底线思维"贯穿经营管理全过程。三是始终坚持服务于公司改革试点核心业务，不断提升依法治企和风险防范工作水平。坚持依法治企和风险防范紧贴试点业务实际，聚焦改革试点的重点和难点，坚持融入业务发展、服务业务发展、促进业务发展。四是始终坚持党的领导，为全面推进依法治企和风险防范工作提供重要保证。按照"两个一以贯之"的要求，充分发挥党委领导作用，把党的领导融入公司治理，确保党的领导落实到企业改革发展全过程。

法治建设永远在路上。中国国新将继续按照党中央、国务院决策部署以及国资委工作要求，坚持稳中求进工作总基调，围绕公司"十四五"时期"1345"战略目标，坚定不移推进"法治国新"建设，为打造具有全球竞争力的一流的综合性国有资本运营公司提供坚实法治保障。

（中国国新控股有限责任公司法律风控部总经理　顾锦）

中国绿发投资集团有限公司

以习近平法治思想为指导　谱写法治企业建设华章

习近平法治思想是全面依法治国的根本遵循和行动指南，对于新阶段法治企业建设具有引领作用。国有企业是中国特色社会主义的重要物质基础和政治基础，是我们党执政兴国的重要支柱和依靠力量，是党和国家治理体系的重要组成部分。贯彻落实全面依法治国战略是时代赋予国有企业的历史使命。中国绿发始终坚持以习近平法治思想为指导，按照党中央、国务院的决策部署，全面落实国务院国资委《关于进一步深化法治央企建设的意见》，持续推进依法治企，始终坚定不移地做法治中国建设的实践者和推动者。

一、聚焦"关键少数"，以习近平法治思想武装头脑

"坚持抓住领导干部这个'关键少数'"是习近平法治思想的重要内容。习近平总书记明确指出："各级领导干部要坚决贯彻落实党中央关于全面依法治国的重大决策部署，带头尊崇法治、敬畏法律，了解法律、掌握法律，不断提高运用法治思维和法治方式深化改革、推动发展、化解矛盾、维护稳定、应对风险的能力，做尊法学法守法用法的模范。"习近平总书记这一论述，为国有企业落实全面依法治国战略，推进依法治企，提出了具体要求。

中国绿发始终坚定不移地牢筑"关键少数"法治信仰之基。将习近平法治思想作为党委理论学习中心组学习的重点内容，作为党委会"第一议题"、领导班子上岗"第一课堂"的重要内容之一。将习近平法治思想纳入领导干部培训计划，将法治素养和依法履职情况作为考察干部的重要内容，推动法治理念在领导干部中入脑入心，持续提升自觉运用法治思维和法治方式深化改革、推动发展、化解矛盾、维

护稳定的能力。推动各级单位主要负责人履行法治央企建设第一责任人职责，时刻贯彻党中央关于法治企业建设的重大决策部署，认真落实法治企业建设各项要求，切实发挥法治企业建设重要组织者、推动者和实践者作用，在公司改革发展过程中统筹谋划法治企业建设，做到了对重点问题研究、部署协调、推动解决，在推动各项工作纳入法治化轨道中发挥着"头雁效应"。

二、聚焦"依法治理"，构建中国特色现代企业制度

习近平法治思想注重治理法治化，要求在法治轨道上推进国家治理体系和治理能力现代化。习近平总书记强调，坚持党对国有企业的领导是重大政治原则，必须一以贯之；建立现代企业制度是国有企业改革的方向，也必须一以贯之。中国特色现代国有企业制度，"特"就特在把党的领导融入公司治理各环节，把企业党组织内嵌到公司治理结构之中，明确和落实党组织在公司法人治理结构中的法定地位，做到组织落实、干部到位、职责明确、监督严格。企业治理法治化，构建中国特色现代企业制度，是国有企业落实全面依法治国战略的重要内容，也是推进法治企业建设的关键。

中国绿发始终坚定不移地贯彻"两个一以贯之"。坚持党的全面领导，强化公司章程在公司治理中的统领地位，将党的建设依法写入各级企业公司章程，确立党组织在公司法人治理结构中的法定地位，实现"双向进入、交叉任职"领导体制、党委前置研究讨论重大经营管理事项，党组织把方向、管大局、保落实的作用得到有效发挥。落实国有企业改革三年行动方案，公司治理建设实现三个"百分百"，公司总部及重要子企业全部建立董事会，设立专职外部董事库，"百分百"实现董事会成员外部董事占多数；依法依规理清党组织、董事会、经理层职权，制定相应议事规则，一企一策"百分百"实现各级企业董事会规范运行；做实各级企业经理层成员任期制和契约化管理，"百分百"实行竞聘上岗，中国特色现代化公司治理机制得到依法建立和有效运行。

三、聚焦"依法运行"，推进法治与业务深度融合

习近平法治思想注重厉行法治，强调有法可依、有法必依、执法必严、违法必究。市场经济在法治化轨道上持续优化，依法平等保护各类市场主体产权和合法权益被贯彻到立法、执法、司法等各环节，科学立法、严格执法、公正司法、全

民守法的社会主义市场经济营商环境不断得到强化。在法治化的市场条件下，依法合规经营是国有企业落实全面依法治国战略的根本所在，也是推进依法治企的终极目的。

中国绿发始终坚定不移地依法合规经营。按照"业法融合"的思路，坚持"全面覆盖"，强调法治与业务实施同部署、同谋划、同实施，做到业务实施发展到哪，法治跟随到哪；坚持"全程保障"，强调法治嵌入各项业务实施流程的重点环节，做到事前把关、事中跟踪、事后评估的管理闭环。实现重要文件、规章制度、经济合同、重要决策等经营活动合法合规审核 100%；建立"识别、调查、应对、警示"一体化运行的风险隐患防控机制，实现各类法律风险可控、能控、在控；建立"监测、维护、维权"三位一体的法律保护机制，实现专利、著作权、注册商标等知识产权实时全方位保护；建立以"三道防线"为主体的合规体系，合规管理正在快速纵深推进；建立全面覆盖的法治信息化平台，实现各层级在线管控。法治建设在绿色能源、绿色服务、低碳城市、战略性新兴产业投资等绿色产业发展中发挥着强有力的法治保障作用，确保了公司绿色发展始终保持在法治轨道上。

四、聚焦"法治文化"，厚植全员尊法学法守法用法意识

习近平法治思想注重法治文化建设。2021 年 4 月，中共中央办公厅、国务院办公厅印发《关于加强社会主义法治文化建设的意见》，要求"把建设社会主义法治文化作为建设中国特色社会主义法治体系、建设社会主义法治国家的战略性、基础性工作和建设社会主义文化强国的重要内容"。国有企业作为法治社会重要组成部分，厚植社会主义法治文化是落实全面依法治国战略的必然要求，也是推进依法治企的重要支撑。

中国绿发始终坚定不移地弘扬社会主义法治精神。坚持围绕党和国家中心工作和国企国资改革发展中心任务，开展法治宣传教育，深入宣贯习近平法治思想、社会主义法律体系、党内法律法规。坚持"精准普法"，以业务和人员为导向，制定业务实施法律指引，做到普法内容与对象的"双精准"，实现法治宣传教育与公司改革高度融合。推进"智慧普法"，以互联网思维和全媒体视角，利用新媒体新技术，搭建信息化普法平台，融"报、网、端、微、屏"于一体的全媒体法治宣传格局凸显。突出"生动释法"，以动漫微视频、案例分析、短文快讯等喜闻乐见的方式，创作多样化法治文化普法作品，普法作品多次在全国普法作品征集活动中获奖，中国绿发普法办荣获全国"七五"普法先进单位。

"立治有体，施治有序。"中国绿发将持续深入学习贯彻习近平新时代中国特色社会主义思想，坚决贯彻党中央、国务院的决策部署，严格落实国务院国资委指示要求，以"推进依法治企、建设法治中国"为使命，健全"五个体系"，提升"五种能力"，加快建设世界一流法治央企，为建设世界一流绿色产业投资集团提供坚实保障，为法治中国建设作出更大贡献。

（中国绿发投资集团有限公司党委书记、董事长　刘宇）

中国航空技术国际控股有限公司

践行习近平法治思想，充分发挥总法律顾问在"全面依法治企 护航改革发展"工作中的领头羊作用

中国航空技术国际控股有限公司（以下简称中航国际）高度重视法治建设工作，"十四五"发展规划明确提出"数字化、市场化、国际化、法治化"的发展理念。治国凭圭臬，安邦靠准绳，坚持"法治化"发展理念是贯彻落实习近平法治思想和党中央全面依法治国战略的迫切需要，也是中航国际实现高质量发展的重要保障。作为中航国际总法律顾问，就如何在法治中航国际道路上发挥好法治工作"领头羊"作用，与各位交流一下心得感悟。

作为一名总法律顾问，统筹公司法律事务是其当仁不让的传统角色。但随着时代的发展，"总法律顾问"这一角色以更加多元的形象在公司发挥着重要作用。

一、规划者：以风险管控和价值创造为战略目标，统筹规划中长期法治工作

（一）法治工作战略的升级——价值创造

过去提到法治工作，想到的总是"支持""服务""配合""救火"这些关键词，现在开始讨论"价值创造"，以新的战略目标去要求和评价自己的工作。具体来说，就是聚焦重点，突出法治工作能够创造管理效益和直接经济价值的关键环节，通过创新和管理升级，进一步完善工作体系，提高管理能力，实现法治价值创造功能落地和经济效益的提升。

（二）实现法治工作战略目标的抓手和保障

1. 发挥法治建设第一责任人"关键少数"作用，法治工作融入顶层设计

中航国际严格落实国资委、集团公司下达的法治央企建设指标中针对法治建设

第一责任人的考核要求，将法治工作融入发展规划中进行考虑，充分发挥"关键少数"带头作用，切实承担法治建设第一责任人职责。

2. 以总法律顾问制度为抓手，深入推进法治建设工作

本人作为中航国际总法律顾问，始终坚持推进中航国际深化落实总法律顾问制度，并推动中航国际全部一二类企业实施总法律顾问制度，强调法律顾问是公司生产经营必不可少的一分子，法律意见是支持公司改革发展的重要意见，以总法律顾问制度为抓手，不断推进完善现代企业制度，加强法律事务管控，防范化解风险，提升公司软实力。

二、搭建者：以完善现代企业治理为牵引，搭建治理完善、管理规范的法治工作基础环境

（一）治理完善——优化法人治理结构，推动建立现代企业治理体系

1. 全面开展公司章程及章程指引修订工作

中航国际及下属投资企业逐步建立了以章程为核心的法人治理体系，形成了对投资企业章程指引1.0版、2.0版和3.0版，持续督导投资企业落实章程的基础治理作用。

2. 有效推动全系统建立明晰的权责体系

在公司章程之外，中航国际系统梳理了公司权责体系，修订"三会"议事规则，修订《决策结构清单》，明确党委发挥领导作用的法定地位和工作方式，合理匹配各级法人治理主体的权责关系。同时，发布《中航国际制度汇编》及《中航国际建议投资企业建立的基本制度清单》，督导各投资企业健全公司基本制度体系。

3. 持续探索发挥董事会的治理作用

中航国际持续围绕"配齐建强董事会、依法落实董事会权利"的方向，引入独立董事，进一步加强董事会建设。充分发挥董事会的职能作用，促进董事会有效履行职责，形成高效科学的决策—执行体系和激励—约束机制，加强董事会专业委员会运行机制。

（二）管理规范——打造以风险管控为目标、内控为基础、融合法律风险管理的中航国际特色合规管理体系

合规工作对外是落实全面依法治国的要求，对内是满足企业预防违法违规行为、提高市场竞争力、实现责任切割的经营需求。目的是为了达到依法合规经营，以合规创造价值。中航国际自2019年以来开展了一系列合规管理体系搭建工作，

形成了自上而下三层管理组织体系，全面且具有操作性的制度体系，合规管理体系运行初见成效，"合规力"的传输具有多项保障。

三、支持者：以风险防范和创造价值为己任，强力支撑保障公司改革发展

（一）全力保障"瘦身健体"工作有效推进，各项指标交出满意答卷

2016—2021 年，中航国际进一步聚焦主业，退出辅业，截至 2021 年底，收回资金近 540 亿元，解除担保超 120 亿元。仅地产一项，收回资金超 400 亿元，为公司取得超 136 亿元的溢价；船舶业务处置为公司解除了近百亿的担保。公司"两金"下降 56%，带息负债下降 37%，资产负债率下降 5%，资产质量大幅提高。法人管理层级压缩至 4 级，企业户数累计减少 49%，退出了全部 23 户"三无企业"。

（二）防范未来风险，发挥法律工作者的特有价值

近五年来，中航国际退出了千亿的项目。强调法律创造价值，是因为法律职能既解决当务之急，更防范未来之变。包括：不良资产或者业务处置中，除确保本次交易顺利结束，更关注预防发生后续纠纷和争议；企业新设、兼并过程中，除确保股权权属顺利交割，更关注预防未来在经营过程中出现治理结构方面的障碍甚至僵局；诉讼处理过程中，除确保权益保护和尽快解决争议，更关注预防涉及权利放弃等因素可能产生新的问题，甚至是合规风险。

四、解决者：以建立长效机制为目标，积极推动法律纠纷的有效处置

2016—2021 年，中航国际法律纠纷处置成效突出，解决 41 件重大法律纠纷，避免或挽回经济损失 45.81 亿元。

（一）依托信息化，实现数字化

中航国际充分利用"法律纠纷案件管理系统"，大大提高了各投资企业上报纠纷信息的准确性和及时性，在法律纠纷处置、备案、分析、汇总等方面均发挥了积极作用。

（二）总部协办、督办重大案件

针对能力较弱的投资企业，中航国际直接委派总部法律顾问深入参与纠纷处置，通过重大法律纠纷处置全系统一盘棋的思路，保证重大纠纷的高质量处置。

（三）加强律师管理，落实平行办案

内部法律顾问充分利用外部法律资源，同时和外部律师平行工作，事先、事中

做充分的研讨分析，确保对外部律师工作质量的有效监督、管理。

五、传承者：培育法治文化，建立复合型、专业化法律团队

（一）厚植法治文化，落实普法工作

中航国际分受众、有针对性地进行普法宣传工作。除传统普法主题外，也深入宣传与企业高质量发展、企业治理密切相关的法律法规。增强普法工作内容的丰富程度，改变单一的普法方式，既利用传统媒体，也结合新兴形式，利用员工喜闻乐见的方式加强普法受众的参与程度。

（二）提升专业能力，强化队伍建设

中航国际以《"领航计划"法律顾问人才体系建设方案》为抓手，从选、育、用、协、管五个维度系统性全面推进法律顾问人才队伍建设。对全系统法律顾问进行人才盘点和综合评估，搭建"领军人才""领英人才"和"菁英人才"三级法律人才资源库；启动"领航计划"差异化人才培养项目；通过聘任履职、挂职锻炼、借调任职等形式对法律顾问人才进行交流使用；协同推进法治工作协作、重点工作支持、专项课题研究制度；逐步建立法律职业的管理序列和专业序列双通道晋升机制，探索法律顾问市场化薪酬待遇，为法律顾问开辟良好的职业发展通道。

总法律顾问是企业法治工作的"领头羊"，需做好"规划者"，充分认识法治建设对于公司发展的重要战略意义，围绕中心、服务大局，谋划好法治工作；需做好"搭建者"，以构建现代企业制度为指引，奋发有为、敢于担当，发挥法治创造价值作用；需做好"支持者"，加强自身学习，全面发展、提升能力，为企业发展保驾护航；需做好"解决者"，注重法律风险防范，夯实基础、规范程序，有力化解风险隐患；需做好"传承者"，弘扬传播法治文化，营造氛围、厚植根基，培养好法治工作接班人。本人将切实履行总法律顾问职责，仗法律之剑、举合规之盾，为企业发展保驾护航。

（中国航空技术国际控股有限公司总法律顾问　焦燕）

中国船舶集团有限公司第七〇一研究所

全面依法治企　护航改革发展

新时代孕育新思想，新思想指导新实践。党的十八大以来，习近平总书记在领导全面依法治国的伟大实践中，提出一系列法治新理念、新思想、新战略。2020年11月，中央全面依法治国工作会议将习近平法治思想确立为全面依法治国的指导思想，为全面依法治国提供了根本遵循和行动指南。作为我国国民经济的重要支柱和落实全面依法治国战略的重要主体，中央军工企业七〇一所以习近平新时代中国特色社会主义思想为指引，持续推进以法治为基础的治理体系与治理能力现代化。

一、充分认识中央军工企业法治建设的重大意义

（一）是全面依法治国的重要任务

党的十九大报告指出，全面依法治国是中国特色社会主义的本质要求和重要保障，是坚持和发展中国特色社会主义的基本方略。推进全面依法治国，是"四个全面"战略布局的有机组成部分，是习近平新时代中国特色社会主义思想的重要内容。作为党执政兴国、治国理政的重要基础和信赖力量，中央军工企业七〇一所必须坚决以习近平新时代中国特色社会主义思想为指引，坚定不移贯彻落实全面依法治国基本方略，在建设中国特色社会主义法治体系、建设社会主义法治国家、实现国家各项工作法治化进程中，发挥重要的支撑和表率作用。

（二）是落实法治央企建设的必然要求

守法合规经营是企业生存发展根本之道。为贯彻落实"四个全面"战略布局和《中共中央关于全面推进依法治国若干重大问题的决定》，国务院国资委提出要全面

推进法治央企建设，在指导思想、基本原则、总体目标方面对建设"法治央企"提出了总体要求。七〇一所作为承担海军武器装备科研、设计、生产、试验、保障的重点骨干单位，有责任按照法治央企建设的统一部署和要求，带头全面推进法治央企建设。法治船舶建设是集团公司全面推进法治央企建设的必然要求和最好落脚点。

（三）**是实现高质量发展的内在需要**

近年来，国家维护海洋权益、海外安全的需求快速增长，海军走向远海、走向深蓝成为常态。七〇一所作为我国唯一一家同时承担水面、水下舰船总体研究设计任务的核心科研单位，有必要通过法治建设履行保军强军首责，实现新时代集团公司高质量发展的内在需要。七〇一所应当以习近平新时代中国特色社会主义思想为指引，全面贯彻党的十九大精神，按照全面依法治国和法治央企建设的部署要求，推动以法治为基础的治理体系与治理能力现代化，着力建成世界一流的舰船设计研究中心。

二、七〇一所推进法治建设的经验总结

近年来，七〇一所紧紧围绕新时代高质量发展的战略目标和中心任务，以"完善体系、深化融合、规范运作、保障发展"为工作方针，以"法治船舶"建设为统领，坚持依法治理、依法经营、依法管理同步深化，一体推进法治体系、法治能力、法治文化建设，为七〇一所加快建设成为世界一流的舰船研究设计中心筑牢坚实法治基础。

（一）**强化顶层谋划，确保法治建设任务有效落地**

一是强化组织领导，为法治工作定向把舵。加快推进法治体系、法治能力、法治文化一体化建设，组织是基础，领导是关键。研究制订《法治建设第一责任人职责实施办法》，明确了所级、二级单位、所属子公司各个层级由主要负责人自上而下谋划推进法治工作的第一责任人职责，为法治建设提供有力组织保障。成立法治建设（合规）委员会，主要负责人所长、所党委书记担任主任，组织推进单位法治建设重点工作，研究解决法治建设重大问题和重要事项。委员会下设办公室，由总法律顾问负责，作为日常办事机构，牵头落实委员会决策事项与工作部署。

二是制定顶层规划，为法治工作谋篇布局。为进一步强化法治工作顶层谋划，结合国务院国资委《关于进一步深化法治央企建设的意见》，紧紧围绕全面建成世界一流舰船研究设计中心的战略目标，制定发布了《第七〇一所法治建设五年发展规划》，从强化法治工作组织体系、构建法治制度体系、健全规章制度体系、完善

法律风险管控体系、推进重大法律纠纷预防与处置、深化合规管理体系、培育特色法治文化等七大方面规划了重点任务，明确了责任主体、实施措施和保障机制，扎实推动法治建设规划落地落实。

三是完善制度体系，为法治工作夯实基础。建立健全科学有效的制度体系是法治建设的前提和基础。七〇一所紧紧围绕高质量发展战略，坚持制度治党、制度治企、制度司职、制度塑人，大力开展制度"立、改、并、废"工作，建立起了纵向逐级划分、横向科学分类的新规章制度体系，确保了所级规章制度的规范性、准确性和实效性，为依法治理和合规经营奠定了坚实基础。

（二）促进法业融合，持续提升保障业务发展能力

一是法律审核全覆盖，法律风险前端防控。扎实扎牢依法合规经营底线，将经济合同、规章制度和重要决策的法律审核流程融入业务部门信息化流程，落实法律、合规审核应审尽审，确保三项法律审核率达到100%，法律部门全面参与重大业务重要环节，为生产经营工作开展提供有力支撑。同时，聚焦合同法律审核，推行使用合同示范文本，将其嵌入合同签订流程，规范合同文本，提升合同法律审核效率，节约合同修改及沟通成本。健全合同风险评估机制，定期组织开展合同风险评审会，全面梳理排查在手合同法律风险，业法部门紧密配合，对问题合同分别进行拉条挂账，开出应对处方，引导应对处置，强化法律风险事中控制，切实推动在手合同的有效履行。

二是提升信息化水平，健全风险管控体系。紧紧围绕单位核心业务的主价值链，依托全业务链、全生命周期"端到端"业务管理系统，筛选业务数据指标，建立所法律合规数据综合看板，利用大数据技术进行实时数据分析，直观反映业务的法律合规风险、问题，辅助法律管理人员进行评价判断、宏观分析，及时调整风险防控策略及措施，切实增强对单位核心价值链运行过程的把控，有力防控业务全流程风险。

三是法律服务常态化，推进法业深度融合。法律部门定期对法规规章新变化开展专题研究，吃透新要求，主动对接业务部门，围绕经营管理新形势、新要求、新情况提出法律建议，为依法合规开展业务工作提供法律支撑，切实深化法业融合，开阔业务思路。法律部门创新法律咨询的形式，开发法律咨询信息化模块、开通法律咨询热线等法律咨询方式，供承办人根据业务特点、咨询复杂程度灵活选择，及时答疑解惑，提醒需要重点关注的风险点，有效提高法律服务质量，为业务发展提供便利。

四是纠纷案件管理专业化，切实维护合规权益。制定《七〇一所法律纠纷案件管理办法》，明确法律纠纷案件处置要求，强化对法律纠纷案件应对处置的统一领导，坚持诉讼与非诉手段并重、所内律师与外部律师协调配合，积极稳妥处置法律纠纷，提升依法维权能力，有效维护所的合法权益。坚持开展法律纠纷案件的备案和年度分析、报告，总结经验教训、研判管理漏洞，推动风险防控长效机制的持续改进。建立所属公司重大法律纠纷案件情况的报告机制，明确所法律办公室对所属公司法律纠纷案件的协调、督办要求，有效管控所属公司法律纠纷案件风险。

（三）加强队伍建设，有效夯实依法治企基础

一是以上率下，以关键少数带动全员参与。全面推进法治建设要牢牢抓住领导干部这个"关键少数"，大力提升各级领导干部法治思维和依法治理能力。每年坚持在所党委中心组学习安排法律专题学习，不断深化所领导的法治思维，着力形成"决策先问法、违法不决策"的法治意识。每年坚持在单位处级干部学习班中纳入法治合规专题，组织中层领导干部带头学法、用法，重点强化领导干部在审核、审批环节的履职要求和规范，督促各级管理人员合规履职，有效发挥法治的规范、引领和保障作用。同时，推动全体员工积极参与到法治建设工作中，不断提升全员法治素养和法律意识，形成法治建设强大合力。

二是健全机制，提升法律人员专业技能。健全完善法律合规人员学习研究机制，定期开展习近平法治思想、国家法律法规的学习研讨，促使法律合规人员准确把握法治工作方向，以扎实理论基础准确开展法律实践。建立健全法律工作人员培训和工作机制，积极参加单位内外组织的法律合规培训，学习法律知识，交流法律实践经验。

三是创新形式，培育业务人员法律素养。建立健全专、兼职相结合的法治建设队伍，在所属二级单位（部门）选聘懂业务、懂管理、有理论、有实践的业务人员担任兼职法律联络员，充分发挥榜样带头作用，带动全员学习法律知识、践行法律合规要求，推进各业务领域法律建设。创新普法宣传教育形式，针对各部门业务领域特点和实际情况，进行"点对点"针对性的专题法律宣贯，强化业务人员法律素养，积极营造良好的尊法守法氛围，全所上下形成了"依法办事、遇事找法、解决问题用法"的良好氛围。

三、推进法治建设的启示和体会

（一）顶层设计是法治建设的根本

法治建设能否紧紧锚定单位发展总目标高标准实施、高效率推进，能否切实有

效融入单位经营管理实际与其他管理机制相互融合形成合力，能否真正发挥出"防风险、保安全、促发展"作用，根本还是在于单位能否从单位治理体系和治理能力现代化的高度，"自上而下"进行顶层设计，从整体上谋划和推进法治船舶建设，强化法治建设第一责任人职责履行，推动法治建设领导机构发挥实效，完善法治船舶制度体系。

（二）健全制度是法治建设的基础

有章可循、有法可依是法治建设融入企业中心工作的基础，只有制度完备、机制健全，法治建设工作才能有标准、有规范、有章法、有方向、有指导、有底气。单位必须按照治理体系现代化目标，充分发挥规章制度的引导和制约力量，有的放矢地制定规章制度工作计划，高质量完成"立改废释"工作，稳固规章制度执行和监督的刚性，落实制度体系对规范履职、管理提升的引领性作用，以制度规范运行规则和工作流程，实现决策、经营管理、执行和操作等各领域全流程的规范化、制度化。

（三）全员参与是法治建设的关键

法治建设能否产生成效，关键在于所有的法治建设工作能否满足单位需求、能否贴近单位不同层级管理人员需求，有效地激发全员参与的积极性和主动性，充分发挥出领导干部在法治船舶建设中的表率示范作用、充分发挥出法律人员的专业特长、有效引导全员学法、知法、懂法、守法、用法，凝聚法治建设的强大合力。

（中国船舶集团有限公司第七〇一研究所总法律顾问　李海涛）

中国船舶集团有限公司第七一三研究所

法治船舶护航改革发展　　法业融合助力创建一流

进入新时代，以习近平同志为核心的党中央，从坚持和发展中国特色社会主义的全局和战略高度，定位法治、布局法治、厉行法治，将全面依法治国纳入"四个全面"战略布局。国务院国资委印发《关于进一步深化法治央企建设的意见》，提出"实现一个目标，健全五个体系，提升五种能力"的总体思路，对"十四五"时期持续深化中央企业法治建设作出全面部署，这是国资委落实全面依法治国战略的又一重要举措。中国船舶集团有限公司（以下简称集团公司）制定印发《中国船舶集团有限公司法治建设"十四五"规划》，作为未来五年推动法治船舶建设接续奋斗的纲领性文件，总结"十三五"法治建设情况、分析面临的形势、明确"十四五"期间的总体要求和重点任务，对我们深入贯彻落实依法治国战略、指导实际工作具有十分重要的作用。

迈入"十四五"发展新时期，在集团公司高质量发展战略纲要指引下，中国船舶集团有限公司郑州机电工程研究所（以下简称七一三所）确立全面建设一流高科技企业集团的目标，要建设一流企业就需要一流的管理，治理完善、经营合规、管理规范的法治建设是实现一流管理的重要支撑和坚强保障。作为军工央企，我所认真贯彻国资委法治央企和集团公司法治船舶建设部署各项要求，坚持强军首责，聚焦军工、军民融合主责主业，高度重视法治建设，研究落实举措，扎实推进法治建设各项工作部署要求落地见效，为七一三所改革发展提供坚强法治保障。

一、法治建设工作实践成效

七一三所法治建设成效，简单来说，可以用"3223"进行概括，就是着力构建

243

"三个体系"、加强"两个联动"、用好"两种方式"、突出"三个结合",把法治建设贯穿于科研生产管理等各环节领域,通过法治工作与经营管理的深度融合,充分发挥法治工作推动发展、稳定经营的重要作用。

(一)构建"三个体系",探索以"组织、责任、制度"为基础的体系化法治管理模式

1. 构建法治管理组织体系。从法治管理组织体系入手,聚焦主责主业、军民融合产业发展实际情况,持续强化法治建设组织保障。围绕"管业务管风险,风险管控分级"工作原则,结合"一所两制"体制模式和运行机制,探索打造所本部、平台公司、各子公司为主体的三级法律合规风险集团化管控模式。

七一三所为法治工作一级管理层级,设立法律合规风险管控中心,转变职能定位,负责全所法治工作,研究部署全所法治建设重点难点问题,并对平台公司及其子公司重大法律合规风险防范实施管控。中国船舶郑州海为高科技有限公司(以下简称海为高科),作为七一三所科技产业平台公司,为法治工作二级管理层级,直接负责管理公司内部法治建设,并对各子公司法治建设情况监督指导管理。各子公司为法治工作三级管理层级,明确法律合规主管领导和牵头部门,指导、组织经营业务部门开展法律合规风险的防范和处置。

通过加强全所三级法治组织架构建设、理顺管理层级,不断提升法律风险、合规管理、内部控制等一体化管理水平,为法治建设提供有力组织保障。

2. 构建法治管理责任体系。深入贯彻落实集团公司履行推进法治建设第一责任人相关要求,明确各责任主体法治工作任务及考核要求,层层压实责任。我作为七一三所法定代表人,履行法治建设第一责任人职责,部署重要工作、过问重大问题、协调重点环节、监督重要任务。总法律顾问,对全所法治工作负具体领导责任。班子成员根据分工切实抓好分管业务范围内的风险防控,共同推动法治建设各项工作。海为高科及各子公司主要负责人作为法治建设责任主体,切实履行本单位法治建设责任。

持续完善法律、合规、内控等管理责任体系,共同推动法治建设各项工作。同时,将法治建设纳入发展规划和年度工作计划,与改革发展任务同部署、同推进、同督促、同考核、同检查。

3. 构建法治管理制度体系。法治建设,制度先行。一是以严格遵循党章党规为前提,始终坚持党的领导,并与公司治理统一起来,坚持将党组织研究讨论作为全所重大事项决策前置程序,牢固树立"决策先问法,违法不决策"的理念,依法合规开展经营管理工作,不断健全廉洁监督、个人专项报告等全面从严治党相关制度。二是以《管理手册》为载体，结合所本部与海为高科管理模式特点，健全七一三所和海为高科《管理手册》制度体系，推动市场、创新、质量体系有效运行，做好制度动态管理。三是持续深化规章制度法律合规审核工作。以《规章制度管理办法》为基础，形成制度起草部门、法律合规部门与制度建设归口部门三位一体、协同高效的审核机制，利用会签评审和会议评审多种形式，层层把关，围绕制度层级、制度衔接、制度规范性、制度合法合规性等维度，把规章制度审核工作做深做细，构建运行规范、内容完整、层次分明的多层级制度体系，确保"事事有规则，人人守规矩"。四是加强法律合规管理制度体系建设，修订完善《法律工作管理办法》，组织制定《合规管理办法》《合同管理办法》《法律纠纷案件管理办法》《规章制度管理办法》，将法治工作要求与业务工作融合，在流程上实现刚性约束，形成了以法律工作管理办法和合规管理办法为统领的"2+N"制度体系，法治工作的制度基础得以进一步夯实。

（二）加强"两个联动"，扎实推进法律合规风险防范工作

切实加强内外联动协作，形成法律合规风险防范合力。一是加强内部联动，由法律合规部门牵头，强化审计、信访、财务、纪检、保障、人力部门的内部沟通交流，把法律风险防范、合规管理等要求融入管理流程，实现依法管理，对法律风险全程跟踪，制定落实防范措施。二是加强外部联动，强化与政协、人大、公安机关、劳动部门、公证处以及律所等单位的沟通协作，梳理各种形式的法律风险点，建立预警指标，明确预警责任，完善应急预案。

（三）用好"两种方式"，建立诉讼、非诉讼互补纠纷解决机制

一是灵活运用非诉讼方式解决纠纷。聚焦两金压降，为应收账款、到期保函清收提供法律保障，通过催款函、律师函、协商谈判等非诉讼法律手段，利用内外部法律力量最大限度维护单位合法权益，防范和化解法律纠纷案件风险。二是完善法律纠纷诉讼应对机制。组织法律、经营、财务、审计相关人员和外聘律师团队，合力推动诉讼应对工作，确保主体责任能落实、专业指导能奏效，跟踪督办能反馈，妥善处置遗留风险引发的法律纠纷案件。近年来，通过诉讼、非诉讼手段实现避免和挽回损失 1.63 亿元，为国有资产的保值增值和提质增效作出积极有效贡献。

（四）突出"三个结合"，提升法律工作效能

1. 突出广泛宣传与精准培训结合，强化普法宣传实效。强化法治思维，提升员工法治素养。一是创新普法形式，确保普法宣传全覆盖。开设网络学习平台，通过手机 APP（713e 企学、713 智慧党建）等新媒体普法、门户网站、"法在身边"普法专栏等多种形式，在全国各工作区同步开展宣传活动，积极引导员工树立依法

经营、依法管理、诚实守信的法治思维模式。二是加大精准培训力度，实现培训内容和对象的精准化配置。根据领导人员、管理人员、关键岗位人员在科研生产管理过程中对法律合规工作的不同需求，有针对性地开展学习培训，举办合同法律风险防范、经营合规实务、合规管理等专题讲座；开展"以案释法"活动，借助案例宣传解析，揭示风险原因，直击管理痛点难点，不断规范业务管理制度和流程。

2. 突出法律工作团队内外结合，加强法律队伍建设。加大法律团队内外合作力度，提升工作效能。一是组建法律合规员队伍，在各部门设置专兼职法律合规员，承办本单位的法律审查、合同管理、纠纷处置、法治宣传工作，加强法律和业务相融合。二是发挥法律工作外部律师团队专业优势，以及内部法务人员懂法律、懂管理特点，畅通外部律师与内部业务人员沟通桥梁。三是竞优选定外聘律师团队，形成竞争良性机制，确保以最低成本实现企业利益最大化。四是加强外部律师资源精细化管理，加大力度压减存量案件，以遗留风险引发的法律纠纷案件处置为抓手，有效防控法律风险，避免经济损失。

3. 突出法律合规工作奖惩结合，完善法治管理机制。加强法律工作奖惩力度，发挥其对法治建设工作助推作用。一是采取物质、精神奖励多种方式并重的"正向激励"措施，充分发挥"奖"的引导、激励作用。结合"责权利能廉"考核体系，对法治建设中表现优异的人员，给予表彰奖励；明确将"法治意识和能力"作为领导干部选拔任命的条件之一。二是与纪检、审计等部门协同联动，发挥"惩"的纠正、惩戒作用。对于违法违规经营决策引发法律纠纷造成重大损失的，按照《违规经营投资责任追究管理办法》等严格问责；对于触犯法律法规的人员，按程序移交相关部门处置。

二、对研究院所法治建设工作的心得体会

（一）充分关注法治与经营的关系

研究院所的主要任务是科研创新和经营发展，我认为，一切管理工作都围绕"改革发展"，法治工作也不例外。服务保障好"改革发展"这一中心任务，是法治建设工作的根本定位。

法治工作承担的作用，一方面是为院所的决策以及经营活动提供法律支撑，守住决策风险底线，确保依法合规经营；另一方面是全面识别、披露可能引发的法律合规风险，提出合理、可操作的风险防控举措，把握好"经营业务拓展"与"风险管控"的度，避免片面追求经营效益放大风险，或过度控制风险阻碍经营业

务拓展。

（二）充分关注法治工作体系化

构建法治工作体系化，建立健全法律风险分级管控，一体推进法律、合规、风险、内控管理工作，是法治工作的重要根基。

在研究院所"一所一平台"管理模式下，法治工作范围也应从院所总部延伸到子公司。以组织、责任、制度体系建设为基础，由院所法律合规部门牵头，对研发、生产、投融资、计财等业务提供法律支持服务，并管理监督指导平台公司法治工作；平台公司按照公司制管理模式，直接负责本公司内部法治建设，同时强化子公司法治工作，培养子公司法律工作队伍，增强子公司法治力量；子公司在法律风险有效防范的前提下，实现依法经营与规范管理齐抓共管。通过合理设置风险管控层级，形成上下联动、风险可控的法治工作体系。

（三）充分关注全员法律合规意识

提升全员法律合规意识，尤其是各级领导干部和一线人员的法治工作意识，是法治工作的基本前提。

领导干部作为开展各项工作的决策主体，其法治意识提升对法治建设工作至关重要，正如习近平总书记强调的："领导干部要把对法治的尊崇、对法律的敬畏转化成思维方式和行为方式，做到在法治之下，而不是法治之外，更不是法治之上想问题、作决策、办事情。"一线人员作为经营管理业务的具体实施者，更需掌握业务领域法律风险防范基本能力，自觉做到"法无授权不可为、法定职责必须为"。

（四）充分关注法律工作人员作风能力建设

工作开展效果如何，起决定性作用的是人。法律工作人员能力和作风，是影响法治建设整体水平的直接因素。

抓好法律工作人员法律风险专业防控能力，发挥法治工作价值创造作用，是法治建设工作成败的关键。坚持结果导向，把遗留风险引发的法律纠纷案件"去存量、控增量"作为重点专项工作，通过法律手段维护单位权益，避免或挽回经济损失，着力将法律工作职能由服务经营向创效转变，凸显法律工作价值创造功能。

（五）加强法律合规文化建设，营造良好法治氛围

实施"法治＋业务"模式，结合单位发展实际，开展具有七一三所特色的法治文化建设活动，广泛宣传具有示范引领作用的法治单位、法治事件，深入开展法律知识竞赛、法治培训、图书阅读、交流沙龙等法治文化活动，不断扩大法治文化的引导力和影响面，努力营造浓厚法治氛围。

新起点、新征程、新使命，七一三所将坚定不移贯彻好中央全面依法治国战略，深入落实法治央企建设有关要求，在贯彻落实集团公司法治船舶建设中持续深入思考、强化沟通学习、大胆探索实践，不断提升法治能力和水平，推动法治工作在集团公司建设世界一流船舶集团的征程中发挥更大作用。

（中国船舶集团有限公司第七一三研究所所长　庞国华）

中国船舶集团有限公司第七一一研究所

在企业改革发展大局中定位和推进法治工作
——学习贯彻习近平法治思想、落实全面依法治国战略部署和深化法治央企建设的认识和体会

七一一研究所是隶属中国船舶集团有限公司的舰船动力研发机构，现已发展为拥有三大产业板块、七大战略业务，旗下两家平台公司和十余家产业公司的企业集团。在七一一研究所党委的坚强领导下，全所深入贯彻党中央决策部署，认真学习习近平法治思想，全面落实国务院国资委、集团公司关于推进法治建设的有关要求，以"法业融合"为工作总基调，坚持将法治建设与改革发展统筹谋划、同步推进，坚持将法律合规要求嵌入业务流程，不断提升法治工作的针对性和效益性。面对全所业务点多面广，产业发展不均衡，市场竞争差异明显的情况，建成一套"横向到边，纵向到底"的法治工作体系。

2021年10月17日，国务院国资委发布《关于进一步深化法治央企建设的意见》，这是在外部环境更加复杂，改革发展任务更加艰巨，对法治工作需求更加迫切的新形势下，用习近平法治思想将企业法治建设不断引向深入的再动员、再部署。下面我结合七一一研究所的法治建设实践，谈几点认识和体会。

一、夯实责任，在健全法治工作体系中形成合力

总书记强调"奉法者强则国强，奉法者弱则国弱，一个现代化国家必然是法治国家。""高级干部做尊法学法守法用法的模范，是实现全面推进依法治国目标和任务的关键所在。"我们在实践中深刻体会，充满竞争力的企业必然是法治企业。深化法治建设，主要通过各级领导干部的具体行动和工作来体现、来实现。各级领导

干部的法治意识、法治能力是全面推进法治建设目标和任务的关键。

七一一研究所的法治工作自起步之初，一直由单位主要领导亲抓亲管。法治工作从仅有一人和单纯的审合同、打官司发展到如今"总部一级独立部门＋业务单位外派法务经理"和融入企业经营管理全过程，离不开七一一所党委和主要领导的重视和支持，离不开业务干部的认同和尊重。一方面近20年来两任所长紧紧围绕企业战略目标，顶层谋划、高位推动法治建设，始终用法治引领和护航各时期改革发展任务，并坚定给予法律战线人员充分授权，让专业的人做专业的事，认真倾听专业意见和建议，严格依法依规决策和经营管理。2011年，七一一研究所借鉴国际大企业管理经验，将知识产权工作纳入法律部门归口管理，由此开启了法律部门10余年来实施"以赋能市场竞争为目标"的管理模式。另一方面法律部门不负期望和信任，不断修炼内功，提升能力，不仅屡次在与国内外巨头的知识产权诉争实战中取得胜利，有力维护企业利益（譬如有效应对某国际知名跨国公司专利挑战，成功逼迫其退出中国煤气化装备市场），而且还逐步建成了覆盖专利、商标、商业秘密、著作权等全领域，串联研发、生产、经营风险防控全链条的知识产权管理体系。与此同时，各级业务干部与法律人员在一同干事成事中，不断提升法治意识，逐渐养成法治思维，直至发自内心地尊重和认可法治工作。自2014年起，七一一研究所新增专职法律人员，都是由于业务单位主动提出需求。所以说，党委顶层谋划、主要领导亲自负责、总法律顾问全面领导、法务管理机构主责推动、各部门协同配合的法治建设体系，才能有效动员各方力量，汇聚依法治企工作合力。

二、找准定位，在主动融入改革发展中担当作为

总书记指出"要把全面依法治国放在党和国家工作大局中去思考"。牢牢把握这个中心思想对我们找准定位，真正发挥企业法治工作的作用具有重大的现实指导意义。企业是追求经济效益的组织，法治工作应围绕这个中心，主动思考在依法合规前提下能为企业实现和提高经济效益做什么。如果不懂单位业务模式、不关心业务拓展疾苦、不熟知业务诉求，就难以找到正确的工作方法，难以发挥法治应有作用。所以法治工作要在主动融入中积极作为，让决策层、管理层、业务层感觉法治是一起热血奋战的战友，不是冷冰冰只会说"不"的判官，这也是法治工作赢得各级领导干部重视支持、认可尊重的前提。

近些年来，七一一研究所在践行"一带一路"倡议上采取了前所未有的战略举措，法治工作的主动融入和有效作为，发挥了重要作用。在七一一研究所总包承建

巴基斯坦卡西姆港口项目中，法律部门前期尽调发现，项目业主自有资金不足，且大部分分包已被业主指定，若参与项目，风险不可控。但该项目是中巴经济走廊旗舰项目的核心配套，承接实施该项目是实现七一一研究所核心技术和国产码头输送装备在中巴经济走廊的首次应用，战略意义重大。值此"进退维谷"之时，法律部门创设性设计了一套完全不同于传统工程总承包的三方协议模式，既促成项目顺利签约落地，又在项目执行中严格跟踪控制履约进度，保障项目不垫资，更是在后续因业主融资失败引发的重大涉外仲裁案件中，发挥专业优势和丰富经验，不屈不挠奋力争辩，最终成功说服仲裁庭抛开"EPC总包担全责"固有观念，赢得仲裁完胜。真正当好了业务拓展"好参谋"，风险防控"守门员"，除险排患"清道夫"。

三、与时俱进，在积极拓展工作领域中创新突破

总书记用典"法与时移，法与时转则治，治与世宜则有功"。此话也深刻揭示：企业法治工作的发展方向根本上由企业面临的外部环境和内生发展需求决定。随着国企改革三年行动和"十四五"战略的持续推进，企业市场化、国际化水平不断提高，对法治工作审核把关、规则运用、引领规范的需求会越来越强烈，对法治工作的要求必然提高。我们应当注意顺应企业改革发展的新趋势，与时俱进积极拓展法治工作新领域，提前研究可能出现的法律合规问题，及时制定应对方案和防范措施，这是法治工作必须把握的主题。

在当前剧烈变动的国际环境中，高度关注涉外法律合规风险，提前研究、掌握最新国际规则，密切关注高风险国家和地区法律法规与政策变化，做好预警提醒和防控预案，就是为企业创造价值。在这方面我们也做了一些探索。针对涉外项目出台《国际工程项目法律风险指南》《境外投资相关法律问题备忘录》《重点国别法律风险防范指引》，为准确把握海外风险态势，依法合规开展项目提供决策参考和行动指南。我们加强重大风险形势研判，全面介入"实体清单""商务部反制措施"等系列风险防范研究和应对策略制定，通过处理相关风险排查、合作谈判、政府审批、开展专题培训等，着力推动风险防范和应对机制在外部环境剧烈变化下有效运行。

我们构建国有企业"大合规"管理体系，合规不再特指某一领域，而是关乎企业经营管理全方面、全流程。国务院国资委明确要求探索构建法律、合规、内控、风险管理协同运作机制。在此过程中法治工作如何发挥牵头作用，如何串联企业各管理要素、带动所有员工实现"责任共担""全员共建"，都需要结合企业自身特点

研究论证和创新实践。七一一所在集团公司指导下，经过两年试点建设，搭建出了一套既满足国家标准，又富有特色的"制度约束、文化引领"双轮驱动合规管理体系，提出了"内控负责内部过程管理，合规负责对外义务遵从"为代表的合规协同联动机制，蹚出了一条在军工科研院所实施和运行大合规管理体系的有效路径。我们还总结将知识产权管理纳入法治工作的心得和经验，领命编制《中国船舶集团有限公司知识产权合规管理规范》，将各类知识产权客体的管理要求、工作要求、审批要求、禁止性要求识别、梳理和分类，建立知识产权合规管理模式，实现将合规要求与工作流程相结合，将知识产权价值和目标与研发、生产、经营、决策相结合，为集团创制的"通用体系+专项规范"合规管理模式添砖加瓦。

以上是我参与七一一研究所法治建设工作的一点体会，也是学习和践行习近平法治思想的领悟。感念党的十八大以来，在总书记的亲自谋划、亲自部署、亲自推动下，法治被提升至前所未有的高度，法治成为全社会的共同信仰，"生逢盛世当不负盛世，生逢其时应奋斗其时"——与法治战线同人共勉！

（中国船舶集团有限公司第七一一研究所总法律顾问、法律事务部主任　张翎）

中国石油化工股份有限公司镇海炼化分公司

坚定不移打造法治央企
以高质量法治建设护航高质量发展

  中国石油化工股份有限公司镇海炼化分公司（以下简称镇海炼化）是中国石化旗下最大的炼化一体化企业，习近平总书记曾对镇海炼化进行三次视察、两次批示，并在 2006 年的镇海炼化 100 万吨 / 年乙烯工程开工奠基仪式上提出"世界级、高科技、一体化"的殷切期望。16 年来，公司始终牢记习近平总书记嘱托，坚定不移沿着"世界级、高科技、一体化"的路子走下去，推动镇海炼化实现了整体跃升。"十三五"以来，镇海炼化盈利能力持续增强，经济效益连年突破百亿元，成为引领我国石化工业发展的旗帜和标杆。镇海炼化是我国首批"国家环境友好企业"之一，近年来还先后获得"中华环境友好企"中国节能减排领军企业""低碳经济发展突出贡献企业""全国普法工作先进单位"等荣誉。2021 年 7 月，镇海炼化入选国务院国资委国有重点企业管理标杆创建行动标杆企业。

  作为在习近平总书记亲切关怀下成长壮大的央企，镇海炼化坚持以习近平新时代中国特色社会主义思想特别是习近平法治思想为指引，全面落实习近平总书记视察胜利油田时的重要指示精神，深入贯彻落实中国石化实施世界领先发展方略、打造"一基两翼三新"产业格局与全面依法依规从严治企各项部署，坚持将"依法合规"作为企业可持续发展的基石，持续提升企业治理体系和治理能力，推动生产经营各项工作始终在法治轨道上运行，为建设世界级、高科技、一体化石化基地提供坚强的法治保障。

一、聚焦业务驱动，构建大法治工作格局

1. 建立业务驱动的"大法治"工作体制。公司以企业主要负责人履行法治建设第一责任人职责落地为抓手，层层落实法治建设第一责任、分管责任、主要责任、主体责任等，把法治建设真正作为"一把手"工程抓实抓好。完善总法律顾问制度，通过总法律顾问列席会议、述职、培训等工作，切实担负起推进企业法治工作水平提升的主要责任。按照"谁的业务谁负责"的原则，成立主要负责人任组长的依法依规治企领导小组暨公司合规管理委员会，按照"管宏观、谋全局、抓大事"的要求，系统性谋划企业法治工作的全局工作，推动法治工作与中心工作深度融合。

2. 建立业务驱动的"大法治"工作机制。每年初由各专业根据业务需要提报普法计划，汇总确定公司级普法任务。安全、环保、质量、消防、科技等各专业结合业务需求自觉把法规制度学习作为必修课。通过贯彻落实量化考评要求，开展年度自查，强化闭环监管，全面推进法治宣传教育工作上的标准化规范化。

3. 建立业务驱动的"大法治"工作队伍。公司按照"专职+专业"的思路，建设一支精业务、懂法律、善管理的法治队伍。"专职"，就是通过"内部培养、引入外脑"，发挥法律工作专职人员的关键作用，具体负责法治工作组织和实施。"专业"，就是通过"组建网络、全面覆盖"，发挥专业兼职法律人员的"纽带"作用，将"法治"的声音传递到具体业务端。

二、聚焦中心工作，扣牢法治工作主线

1. 紧紧围绕全面从严治党，认真学习贯彻习近平新时代中国特色社会主义思想和全面依法治国方略。公司结合"两学一做学习教育常态化制度化""不忘初心、牢记使命"等主题教育，切实加大党章和党内法规宣传力度，认真落实全面从严治党要求，把学习贯彻习近平新时代中国特色社会主义思想和党的十九大精神不断引向深入。坚持"两个一以贯之"，在完善公司治理中加强党的领导，在公司章程中明确党组织在法人治理结构中的法定地位，建立完善党委、股东会、董事会、监事会、经理层的法人治理架构，把党的领导融入依法治企、合规经营、从严管理的全过程。

2. 紧紧围绕改革发展重点工作，发挥规范和保障作用。公司在杭州石化关停

并转专项治理、公司制改制、三项制度改革、"四供一业"分离移交、"双百行动"综合改革等重大改制改革工作中，始终坚持风险评估在前、法律人员全程参与，在改革方案制定中同步考虑方案合法性，在职工安置、清算注销、资产移交等各环节严守法律底线，确保重大改革于法有据。

3. 紧紧围绕风险防控，增强化解防范水平。时刻铭记习近平总书记"发展决不能以牺牲安全为代价"的重要批示精神，牢固树立"防控风险，就是讲政治、担责任、促发展，就是守护共同创造的成果"的理念，持续增强风险意识，强化底线思维。把除险保安作为公司头等大事，以落实 HSE 管理体系为抓手，坚决守牢安全环保、疫情防控、廉政建设、队伍稳定"四大底线"，持续深化"管理网格化 + 技术专业化 + 现场规格化 + 行为规范化"管理模式，坚决保障安全稳定大局。聚焦经营改革风险防控，落实"健全依法决策机制""重大决策合法性审查机制"等要求，同时通过信息化手段，将需要法律审核的"三重一大"事项嵌入信息化流程，确保了重大决策法律审核 100%。

三、聚焦合规管理，推进合规体系建设

1. 推动治理架构合规，保障镇海基地发展行稳致远。随着公司新项目投产，公司新老区（有限公司和分公司）、合资公司以及承包商之间构成了更为紧密的命运共同体，随之而来的关联交易、安全环保等方面管理难度大大增加。公司按照"管理上一体化统筹"与"法律上独立法人运作"原则，统筹谋划镇海基地治理架构。针对镇海炼化分公司和镇海炼化有限公司一体化管理要求，全面梳理管理关系和业务关系，按照"依法合规、效益最大、效率最高"的原则，创新构建镇海基地治理架构。针对合资公司，通过股东会、董事会、委派人员等将相关管理要求传递至合资公司并转化为合资公司管理制度，推进一体化管理。针对承包商，强化"契约"意识，将安全环保、现场规格化等方面写入合同条款，通过强化合同履行规范承包商的管理。

2. 推动制度流程合规，保障业务坚守底线多打粮食。按照"以合规为底线、以风险为导向、以内控为核心"的思路，以制度流程为根本落脚点，将合规管理要求融入日常生产经营各业务线条。坚持"一体化管理"，协同推进合规、风险、内控、制度、法律一体融合，促进公司一体化管理体系更加完善。坚持"两个融入"，把合规管理要求融入现有制度流程、把合规管理工作融入具体业务，通过将累计1500 多项法律法规和规范标准，全面识别、转化、融入进公司规章制度，让"国

法"变成"家规",员工在日常生产经营业务过程中遵守各项制度,依法合规就有了保证。

3. 推动重大项目合规,保障建设项目实现高质量发展。面对新一轮发展高潮,企业法务工作关口前移、源头防控,"一案一策"制定谈判策略和方案,全过程为项目发展提供精准的法治服务,确保项目建设依法合规、公司利益有效维护。2016年以来,围绕"一改一扩六配套"为主要内容的镇海基地建设,开展 PO/SM、空分、新材料研究院、成品油基地等重大项目法律论证 10 多项。围绕镇海基地发展建设,全面梳理识别项目建设、合资合作谈判、开工运营过程中法律风险,坚持风险评估在前,坚持法律人员全程参与,确保公司改革发展始终在法治轨道上运行。

奋斗新征程,法治筑根基,镇海炼化将始终以习近平法治思想为指导,从把握新发展阶段、贯彻新发展理念、构建新发展格局的实际出发,围绕中心工作,坚持底线思维,深化法治合规建设,在全力推进镇海基地在"股权多元化、管理一体化、发展最优化、效益最大化"的新形势下实现新跨越,为建设"世界级、高科技、一体化"绿色石化基地保驾护航。

(中国石油化工股份有限公司镇海炼化分公司代表、党委书记　莫鼎革)

国网北京市电力公司

思维引领　文化先行　业法融合　为践行习近平法治思想落实全面依法治国战略贡献首都电力力量

2020 年 11 月，党的历史上首次召开中央全面依法治国工作会议，会议明确习近平法治思想作为全面依法治国的指导思想。近期，国资委印发《关于进一步深化法治央企建设的意见》，提出着力健全 5 个体系，持续提升 5 个能力，明确了"创建世界一流示范企业要率先在法治工作上达到世界一流水平"的目标要求。国家电网有限公司作为国资委确定的创建世界一流示范企业，全力推进法治工作达到世界一流水平，深入贯彻习近平法治思想和依法治国方略，将实施法治国网建设作为推动战略落地的重要内容，围绕"一业为主、四翼齐飞、全要素发力"的总体布局，进一步明确"建设具有完备法治体系和卓越法治能力的法治国网，始终保持法治央企排头兵"的目标规划，对国网公司系统法治工作提出了更高标准和更严要求。

国网北京市电力公司地处首都、服务首都，与首都发展同频共振，法治工作顺势而为、因势而动，尊法前行、循法达变，紧紧围绕全面落实法治国网建设的各项部署安排，充分发挥法治引导、推动、规范和保障作用，以高标准法治建设赋能公司高质量发展。

一、依法治企，思维引领，持续深化法治思维引导力

法治思维是法治央企建设的原动力。公司大力弘扬"基业长青、法治先行"的法治理念，广泛传播"制度立本、契约立信、合规立身"的法治精神，努力培育"办事依法、遇事找法、解决问题用法、化解矛盾靠法"的法治思维，让法治成为公司重要软实力和核心竞争力。

深入学习习近平法治思想。公司党委中心组集体专题学习习近平法治思想，对公司系统深入开展学习宣贯提出明确要求。印发《关于组织习近平法治思想专题学习的通知》，对学习习近平法治思想进行全面部署。丰富习近平法治思想学习载体，组织参加国网公司面向公司全员开设的习近平法治思想学习网络公开班。各单位积极做好习近平法治思想专题学习组织工作，累计开展各级党委中心组理论学习、各级领导干部和员工学习培训 82 次，把习近平法治思想落实到法治工作全过程、各环节，切实以习近平法治思想武装头脑、指导实践。

领导干部顶层带动示范。坚持党对法治工作的全面领导，公司党委以上率下，强化法治领导总体布局。2021 年，公司党委多次研究法治专题，公司主要负责人对法治建设、合规管理、法治宣教等工作作出批示。各基层单位党委累计开展法治学习 133 次，研究法治专题 84 项。宣贯落实国网公司《领导干部应知应会法律法规清单》，助力领导干部做尊法学法守法用法的模范。深化法治企业建设第一责任人职责，结合建党 100 周年及党史学习教育等活动，组织开展"书记讲法"。

二、依法治企，文化先行，逐步提升法治文化感召力

法治文化是法治央企建设的文化基础。公司以习近平依法治国系列论述为指导思想，结合首都特色和公司实际，推动国网"四位一体"（法治理念、法治精神、法治思维、法治实践）法治文化体系率先在公司全面落地，推出一批法治文化精品，培育具有首都特色的法治文化品牌和法治宣传教育基地，推动法治文化建设制度健全化、产品多元化、阵地规模化、传播智能化。

法治宣教活动特色鲜明。编制"十四五"法治企业建设规划和"八五"法治宣传教育规划，深入推进法治文化建设。组织开展"4·15"全民国家安全教育日、知识产权宣传周、"美好生活·民法典相伴"主题宣传月等普法专题活动。利用"12·4"国家宪法日和"宪法宣传周"组织开展公司法治成果发布会，各单位均开展特色主题活动。2021 年发布普法微信公众号 59 期 63 篇，开展"法官讲法""法治讲堂""走进法庭"等特色普法活动累计 168 次。积极开展法治文化示范阵地创建活动，打造首都电力特色法治文化品牌，营造浓厚的法治氛围。

法治学习宣传屡获佳绩。组织全员积极参与司法部、全国普法办组织的"美好生活·民法典相伴"主题教育、"4·15"全民国家安全教育日、党内法规等答题活动和法治动漫微视频作品征集活动。丰台、石景山、昌平、信通公司在北京市委普法办举办的"美好生活·法治同行"法治动漫微视频作品征集活动中分获二、三等

奖，公司荣获优秀组织奖，是获奖单位中唯一中央企业。公司普法工作典型经验被新华网、法治网、《首都建设报》、《国家电网报》等多家新闻媒体报道。

三、依法治企，业法融合，稳步提高法治工作执行力

业法融合是法治央企建设的坚实保障。公司持续推动法治与专业工作深度融合，与改革发展重点任务同步部署、同步论证、同步实施，推动将合规管理嵌入业务工作全流程各环节，强化重大决策合法合规性论证、重大案件处置、重大合同审核等环节，充分发挥法治工作的服务保障、规范管理和价值创造功能。

深入推进"合规管理深化年"行动。落实国网公司"合规管理深化年"工作部署，组织开展"合规管理深化提升"专项行动，强化合规管理体系建设、工作机制建设、重点领域合规管理，发挥"三道防线"作用，促进合规管理与专业管理深度融合，71项具体举措得到有效落实，16项重点任务按期完成。强化重点领域合规管理，开展代理购电、反垄断和数据合规等新型业务合规研究，编制电网建设、安全生产等领域合规指引150项。编印《合规信息月报》8期，解读法规政策，分析合规风险，提出防范建议。出版《漫画说合规》书籍，制作合规MV及动画课件，违规"三必"理念（违规事件必发现、违规不报必通报、违规行为必整改）逐步树立，公司上下合规意识更加深化。

决策审核源头控制风险。落实国网公司《重大决策合法合规性审核指引》，全面推行两级重大决策合法合规性审核，畅通决策论证流程，突出业务部门牵头启动和靠前审查的主体责任，强化决策会议组织部门形式审查和把关，法律专责列席决策会议机制初步建立。组织开展优秀法律意见书评比交流，加强对基层审核论证工作的指导，提升审核人员履职能力，提高审核论证质量。公司两级针对89项重大事项决策进行合法性论证，重大决策合法合规性审核率100%，实现法律风险源头控制。

合同管理质效不断提升。巩固超期履行合同治理成效，开展合同专项整治，完成超期合同治理问题整改，有效解决合同管理"顽疾"。作为国网公司确定的试点单位，积极推动新一代数字化法治企业建设平台落地实施，提升法律"数智化"保障能力。强化合同基础管理，组建合同管理专家库，制作合同管理培训课件12课时，编写题库1000道。加强合同线上线下双管控，全年审核签订合同3万余份，确保合同审核率100%。

"以案促管"价值彰显。组织开展"抓管理、防风险、降案件"专项行动，提

出并落实多项工作举措。压实案件主体责任，严格落实督办机制，提升案件处置质效。充分发挥法律服务保障平台在线证据留存功能，依法留存电子数据公证保管函 500 余份，为案件胜诉奠定证据基础。妥善处理诉讼案件，避免和挽回较大经济损失。强化案件责任落实，持续深化案件风险提示，梳理分析有责案件，提示暴露的风险隐患，制定落实整改措施，坚持建立长效机制，推动以案促管。坚持凡案必析，出具法律风险提示书 26 件，充分发挥了诉讼案件在法律风险防范中的重要作用。开展触电案件整治行动，按照"协调配合、共管共治"的要求，建立隐患排查专业联动配合机制，形成专项整治合力。

国网北京市电力公司作为服务首都经济发展的能源型支柱企业，长期以来坚持专业协同发展、法治保障同行，始终在具有完备法治体系和卓越法治能力的法治国网建设新征程的道路上不断前行。着眼将来，国网北京市电力公司将持续深化法治企业建设，推进法治服务保障能力和成效全方位提升，为建设具有中国特色国际领先的能源互联网企业提供更加有力的法治保障。

（国网北京市电力公司法律合规部主任　赵海峰）

国网内蒙古东部电力有限公司

厚植法治思维　践行法治之路

　　新时代背景下，国有企业走全面依法治企之路，实现企业治理体系和治理能力现代化，要实现依法决策，而依法决策的核心在于牢固树立领导干部的法治思维。

　　作为国网蒙东电力公司经法部主任，我是公司法治企业建设工作的亲历者和见证者，能够深切感受到各级领导干部法律意识逐年增强，依法治企理念逐步深入人心并日渐成为企业改革发展的有力支撑。但我同样意识到，站在国家电网有限公司实现建设世界一流法治央企目标的高度上，公司法治企业建设之路仍然是"路漫漫其修远兮，吾将上下而求索"，首先是要建立健全领导干部的法治思维。那么，究竟什么是法治思维？国有企业领导干部应当树立什么样的法治思维？对于这两个问题，我想结合自己的工作经历与学习体会，谈一谈自己的思考。

　　什么是法治思维？"法治思维"以法治理念为基础，强调运用法律规范、原则、精神对相关问题进行分析、判断、推理以形成结论的思维模式。国有企业领导干部的法治思维，就是要求其在法治意识的支配下，运用法律的知识和方法去认识、分析和处理问题，指导企业生产经营全过程。

　　国有企业领导干部应当树立什么样的法治思维？对此，我认为主要需要强化以下几种思维：一是规则性思维，没有规矩不成方圆，法本身就是一种规则，规则就是法律规定，哪些能干，哪些不能干。规则性思维要求，做事要讲规则，事先要有规则，事先没规则就会有纠纷。二是权义性思维，即权利义务思维，社会治理中的一切问题都可以归结为法律问题，法律问题都可以归结为权利义务问题。法律存在的意义就在于保护权利，所有的义务都是从权利中推导出来的。三是程序性思维，"正义不仅要实现，而且要以人们看得见的方式实现。"权力的行使必须遵守一定的程序，领导干部要学会用程序解决矛盾，程序必须是正当、公正的，这也是尊重法律、树立法律权威的要求。四是平等性思维。平等是法律的本质特征之一，法律面前人人平等，摒弃特权思维和官僚主义，最重要的就是坚持规则的平等。无论领导干部还是普通职工，都只能在规则的范围内行使权利、承担义务。

国网蒙东电力公司多年法治企业建设实践中，始终把履行好领导干部"关键少数"第一责任人职责作为依法治企的关键，作为一门"内外兼修"的功课，主要做法有：

一是以制促学，在学法内容和形式上做"加法"。建立健全法治建设第一责任人履职制度，选择基层单位作为"法律直供"单位，由省公司经法部直接为其提供法治建设第一责任人履职支撑；各级党委理论中心组将习近平法治思想、领导干部应知应会法律法规清单作为必学内容，定期开展法治思想专题研讨；开展"书记讲法"活动，各级党委书记带头学习讲解法律及党内法规。

二是以制促行，在定责任和抓考核上做"乘法"。严格落实重大决策合法性审核制度，将法律审核把关率、法律部门负责人列席会议情况纳入考核指标体系；严格落实案件管理第一责任人职责，要求各单位主要负责人对重大案件加强指导，对重、难点问题亲自督办协调；建立合规管理成效评价体系，将合规要求纳入电力营销、供电服务、电网建设等主业业务。

三是以制促改，在严追责和补损失上做"减法"。建立败诉案件责任追究机制，创新制订了《关于实施败诉案件追责的工作意见》，定期对不履行岗位职责造成企业经济损失的相关人员进行追责，倒逼领导干部落实案件管理责任，提升企业依法维权积极性。

"十四五"期间，国网蒙东电力公司将继续紧扣国家电网公司"一体四翼"发展布局，统筹实施"十四五"法治规划，始终以"发挥作用、创造价值"为追求，不断提升法律支撑保障能力，推进公司法治工作向服务核心业务转型升级，探索法治央企建设的"蒙东新方案"！

（国网内蒙古东部电力有限公司经济法律部主任　王树强）

国网天津市电力公司

良法善治促发展　依法合规防风险
为加快建设世界一流企业建强法治保障

国网天津市电力公司（以下简称国网天津电力）深入学习贯彻习近平法治思想，锚定国务院国资委"治理完善、经营合规、管理规范、守法诚信"的法治央企建设目标，按照国家电网有限公司"建设具有完备法治体系和卓越法治能力的法治国网"工作部署和要求，以"强体系、抓制度、防风险、重监督、深普法"为工作主线，全面推进"十四五"法治建设，取得了公司治理和电网安全高质量发展双丰收。

一、坚持党的领导，铸牢依法治企之魂

坚持党对依法治企工作的全面领导，深入中国特色现代企业制度建设，关键少数带头履行法治建设职责，着力提升依法决策水平，法人治理机制更加成熟定型。

党的领导融入公司治理。完成公司及 12 家子企业章程修订，完善党的领导、董事会构成与运行机制、"三会一层"职责权限等内容，实现董事会配齐建强、外部董事占多数。制修订《董事会议事规则》等 11 项公司治理制度，在落实法律及国资监管规定的基础上，进一步厘清治理主体间的权责界面，有力支撑公司治理主体规范行权。党建引领法治企业建设。公司党委专题研究合规管理重要事项，听取制度评估工作汇报，党委中心组、领导干部培训班专题学习法治课程。落实干部任前法治谈话、述职必述法等制度，将依法治企纳入业绩考核，将法治素养和依法履职情况列入考察使用干部制度要求。压实法治企业建设责任。董事长、党委书记带头讲宪法，各级领导人员全年开展讲法活动 175 次，提升领导人员运用法治思维和

法治方式推动中心工作的能力，在分管领域研究落实法治建设、合规管理等工作要求。着力提升依法决策水平。总法律顾问对所有决策议题涉法情况进行审核把关、列席决策会议，提出法律合规意见，重大决策合法合规性审核率100%。发布股权投资等15类审核要点，提升审核精准度。

二、抓实制度质效，夯实依法治企之基

牵住"制度质量"这个牛鼻子，完善制度体系、创新质量标准、建立评估机制，打造优质制度供给源头，夯实公司治理制度根基，以良法推动善治，有效提升公司治理体系和治理能力现代化。

优化制度体系实现业务全覆盖。确立制度效力等级及适用原则，完善以章程为核心，由基本管理制度、专业管理制度和其他运营规则组成的与公司治理体系相适应的制度体系，将规范性文件纳入制度体系管理，实现传统业务制度化覆盖率、新兴业务规范化管理率100%。创新质量标准把好制度"出台关"。按照"于法周延、于事简便"原则，增加逻辑性、操作性、有效性、稳定性强的优质制度供给，明确制度设计以公司战略为导向，符合公司价值观和企业文化，确立依法合规、公开透明、权责对等、精简高效、SMART原则（即明确性、可衡量、可实现、相关性和时限性）、强化监督和容错机制七项标准，提升制度设计能力。创新评估机制护航制度全周期。开展年度制度体系和质量评估，对制度体系的完整性、逻辑性、适用性和个体制度的协同性、可操作性进行评价，形成报告并督导专业制度"立改废"，促进制度体系良性循环。完善机制做实制度管理全链条。将立法技术应用至制度建设管理，强化体系论证，固化起草调研与意见征求环节，严格制度审查，建立制度冲突与解释、两级制度宣贯解读机制，全面提升制度管理规范化水平。

三、合规管理一体化，提升依法治企之力

率先完成国资委"探索构建法律、合规、内控、风险管理协同运作机制"工作落实，建立统一风险库和风险管控机制，三道防线有机融合，建成全面覆盖、高效运行的一体化合规管理体系，提升风险管控能力。

风险防控"一盘棋"。整合优化法律、合规、内控、风险管理职责统一至法律部。在全面风险库一、二级风险框架下，依据业务流程，完善三、四级风险，融入法律合规风险，建立涵盖23个专业，包括9个一级风险、26个二级风险、77个三

级风险、479 个四级风险及 837 项风险点的统一风险库，对应风险点细化内控措施清单。机制管控"一条链"。建立风险识别、评估、监测、报告、应对一体化风险防控机制，将合规风险监测融入重大风险季度监测，组织专业部门依据风险库、合规行为指引及合规管理制度对专业合规风险进行排查、报告、整改，提升风险监测精准度和防控效果。合规共治"一张网"。围绕重点专业和一线业务执行合规问题，专业部门和法律部门联合编印电网建设、供电服务和电力设施保护等合规指南、指引 11 项，提升专业合规风险防范水平。推动合规与审计、巡察、运营监控、财务稽核等协同融合机制建设，实现风险共治。

四、强化法律监督，保障依法治企之效

健全法律监督机制，以风险防范为核心，涵盖决策法律审核、制度、合同、案件等法律事务管理各项职能，强化事后监督管理闭环，保障企业经营管理成效。

重大决策执行风险监督。对重大决策执行中的法律合规风险识别、防范、控制情况进行监督，与决策事项落实部门紧密协作，及时掌握关键节点、重要进程和风险变化，对执行偏差和异常及时采取应对措施，保障决策执行安全。制度管理抓执行监督。以问题为导向，监督制度执行中的法律合规风险，及时发现纠正；监督制度制定部门履行制度执行职责情况，包括制度宣贯、培训及考试情况、制度执行检查情况、专业制度管理情况等。数字化赋能合同履约监督。建成物资合同履约监控系统，实现法律与物资、财务系统联动，重要业务数据融合共享，监控物资合同履约异常，实现法律合规风险在线防控，应用大数据分析，提升数字化法治保障能力。"以案促管"建立监督"前哨"。落实以案释法、典型案例发布、法律风险提示制度，挖掘深层次的管理机制问题，发布《施工合同纠纷法律风险提示书》《营销、设备、建设专业典型诉讼案例通报》等，精准提示风险和改进措施，以法治赋能专业管理提质增效。

五、建强法治阵地，厚植依法治企之风

"一馆一中心"获评全国法治宣传教育基地，创全国企业首家、央企唯一，建成公司法治宣教培训体系，厚植法治企业建设文化基础。

学思践悟把牢依法治企"思想关"。切实以习近平法治思想武装头脑、指导实践，引领新发展阶段"十四五"法治建设全领域、全过程、全环节，纳入"八五"

普法规划，作为各级各类培训必修课，推动习近平法治思想入脑入心、见行见效。突出特色打造宣传教育"主阵地"。依托天津电力科技博物馆、空港智能营业厅（社区法律服务中心），形成"一馆一中心"法治宣传教育基地，突出面向青少年普法和社区群众宣教，开展国家宪法日、民法典宣传等活动，累计接待各类团体227家次、受众2000余人次。学练结合建设法治宣教"实训场"。成立柔性法治教研室，培育法治专业师资队伍，打造习近平法治思想等16门"与需求契合、与业务融合、与实践结合"的精品法治课程，实现普法培训专业化、体系化。开展模拟法庭活动，使案件依法解决的过程成为干部职工的普法公开课，发挥典型案件"处理一案、警示一批、教育一片、改进一域"作用。

国网天津电力将继续深入学习贯彻习近平法治思想，研究落实国资委《关于进一步深化法治央企建设的意见》，着力健全法治工作体系，全面提升依法治理能力，踔厉奋发、笃行不怠，为率先基本建成具有中国特色国际领先的能源互联网企业提供更加有力的法治保障，为加快建设世界一流企业筑牢更加坚实的法治基础，为国家电网有限公司高质量发展和天津建设社会主义现代化大都市作出新的更大贡献，以优异成绩迎接党的二十大胜利召开。

（国网天津市电力公司总法律顾问兼法律合规部主任　周群）

国网四川省电力公司

学思想　建机制　促实践
努力推进企业法治力全面提升

"法治是国家治理体系和治理能力的重要依托。"党的十九届五中全会对新时代新阶段全面依法治国作出重要部署，中央全面依法治国工作会议明确了习近平法治思想的指导地位。习近平法治思想以"十一个坚持"为主要内容，阐释了全面依法治国的新理念新思想新战略，为更好发挥法治固根本、稳预期、利长远的保障作用作出了路径规划，在更高站位上为深化依法治企工作明确了目标与方向。

国网四川省电力公司始终坚持党的领导，在党委政府和国网公司的领导下，紧紧围绕公司"一体四翼"发展布局，积极回应全社会和职工群众的法治需求，建成"卓越法治力"实施体系，普治工作获司法部、四川省司法厅肯定，获评全国"七五"普法先进单位和国务院国资委、四川省国资委法治宣传教育先进单位，四家阵地获评省级"法治宣传教育基地"。

提高政治站位，坚持走中国特色社会主义法治道路不动摇

一是大力学习宣传贯彻习近平法治思想。组织专题学习，深刻领会习近平法治思想的核心要义和丰富内涵。将习近平法治思想写入"十四五"法治建设规划，把学习宣传习近平法治思想作为普法的首要任务，公司党校、各级培训中心要以习近平法治思想为重点内容的法治学习作为重点课程。

二是坚持党对全面依法治企的领导。公司高度重视普法工作，认真贯彻落实习近平法治思想，主要负责人认真履行法治建设第一责任人职责，部署实施普法和法治建设规划，逐年签署《法治企业建设责任书》，压紧压实各级主体责任。班子成员

负责分管范围法治工作，切实抓好落实，把各项工作纳入法治化轨道。坚持和加强党的领导，党委的领导核心和政治核心作用充分发挥，公司党委、普法领导小组每年至少听取普治工作汇报4次，党委中心组带头学法，专题学习《宪法》《民法典》。

三是坚持为了人民、依靠人民。推进全面依法治国，根本目的是依法保障人民权益。公司践行"人民电业为人民"的企业宗旨，不断增强人民群众获得感、幸福感、安全感。大力倡导珍爱生命，关注安全，触电防治，切实维护人民群众的人身安全。以员工违法犯罪案件压降为抓手，开展覆盖全员的法治宣传教育培训，提升全员法治意识，服务员工美好生活，凝心聚力推动公司和电网高质量发展。坚持以客户为中心，完善市县公司管理运营模式，重视客户体验，提高业务效率和服务水平。

健全工作机制，不断推进公司治理体系和治理能力现代化

一是明确法治企业建设方针。公司董事长谭洪恩提出，"讲法治，增强规则意识"，全力践行公司的初心使命，不断提升法治领导力、法治治理力、法治决策力、法治运营力、法治合规力、法治监督力、法治维权力、法治文化力、法治共享力、法治战斗力。按照"强体系、抓制度、树理念"工作方向和"三全五依"工作路径，坚持融入中心、服务大局，坚持问题导向、目标导向、结果导向，建设具有完备法治体系和卓越法治能力的法治川电，推动公司加快实现治理体系和治理能力现代化。

二是强化法治工作组织保障。成立普法领导小组和合规管理委员会，建立总法律顾问制度，14家基层单位设立法律中心，法律骨干力量和党员服务队、志愿者队伍组成普法队伍，公司系统安排普法经费超过200万元／年。建立《全面依法治企指标体系》和《考评体系》，将普治工作纳入党委领导班子、基层单位负责人业绩考核、专业工作评价等考核体系。推行"共同＋专业＋对外"普法责任清单，落实电力普法责任制和普法"一岗双责"。

三是建立以章程为核心的治理体系。建立现代企业制度，构建以章程为核心的制度体系，加强公司治理制度建设，不断提高公司治理制度化、程序化、规范化、法治化水平。依法规范党组织、股东会、董事会、监事会、经理层和职工代表大会的权责，推动各治理主体规范行使权利、履行义务。完善授权管理机制，健全以法人治理授权和管理授权为核心的授权管理体系。依法依章程对子公司规范行使股东权，规范股东权益维护与尊重子公司经营自主权的关系。

推动法治实践，全程全域发挥法治引领、保障和规范作用

一是点亮法治文化一盏灯。建成 8 家智能法治文化示范阵地，覆盖全省、辐射内外，出台阵地管理制度，"展示＋培训＋宣传"功能充分发挥。秉承"基业长青、法治先行、合规立身"法治文化理念，强化全域普法。对内营造浓厚法治文化氛围，开展"卓越法治力提升"等专项行动，举办法治文化建设演讲比赛活动。对外践行守法诚信经营理念，深化"法律七进"，勇担社会责任，电网建设到哪里，普法就延伸到哪里。

二是串起合规建设一条线。强化组织机构、工作机制和合规文化保障，成立普法领导小组和合规管理委员会，党政主要负责人部署实施普法和法治建设规划。将战略落实与合规体系构建相结合，将审计巡视问题整改与构建合规长效机制相结合，将内部制度管理与外部法律风险防范相结合，深化合规管理体系。构筑合规管理"三道防线"，建立合规风险评估、预警与应对机制，全员签署《合规承诺书》，把员工违法犯罪案件和触电伤亡事件纳入"红线"考核指标。

三是守好依法治企一亩田。坚持融入中心，支撑保障电力体制改革、国资国企改革以及内部改革、抗疫应急、林草火灾防治等问题，化解水电移民电费缴纳难题，妥善运用诉讼和非诉手段解决争议。优化法律服务促进降本增效，护航公司数字化转型和科技创新。以"十三五"期间为例，避免和挽回损失 18.17 亿元，发布法律风险提示 157 份，审核经济合同 30 万件、出具重大决策法律意见书 582 份、立改废释规章制度 603 项，法律审核率 100%。

"人类社会发展的事实证明，依法治理是最可靠、最稳定的治理。"国网四川电力将继续贯彻习近平法治思想，推动普法和全面依法治企，强化组织体系、法治能力和法治实施，持续提升"十个法治力"，到 2025 年基本建成具有完备法治体系和卓越法治能力的法治川电，为法治中国充电，为美丽中国赋能。

（国网四川省电力公司副总经理、党委委员、总法律顾问　谭志红）

国网物资有限公司

以习近平法治思想为指导
建设具有完备法治体系和卓越法治能力的法治国网物资

党的十八大以来，以习近平同志为核心的党中央从坚持和发展中国特色社会主义的全局和战略高度定位法治、布局法治、厉行法治，创造性地提出了关于全面依法治国的一系列新理念新思想新战略，形成了习近平法治思想，为新时代全面依法治国提供了根本遵循和行动指南。

国网物资有限公司（以下简称国网物资公司）是国家电网公司的全资子公司，承担着集中招标采购代理、总部直管工程物资供应和供应链运营的重要职责。自2012年成立以来，国网物资公司始终高度重视发挥法治固根本、稳预期、利长远的保障作用，将加强法治建设作为增强"四个意识"、坚定"四个自信"、做到"两个维护"的重要举措，深入学习领会习近平法治思想，全面贯彻落实中央全面依法治国工作会议精神，按照国资委法治央企建设要求和国家电网公司法治企业建设部署，持之以恒地深入推进法治国网物资建设，为企业安全健康发展提供有力法治支撑。

一、坚持党的领导，牢牢把握法治建设正确方向

国网物资公司牢固确立党的领导这个根本政治原则，注重发挥党委在法治建设工作中把方向、管大局、促落实的作用。领导班子通过党委会议传达、理论学习中心组集体学习、个人自学等方式，带头深入学习习近平法治思想，深刻领会"十一个坚持"的核心要义和丰富内涵，着力将科学理论转化为深化法治企业建设的强大动力、思路举措和生动实践。建立健全法治建设组织领导工作机制，党委听取法

治建设工作汇报，研究审议"十四五"法治建设规划、年度法治工作计划等重要文件，将法治建设纳入企业发展全局统筹谋划、统筹推进、统筹落实，确保各项经营管理活动在法治轨道上开展。主要领导担任法治建设工作委员会主任，在年度、年中、月度工作会议等场合逢会必讲法治，多次对重要法治工作作出批示、提出要求，法治建设第一责任人职责有力落实；领导班子全体出席法治企业建设工作会议，抓细抓实各自分管领域依法合规管理，领导干部"关键少数"作用充分发挥。

二、着力建章立制，积极构建完善企业法治体系

强化章程在治理体系中的统领地位，遵循"两个一以贯之"原则修订公司和各级子企业章程，落实在公司治理中加强党的领导要求，科学配置党组织、股东、执行董事、经理层等治理主体权利、义务和责任，明确履职程序和要求。坚持用制度管人管事管企业，包括 466 项制度的完备制度体系全面落地生根，经营管理各领域、各环节基本实现"有章可循"，夯实良法善治的制度基础。配备专职总法律顾问，协助主要领导开展法治建设工作，在经营管理中发挥法律审核把关作用，推进企业依法经营、合规管理。实行法治工作一体化管理，统筹各级子企业法治建设的组织实施、人员使用和审核保障，打通法治要求贯彻落实的"最后一公里"，促进法治建设在基层一线走深走实，构建形成法治建设在各层级同步推进的工作格局。

三、深化业法融合，运用法治方式推动改革发展

围绕招标代理和物资供应核心业务，实行法律人员全过程参与的嵌入式法律保障，服务了 2012 年以来国家电网公司所有特高压工程、抽水蓄能电站以及北京冬奥会配套电网工程等重点项目，为招标采购依法合规、物资供应安全可靠、工程如期建成投运贡献法治力量。坚持业务发展到哪里，法治建设就延伸到哪里，在推动数字化转型、建设平台型供应链服务企业的过程中，严格落实网络安全、数据安全、平台经济等领域法律法规和监管要求，加强相关业务方案和合同协议的法律审核，保障各类业态创新、管理创新于法有据。依法实施子企业清算、划转等专项任务和经理层成员任期制契约化管理、退休人员社会化管理等重大改革，注重发挥法律部门审核把关和咨询顾问作用，以法律智慧和法律方案助力相关工作依法合规完成，确保不留问题隐患。

四、树立底线思维，坚决守住法律合规风险防线

明底线、识底线、守底线，时刻绷紧法律合规风险防范这根弦，建成法律合规风险库，对可能存在的风险做到"情况清、底数明"，为有的放矢、精准拆弹提供准确依据。建立健全合规管理和违规经营投资责任追究工作机制，严格重大决策和重要制度、文件、合同的合法合规性审核，落实业务部门法律合规风险识别防范主体责任，每年编制实施法律合规风险控制计划，根据国家立法司法执法动态及时进行风险提示和违规警示，切实下好风险隐患源头治理先手棋、打好风险事件处置应对主动仗。开展巡察、审计和依法治企合规管理专项整治、重点业务领域专项检查，既着力治标，通过问题整改消除风险隐患，更注重治本，在练强风险防范内功上发力用力，不断增强法律合规风险防范体系的针对性、有效性。

五、厚植法治文化，培育信法懂法干部员工队伍

深入开展法治文化建设，打牢员工法治思想根基，引导全员树立基业长青、法治先行的法治理念，弘扬制度立本、契约立信、合规立身的法治精神，形成办事依法、遇事找法、解决问题用法、化解矛盾靠法的法治思维。落实普法责任制，以业务需求为导向实行精准普法，运用"定制普法课"、微信推送、在线答题等方式，加强民法典、招标投标法和知识产权、平台经济、反垄断等业务相关领域法律政策、监管要求的宣传教育，干部员工法治素质持续提升，参加国家电网公司组织的法治企业建设知识竞赛、模拟法庭竞赛、招标法律专业调考等活动均取得优秀成绩、展现良好风采。按照"政治强、作风硬、专业精、敢担当"标准，强化法律人员党性淬炼、作风锤炼、实践锻炼和专业训练，打造一支坚守原则底线、善于谋划实施的法治铁军，使法律部门成为党委信任的参谋助手和业务部门信赖的合作伙伴。

回顾总结国网物资公司法治建设实践，我们深切体会到：深入学习贯彻习近平法治思想，加强党的全面领导，是法治建设的根本政治保证；领导干部严格落实第一责任人职责，发挥"关键少数"作用是关键推动力量；始终坚持业法融合，为企业重点任务和经营管理提供法律保障是核心价值所在；科学做好顶层设计，着力完善体系、健全机制、规范流程、落实责任是有效开展路径；法治理念入脑入心，办事依法、遇事找法、解决问题用法、化解矛盾靠法的员工队伍是坚实群众基础。

　　2022 年是国网物资公司成立 10 周年，站在新的起点，国网物资公司将坚持以习近平法治思想为指导，紧紧围绕具有国网特色行业领先的平台型供应链服务企业的发展目标，踔厉奋发，笃行不怠，不断健全法治体系，持续提升法治能力，努力在法治体系健全、合规管理水平、风险有效防控、企业法治能力、法治队伍建设五个方面再上新台阶，到 2025 年基本建成具有完备法治体系和卓越法治能力的法治国网物资，为推动国家电网公司"一体四翼"发展布局落地见效、实现国网物资公司基业长青筑牢法治根基，助力打造诚信合规的电工电气供应链和生态圈，为法治中国建设贡献力量。

　　　　　　　　　　　　（国网物资有限公司执行董事、党委书记　蔡敬东）

国网新源控股有限公司

国网新源公司"三化三全"
合规管理体系建设探索与实践

国网新源控股有限公司（以下简称国网新源公司）高度重视合规管理工作，深入学习贯彻习近平法治思想，坚持立足实际、突出重点、强化协同、业规融合，经过近 3 年的探索与实践，初步建立了"三化三全"（系统化、精准化、常态化，全面覆盖、全程合规、全员守法）合规管理体系，促进体系有效运行，持续提升合规管理水平，为公司安全健康高质量发展提供了坚实保障。

加强合规管理是促进抽水蓄能行业高质量发展的
必然要求与内生需求

2021 年 9 月，国家能源局发布《抽水蓄能中长期发展规划（2021—2035 年）》，要求加快抽水蓄能电站核准建设，到 2025 年抽水蓄能投产总规模达到 6200 万千瓦以上，到 2030 年投产总规模达到 1.2 亿千瓦左右。2021 年 10 月，国务院国资委印发《关于进一步深化法治央企建设的意见》，要求着力健全合规管理体系，持续提升风险管控能力。国网新源公司作为全球最大的抽水蓄能专业化运营公司，目前管理单位 61 家，分布在 20 个省（区、市），装机容量 6834.5 万千瓦，其中在建抽水蓄能电站 30 座，装机容量 4123 万千瓦。抽蓄电站项目投资大、建设周期长，在当前强监管、严监管的态势下，对电站安全生产、生态环保、征地移民等重点领域依法合规管理提出了新的更高要求。"十四五"时期在"碳达峰、碳中和"目标下，抽水蓄能行业处于快速发展阶段，进一步加强电力企业合规管理体系建设，强化全员合规意识，加快建立"免疫系统"与"自愈体系"，有利于提升企业的整体抗风险能力，促进源头防范企业法律合规风险，保障企业安全健康高质量发展。

坚持系统化推进，实现合规管理全面覆盖

国网新源公司从组织体系、审核机制和业务领域等方面深化建设，为公司合规管理工作机制有效运行夯实基础。一是构建完备的合规管理组织架构。公司成立合规管理委员会组织领导、统筹协调合规管理体系建设，建立合规管理"三道防线"，由业务部门负责业务领域日常合规工作，法律合规部门负责组织、协调和督导合规管理，审计、巡察等相关部门负责按职责开展合规监督。公司本部各部门明确1名合规管理员从事相关合规工作，并负责联系法律合规部门。二是建立规章制度合规审核机制。公司基本制度的制修订履行合规审查、审核程序，由承办部门先进行业务领域合规审查，形成审查意见后再提交法律合规部门进行合规审核，未经或未通过合规审核的不得提交公司规章制度管理委员会审议。

坚持精准化管控，促进业务管理全程合规

强化以合规风险识别、重点领域审核、执行监督检查等为主要内容的业务全过程合规闭环管理机制建设，有力推动了合规管理工作落实。一是建立具有抽蓄特色的合规风险库。立足公司业务实际，组织系统梳理识别业务领域合规风险723项，形成公司合规风险库，包括1个通用合规风险库和14个业务合规风险库。二是编制重点领域合规风险清单及合规指引。选取工程建设、安全生产、防汛泄洪、生态环保四个重点领域，梳理出合规义务380余条，编制抽蓄项目前期工作、劳动用工两个重点领域合规指引，提出合规风险防范措施和加强管理建议80条。三是加强业务合规监督检查。公司审计部门、纪检部门强化合规监督力度，通过以查促改进一步提升了业务领域合规管理水平，充分发挥了合规监督作用。

坚持常态化教育，培育全员守法合规文化

国网新源公司在全面推进合规管理的基础上，深入学习宣传贯彻习近平法治思想，强化法治教育与合规培训，着力厚植合规文化，使依法合规、守法诚信成为全体员工的自觉行为和基本准则。一是推进法律合规教育常态化。公司党委理论学习中心组定期开展集体学法学规活动，专题学习《民法典》《安全生产法》《中央企业

合规管理指引（试行）》等法律合规知识，形成法治文化建设的"头雁效应"。二是积极搭建法律合规学习共享平台。加强公司门户网站依法治企栏目建设，按月编辑发布《法规速递》，分析解读最新政策法规与热点法律案例，提示法律合规风险，进一步强化了公司系统干部员工的守法合规意识。三是开展精准普法和强化合规培训。编制公司《普法责任清单》，构建形成"共同普法＋领导人员（法定代表人、经理层）普法＋专业普法""系统内普法＋系统外普法服务"多维度、立体化普法责任体系，梳理公司各层级应知应会法律法规196项，公司83个业务领域应知应会法律法规348项，并落实对应到具体业务岗位，为员工学法提供了实用便捷读本。近三年开展合规培训累计600余人次，着力促进员工从"要我合规"向"我要合规"的转变。

强化"两据"理念，创新抽蓄基建项目法律保障模式

强化法律保障与监督功能，探索开展河北丰宁抽蓄项目法务经理制试点工作，促进"工作依据、行为证据"理念在基建领域落地生根。试点工作立足电站工程管理实际，明确法务经理职责，以法务经理工作内容、工作流程为抓手，选取安全生产管理和施工合同管理两个重点领域，组织制定法律证据留存清单和法务经理工作指南。2018—2020年试点工作期间，形成工程施工合同履行阶段留存法律证据82项、安全生产管理留存法律证据45项，法务经理定期组织相关业务部门开展证据留存、鉴证工作，对防范工程领域法律合规风险、助力有关法律纠纷案件胜诉发挥了积极作用，获得国网法律部的充分肯定。通过试点，进一步强化了电站工程建设管理人员的"两据"理念，提升了法治思维，为推进丰宁电站工程建设依法合规进行提供了可靠保障。

加强协同运作，建立重大决策合法合规性审核多维融合机制

国网新源公司将健全完善重大决策合法合规性审核机制作为推进依法决策、建设法治企业的重要内容，建立多维度协同审核工作机制，提高了法律审核的质量与效率。一是强化横向沟通。结合公司业务实际，细化明确审核范围、审核要点及工作流程。法律部门提前与业务部门就拟决策事项先行线下沟通会商，业务部门再通过电子办公系统提交申请，将法律审核嵌入决策事项签报流程，确保应审必审、应审尽审。二是优化审核机制。决策事项涉及抽蓄电站征地移民、重要合同等重大复

杂法律问题的,法律部门组织外聘律师、业务专家开展专项论证,在会商论证基础上形成法律意见,保障依法决策。三是深化纵向指导。本部与基层单位就有关重大决策事项进行事前沟通,推广应用 15 类法律意见书(模板)和 8 类典型事项审核指引,对基层单位加强指导,推动法律审核工作的规范化和标准化。2018 年以来公司系统累计出具法律意见书累计 2200 余件,法律审核率实现 100%,2021 年 11 月公司获评国家电网公司优秀法律意见书单位。

国网新源公司"三化三全"合规管理体系的建立运行,进一步夯实了公司合规管理基础,进一步提高了抽蓄工程建设项目合规管理质效,进一步增强了公司经营风险防范能力,进一步强化了公司系统干部员工的法律合规意识,公司的依法治企水平、经济与社会效益均有了明显提升。近三年来,公司系统重大决策、规章制度、经济合同法律审核率实现 100%,为公司深化改革、高质量发展提供了有力的支撑保障。

(国网新源控股有限公司总法律顾问兼经济法律部主任 谢勇刚)

国网能源研究院有限公司

发挥智库研究优势　助力央企法治建设

国网能源研究院有限公司（以下简称国网能源院）作为国家电网有限公司从事能源电力研究的智库单位，在习近平法治思想指导下，注重法治理念在政府政策制定和能源电力行业发展咨询服务中的运用，持续开展能源法治研究，推动法治央企基础理论创新发展，为促进法治央企、法治国家建设贡献智库力量。

一、深刻认识推进法治央企建设的重要意义

一是彰显贯彻落实习近平法治思想的政治担当。习近平法治思想是顺应实现中华民族伟大复兴时代要求应运而生的重大理论创新成果，是马克思主义法治理论中国化最新成果，是习近平新时代中国特色社会主义思想的重要组成部分，是全面依法治国的根本遵循和行动指南。全面依法治国战略的落地实践需要理论支撑，国网能源院持续深化法治企业、法治国家基础理论研究，提升应用法治思维与法治方式思考解决研究问题的能力，高质量完成国有企业合规理论、助力世界一流法治企业建设等研究任务，用实际行动全面贯彻落实习近平法治思想。

二是履行国企智库推进法治建设的使命责任。法治企业建设是全面依法治国战略在中央企业的具体实践和落实，国网能源院作为中央企业所属的智库研究机构，既是全面依法治国战略的重要实施者，更肩负着推动全面依法治国理论创新的重大责任，应积极在推动能源电力法治建设、完善中国特色现代企业制度等方面贡献智慧，在法治央企建设、法治国家建设研究中有作为、树形象、作表率。

三是推动法治理念融入能源研究的主动作为。国网能源院坚持以习近平新时代中国特色社会主义思想为指导，认真贯彻"四个革命、一个合作"能源安全新战

略，助力能源电力低碳转型，在推动能源电力科学发展中彰显决策咨询价值。能源战略推动实施将导致能源主体利益关系调整和法律关系重构，国网能源院必须坚持以人民为中心的发展思想，应用法治理念研究问题，注重在法治框架下平衡各类能源主体的利益关系，防范能源变革带来的法律风险，为国家能源战略、改革发展的平稳落地提供法治支撑保障。

二、能源智库在推进法治央企建设的探索实践

一是深度开展能源法治研究，为服务能源清洁低碳转型提供法律支撑。当前，我国正处于推进能源电力低碳转型发展的关键时期，亟须发挥能源法治固根本、稳预期、利长远的保障作用，健全能源法律体系，引领能源行业行稳致远。国网能源院积极发挥能源研究和法律研究优势，准确把握我国能源发展的现状和特征，研判能源电力发展趋势，积极开展新型电力系统法律保障研究，助力碳达峰碳中和目标的实现；积极开展售电侧放开的法律风险防范研究，电力市场建设的法律保障措施研究，推动能源发展实际与能源法治深度结合，为能源电力行业法治建设建言献策。

二是深化中国特色现代企业制度理论，推动改革与法律深度融合。积极开展公司治理问题、国有企业董事会治理机制研究，推动国家电网公司及二级单位董事会规范建设、高效运作，研究成果获得中国企业改革发展优秀成果奖一等奖。开展了国有金融机构监事会工作机制优化、国有上市公司治理风险与防范机制研究，针对中央企业控股上市公司典型治理问题与风险，研究构建了公司系统上市公司治理评价指数。

三是夯实法治央企建设基础研究，支撑法律合规与业务管理紧密结合。在《关于进一步深化法治央企建设的意见》指导下，国网能源院围绕法治央企建设的总体要求、目标与重点任务，聚焦健全法治体系、全面提升依法治理能力，深入研究推进法治央企建设过程中可能面临的关键问题。在健全法治体系方面，开展了适应公司制的股东行权体系与集团管控体系研究，明确各治理主体权利、义务和责任，明晰股东、董事和高管的履职程序和要求；开展国有企业授权管理体系研究，明确了授权的范围和权限，规范了行权和受权方式。在法律风险防范方面，开展了国有企业运营过程中的法律风险识别和防范研究，规范运营管理中的法律风险；在合规管理方面，开展了法律合规一体化研究、数据权属与合规应用研究、企业涉法合规研究，推动法律合规与公司业务深度融合，对促进法治央企建设开展了理论探索。

三、能源智库在法治央企建设的经验启示

一是持续推动法治思维与法治方式贯穿重大问题研究全过程。法治思维是规则思维、程序思维、以权责利为分析框架的思维方式；法治方式是按照法治思维指导下的行为方式，注重法律依据的研判、法律风险的考量、法律责任的承担。国有企业智库要持续深化法治文化，营造办事依法、遇事找法、解决问题用法、化解矛盾靠法的法治环境氛围。国有企业智库研究人员需要将法治作为决策咨询、政策研究的重要考量因素。在支撑相关部门解决中央企业生产经营发展难题、推动改革政策制定实施过程中，既要充分考虑各方利益诉求，实现政策实体内容公平正义；又要重视程序合法，确保政策实施与监督过程中有法可循。

二是健全法治央企建设沟通合作攻关机制。法治央企建设涉及领域多、覆盖面广，在推进实施中面临很多难题；与此同时，高校等科研机构在专业领域的法学研究中也需要更多实务背景的支撑，从而更好地推动法治理论与社会实践相结合。作为中央企业智库，要更加积极地发挥"产学研"之间的桥梁作用，推动政府、企业、高校、研究机构与法律实务机构之间的合作攻关。在解决企业面临的实际法治问题的同时，助力高校了解行业发展实际情况，对构建符合我国国情、建设更加科学合理的行业法治体系发挥积极推动作用。

（国网能源研究院有限公司副总经理、副院长、党委委员　柴高峰）

云南电网有限责任公司

一子落而满盘活

——从云南电网公司章程修订看法治央企建设新境界

云南电网有限责任公司（以下简称云南电网）高度重视章程在法治工作中的统领地位，及时将上级决策部署、重点改革举措纳入公司章程，实现法治建设制度化、规范化、长效化；实现"章程"一子落，"法治云网"建设"满盘活"。

一、重新认识章程在公司治理中的地位，舞好龙头，发挥统领作用

1904 年颁行的我国第一部独立商事法律《钦定大清商律公司律》中要求设立公司要将章程"呈报商部存案"。这是我国第一次以法律形式规范公司章程管理。云南电网的前身、成立于 1909 年的云南耀龙电灯股份有限公司其章程第 1 条即载"遵照公司律拟章（程）"。我国现行的公司法中有 88 处提到"章程"（最新公司法修订草案征求意见稿中"章程"更是出现了 112 次），企业国有资产法中 16 次、证券法中 6 次提到"章程"，民法典中也有 30 处关于"章程"的表述。可以看出，经过 100 多年的公司制度演化，"章程"已经成为我国民商事法律制度中的基础概念。

首先要重新确认章程在民商事法律规范中的法定地位。从我国的民法典、公司法、企业国有资产法、证券法等法律中可以清楚看到，在我国民商事法律制度中赋予了公司章程同法律、行政法规相当的法律地位。比如在法定代表人的确定、法人承担法定代表人因执行职务造成他人损害的民事责任后的追偿权、盈利法人权力机构、执行机构决议效力的认定等方面，民法典、公司法均将章程视同法律、行政法规。"章程"在企业国有资产法中的每次出现都与法律、行政法规并列。

其次要树立章程在公司规章制度体系中的龙头位置。云南电网为落实习近平总

书记提出的"办事依法、遇事找法、解决问题用法、化解矛盾靠法"的要求，大兴"制度之治"，提出"遇事找制度、解决问题用制度、推动改革发展靠制度"的制度文化，明确章程在规章制度体系中的龙头地位，明确依据章程形成公司规章制度体系，所有规章制度一律不得与公司章程相抵触、相冲突。

再次要发挥章程在依法治企中的基础作用。重新认识章程在民商事法律规范和公司规章制度体系中的地位，就要发挥章程在依法治企中的基础作用。云南电网新修订的公司章程，在总则中明确"公司坚持依法治企，努力打造治理完善、经营合规、管理规范、守法诚信的法治企业。"与此相呼应，在云南电网"十四五"发展规划及2035年远景展望中，将建设"法治型云网"作为"五型四领先，世界一流企业"建设的核心目标之一。按照国资委《进一步深化法治央企建设的意见》，章程专门明确了总法律顾问的地位、议事方式、责任等。

二、将改革三年行动重点要求写进章程，稳定预期、固化改革成果

云南电网新修订的章程增加了四章、字数增加了一倍，主要依据是南方电网公司制定的章程模板。这个模板系统总结固化了南方电网公司在国企改革三年行动中对公司治理体系、治理能力探索方面取得的重要成果、重要经验，初步回答了习近平总书记提出的中国特色现代企业制度如何设计、如何运行的重大命题。

（一）在完善公司治理中加强党的领导是章程修订体现的最显著特征

一是树立党委是公司首要的治理主体的定位。本次章程修订将党内法规纳入公司章程制定的依据，从国家法律、党内法规到公司章程，都明确了党组织在公司治理中的法定地位。明确公司"1+5"治理主体："1"就是党委，"5"分别是股东、董事会、经理层、监事会、职代会（工会）。明确了章程对公司股东、党委委员、董监高人员具有约束力。明确了党委工作机构，党务工作人员配备，工作经费落实，党委班子与董事会、经理层的关系。将党委置于首要的公司治理主体位置，明确党委把方向管大局促落实，总揽全局、协调各方，各治理主体协调运转、有效制衡。通过此举实现组织化、制度化方式全面贯彻"两个一以贯之"。

二是党委权责具体化、规范化、清单化。国家出资企业党委的任务在党章中表述为"围绕企业生产经营开展工作"，在《中国共产党国有企业基层组织工作条例（试行）》中提出5项工作原则，归纳起来是"两条主线"：首先是自身建设。具体要求是"党建工作与生产经营深度融合"，发挥模范作用，全心全意依靠工人阶级，巩固执政阶级基础。其次是坚持党对国家出资企业的领导。领导的方式可细分为决

定和前置研究两种。修订的章程对公司党委的作用首先强调政治建设，强调同以习近平同志为核心的党中央保持高度一致，坚决贯彻执行党的路线方针政策和决策部署。其次列举了党委决策把关的具体事项，并在章程附则中明确了包括党委在内的公司治理主体权责清单与章程具有同等效力，以清单化的方式明确党委在公司治理中的权责，使党对公司的全面领导在程序上有保障、实践中有落实。

三是党委前置研究讨论的要求和程序具有原创性、实用性。南方电网公司章程模板创新性提出三种党委前置研究的方式：制度审议、综合审议和一事一议。这既不折不扣落实了党委对公司重大经营管理事项的研究把关，又较好实现了精简务实、提高决策效率的目的；既保证了党委的领导落实到公司治理全过程、各环节，又体现了党委抓主要矛盾和矛盾的主要方面，是南方电网公司在完善中国特色企业制度探索中取得的原创性成果。

（二）加强董事会建设发挥董事会作用是章程修订取得的重大成果

董事会建设规范到位。修订后的章程明确了公司董事会由内部董事、外部董事和职工董事组成，并且外部董事占多数。明确董事长对公司改革发展负首要责任；强调了外部董事的独立性；强调了职工董事应当代表和维护职工合法权益。为增强董事会定战略、作决策、防风险的功能，在董事会下设了战略与投资、薪酬与考核、审计与风险、提名等4个专委会。明确战略与投资、提名委员会中外部董事占多数，薪酬与考核、审计与风险委员会由外部董事组成。

董事会职权落实有力。云南电网坚决贯彻习近平总书记强调的既要保证党组织的意图在重大问题决策中得到体现，又要维护董事会对重大问题的决策权。修订的章程将董事会的职权从15类39项增加到28类65项，将改革三年行动计划中有关董事会职权落实的要求全部纳入公司章程。

董事会运行有效。本次章程修订除了规范建设董事会、落实董事会职权外，还对董事会运作进行了大量机制设计，可以概括为"22422"：董事会会议分为定期会议和临时会议两种；董事会决议分为普通决议和特别决议两类；董事会每年最少召开4次；董事会会议应该有过半董事且过半外部董事出席的"双过半"方可召开；同一议案提出缓议的次数不超过两次。另外，通过章程修订，全面建立了董事会向董事长、总经理的授权以及董事长、总经理向董事会的工作报告制度；明确董事会秘书作为公司高管，负责股东履职工作支撑保障；明确了董事会与监事会的关系；明确了董事的利益回避以及纪委书记、总法律顾问等参与董事会的方式和要求；明确了董事会的主持与代理表决，董事长的特别处置权、裁决权，董事会表决方式与记录要求等等，极具实操性。

（三）健全市场化经营机制是章程修订迈出的重要步伐

建设法治央企是为了适应市场化、国际化、法治化的全球竞争。修订的章程明确了对党委委员、董监高人员违反勤勉忠实义务的责任追究，并写入了最高检、国资委等要求探索的"刑事合规"；明确了经理层由董事会聘任，并将完成年度任期经营业绩考核指标和公司经营计划作为经理层的义务；明确了员工招聘、管理人员选聘竞聘、末等调整和不胜任退出；建立了差异化薪酬分配制度等，夯实了公司的市场主体地位。

章程就是公司的宪法。云南电网新修订的章程高举习近平法治思想旗帜，全面贯彻落实国资委深化法治央企建设意见，系统总结固化了改革三年行动取得的成果，初步回答了完善中国特色现代企业制度的重大命题，掀开了云南电网深化法治央企建设的新篇章。

（云南电网有限责任公司总法律顾问、法规部总经理　汪飞）

广东电网有限责任公司

全面深化依法治企　勇当国企改革尖兵

广东电网有限责任公司（以下简称"广东电网"）作为全国规模最大的省级电网公司之一，坚持以习近平新时代中国特色社会主义思想为指导，认真贯彻落实国务院国资委、南方电网公司相关工作部署，扎实推进企业法治建设，坚持运用法治思维和法治方式引领改革、规范经营，保障企业高质量发展。

一、深入学习贯彻习近平法治思想，以法治思维和法治方式引领改革

（一）系统谋划公司治理"最优蓝图"

广东电网深入学习贯彻习近平法治思想，坚持在法治轨道上推进公司治理体系和治理能力现代化，全面布局完善中国特色现代企业制度，构建公司治理新格局。一是党的领导更好融入公司治理。全面完成"党建进章程"，建立"双向进入、交叉任职"的领导体制。坚持党的领导与依法决策、科学决策、民主决策有机融合，执行制度审议、综合审议、一事一议等党委前置研究方式，积极探索不同类型党组织有效参与决策的方式。二是董事会建设全面规范。全面实现各级子企业董事会应建尽建，应建范围内全面实现外部董事占多数。高标准打造专职董监事队伍，选优配强董监事成员，增强战略管控和依法行使股东权利的能力。

（二）着力构建纵横衔接的授权体系

坚持集权有道、分权有序、授权有章、用权有度，构建了横向到边、纵向到底的授权体系。一是明确董事会授权原则。创新采用"法定事项不授权、实质性事

项可授权、程序性事项全授权^①",实现授权 18 项,解决了董事会授权事项标准不明、边界不清等问题。二是推行精准分类管控。推动法人和管理层级授权从"管企业"向"管资本"转变,治理型行权和管理型行权实现双落地,对 38 家有资产纽带关系的分子公司开展差异化授权放权,梳理权责事项 659 项,明确授权放权 123 项,进一步激发基层主体活力。三是落实授权到岗。全面推行管理类与专业技术类岗位授权,按照"部门内同一事项不超过两人审查",通过分类分级授权到岗,公司管控节点精简 31%。

二、发挥规章制度最优效能,以法治规范企业经营管理

(一)以制度建设巩固改革成果

广东电网站在新的改革起点上,把制度建设摆在更加突出的位置,及时将改革成果固化进以章程为统领的制度体系,系统解决企业深层次的体制机制问题。一是在改革中完善制度。系统梳理公司业务事项,搭建纵横清晰的制度体系框架。围绕改革三年行动计划,在现有制度体系上,既抓好"添砖加瓦",又搞好"精装修",立破并举、疏堵结合,提炼 46 项治理、人资等领域改革成果进制度,实现制度体系的系统性重塑。二是加强制度横向协同。做好制度之间的整体协调与系统配套工作,从改革的关联性、职责的协调性、业务的规范性等维度,加强基本制度、重要制度审查,强化横向协同,让制度更加简单管用。三是提高制度执行力。抓住"关键少数",领导干部带头维护制度权威,做制度执行的表率,带动全体员工自觉尊崇制度、严格执行制度、坚决维护制度。实施新上岗人员上岗前制度测评机制,系统提升各级人员按章办事的意愿和能力,推动改革成果"入心入脑"。

(二)协同各方营造良好行业法治环境

广东电网秉承"人民电业为人民"的企业宗旨,把满足人民群众追求美好生活的电力需要作为一切工作的出发点和立足点,积极构建依法和谐的供用电秩序,公司供电服务在广东省地方政府公共服务公众满意度评价中连续 13 年排名第一位。一是持续推进地方电力立法。在全省层面,推动出台广东第一部省级地方电力法规《广东省供用电条例》,对建立良好的供用电法律关系及供用电秩序起到了重要

---

① "法定事项不授权",一是《公司法》中明确的股东会、董事会法定事项,二是董事会授权管理制度负面清单事项,三是南方电网公司依托股东权利及外部董事管控事项,坚决不授权;"实质性事项可授权",与法定事项密切关联的实质性事项,授权董事长;"程序性事项全授权",其他流程性强、实操性强或价值判断依赖度小的程序性事项,授权总经理。

作用。在地市层面，累计推动出台本地适用的地方性电力法规、规章 17 部，推动出台政策、规范性文件 119 部，进一步助力地方经济发展。二是加大电力行政执法力度。积极配合政府履行电力行政执法主体责任，推动建立联合执法机制，解决执法职能缺位状况。2017 年广州市电力行政执法支队挂牌成立，首创了公务员编制的电力行政执法专项队伍；梅州、中山、云浮等地市陆续推动政府部门开展电力行政执法实体化运作。电力执法队伍自成立以来，通过向违法施工开具责令整改通知书、作出警告行政处罚等方式，依法查处危害电力设施安全等违法行为，保障良好供用电秩序。三是优化法治化用电营商环境。推动广东省发改委出台《关于进一步完善我省峰谷分时电价政策有关问题的通知》，充分发挥电价信号在引导电力资源优化配置方面的作用，更好地服务以新能源为主体的新型电力系统建设，提高电力系统运行效率，促进能源绿色低碳发展。面对今年电力供应紧张形势，推动出台《广州市虚拟电厂实施细则》，以"激励响应优先，有序用电保底"的原则，引导用户参与电网运行调节，实现削峰填谷，提高电网供电可靠性和运行效率，全面打造更具吸引力的用电营商环境。将"获得电力"评价指标涉及的简化电网建设报建、用电报装流程等举措融入《广州市优化营商环境条例》，为持续优化地方用电营商环境提供有力法律支撑。公司供电可靠性领先单位数量连续 12 年居全国省级电网公司首位。

三、激发改革内生动力，以高质量法治保障企业高质量发展

（一）构筑合规经营"最牢屏障"

广东电网坚持服务改革发展大局，统筹推进内控风险合规管理，实现"强内控、防风险、促合规"的管控目标。一是加强内控体系建设。设立合规委员会，统筹协调合规管理工作，明确公司党委、董事会、监事会、经理层在合规管理工作中的不同职责，建立"三位一体"管理模式，强化部门履职联动，压实直属单位实施主体责任。二是健全内控制度建设。出台内控管理建设方案和管理办法，本地化修编风险分类清单、内控管理手册、内控重要岗位清单，开展年度内控与制度建设评价，全面涵盖 21 个重点业务领域、331 个业务事项、326 个风险点，准确揭示经营管理存在的缺陷。三是试点构建风险监测预警机制，通过"筛指标、建模型、搭平台、强预警"四步走，搭建风险监控预警模型，以运营管控平台为载体，通过数字化手段实现风险实时监测、量化评估、自动预警等在线监管功能。

（二）护航企业高质量发展

广东电网充分发挥法治在改革发展中的保障作用，坚持依法应对重大挑战、抵御重大风险、解决重大矛盾，为公司行稳致远保驾护航。一是强化依法经营决策。严格执行"一决策一法律意见书"要求，坚决做到"决策先问法、违法不决策"。总法律顾问列席公司党委会、董事会及总经理办公会，对涉法问题发表法律意见，保障重大决策依法合规。在确保重要决策审核率100%的基础上，采用前置审核、团队审核方式，提升法律审核质量。二是依法保障股改上市。推动新兴业务子公司股权多元化改革与上市实践在法治轨道上运行，由公司控股的南网科技公司构建了符合上市要求的法人治理体系，成为电力行业首个登陆科创板的科改示范企业，并获评改革和创新双A标杆。广东能源发展公司依法合规建立了多元股东现代企业治理机制，成为全国首家完成股权多元化改革的电网系统内电建类企业，改革经验入选国资委"双百行动"案例集。三是发挥法治文化引领作用。着力构建"一体两全三重四化①"普法新格局，培育"蓝公益·蒲公英""粤律之声"等法治品牌，逐步形成"知法于心、守法于行"的法治氛围。公司作为唯一一家企业代表在广东省首届国家机关"谁执法谁普法"履职报告评议活动中以总成绩第二获评"优秀"等级，展现了公司主动承担法律宣传普及责任、自觉接受社会群众评议监督的良好企业形象。公司累计荣获法治类国家级荣誉8项、省级荣誉166项，其中公司及所属3家单位获评全国"七五"普法先进单位，法治文化影响力不断扩大。

"改革和法治如鸟之两翼、车之两轮。""十四五"时期，国企改革发展任务更艰巨，面临的风险挑战更复杂，广东电网将持续深入贯彻习近平新时代中国特色社会主义思想，把法治摆在更加重要的位置，进一步提升法治工作引领、规范、保障能力，为全面深化改革、促进高质量发展提供更坚强的支撑。

（广东电网有限责任公司总法律顾问、专职董监事办公室主任　孙世光）

---

① 一体两全三重四化：一体指"法律法规＋党内法规＋管理制度＋内控合规"四位一体；两全指全员、全媒体；三重指重点人群、重点活动、重点内容；四化指智慧化、多元化、集约化、品牌化。

国家电投集团资产管理有限公司

夯实法治基础，贯彻法治理念
助推资产管理公司谱写行稳致远新篇章

国家电投集团资产管理有限公司（以下简称"公司"）以习近平法治思想为指导，深入贯彻国家电力投资集团有限公司（以下简称"集团公司"）"十四五"时期全面深化法治建设工作部署，将法治建设工作纳入公司"十四五"规划，紧紧围绕公司改革、发展、经营中心任务，充分发挥法治在完善现代企业制度、提升规范管理水平、防范化解重大风险、确保国有资产保值增值等工作中的作用，不断深化法律、合规、风险、内控协同运作机制，积极推进依法治理体系和依法治理能力现代化，强化法治文化建设，为持续公司高质量发展，助力国家电投集团公司"2035一流战略"稳健落地提供坚实保障。

一、法治央企建设的重要意义

2021年10月，国务院国资委印发《关于进一步深化法治央企建设的意见》（以下简称《意见》），对"十四五"时期持续深化中央企业法治建设作出全面部署。《意见》是国务院国资委深入学习贯彻习近平法治思想，落实全面依法治国战略部署的又一重要举措。

法治央企建设是贯彻落实习近平总书记关于"坚持在法治轨道上推进国家治理体系和治理能力现代化"的必然要求。中央企业作为市场经济中的核心支柱，是国家依法治国战略的重要力量，肩负着法治建设重任。法治央企建设是完善我国市场经济体制和建设法治国家的重要环节，是全面深化依法治国战略的关键步骤。

二、法治央企建设的实践与成效

（一）牢固树立法治观念，深入推进依法治企，提升全员法治意识

公司将习近平法治思想作为党委理论学习中心组必学内容和各级领导干部学习培训必修课程，深刻领会习近平法治思想的核心要义和丰富内涵。将学习宣传习近平法治思想作为公司"十四五"法治建设实施方案和"八五"普法规划的重要内容，结合公司实际，开展形式多样的活动，充分运用各种媒体手段，推动习近平法治思想深入人心。

公司以贯彻落实习近平法治思想为指导，按照集团公司"十四五"法治建设部署，结合本单位实际，制定具体落实措施，把习近平法治思想贯穿决策管理、改革发展、生产经营全过程，将符合法治精神、遵守法律规定作为决策的首要前提、经营的底线红线，坚决做到依法治企、合规经营，切实把科学思想转化为法治建设的实际成效。

（二）完善法人治理体系，有效规范内部治理，强化依法治企体系保障

公司坚持党的领导融入公司治理。依照公司治理法定程序，党委班子成员通过双向进入、交叉任职分别进入董事会、经理层，有效促进党委领导核心作用与现代公司治理机制的有机融合。公司紧跟国企改革步伐，作为集团管控优化试点单位、落实子企业董事会职权试点单位，公司全面开展董事会建设工作。创新引入外部专家董事，与集团专职董事形成优势互补，形成管理经验丰富、知识储备完善、社会影响广泛的强大决策团队，充分承接股东授权放权。

在此基础上，公司组织梳理经营管理决策需求，将党委会、董事会、董事长、总经理决策事项纳入一张清单管理，有效促进公司决策界面清晰明确。组织开展修改公司章程，研究编制各项议事规则、董事会授权管理办法等董事会配套制度，促进公司建立起以公司章程为核心的现代企业制度体系，有效保障各级决策主体规范运作。

同时公司积极督促所属单位法人治理体系建设，将相关工作要求贯彻到所属单位董事会建设工作中，完善所属单位治理体系，管控方式由职能管理向公司治理转变，在公司系统内部全面建立了现代企业制度为核心的管控体系。

（三）完善公司制度体系，有效规范内部治理，强化依法治企制度保障

在完善公司治理体系的同时，公司抓牢法律基础管理工作，结合实际承接集团公司规章制度体系管理要求，全面梳理公司的各项管理职责与经营业务，建立起与

公司的职能职责相对应的基本管理制度和业务管理制度，为各项工作的开展提供制度保障。

公司严格制度管理，推进规章制度管理升级，强化制度"立、改、废"的事前审查机制，有效防止制度体系繁复庞杂。加强法律、合规、风险审核把关力度，确保规章制度依法合规。强化规章制度落实监督机制，通过对重点领域开展专项流程运转评估，有效查找堵点精准施策，提升规章制度可操作性。

（四）完善法律管理工作机制，强化依法治企工作，提升依法管理水平

公司扎实推进法治工作，高度重视规章制度、合同、重要决策的法律审核等基础工作。将法律关口前移，加强对公司重要决策事项审查，在改革改制、重组并购、新能源项目、金融业务等重点项目中严格履行协议合同、重要决策合法性审查程序，进行法律调查和出具法律意见书。坚持"决策先问法、违法不决策"，凡是集体会议审议事项涉及法律问题的，总法律顾问应列席参加并提出法律意见。

为强化公司重要决策事项审查的审查监督工作，公司组织全系统全面梳理编制法治建设、合同管理、制度流程、法人授权、法律意见书等近百项审批流程，经过反复沟通具体功能配置，最终实现法律管理信息系统在公司系统内各级单位全部上线运行。

（五）持续推进法治文化建设，落实普法主体责任，提升全员法治素养

公司坚持普治并举原则，促进普法服务公司发展，突出法治宣贯实效，切实提升全员法治素养能力。公司组织领导干部，开展"关键少数"学法用法。把习近平法治思想作为党委理论学习中心组学习重点内容，推动领导干部带头学习习近平法治思想的重大意义、丰富内涵、精神实质和实践要求，深刻领会"十一个坚持"的核心要义。

公司面向全体员工编制了"八五"普法规划。结合集团公司"八五"普法规划，调研总结公司以及所属各单位学法用法需求，明确了主要任务和普法责任分工。并结合公司业务，把普法工作融入法治建设和解决实际问题中，组织开展多项法治专题培训，推动利用微信公众号、公共电子屏等多媒体载体宣传法治要闻，为依法合规推动业务发展和防范经营风险营造良好氛围。

三、法治央企建设的认识与体会

随着国资国企改革、构建新型电力系统战略不断深化，法治央企建设应着眼于新形势下的新要求，与国家社会经济发展的宏观大局紧密相连，落实集团公

司"十四五"时期全面深化法治建设工作部署，更好地服务于公司的转型、升级、发展。

法治央企建设为公司筑牢发展基础，一是树立了一流的法治理念，通过法治央企建设，从领导干部到普通员工，牢固树立法治意识，把依法合规、不逾红线作为经营管理的首要前提和基本衡量标准，贯穿决策、执行、监督全过程。二是形成了一流的治理机制，通过法治央企建设，公司以公司章程为统领，管理制度体系完善，治理结构更加规范，依法决策机制健全，风险管控精准到位，经营管理在法治轨道上有序开展。三是建立了一流的管理系统，通过法治央企建设，公司党委顶层谋划、主要领导亲自负责、总法律顾问全面履职、法务管理机构主责推动、各职能部门协同配合的法治建设管理系统，有效动员各方力量，汇聚依法治企工作合力。四是锤炼了一流的业务能力，通过法治央企建设，锤炼出一支精法律、通业务、懂管理的高素质法治工作人才队伍，成为公司核心竞争力的重要组成部分。五是创造了一流的公司价值，通过法治央企建设，法治工作与公司经营管理深度融合，确保公司决策部署及其执行过程符合党和国家方针政策、法律法规，促进公司品牌价值提升，有效应对外部变革，增强了公司核心竞争力，为公司的长远发展提供了坚实保障。

（国家电投集团资产管理有限公司党委书记、董事长 冯俊杰）

国家电投集团河北电力有限公司
全面推进依法依规治企　助力推动高质量发展

全面依法治国是中国特色社会主义的本质要求和重要保障，依法治企则是全面依法治国的重要内容，是实现企业治理体系和治理能力现代化的重要支撑，是建设新时代国有企业的有力保障。

一、加强央企法治建设的重要性和必要性

（一）央企在经济社会发展中有着独特的地位和作用

据统计，我国共有各类企业法人代表约 27 万。其中，国有控股企业的法人代表约 7 万，央企 120 余家。尽管央企的数量极少，但涉及核电、军工、航空航天、石油化工、电力、能源、电信、汽车制造、机械制造、钢铁、物流运输、建筑工程、铁路运输、金融、文化、行政等领域。若说国有企业是国民经济的基本单位，是我国社会经济发展的"中流砥柱"，那么央企则在关系到国家安全和国民经济命脉行业中占据着支配地位，是党实现执政兴国的重要经济支柱。新中国成立以来，在央企的表率下，国有企业在我国的经济社会法治进程中为国家建设、人民生活、边防安全等作出了巨大的贡献，也成为保障我国全体公民共同利益的重要力量。因此，在央企中推动法治建设，从宏观层面来说，有助于推动依法治国的基本方略在国民经济领域中落地落实，为国有企业乃至国民经济的发展奠定良好的政治基础与物质基础。

（二）央企加强法治建设是深化企业改革的必经之路

实践充分证明，央企作为国企的"领头雁"，必须走持续深化改革之路才能有效破除现行体制机制中束缚企业高质量发展的各种障碍，激活其作为独立市场主体

的发展动力和内生活力。当前，国有企业改革已经进入了深水区，一些企业的资产处置、历史遗留问题、劳资纠纷问题相继暴露且纷繁复杂，必须要通过加强企业法治建设，构建科学有效的法律管理体系，筑牢法律风险管控的防火墙，才能为国企改革稳步推进保驾护航，确保实现改革不走样、有秩序、强深入的目标。

（三）央企加强法治建设是促进企业经济发展的必然要求

俗话说："国无法不治，民无法不立"，对于企业也一样。企业法治是企业的行为准则，在企业的发展过程中发挥着十分重要的作用。而央企加强法治建设是适应市场经济大环境下的必然要求，也是规范自身经营管理的内在需要，央企深耕国民经济命脉行业，更要根据国家相关行业及产业政策，准确把握涉及产业发展的法律法规，才能够确保企业发展战略与国家有关政策法律的要求相吻合，各经营事项符合市场经济的相关法律法规，通过提高企业自身的抗风险能力，实现避免、减轻、挽回经济损失，维护企业合法权益，保证国有资产持续增值。

二、国家电投集团河北公司法治建设的实践经验

河北公司先后荣获了国资委"六五"普法先进单位及先进个人，连续 2 年荣获集团法治建设标杆单位称号、连续 5 年荣获优秀总法律顾问称号。坚持把法治建设作为加强管理、保障正常经营、维护合法权益和服务健康发展的重要举措，作为增强国有经济控制力、影响力、抗风险能力和提升核心竞争力的坚强保证，从顶层设计、夯实基础、风险防控、队伍建设等方面深入实践，提高了依法决策、依法经营、依法管理水平，全面推进依法治企战略落地生根。

（一）顶层设计架"大梁"

一是重构设计管理框架。根据集团及公司的发展战略目标，进一步厘清了公司本部及所属单位的内在逻辑和职能职责，重构设计管理框架，将公司及所属单位的机构、职责和管控流程进行再造，进一步厘清职能职责边界，明晰各自责任。二是不断完善合规管理体系。修订了公司《合规管理办法》，将合规承诺书嵌入综合办公系统，实现合规承诺全员全覆盖，完成了决策管理、经营管理、财务管理等七个重点领域 17 项业务合规审查信息化表单上线运行，合规审查效率大幅提高。三是优化设计管理制度。探索规章制度分类管理模式，整理集团核心制度 74 项，创新编制印发《集团公司规章制度摘要汇编》。修订河北公司《表彰奖励工作管理办法》《规划管理办法》等 229 项制度、废止 2 项制度，构建起有"四梁八柱"功效的制度性主体架构，做到"全覆盖"管控有章可循、规范运行。

（二）全面推进夯"根基"

一是将党的领导贯穿于依法治企全过程。公司始终坚持党的领导，把加强党的领导和完善公司治理统一起来，把公司党组织内嵌到公司治理结构之中，把党的领导融入依法治企、合规经营、从严管理全过程、各环节，党委在公司充分发挥领导作用，把方向、管大局、保落实，依照规定讨论和决定公司重大事项。二是推进法治建设创新发展。落实集团公司"四位一体"管理要求，对标法治标杆提升管理水平，积极培育依法合规的企业文化，持续加大全民普法力度，将合规文化建设与法治宣传教育紧密结合，积极倡导"尊法守法光荣、违法违规可耻"的价值导向，大力选树宣传守法合规典型，有效营造了尊法守规的文化氛围。三是推进建设数字化法务。持续提升法律管理的信息化水平，推进法务信息系统应用及数据维护，累计录入 2016 年以来的历史数据 5.5 万项，为集团公司建设数字法务奠定基础。

（三）强化管理防风险

一是强化法律事务管理。按照"三重一大"程序，责成专人跟踪配合重大决策，优化合同流程，持续加强各单位合同管理，常态化做好法律合规审查、尽职调查、项目风险提醒等工作，完成重大决策审查 1090 项。法务人员主动介入以专业视角，全面涉足企业生产经营中的重大改革、投资融资、项目并购、工程建设等重点领域及疑难问题，出具法律意见 3640 项。二是强化诉讼案件管理。公司成立了历史遗留案件协调工作组，总经理参与重大案件研究，公司党委定期听取案情汇报，每月召开案件协调会。案件实行风险代理，且不完全依赖代理律师，全部实行内外结合的混合代理，并建立诉讼案件激励约束制度，从经费和薪酬上给予大力支持。自 2013 年以来，累计结案 146 件，避免损失 6.8 亿元，贡献利润 1.8 亿元，为企业发展作出了积极贡献。三是强化全面风险管理。持续健全全面风险管理体系，每年度定期编制印发关于加强全面风险管理的文件通知，推进重大风险跟踪管控，开展多层次风险信息收集、重大风险评估、风险分类监管处置，及时识别、分析影响发展战略和经营管理的各种不确定因素，确保重大风险可控在控。四是强化内部控制评价。持续优化内控体系，修订了《内部控制管理办法》，及时建设新建企业内部控制体系，创新开展内控体系监督，及时堵塞了管理漏洞，提升了内部控制有效性及风险防范能力。

（四）着眼专业强队伍

一是增强重点人员依法合规管理水平。有针对性地强化公司高级管理人员、经营管理人员和高风险岗位人员的依法合规管理能力培育，健全和落实领导干部学法制度，将法治教育纳入领导干部中心组年度学习和培训规划计划，将法律法规和企业规章制度纳入管理人员和重点岗位的培训必学内容，使各类重点人员全面掌握管理权限和业务涉及的法律法规和制度规定，知晓违法违规责任，增强依法依规的行为自觉。二是配齐配强法律顾问。着力构建复合型、多元化、高素质的法律顾问队伍，完善法律顾问履职机制，不断贡献价值创造。目前，公司共配备 22 名法律顾问，全部取得国务院国资委岗位评级认定。其中，有 13 人取得法律职业资格，9 人取得企业法律顾问资格，4 人取得公司律师资格，4 人取得全国工商联首席法律顾问资格。法律顾问专职率、专业化率、持证上岗率均达到 100%。三是不断提升法律队伍综合素质。公司积极培养企业法务人才队伍，实施人才激励计划，制定印发了《"十四五"法律队伍建设规划》以及各年度培训方案、法律顾问跨专业培训等文件，鼓励内部员工通过继续教育等方式，充实到公司法律队伍中来。2013 年至今，公司共组织 25 次法律培训，有 75 人次完成跨专业岗位学习。目前，公司系统法律顾问中有 20 余人跨专业取得中、高级职称或职业资格，系统思维能力、统筹谋划能力和参与决策能力实现综合提升。

三、结束语

法治是责任、是理念，更是成本、是保障。央企加强法治建设意义重大、任重道远，需要企业真正做到尊重法律、重视法治，将打造法治企业作为提升核心竞争力的重要举措，把法治意识和法治思维深度融于企业经营管理，确保决策先问法、违法不决策、不合规不决策，才能不断适应经济发展新常态对转变企业发展方式提出的新要求，推动企业自身的高质量发展。

（国家电投集团河北电力有限公司总法律顾问兼政法部负责人　丛龙江）

中国长江电力股份有限公司

完善依法治理体系，健全法务管理职能，为建设世界一流清洁能源上市公司提供法治动能

法律是治国之重器，法治是国家治理体系和治理能力的重要依托。中央企业作为中国共产党执政兴国的政治基础和经济支柱，是党和国家治理体系的重要组成部分。践行法治央企建设，全面实施依法治企是全面依法治国战略在国民经济领域贯彻实施的具体体现，更是中央企业增强市场竞争力实现高质量发展的内在要求和必然选择。

中国长江电力股份有限公司作为经国务院批准，由中国长江三峡集团有限公司作为主发起人设立的股份有限公司，自成立起就秉持"诚信经营、规范治理、信息透明、业绩优良"经营理念，实现了公司快速健康发展。近年来，公司按照"治理完善、管理规范、经营合规、守法诚信"的法治央企建设总要求，进一步完善依法治理体系，健全法务管理职能，为公司改革发展提供了积极支撑与全面保障。

一、坚持顶层推动，持续完善公司依法治理体系

健全的公司治理结构是保障依法治企的基本前提。长江电力自成立上市起就建立了股东大会、董事会、监事会和经营层各司其职、协调运转、有效制衡的公司法人治理结构，并不断完善。党的十八届四中全会以来，公司着力强化顶层推动，坚持将加强党的领导与完善公司治理结构相结合，坚持以公司章程为统领、以董事会为决策中心，推动实现党委把关定向与董事会科学决策有机统一，将制度优势更好转化为治理效能。

加强党的领导，充分发挥公司党委把方向、管大局、促落实作用。通过践行

"双向进入、交叉任职"的组织架构，修订完善公司章程、"三重一大"决策制度以及《党委前置研究事项清单》，明确党委在公司治理结构中的法定地位。聚焦谋全局、议大事、抓重点，明确了公司党委会前置审议事项和决策事项，确保将党的领导融入公司治理，充分发挥党组织把方向、管大局、促落实作用，既不缺位失位，也不错位越位。

建好建强董事会，落实董事会定战略、做决策、防风险职责。董事会是公司治理结构的关键组成部分。长江电力按照管理理念先进、履职经历丰富、专业背景多样、能力结构互补的原则，持续完善董事会人员组成，目前董事会成员中包括财务、金融、技术、法律等多个领域专家，且均具有大型国有企业履职经历，为董事会高效运转奠定坚实基础。通过强化各专门委员会专业议事职能，完善会前积极沟通、会上充分讨论的审议机制，为董事充分发表独立、专业的决策意见提供机制保障，保障董事会科学决策、民主决策、依法决策。

完善以章程为统领的法人治理制度体系，持续优化依法治理、科学决策的公司治理制度体系。公司章程与法人治理制度是企业治理的"基本法"和"组织法"，构成了公司法人治理的基本架构。长江电力作为大型国有上市公司，严格按照公司法、证券法以及国资委和证监会的监管要求制定公司章程及法人治理制度，并结合公司改制上市、重大资产重组以及发行全球存托凭证在伦敦证券交易所上市等资本运作与业务发展步伐，持续修订完善以公司章程为核心、20多项法人治理制度为支撑的法人治理制度体系，及时回应最新监管要求与公司经营发展的实际需求，保障公司运营管理合规高效，切实维护公司全体股东利益。

切实加强法治央企建设组织领导，明确主要负责人、总法律顾问在推进法治建设中的责任。印发了《主要负责人履行推进法治建设第一责任人职责实施办法》，明确了董事长、党委书记、总经理推进法治建设的职责。成立了主要负责人任组长的公司法治建设领导小组。修改《公司章程》，将总法律顾问制度写入章程，明确总法律顾问为公司高级管理人员。公司主要负责人定期听取法治工作报告，公司年度工作报告、董事会年度报告将法治工作情况作为内容之一。主要领导抓法治建设，进一步增强工作合力，有效构筑上下联动、部门协同的法治建设大格局。

二、坚持深度融合，拓展法务管理职能，发挥引领支撑作用

随着全面深化改革与全面依法治国战略的纵深推进，中央企业的市场化、法治化与国际化水平快速提升，公司法务管理方式也随之调整。近年来公司法务管理机

构坚持融入中心，服务大局，按照法律服务"靠前一步，走深一步"的要求，推动法务管理机构立足制度、合同和重要决策审核率100%等基础职能上，进一步向合规管理、业务赋能等方面拓展，切实与企业的改革与发展深度融合。

面对国企改革进入深水区和攻坚期的新形势，公司坚持在法治框架下推进各项改革工作，坚持在深化改革中发挥法治引领作用。一方面注重运用法治思维谋划改革顶层设计，以法律底线划定改革红线，通过深度参与公司各项改革相关制度与方案设计，为公司深化混合所有制改革、加强董事会建设、完善市场化用工机制与薪酬分配制度等重大改革事项确定行动框架与执行依据，切实运用法律规则平衡好各方利益。另一方面注重运用法治手段推动改革实施，通过强化法律审核，开展法律监督，确保各项改革工作始终在依法合规的轨道上有序推进。

立足新发展阶段，中央企业肩负着加快构建新发展格局的重任，在共建"一带一路"，实现"碳达峰""碳中和"等发展目标中承担重要使命。公司坚持以法治理念推动高质量发展，在发展中发挥法务工作的支撑作用。法务管理机构结合日常法律审核与项目参与经验，主动围绕公司发展中的重点领域与新业务进行前瞻性研究与经验总结，通过编制法律风险提示与合规指引，开展专题培训与座谈等多种方式为业务发展"赋能"，通过不断完善全面覆盖纵向延伸的法治工作体系，健全重点跟踪、全程参与的法律工作机制，为公司拓展国际化经营、新能源和智慧能源建设、科技创新等提供法律支撑，为建设世界一流清洁能源上市公司提供法治动能。

顺应新时期合规管理要求，实现管法务向法务与合规统一管理转变。公司总法律顾问任公司合规委员会主任，法务部门归口管理公司合规业务，组织制定公司合规管理系列制度和合规手册，针对合规重点领域编制合规管理指引，开展合规审查与管理培训，督促指导下属公司建立合规管理组织体系和工作机制，为公司规范管理和业务发展，尤其是境外业务开展提供了法治力量。

三、坚持协同发力，探索构建法律合规内控风险一体化管理机制

依法治企是一项系统工程，贯穿于企业生产经营运行管理的全过程。近年来，公司围绕"强内控、防风险、促合规"，在已有法务、风险、内控与合规管理体系的基础上，着力探索构建法律合规内控风险一体化管理机制，形成了以制度为根基、以流程为载体，各业务单位与职能管理部门紧密衔接、运转流畅的管理体系，充分发挥管理合力，确保将法治的理念落实在公司的每项具体业务和每个生产经营环节之中。

以制度为根基，建立业务全覆盖，横向到边、纵向到底的规章制度体系，构建公司治理的根基。"经国序民，正其制度"，规章制度是公司依法治企的基本框架。为保证法律法规监管要求等在企业经营运行过程中落到实处，公司法务管理部门全面统筹建设公司规章制度体系，定期识别评估外部合规要求和内部管理需求，科学编制公司制度修编计划，建立制度分层分级审批机制，创建了集公司和内部各单位制度审批、印发、浏览、动态、统计、检索以及重要岗位可视化权限指引为一体的信息化制度管理平台，有效提升了公司制度管理水平和制度执行使用效益，筑牢了依法治企的制度基础。

以流程为载体，建立基于岗位职责的内控与合规审查机制，推动合规、风险、内控管理融合。业务流程是企业运行的血脉和经络，为保障在依法合规风险可控前提下业务流程的高效顺畅运转，公司以业务流程链条梳理为起点，通过多部门协同配合共同参与，厘清业务流程链中的审查人岗位，梳理各业务流程风险点和关键控制点，拟定各业务岗位的内控与合规审查要点；同时充分利用信息化手段，打通已有各业务信息系统数据库，将审查要点嵌入招标采购、合同管理等 10 多个重要业务流程，形成基于岗位职责的内控与合规审查机制，实现了业务信息系统在流程处理过程中对业务经办人、业务负责人、法律审核人等不同审查角色按岗位进行内控与合规审查要点的逐一提示和确认的功能，通过流程审核的信息化、标准化与可视化确保公司业务开展能够"看得清风险，守得住底线，管得了流程，用得好法律"，实现内控、合规和风险管理在业务中的融合。

踔厉奋发、笃行不怠。近期国资委印发了《关于进一步深化法治央企建设的意见》，对新时期央企法治建设提出了新要求，公司将按照健全五大体系、提升五项能力要求，筑牢公司行稳致远的坚实法治基础。

（中国长江电力股份有限公司总法律顾问　詹平原）

三峡资产管理有限公司
"三力齐发"打好依法治企"组合拳"

党的十八大以来，以习近平同志为核心的党中央从坚持和发展中国特色社会主义的全局和战略高度定位法治、布局法治、厉行法治，创造性提出了习近平法治思想，开创了依法治国新局面。依法治国涉及整个国家的方方面面，各方主体都要按照法律的规范运作，而企业是社会的重要组成部分，是构成市场经济的主体，依法治国的提出必然引领企业走向依法治企。近年来，三峡资产始终坚持在党的领导下，全面推进依法治企，不断强化引领支撑能力、风险管控能力和主动维权能力，护航公司健康有序高质量发展。

一、凝心聚力，战略引领强支撑

古语有云："奉法者强则国强，奉法者弱则国弱。"

三峡资产始终坚持运用法治思维和法治方式深化改革、推动发展，紧盯国企改革三年行动、中央企业"十四五"发展规划等重点工作，及时将法治建设纳入公司"十四五"发展规划、深化改革三年行动实施方案及对标提升行动实施方案，深入分析法治建设新任务新要求，提前研究可能出现的法律问题，及时制定应对方案和防范措施，明确法治建设新目标，细化工作任务和进度时限，确保各项任务具备可执行性。

始终坚持抓好关键少数，进一步细化法治建设第一责任人职责，并将其纳入年度法治工作要点和法治工作计划清单，强化职责落实。一是认真落实党委定期听取法治工作汇报机制。党委书记组织开展法律纠纷案件处置情况调研，深入了解所属单位法律纠纷案件进展情况，部署下一步工作计划，切实发挥好"头雁"引领作用。二是认真落实开展党委中心组法治专题学习长效机制。党委委员紧密结合三峡资产主营业务实际，深入分析和研讨，理清推进依法治企工作思路，以身作则、学法用法，不断提升应对风险、深化改革、推动发展的能力。三是认真落实定期召开法治工作会议制度机制，研究法治建设思路，统筹谋划年度法治工作。通过"三项机制"清单化，确保法治建设第一责任人职责各项措施落实落地见效。

始终坚持营造浓厚的法治文化氛围。不断丰富法治宣传教育活动形式，组织开展法治讲堂，观看民法典宣传教育法治系列节目，制作法治宣传展板；组织参加国资委法治讲堂、三峡法治讲堂，在广大职工中掀起学法、守法的法治宣传热潮，凝心聚力，增强干部职工的法治意识和权利意识，有效提高依法治企能力和合规管理水平。

二、精准发力，慎终如始防风险

"事后补救不如防患于未然。"三峡资产始终将风险防范化解作为法治建设的重要内容，着力打造事前制度规范、事中跟踪监控、事后监督问责的监管闭环。

事前，先立规矩后办事。自公司成立以来，三峡资产不断健全制度体系建设，截至2021年底，现行管理制度已有144项，全面覆盖各业务领域，为依法治企工作奠定了扎实的制度基础。

事中，树立"雷区意识"强管控。三峡资产持续巩固规章制度、经济合同、重要决策法律审核制度，在确保100%审核率的同时，通过跟进采纳情况，逐步完善后评估机制，反向查找工作不足，不断提升审核质量；落实风险隐患排查常态化机制，组织所属各单位结合本单位实际情况开展经济合同法律审核风险排查，通过全面客观开展自查，系统梳理本单位经济合同法律审核基本情况和风险点，客观反映本单位经济合同法律审核现状和相关问题，坚持问题导向、边查边改、立查立改，对排查出的共性风险积极通过风险提示函、法律意见书、以案释法等形式及时开展预警，有效防范化解风险。

事后，深化追责督促整改。三峡资产严格落实国资委《关于建立国有企业违规经营投资责任追究制度的意见》，制定印发《违规经营投资责任追究管理制度》，不断加大对违法违规经营、风险防控不力等行为的问责力度，形成有效监督震慑。

三、持续用力，压降维权两不误

"法治是企业发展的护身符，是维护合法权益的坚固盾牌。"三峡资产组建于2015年，定位为集团辅业资产处置、经营和盘活的专业平台，是由多家国有老企业整合而成的一个新企业。而老企业几十年来的历史沉积，遗留问题错综复杂。为厘清解决历史遗留问题，为企业发展创造优良环境，公司始终坚持以法为盾，全面深入推进依法治企，利用法律途径解决历史遗留纠纷，有序推进精细化管理，防范经营风险。

所属单位置能公司在组建时面临着零星房产散乱复杂、资产现状模糊不清等问题。公司不等不靠，一手抓内部合规建设，一手举起法律武器捍卫权益，经过2年多的持续发力，通过诉讼成功取回49套住宅房产控制权，收回部分占用费100万余元。在纠纷解决过程中，不仅维护了公司权益，同时在房产核查梳理过程中，还发现了存在的出租房屋后与租户沟通不畅、房屋管理失序等问题，立行立改，及时建立健全房屋租赁制度和管理台账，并在管理过程中不断完善，现已基本全面掌握房产管理现状，此前存在的底数不清等问题已彻底解决，为公司减轻历史包袱、稳健前行奠定了基础。

此外，公司牢固树立案件提质创效意识，深入总结"压存控增"工作成果，积极参加法律纠纷案例选编，认真进行案例选取，深入分析案件风险状况，评析总结处理过程和结果；组织开展"以案释法"活动，邀请代理律师剖析已结诉讼案件发案原因，解析案件背后反映的管理问题，推动实现"以案促管、以管创效"目标。经过不懈努力，三峡资产自组建以来至2021年底，法律案件虽有小幅上升，但总体呈螺旋下降趋势。

（三峡资产管理有限公司总经理助理、总法律顾问　杨光）

三峡物资招标管理有限公司

学习贯彻习近平法治思想　全面推进法治央企建设

近年来，三峡物资招标管理有限公司（以下简称公司）以习近平新时代中国特色社会主义思想为指导，深入贯彻落实习近平法治思想、党的十九大和十九届历次全会精神，全面贯彻落实国务院国资委和中国长江三峡集团有限公司（以下简称中国三峡集团）对法治工作的各项部署要求，大力推进企业法治建设，不断强化法治工作引领支撑作用，持续提升依法治企整体水平，为公司改革发展各项工作的顺利开展提供了坚实法律保障。作为公司法治建设的亲历者和参与者，我们深知这项工作开展的困难，也深感法治建设给公司带来的变化，下面就学习习近平法治思想和推进法治央企建设，谈点个人体会。

一、深入学习贯彻习近平法治思想

改革开放以来，中国共产党在总结反思中国几千年治国历史经验后深刻认识到，没有社会主义民主与法治，就没有中国的现代化，为了充分保障人民民主，必须将法治作为治国理政的基本方式，全面加强社会主义法治建设。2020 年 11 月 16 日至 17 日，党的历史上首次召开的中央全面依法治国工作会议，正式提出和确立了习近平法治思想。

进入新时代之后，中国社会主要矛盾已经转化为人民日益增长的美好生活需要和不平衡不充分的发展之间的矛盾，人民群众对民主、法治、公平、正义、安全、环境等方面的要求日益增长，因此，法治建设要积极回应人民群众的新要求新期待，研究和解决法治领域人民群众反映强烈的突出问题，不断增强人民群众获得感、幸福感、安全感，用法治保障人民安居乐业。

在企业治理领域，学习贯彻践行习近平法治思想，就是要把落实法治要求贯穿到经营管理的各个方面，确保法治建设落地生根，将推进法治建设、落实合规要求转化为一项项具体行动。

二、全面推进法治央企建设的重要意义

全面推进依法治国，是全面建成小康社会、实现中华民族伟大复兴梦想的迫切要求，而全面依法治企则是全面依法治国在企业治理方面的生动体现。党的十九大以来，党中央进一步加大全面依法治国推动力度，国有企业特别是中央企业作为中国特色社会主义的重要物质基础和政治基础，作为党执政兴国的重要支柱和依靠力量，必须在落实全面依法治国战略部署，强化依法治企上走在前列、作出表率。

当今世界正经历百年未有之大变局，经济全球化步入新的发展阶段，国家间综合国力竞争深化，大国博弈更多体现在企业间的竞争。国家企业在融入全球产业链、价值链和供应链的过程中，企业法治建设的重要性尤为凸显出来。一方面，各国出于保障国家战略、保护本国产业、保持技术领先和确保市场份额等需要，会为外来投资者设定各种准入和壁垒条件；另一方面，我国企业只有完整、准确掌握东道国的政治、经济、文化、法律、风俗习惯等方面的规则要求，才有获得进入东道国市场的机会与可能。因此，在竞争激烈的市场环境和复杂多变的国际形势下，强化法治建设是我国央企进军世界一流的软实力，也是行稳致远的压舱石。

2015年底，国务院国资委印发《关于全面推进法治央企建设的意见》，提出要切实加强对企业法治建设的组织领导，大力推动企业治理体系和治理能力现代化，促进中央企业健康可持续发展。6年多来，公司严格按照国务院国资委与中国三峡集团要求，持续深入推进法治建设第一责任人职责落实，进一步完善公司法治工作体系，加快促进法治工作与经营业务深度融合，为公司改革发展提供了强有力的法治支撑。一是公司领导职工法治意识明显增强，能够主动学习法律法规，自觉运用法治思维和法治方式解决问题，并在全公司范围内形成办事依法、遇事找法、解决问题用法、化解问题靠法的良好氛围；二是公司市场化业务取得明显成效，从内部市场走进外部市场的过程中，交易信息的不对称性与市场竞争压力大大增加，经济运行的商业风险、国际贸易的政策风险等层出不穷，公司法务部门深度参与市场化业务的立项评审、尽职调查、履约检查等流程，有效防范了外部市场风险；三是企业改革稳步推进，子企业实现爆破一体化业务转型，公司法务部门全程参与子企业改革项目，参与项目可行性研究、交易结构设计，配合完成专项法律服务采购，合

并合同磋商谈判与法律尽职调查等工作，严格控制法律合规风险。

三、如何有效推动法治央企建设

1. 毫不动摇坚持党对法治工作的绝对领导。中国特色社会主义最本质的特征是中国共产党领导，我们必须毫不动摇坚持党对一切工作的领导。一直以来，公司的法治建设都是在公司党委的正确领导下稳步推进，成立了公司法治建设领导小组，加强对公司法治建设工作的组织领导和统筹协调，提升公司依法治企能力，切实推进法治建设第一责任人职责落实。在个人履职过程中，大家都深入学习贯彻习近平总书记系列重要讲话精神，保持思想自觉、政治自觉、行动自觉，切实做到头脑清醒、立场笃定、行动坚决。

2. 进一步完善公司法人治理体系。治理体系是指企业法人机关进行决策的议事规则及决策程序。要确保法治工作融入公司重大经营管理事项的关键环节，须将重大涉法事项法律审核、法务列席并发表独立意见等流程嵌入议事规则，并严格执行。公司在《"三重一大"决策制度实施办法》中明确，凡涉及法律风险的决策事项，必须事先由法律事务部门或者法律顾问出具法律意见书或者以其他形式进行法律审核，决策时总法律顾问须列席会议并提出法律意见，这为法务工作的顺利开展提供了制度依据。

3. 积极开展普法培训，切实提高员工法治意识。企业主要负责人是推进法治建设的第一责任人，是依法治企的组织者、推动者和实践者，深入推进法治建设须牢牢把握领导干部这个"关键少数"，公司党委定期开展法治专题学习，主要领导和班子成员带头学法尊法守法用法，在全公司范围内起到了很好的带头作用。下一步，还将以"八五"普法为契机，加强普法宣传教育，提升全员法治意识，通过开展主题法治宣传实践活动，相关涉法案例推送活动，有奖知识竞赛等方式推进普法教育，突出抓好领导干部学法用法，加强关键岗位经营管理人员学法用法，提高法治宣传实效。

4. 不断完善法治工作体系，打造法治人才队伍。当前，不少国有企业还尚未设置独立的法务机构，有些甚至没有配备专业专职的法务人员，公司的法律审核工作由其他部门人员履行，法律把关、风险控制工作更多流于形式。公司2019年首次聘请外部律所作为常年法律顾问，2020年以来陆续招录4名具有法律职业资格的专业人才，内外部形成法治合力，推动公司法治工作迈上了新台阶。因此，推进企业法治建设的基础是要配备足够数量的专业法务人员，并通过形式多样的内外部培训（内部专题培训班、外部律所联合培养、定期法院旁听活动等）切实提高法务人员的履职能力；另一方面，要建立健全企业法律顾问职业发展规划，打造专业晋升通道，为法务人员履职待遇提供保障。在采购外部法律服务时，慎用"最低价中标法"，充分做好采购遴选工作，重视用合理价格水平聘请有实力的外部律所，并在生产经营过程中做好与外部律所的沟通协调，切实发挥其专业知识过硬与实务经验丰富的优势，使其成为公司内部法务机构的有效补充。

5. 强化法治工作与主营业务的深度融合。全面落实经济合同、规章制度、重要决策和授权委托书的法律审核，在保证法律审核率达 100% 的前提下，进一步规范审核流程，提高法律审核的效率与质量；完善体制机制，保障公司法务部门深度参与企业改革、股权变动、投融资、重要资产处置等重要事项，从项目立项到尽职调查、合同谈判、合同签约、合同履约检查等全程参与重大项目，切实有效防范关键环节风险，有效维护公司合法权益，充分发挥依法治企固根本、稳预期、利长远的保障作用。

（三峡物资招标管理有限公司党委委员、副总经理　赵强）

国家能源集团龙源电力集团股份有限公司

心怀法治勇担当　砥砺奋进谱新篇
为创建世界一流新能源企业保驾护航

龙源电力坚持以习近平法治思想为指导，认真贯彻党中央全面推进依法治国重大战略部署，深入落实国务院国资委全面推进法治央企建设意见，积极践行"法治国家能源"建设各项要求，依法治理、合规经营、规范管理共同推进，法治体系、法治文化、法治能力一体化建设，企业依法经营管理能力水平取得明显提升，为将龙源电力加快建设成为世界一流新能源企业提供了坚强的法治保障。

一、强化组织领导　法治企业建设注入新动能

规划引领深化建设。强化顶层设计，成立法治建设领导小组并明确职责，及时编制法治企业建设实施方案，明确法治企业建设总体要求、工作目标、工作任务与保障措施，全面规划法治建设。通过分解落实年度规划、召开法治工作会、编制年度法治工作要点，明确工作目标与任务措施，有力有序推动建设规划落地。建立完善法治季报机制，通报系统内法治工作动态，总结交流先进经验，明确季度重点工作，确保法治工作年度目标任务落实落地。

建设首责充分落实。通过制定并实施《企业主要负责人履行推进法治建设第一责任人职责若干规定》，为推进公司法治建设创造了条件，多次组织开展所属企业依法治企第一责任人职责落实情况检查交流、整改督导，有效提升所属企业法治建设水平。公司各级领导带头深入学法，完善《党委理论学习中心组学习制度》，将国家法律法规列为党委中心组必学内容。2020年以来，公司系统共组织党委中心组学法408次，中层以上经营管理人员参加普法培训2300余人次。

激励考核持续强化。出台《依法治企考核办法》，将合规经营、规范管理等全面纳入考核体系，考核结果与绩效挂钩，并强化专项工作考核，将合同管理、普法宣传等工作开展情况纳入月度考核，将发生重大涉法问题列为年度经营业绩考核一票否决情形。

二、坚持依法治理，公司治理水平取得新发展

充分发挥章程统领作用。持续规范治理主体权责，编制 3 类全资、控股公司投资协议与章程范本，依法理清股东（大）会、董事会（董事）、监事会（监事）、经理层职责边界，并全面完成党建工作要求进章程，党组织领导作用得到充分发挥。此外，持续深化三会管理，编制股东（大）会、董事会、监事会文件模板，不断提升"三会"文件编制、审核质量效率，有效防范公司治理法律问题。

治理主体依法依规履职。以制度手段固化落实合规合法审核，完善《董事会议事规则》《总经理办公会议事规则》等配套办法，涉及合规性、合法性风险的重大决策事项必须经过相关审核后方可提交决策会议讨论，确保决策合法合规性。

三、推进合规经营，持续健康发展形成新格局

逐步完善合规管理体系。出台合规管理工作方案，明确了合规管理工作目标、重点内容、主要任务及保障措施，初步搭建起公司合规管理框架，并建立了合规管理组织体系，下设立合规管理委员会，并由法律事务部门归口管理，为实现方案要求提供组织保障。

不断夯实合规管理基础。组织推进制度标准化建设，2020 年结合新形势系统重构了公司制度体系，利用 4 个多月时间，高效完成制度"立改废"，基本建成涵盖法人治理、党建群团、监督考核等八大板块，356 项制度组成的标准化制度体系，制度体系集成度、协同性、规范性大幅提升。坚持依法依规决策刚性落实原则，将法律审核嵌入管理流程，将法律审核作为经营管理的必经环节，确保重大决策、合同、制度三项法律审核率始终保持 100%。

四、完善工作机制，法律体系建设取得新成效

不断夯实法律基础管理。建立了一套标准法律制度体系，以《法律事务管理通

则》为纲，确立法律工作职责边界、明确总法律顾问和各级企业工作职责，配套制定合同、制度、授权、纠纷、律师、依法治企考核等 6 个业务区块标准管理办法，推广适用于基层企业，从制度层面明确法律工作标准。

合同管理规范化水平持续提高。规范合同审核标准，各级企业按照《合同法律审核要点》《法律意见书模板》规范合同审核，合同审核效率显著提高；建成覆盖公司全部主营业务的合同范本库，涵盖风电机组采购、工程建设、战略协议、投资并购协议等各类协议 49 项，滚动修订《合同范本使用指引与汇编》，对于范本使用方式、审核流程均提出明确要求，提升合同标准化管理水平。优化"重大合同提级审查"机制，提级审查标准和范围进一步规范。2020 年以来，公司重大合同提级审查 90 余份，金额总计约 170 亿元，有效防控所属单位重大合同风险。

纠纷案件管理力度不断加大。完善较大案件沟通联络机制，印发较大法律案件挂牌督办工作方案，以联络会、案件处置书面材料审核指导等方式协助所属企业妥善处理纠纷，重点跟踪指导关键环节和重要节点，诉讼风险得到有效预控。

经营风险防控不断强化。法律审核把关全过程融入各项业务，推动风险管控由"事后补救"转向"事中控制"和"事先防范"，突出对涉及红叶项目、项目投资等重大改革、重点任务、重大项目法律支持和保障。严格执行法律审核机制，在章程制定、公司设立、工程变更等方面提供全程法律支持。为做好风险事前防范，共编印 20 期法律问题提示，提示范围从生产经营拓展到法律法规、典型案件，进一步健全法律问题提示长效机制。

境外法律风险防控深入开展。定期开展境外法律风险排查，从重大事项法律风险、投资准入风险、资本市场合规风险、海外运营风险等多方面多维度详细排查所涉法律问题。

疫情期间法律风险有效应对。组织所属企业排查疫情防控期间法律合规风险，疫情初期公司系统共计 185 份合同受到疫情影响，编制实施《疫情防控期间合同法律风险的应对预案》，开通疫情法律服务热线，及时推送疫情防控和复工复产政策法规清单，指导企业依法减轻疫情影响。

五、创新方式方法　普法宣传展现新亮点

普法工作体系建立完善。创新普法宣传形式，实施"一年一主题"普法模式，逐年纵深推进"新法我先知，普法促发展""学法铭于心，守法践于行"群众性主题普法活动，累计推出 24 部必学法律法规清单。构建普法活动实效自评指标体系，

设置法治认知、法治价值和法治行为 3 方面 13 项指标，指导所属企业及时评估普法实效。

法治文化建设氛围日益浓厚。开展宪法宣传周系列活动，举办"习近平法治思想与依宪治国依宪执政"专题普法培训，开展宪法知识趣味竞答等形式多样的活动，将理论学习与实践活动相结合。开展《诚信合规手册》学习宣贯，组织全体职工全文研读、深入学习，全员签署合规承诺，推动合规基本准则和日常行为规范入脑入心。深入开展《民法典》宣传，通过编制宣传海报、微信推文、发放读本、新员工培训等多种方式，充分宣传民法典对工作、生活影响。

法治普惠活动积极开展。组织开展"我为群众办实事"公益法律服务活动，组织公司系统内法务人员、外聘律师发挥法律专业优势，为员工提供精准、高效、优质、普惠的公益法律服务，2021 年 6 月以来，通过发放普法宣传册、开展法律咨询、开通法律服务热线等多种方式，为员工提供法律服务达 9000 余人次。

雄关漫道真如铁，而今迈步从头越。下一步，法治企业建设将持续以习近平法治思想为指导，围绕公司"十四五"规划和重点任务，以打造治理完善、经营合规、管理规范、守法诚信的"法治龙源"为目标，力争到 2025 年，公司法治理念更加强化、治理机制更加完善、制度体系更加优化、组织机构更加健全、管理方式更加先进、作用发挥更加有效，依法治企工作满足世界一流新能源企业需求。

（国家能源集团龙源电力集团股份有限公司总经理助理、总法律顾问　吴涌）

国家能源集团国电电力发展股份有限公司

推动依法治企守正创新

"奉法者强则国强，奉法者弱则国弱。"自十八大以来，以习近平同志为核心的党中央高度重视法治建设，将全面依法治国纳入"四个全面"总体战略布局。依法治国贯彻到企业中就是依法治企，作为全国性电力上市公司的国电电力发展股份有限公司，通过扎实的依法治企实践，多次获得《中国电力报》等媒体头版报道，先后荣获中国上市公司百强、法律风险指数最低央企上市公司、金蜜蜂企业社会责任中国榜最高奖等重要奖项。

依法治企要学懂悟透习近平法治思想

习近平法治思想是新时代全面依法治国的根本遵循和行动指南。国电电力将习近平法治思想纳入各级党委中心组学习的必学内容，纳入全体干部员工的日常准则中，推动先进思想成为每个人的自觉和习惯，坚持领悟思想精髓、领会核心要义、研究有力举措、提升学习实效，坚持"干中学，学中干，学以致用，用以促学"，使法治工作更好地融入中心、服务大局。

依法治企要做好组织保障与顶层设计

国电电力作为以发电为主业的生产企业，依法治企是生产发展的重要保障，公司自上而下、从领导到员工均对法治工作非常重视。一是强化组织领导。成立"法治国电电力"建设领导小组、合规管理委员会等专门机构，由总经理、党委书记任组长，统筹谋划法治工作全局，组织并推动法治建设决策部署落地实施。认真落实公司主要负责人履行推进法治建设第一责任人职责，将法治建设第一责任人履职情况列入董事会工作报告以及党委书记、公司总经理年度述职报告。二是强化督查考核。国电电力制定印发《依法治企考核评价管理办法》，将依法治企要求纳入公司经营业绩考核体系，列入所属单位目标责任书中。每年开展全覆盖考评，针对70项考评细则逐项打分，并总结归纳考评中发现的共性与个性问题，形成工作建议和考核意见，直接与所属单位年度工资总额挂钩，按照得分比例扣减工资总额，以考核和问责督促改进提升，推动法治建设工作落到实处。三是明确工作任务。国电电力每年均召开法治建设工作会议，公司总经理、党委书记、法律分管领导出席会议，部署法治任务，将依法治企建设纳入年度工作计划。每年制定印发年度法治工作要点，分解任务到各部门、各单位。通过一系列保障措施，国电电力搭建起了一套反应迅速、协同一致、目标明确的电力企业法治体系。

依法治企要高标准构建合规体系

国电电力在合规管理方面做了很多有益尝试。一是搭建合规管理体系。制定并实施《合规管理制度》和《合规管理体系建设方案》，明确了合规管理体系建设时间节点和路线图。二是强化合规经营监督。按照合规管理建设方案要求，强化对违反合规管理规定情况的监督，公开违反合规管理规定举报方式，畅通举报途径。三是开展合规风险专项排查工作。连续三年组织所属单位开展合规经营证照办理情况排查和风险识别工作，建立经营证照风险预警机制和动态监督机制，有效防范合规经营风险。组织开展在建项目合规管理查核评价、公司筹建单位合规风险排查等工作，排查在前期立项、签订合同、招标、授权、财务收支、印章管理等方面存在的合规风险，督促制定整改措施，撤销多家非必要的筹建机构。四是有效重构公司"两类三级"式制度体系，完善制度标准化、规范化、精细化管控，为公司发展提供了坚实的制度保障。创新编制规章制度、经济合同、重大决策三项合规审核指引文件，有效规范法律审核、提升审核质量。

依法治企要深度融入中心工作

国电电力始终把依规经营当作重要的生命线，护航公司改革发展中心工作。一是坚持法治建设与经营管理高度融合。将法律审核作为前置程序嵌入党委会、总经理办公会、三会议案管理流程。二是发挥法律把关功能。在处僵治困、剥离企业办社会职能、厂办大集体改革、投资融资、改制重组、对外担保、产权流转、物资采购、招标投标等改革工作中，充分发挥公司法律部门源头防范风险和法律审核把关的作用，让法律在参与决策论证、程序设计、方案审核和文件制定的全过程提供"伴随式"法律服务，确保公司各项改革举措于法有据，依法而行，确保处置过程不留法律隐患。尤其严控重大决策法律审核，努力实现法律工作由"事后补救型"向"以事前防范、事中控制为主的全过程管理型"转变。三是提高合同管控力度。通过合同信息管理系统嵌入法律审核，使法律审核成为绕不开的环节。规范所属单位合同提级管理标准，对规避合同风险起到了积极作用。

依法治企要实现价值创造

近年来法治环境愈加的良好。在这种趋势下，国电电力既要主动拿起法律武器维护企业自身合法权益，又要做好全面防范纠纷法律风险的准备。一是国电电力总部全面管控系统内较大以上案件，形成专案专档。从证据梳理、律师选聘、案由与诉讼请求的选择、诉讼方向与诉讼策略的确定、法律文书准备等方面入手，把控关键节点，全过程跟踪，提高较大以上案件应对处理综合效果。对于重大、疑难、复杂案件，国电电力成立专项案件团队，到涉案单位开展案件探讨、现场取证、模拟法庭等法律帮助，拓宽案件处理思路。近三年，国电电力通过案件处置避免和挽回经济损失近 10 亿元，跟踪督办的多起重大案件均实现妥善结案，企业合法权益得以维护，法律工作的价值创造作用进一步发挥。二是创新开展纠纷案件三年"攻坚计划"，实现案件"消存量、控增量"的目标。成立攻坚小组，并坚持党委领导，成立具有特色的"党员先锋攻坚组"负责攻坚重难点案件，各攻坚组通过案件会诊、专题研讨、现场调研等形式了解案件情况，制定案件攻坚措施，帮助案发单位实现新突破和新进展。三是上线案件全程管控系统。管控系统通过解构司法大数据，设置案件管理、律师管理、判例查询、工具支持等多个模块，辅助各单位实现案件全生命周期管理和全环节质量管理，同时系统开发了相关律所与律师执业情况、法律法规与参考案例的检索下载等实用功能，切实推动案件管控智慧化、信息化。

依法治企要重视人才强企

实践依法治国、推进企业法治建设，法律专业人才队伍是第一资源。国电电力从 2012 年开始连续 10 年举办法律考试培训，先后有千余人参加了公司的专业培训，公司累计发放教辅书籍 1.2 万余册。通过十年培育，公司系统持有企业法律顾问和法律职业资格的人数从 2012 年仅有的 5 人提高到 102 人。对于这些持证的法律人才，国电电力也是尽最大努力提供成长平台，2016 年创新建立了"国电电力法治建设联席会"，集中所属各单位持证人员优势力量，为各单位提供法律服务和智力支持，不仅锻炼了队伍，也取得了丰硕成果。通过"法联会"平台，国电电力开展案件攻坚、模拟法庭、巡回讲堂、疫情防控、普法专栏等丰富多彩的有益活动，积累了大量的课题论文、案例分析、普法教育等智力成果。成立以来，法联会累计服务涉案单位 40 余家，举办巡回法治讲堂 22 期，研究法律专业课题 75 项，开展案例分析 97 项，完成普法任务 20 项，发表论文 12 篇，汇编法治宣传资料 100 余万字。同时，国电电力积极拓宽人才职业通道，为持证人员提供轮训、岗位交流、专项派遣、专业培训等各种学习锻炼机会，持续强化和提升队伍整体素质。深化公司律师职业通道，发挥公司律师在本单位案件处置中的专业核心作用，培养公司律师代表企业处置纠纷案件、对外谈判等专业工作，有序培养内部专业化诉讼团队。

依法治企是公司高质量发展、基业长青的根本要求和重要保障，国电电力将继续以习近平法治思想为指导，坚决贯彻落实国务院国资委关于法治央企的重要部署，守正创新，笃行不怠，为坚持和完善中国特色社会主义制度、推进国家治理体系和治理能力现代化做出新的更大贡献！

（国家能源集团国电电力发展股份有限公司总法律顾问、企业管理与法律事务部主任　刘全）

中国联合网络通信有限公司

把握战略新定位　展现法治新担当

北京联通始终以习近平法治思想为指导，强化法治建设，坚定法治信仰，夯实法治根基，汇聚法治力量，为实现企业高质量发展提供强有力的法治保障。在经营发展的新时期，精准把握战略新定位，展现法治新担当，谱写"十四五"时期法治建设新篇章。

一、强化法治建设顶层设计，育法治文化筑发展之基

北京联通始终把深入学习贯彻习近平法治思想作为当前和今后一个时期的重要政治任务，将习近平法治思想以及习近平总书记在中央全面依法治国工作会议上的重要讲话作为公司党委中心组重点学习内容。通过企业微信公众号"沃来普法　合规同行"开设"法治习语"学习宣传习近平法治思想。

按照中央全面依法治国工作会议和国资委深化法治央企建设部署，落实中国联通集团"十四五"法治规划总体目标，北京联通确定了"十四五"期间法治建设的"1551"工程（持续深入学习贯彻习近平法治思想，切实提高政治站位；实现法治工作五个转型；构建法治建设五个新路径；落实"八五"普法的重点任务）；深入推进北京联通合规经营管理、诉讼标本兼治、法律论证与咨询、电子印章等法治建设重点工作；制定《北京联通 2021 年度法治工作要点》；组织各单位签署《北京联通法治建设第一责任人目标责任书》，进一步完善并压实法治建设领导责任体系，强化公司法治建设顶层设计与规划，全面开启"十四五"期间法治建设新征程。

二、精耕合规专业线管理，风险防控扎实推进

紧密结合法律法规、行业政策、业务发展热点，选取密切关联企业经营发展重点领域，面向企业关键人员发布《合规专刊》并连载四期，主题涵盖数据、信用、绿色发展、知识产权等，分享合规前沿成果与经验，提供管理建议与措施，为企业业务发展提供合规指引，促进业务源头合规。

在高风险领域开展专项合规治理，如互联网新媒体平台著作权合规风险专项工作，多措并举排查企业微信、抖音等自媒体中图文影音等资源的合法授权使用情况，提示风险点并进行针对性防控，提升知识产权合规治理能力。

三、夯实法律基础管理建设，法律风险防控全覆盖

持续夯实法律基础管理，做到"决策、合同、制度"100% 合法合规审核刚性嵌入系统流程，切实提升"三项审核"质效，全面防控法律风险。

一是始终将防范和化解重大法律风险工作全面嵌入公司经营管理全领域、全流程，总法律顾问全程参加"三重一大"决策会议，法律部门作为采购决策委员会、市场营销决策委员会等组成部门，参与公司采决委、市决会等各类决策，树立了"决策先问法、违规不决策"的法治合规意识。持续迭代优化"三重一大"决策事项标准，开展非"三重一大"审批事项优化，加大授权放权力度等专项工作，推动企业内部管理由"管控型"向"服务型"转变，实现重要决策事项 100% 法律论证。

二是构建完善合同全过程管理体系，总法律顾问带领法律部门全面建立"前授权、后督察"的合同管理体制，做好合同合法性审查，制定合同管理规章制度、搭建维护合同系统、合同履行监控、合同文本规范、时效管控、合同培训以及合同数据的分析整理等工作，实现合同 100% 快速审核下的风险可控。从源头提升合同审核质效。

三是持续夯实法治合规制度基石，完善制度管理长效机制，规章制度合法合规审核率 100%。修订规章制度管理办法，完善规章制度管理体系建设；重视制度管理效率效能，组织开展规章制度年度计划编修工作，规章制度版本管理及全面梳理专项工作，全面夯实企业制度合规基础；整合法务与公文系统，实现两个系统打通对接、数据同步，数字化提升规章制度全流程管理水平。

四、妥善做好纠纷预防化解，开展诉讼风险标本兼治行动

落实国资委和中国联通集团诉讼案件"压存控增"要求，坚持问题导向与源头治理相结合，重点整治与系统治理相结合，分层推进与分类治理相结合，专项排查与长效管控相结合，开展诉讼风险标本兼治专项行动，重点围绕诉讼案件高发领域，从源头排查化解潜在风险，夯实风险管控长效机制，遏制诉讼案件高发态势，筑牢依法合规经营根基。

严格落地中国联通集团诉讼案件综合评价制度，压实各层级、各专业线案件的管控责任，开展诉讼指标分解、维护、对标、促管工作。通过诉讼风险防控化解压力正向传导，推动纵横向评价对标、多维度改善提升，持续防范化解诉讼风险。

五、推进法务管理数字化建设，持续强化法律风险预防

（一）大数据分析法律咨询，开发智能法律咨询应用

为切实服务一线，解决经营法律难题，总法律顾问指导法律部门采取数字化手段，对以往法律咨询的问题进行全量梳理分析、数据挖掘，在企业办公系统中建立AI智能法律咨询应用模块，构建法律咨询数据库，供全员便捷查询，一站式解决重点业务经营中的法律疑难。

（二）探索实现合同管理数字化优化方案，构建上线"沃易签"电子签约平台

高效落实数字化转型发展战略，聚焦合同全生命周期智慧管理，探索合同管理数字化优化方案，构建并全面上线"沃易签"电子签约平台，聚力打造数字赋能法治央企新范式，实现签约工作数字化、合同管理智能化，打通系统间数据壁垒，全面提升风险管控能力，逐步建立全程实时监控、智能风险预警、合同数据透明、权利职责清晰的合同履行全场景视图，助力公司高质量发展实现新跃升。

（三）开发法律论证系统，重要决策论证数智化升级

北京联通高度重视对重要事项的法律论证，根据国资委及中国联通集团的要求，总法律顾问带领法律部门开发了法律论证系统，并关联企业的"三重一大"议题申报系统，数字化手段确保重要决策事项百分百法律论证。

六、奋力开启"十四五"期间法治建设新征程

"十四五"期间是高水平法治联通建设攻坚期，北京联通将不断提升法治意识站位，拓宽法治工作范围，增强法治工作力度，深度推进法治建设，迎接新挑战，展现新作为，锚定新目标，奋进新征程。

（一）迎接新挑战，展现法治赋能新作为

从法治环境来看，民法典、网络安全法、数据安全法、个人信息保护法等重要法律法规密集颁布或修订，法律规范体系愈发完备，对企业经营发展提出了更高法治要求；从顶层规划来看，国家规划、法治政府建设实施纲要、法治社会建设实施纲要等重要文件印发，既为企业指明发展方向路径，也要求企业贯彻落实到每个经营发展细节毫厘不差；从监管态势来看，政府监管力度增强，行业监管态势趋严，社会信用体系不断完善，营商法治环境更加规范，也为企业合规经营带来全新的挑战。

北京作为法治中国首善之区，北京联通在积极应对上述一系列新问题新挑战的同时，始终坚持首善标准落实法治合规，充分发挥法治引领、促进和保障作用，赋能企业发展，服务首都建设，高标准践行党中央全面依法治国战略和国资委法治央企建设部署，坚决当好排头兵、先行军，为法治联通建设提供北京经验，贡献北京智慧。

（二）锚定新目标，奋进法治建设新征程

企业法治工作的价值，始终体现在保障和促进企业生产经营的大局上。为切实践行"强基固本、守正创新、融合开放"的新定位新战略，更好地适应经营发展和改革创新的法治要求，北京联通坚持依法治企、合规经营，在法治轨道上实现治理体系和治理能力现代化，以法治建设赋能"大联接、大计算、大数据、大应用、大安全"的主责主业，把依法治企要求全面融入企业决策运营各个环节，贯穿各业务领域、各管理层级、各工作岗位，努力实现法治工作全流程、全覆盖，实现公司发展动力、路径和方式的全方位转型升级，开辟新发展空间、融入新发展格局，护航数字经济主航道奋进之路。

（中国联合网络通信有限公司北京市分公司党委副书记、副总经理、总法律顾问　王传宝）

中国机械工业建设集团有限公司
以法治建设助力企业高质量发展

党的十八大以来，全面依法治国放在"四个全面"战略布局中来把握，法治的重要性被提到了前所未有的高度。法治央企建设作为全面依法治国的重要组成部分，是央企软实力的重要体现，对企业的可持续发展意义重大。近年来，中国机械工业建设集团有限公司积极贯彻落实国务院国资委关于法治央企建设的部署要求，企业法治建设成效明显、实践启示良多。

一、多措并举齐发力，法治工作显成效

（一）完善公司治理体系，增强依法治企能力突出公司章程在规范各主体间权责关系中的基础性作用，依法厘清董事会、监事会、经理层的职责边界，并明确其履职程序；明确董事会议事规则等配套治理制度；通过加强公司领导法律培训、选拔法律专业人员担任职工董事等方式，提升了依法治企能力；将企业法治建设情况作为董事会年度工作报告的内容。

（二）加强法治组织领导，提升法律队伍能力明确法治央企建设的领导机构（普法领导机构），进一步推动和加强法治建设和普法工作的统一领导、推动和检查；形成了企业主要负责人负总责、总法律顾问牵头推进、法律事务机构具体实施的工作机制；总法律顾问全面领导企业法律管理工作，统一协调处理经营管理中的法律事务，全面参与重大经营决策，领导企业法律事务机构开展相关工作。

（三）突出法律支撑作用，护航企业转型发展健全和完善法律风险防范、法律纠纷案件处理等法律管理制度，提高对案件的处置力度；进行多次法律支持与咨询工作，有效规避经营活动中的法律风险；深入开展企业改革法律研究工作，企业改

革应当制度先行，针对公司各项重要的改革举措，进行合法性研究，确保企业依法改革；围绕开展的新业务模式，编制相关指引文件，针对常规经营业务、重大经营决策、重大投资项目、重大担保以及重大并购等活动，编制法律风险防范指南，提高全员法律风险意识。

（四）严守法律红线，确保企业依法合规经营扎实开展"三项审核"，通过对企业的重大合同的签订、重大经济活动与经营决策的合法性进行审核，识别并管控可能出现的法律风险，并提出风险防控的意见与建议。

（五）加强法治学习宣传，打造企业法治文化加强法律文化建设，厚植法治意识理念。借助传统媒介及"互联网＋法治宣传"的形式开展常规性普法宣传；通过法律名师授课，提高公司生产经营人员的法律意识；积极开展普法宣传教育，通过以案释法的方式，组织学习新颁布的法律法规、集团内部的典型案例；针对经营活动中普遍存在的法律实务问题，结合相关法律法规进行普法宣传培训。

（六）着力深化合规管理，助力企业高质量发展。以世界银行诚信合规体系为对照，高标准建立合规管理架构，以总法律顾问（首席合规官）领导、法律事务机构牵头、相关部门共同参与的合规管理工作体系；制定统一有效、全面覆盖、内容明确的合规管理手册；加强全体员工的合规教育培训，逐渐形成全员合规经营的良性机制；加强对关键性经营业务的合规管控，并设置合规举报机制，带动提升外部相关企业的合规理念。

（七）完善规章制度体系，推动建立现代企业制度确立法律事务机构统管集团规章制度的机制，通过制定《规章制度管理办法》，提出制定、修订规章制度的详细要求；广泛吸纳各职能部门共同研究、参与规章制度的制定，且加强对规章制度的法律审核；加强对规章制度的宣贯培训，将规章制度纳入业务流程，明确制度的管辖部门负责执行等；建立规章制度评估机制，规定各制度的管辖部门定期开展梳理规章制度的工作；对规章制度执行情况进行评价，及时堵塞制度漏洞，形成制度体系的完整闭环。

（八）加强项目风险管理，从源头上防控项目风险建立《项目承接风险评估管理制度》，由法律事务机构负责组织开展项目风险评估，全面系统地对项目风险进行分析评估。项目风险评估全流程覆盖，有效防范了项目承接风险，提高了项目前期的经营质效。

二、大胆探索摸经验，法治实践得启示

（一）坚持以习近平法治思想为引领。全面推进法治央企建设，必须坚持以习近平新时代中国特色社会主义思想为指导；必须深入贯彻党的十九大和十九届历次全会精神，坚持按照中央全面依法治国工作会议部署，推进中央企业法治建设，提升依法治企能力水平，助力"十四五"时期深化改革、高质量发展。

（二）坚持以合规管理护航企业发展。必须持续完善合规管理工作机制，坚持健全企业主要负责人领导、总法律顾问牵头、法律事务机构归口、相关部门协同联动的合规管理体系；坚持发挥法律合规部门统筹协调、组织推动、督促落实的作用，通过制定并发布《合规管理手册》，着力加强合规制度建设，坚持定期开展合规审查与考核，保障体系的有效运行；必须强化公司的业务部门、经营单位和项目一线的主体责任，坚持将合规要求嵌入岗位职责和业务流程、始终抓好重点领域合规管理等；坚持推动合规要求向各级子企业延伸，必须实现对子公司合规实施审查的全覆盖；必须毫不动摇地坚持合规管理的重要地位，始终坚持以建立完善的合规管理体系为目标。

（三）坚持以法治数字化提升管理效能。必须坚持深化合同管理、案件管理、合规管理等重点领域信息化、数字化建设；始终坚持将法律审核嵌入重大决策、重要业务管理流程中；坚持建立覆盖各级子企业和重要项目的全方位法务管理系统；必须加快提升数字化科技水平，提高管理效能。

（四）坚持以健全制度体系提升治理能力。必须要践行"管理制度化、制度流程化、流程表单化、表单信息化"的管理理念，加强流程规范化管理，提高制度运行效率；坚持依靠规章制度管理系统，集规章制度的"立、改、废、编"、审核、会签、审批、发布、查询等功能于一体，提升制度管理效能；坚持推行规章制度的学习与考试机制，确保制度的执行和刚性约束，提升制度执行效力。

（五）坚持以风险防控确保企业安全稳健。必须毫不动摇地坚持制度建设的理念，坚持专项项目承接风险评估的工作机制，严格按照形式上简化流程、实质上加强风控的总体思路；坚持专项项目承接风险评估实现制度化、流程化、信息化，切实提升风险管控能力；必须强调组织开展项目风险评审，始终坚持对非投融建项目进行事先风险识别，并严格要求承接单位按照评审意见，逐条落实；必须始终坚持落实国机集团重大风险事项报告工作细则，落实下属单位负责重大经营风险事件报告的责任主体；必须始终坚持重大经营风险事件报告制度，要求下属单位定期上报

重大风险分类监测指标体系表及重大风险事项评估表。

三、扬帆当时再起航，勠力向前铸辉煌

（一）让防范更加突出。推动法治工作从传统单一的事后救济，向合规管理、风险防控等一体化方向推进，并且更加突出合规与风险防范的职能。

（二）让融合更为明显。推动法治工作与企业生产经营进一步融合，成为护航企业经营发展的重要力量。促进法治工作与企业中心工作深度有效融合，推动企业改革发展依法合规。

（三）让理念更入人心。树立大合规理念：既守外规又守内规，合规覆盖经营管理各领域、全流程，合规与法律、内控、审计、纪检监察协同；推动树立全员合规理念：将合规要求覆盖到各部门、各级子企业和分支机构，动员全体员工合规齐参与局面；增强本土合规理念：合规必须结合企业实际，融入本企业经营、岗位工作。

（中国机械工业建设集团有限公司副总经理、总法律顾问、首席合规官　徐昭曦，中国机械工业建设集团有限公司法律合规部专员　李硕）

国机财务有限责任公司

提升依法治企能力，护航企业高质量发展

——国机财务学习贯彻习近平法治思想的实践思考

2020年11月16日至17日召开的中央全面依法治国工作会议首次提出并系统阐述了习近平法治思想，确立了习近平法治思想在全面依法治国中的指导地位。习近平法治思想是马克思主义法治理论中国化的最新成果，是新时代全面依法治国的根本遵循和行动指南。企业是经济最重要的微观主体，中央企业更是国民经济的压舱石，全面提升依法治企能力是中央企业贯彻落实习近平法治思想最有效的抓手。

国机财务有限责任公司（以下简称国机财务）是中国机械工业集团有限公司（以下简称国机集团）下属企业，是以加强集团资金集中管理和提高集团资金使用效率为目的，为集团成员单位提供金融服务的非银行金融机构。金融业天然属于高风险行业，守法合规是金融企业经营发展的生命线。国机财务作为国机集团资金集中和管控的平台，对集团经营稳定发挥重要作用，更加需要坚定不移地深入贯彻习近平法治思想，牢牢守住风险底线，为高质量发展夯实基础。为此国机财务积极探索，形成了以下几点实践思考。

一、坚定不移坚持党对法治工作的领导，健全法治工作领导体系

坚持党对法治工作的领导，在全面依法治国中处于首要位置。国机财务推进依法治企，始终将坚持党的领导放在核心和首要位置。

一是发挥党委的核心和带头作用。国机财务认真落实国务院国资委出台的《关于进一步深化法治央企建设的意见》《中央企业主要负责人履行推进法治建设第一责任人职责规定》等制度，坚持公司党委对依法治企工作的全面领导，建立权责明

确、运行有效的法治建设领导组织体系。公司党委定期听取法治工作汇报，党委理论学习中心组专题学习《宪法》《习近平法治思想学习纲要》等，切实发挥党委在法治工作中把方向、管大局、促落实的作用。

二是党委推动建立法治工作要求的落地实施机制。公司党委不断深化依法治企工作，为强化基层法律工作人员作为依法治企各项要求的排头兵作用，采取清单式的方式推动上级要求转化为具体工作举措。公司党委以全面落实推进法治央企建设和法治建设第一责任人职责要求为重点，制定年度法治工作清单，从组织领导、依法治理、规范管理、守法诚信四个方面明确工作标准和要求，确定工作任务，明确落实部门、责任人员和时间节点，推动实施；强调合规管理的重要性，以合规清单的方式，将上级对于具体业务的政策要求按照业务审批的节点分别制定合规管理清单，将政策法规的实施与业务融为一体，为年度各项工作圆满完成夯实基础。

二、坚持改革发展与法治建设同步推进，增强支撑引领能力

改革发展与法治建设在企业高质量发展中缺一不可，国机财务法治工作主动适应改革需要，把准企业改革发展任务脉搏，增强把握新形势要求的能力，加紧分析研究新形势下改革发展对法治工作的需求，在强化公司治理、完善内控体系等方面积极发挥作用。

一是推动健全权责清晰、各司其职、各负其责、规范高效的决策运行机制。国机财务以厘清各治理主体职责边界和科学授权为切入点，落实重大经营决策事项党委前置研究程序，细化前置研究事项清单；对股东会、董事会、总经理办公会决策事项进行梳理，持续完善企业"三重一大"管理机制，动态优化调整《企业决策事项及权限表》，保障各治理主体依法合规高效行权。

二是按照全覆盖、制衡性、审慎性和匹配性原则推动健全内控体系。国机财务构建公司制度体系分层框架，研究民法典、监管制度等法律法规对经营管理的影响，查找发现制度空白和短板，推动建立制度修编计划，填补制度空白，补齐制度短板。完善法治工作领域的规章制度，落实上级关于外聘律所管理、配合查封冻结等方面工作要求。公司各项具体业务管理制度制定对照标准高、内控措施严，内控体系进一步完善。

三、坚持事前预警和防范，提升风险管控能力

企业法治建设服务的是企业改革发展的大局，国机财务站在改革发展的大局中思考谋划法治工作，准确识别法律风险，提高法律风险防范措施的精准性，为企业平稳发展做好支撑。

一是将法律风险识别和隐患排查融入日常业务管理。国机财务法律部门通过将专题研究、法律咨询、风险事项处置过程中制定的应对方案和防范措施进行总结归纳，并将这些措施以法律意见书、现场交流会等方式向业务部门进行反馈，听取业务部门的意见，持续评估法律意见与司法和同业主流观点的一致性，与业务拓展的匹配性，提升法律意见质量。同时将经过检验的建议制定成事前评审要点及相应审查资料和法律依据，事中或事后风险事项和救济措施，将实践经验转化为标准化的评审要求，进一步强化防控法律风险能力。

二是确保规章制度、经济合同、重要决策法律审核制度审核率100%。国机财务企业副总法律顾问参加或列席党委会、总经理办公会，以及信贷、投资、预算等重要专业会议，对重要决策进行法律审核把关。公司建立合同库，按照业务类型制定规范版本，规范合同生效、修订、使用等各环节，规范合同编码、填写规范等要求。将合同和规章制度的法律审核嵌入企业办公自动化系统之中，以系统控制保证合同审核率100%。

四、加强习近平法治思想宣传，形成自身特色的普法工作体系

国机财务作为央企财务公司，具有央企属性和金融属性，普法工作亦应体现这种双重属性，推动习近平法治思想深入人心。

一是做好"八五"普法规划行动方案，加强普法顶层设计。根据国务院国资委、中国银保监会、国机集团开展法治宣传教育的第八个五年规划工作部署安排，增强普法工作对全体干部职工以及作为金融服务消费者的成员单位的吸引力，厚植法治文化。

二是构建重点突出、紧扣节点、形式多样的普法宣传体系。将习近平法治思想"十一个坚持"核心要义、宪法、民法典、党内法规、国有资产法、银行业法律法规等作为普法宣传重点，增强法治意识，提高普法的针对性。充分利用民法典颁布日、国家宪法日等主题开展宣传月、宣传周等系列活动，增强法治宣传的"仪式

感"。综合采取微普法、专题普法、讲座、答题、视频、参观等多种方式,开展贴近业务与生活的普法活动,增强干部职工在工作生活中尊重法律、遵守法律的自觉性和行动力。

新时代、新征程对依法治企工作提出了更高的要求,国机财务法治工作将继续坚持以习近平新时代中国特色社会主义思想为指导,深入学习贯彻落实习近平法治思想,紧紧围绕企业改革发展中心任务,提升法治工作的引领支撑能力、风险管控能力等核心能力,为企业高质量发展保驾护航。

(国机财务有限责任公司副总法律顾问　边晓梅)

哈电集团哈尔滨锅炉厂有限责任公司

法治建设助力哈电锅炉公司转型发展

党的十九大以来，党中央进一步加大全面依法治国力度，特别是十九届五中全会明确提出"加快建设世界一流企业"的要求。一流企业不仅要有一流的技术和一流的产品作为"硬实力"，而且要有一流的法治工作这种"软实力"作为支撑和保障。尤其是在"十四五"时期，国资国企改革发展任务更加艰巨繁重，面临的风险挑战更加严峻复杂，企业经营管理过程中应当把强法治、防风险摆在更加重要的位置。哈电集团哈尔滨锅炉厂有限责任公司（以下简称哈电锅炉公司）正是在这样的大背景下积极探索法治建设与经营业务的融合之路，在推进企业法治建设各项工作中不断发展、壮大。

思想引领，纲举目张。深入学习贯彻习近平法治思想
和党中央关于法治央企建设的各项要求

法治既是发展的稳定器，也是改革的助推器。依法治企更是企业实现战略升级和改革发展的重要保障。因此贯彻落实习近平法治思想对企业来说具有重要意义。国资委《关于全面推进法治央企建设的意见》《关于进一步深化法治央企建设的意见》作为纲领性的文件，也为企业法治建设指明了具体的方向和路径。面对国内外复杂形势和新冠肺炎疫情的冲击，哈电锅炉公司只有按照《意见》提出的目标和要求，不断深化推进法治央企建设，着力提升依法治企能力水平，真正发挥强管理、促经营、防风险、创价值作用，才能为企业深化改革和高质量发展提供更加坚强的法治保障。

顶层推动，下层联动。严格落实国务院国资委及哈电集团各项制度要求，切实增强依法治企管理能力

贯彻执行央企法治建设第一责任人制度，始终坚持党对法治哈电锅炉公司建设的领导，公司领导班子将推进法治央企建设摆在工作全局的重要位置，党委书记、董事长、总经理、总法律顾问带头推进法治建设，将履行法治建设第一责任人职责落到实处，牵头各项法治工作的推进与落实，部署重要工作、过问重大问题、协调重大环节、督办重要任务。

充分发挥总法律顾问职能作用，总法律顾问严把法律关，在参加公司办公会、列席公司党委会的过程中，敢于担当，对决策事项存在的法律风险和问题提出专业意见。带领公司法务队伍扎实推进事前审核防范、事中跟踪督促、事后救济监督的法律风险防控体系，实现法律监督"横向到边界、纵向全流程"，为公司依法合规发展保驾护航。

着力健全企业规章制度建设，定期开展制度梳理，编制"立改废"计划，完善重点改革任务配套制度，及时修订重要领域管理规范，不断增强针对性和时效性。加强对规章制度的宣贯培训，定期对执行情况开展监督检查和综合评价，增强制度刚性约束，推动制度有效落实。

强化内控、重视合规。搭建科学的管控体系，全面提升依法治企风险控制能力

调整机构职能推进"四位一体"管控要求，哈电锅炉公司探索推进内控、风险、合规及法律"四位一体"建设与推进工作。积极调整部门职责分工，结合企业机构职能情况，将内控、风险及合规体系建设职能调整至法律事务部。同时调整部门内部班组设置，结合精益班组建设要求，设立法律事务室和合规管理室。将风险合规管理工作嵌入业务流程，优化了法务管理职能，完善了全面风险防范工作。

加强和规范企业内部控制，促进企业可持续发展，在哈电集团的指导下，根据《企业内部控制基本规范》和《企业内部控制配套指引》的要求，持续完善内部控制体系，并加强对内部控制实施情况的监督检查，及时改进内部控制缺失。通过有效实施内部控制，合理保证企业经营管理合法合规、资产安全、财务报告及相关信息真实完整，提高经营效率和效果，进一步提高企业经营管理水平和风险防范能力。

坚持三项法律事务审核管理，对重大决策、经济合同及规章制度三项法律事先审核覆盖率已达到 100%。重视合同管理，要求业务部门定期报送非正常履行合同报表，通过开展合同自查、检查等方式弥补合同管理漏洞。组织对经销合同标前评审工作，将法律审查的介入阶段提前，及时评估签约、履约风险。

妥善处理各类诉讼仲裁案件，依法维护公司合法权益。哈电锅炉公司按照集团公司"四个一批"及应收账款工作会议等指示精神，通过诉讼、仲裁、寄送函件、谈判安抚等多种手段处理了数起劳动争议、合同欠款、工程纠纷案件，在欠款催收、妥善处理历史遗留问题、维护社会稳定方面作出重要贡献。

建立健全公司合规管理体系，提升依法合规经营水平。将合规管理作为支撑企业稳定发展的重要着力点。哈电锅炉公司采取法律部门积极牵头，相关部门分工协作，齐抓共管的合规管理模式。法律部门组织编制公司合规管理办法，对于公司重点业务领域及部门进行合规管理操作实务培训。相关业务人员定期根据管理办法主动识别排查合规风险，发现风险及时上报。实现合规经营的制度化、规范化、系统化，有效防范和化解重大合规风险，保障公司持续、健康发展。

补足短板，立足长远。保障法治央企建设取得成效，助力企业打赢"生存保卫战"

重视人才队伍建设，弥补薄弱风控领域。高素质法治人才是提升企业法治管理水平的重要保障，围绕哈电锅炉公司法治建设目标，着力从政治思想、业务水平、实践能力、职业资格等几个方面，提升法治人才队伍素质。加强人才思想政治教育，把实践锻炼作为法治人才成长的重要渠道。鼓励法律管理人员考取法律职业资格，对于取得法律职业资格、企业法律顾问资格且从事法务工作的员工给予持证补贴。通过这些措施公司建立了一支持证率超过 80% 的专业法律顾问团队。

重视法治文化建设，提升职工法治思维。依法治企须与企业法治文化建设相结合才能收到良好效果。哈电锅炉公司以全员普法为契机，不断推陈出新，采用多层次、多形式开展法律宣传工作。

公司领导干部带头学法，营造学法用法的良好氛围。加强法治培训力度，采取谁牵头谁负责的原则，各部门结合业务实际开展法律培训。创新采取小规模定制培训形式，通过网络培训、知识答题活动等形式，提高了学习效果和质量。拓宽法治学习载体，通过微信公众号、特别宣传期刊等方式及时推送法治建设动态信息。切实提高全员法治素养和法律知识水平，努力形成职工学法、知法、守法、用法的思维意识。

加强法治管理信息化建设步伐，争取实现数字化管理目标。目前哈电锅炉公司法治工作已基本实现信息化管理要求，但大部分工作仍然依托于线下开展。同时在大数据、云计算、人工智能等新技术运用方面还有待加强。今后法治建设的另一重点在于完善信息化建设的同时，提升数字化管理能力。在重大决策、重要业务流程中运用数字化管理手段。

放眼未来，"中国最好，世界一流"依然是哈电集团不变的目标。哈电锅炉公司作为新中国"一五"计划156项重点工程中的两项、哈电集团的重要成员企业，在"十四五"期间，必将牢记央企使命紧跟国家法治建设步伐，坚持以创新驱动企业持续发展，紧盯新兴产业，擘画多元化产业布局，着力推动转型升级，奋力走好新时代央企长征路。

（哈电集团哈尔滨锅炉厂有限责任公司总法律顾问　郝敬文）

中化石油勘探开发有限公司

以习近平法治思想武装头脑
在新时代法律战场博弈制胜

2020 年 11 月召开的中央全面依法治国工作会议，第一次以党中央工作会议形式研究部署全面依法治国工作，确立了习近平法治思想在全面依法治国工作中的指导地位。习近平法治思想高屋建瓴、论述深刻、系统完备、正当其时，为我国中央企业在新时代背景下强化法治理念、完善治理机制、提高涉外风险管控能力、保障能力和主动维权能力指明了方向。

2021 年，经国务院批准，中国中化集团有限公司与中国化工集团有限公司实施联合重组，新设中国中化控股有限责任公司（以下简称中国中化，英文简称 Sinochem Holdings），为国务院国资委履行出资人职责并监管的国有重要骨干企业，中化集团和中国化工整体划入中国中化，成为其全资子公司。笔者供职于中化集团能源事业部。中国中化秉承"科学至上"理念，是全球规模最大的综合性化工企业。中化能源依托 70 年的石油行业基础，构建了从产业链上游原油贸易到中游加工生产，以及下游石化产品销售的石油化工全产业链发展模式，同时提供涵盖石油化工各个环节的服务。

在此，结合习近平法治思想重要论述和国务院国资委《关于进一步深化法治央企建设的意见》精神，以及笔者在能源领域的工作实际，谈一谈践行习近平法治思想、推进中央企业法治建设、提升依法治企能力的几点体会。

一、熟练运用境外法律规则，提升企业国际化经营水平

面对新一轮对外开放，涉外法治工作必须加快战略布局，必须强化法治思维，

运用法治方式，有效应对挑战、防范风险。因此，在推进国内法治方面，要从我国实际出发，高度重视涉外法律立法工作，综合利用立法、执法、司法等手段开展斗争，坚决维护国家主权、尊严和核心利益。针对个别国家对我国企业在贸易合规、国别制裁方面的打压，我国应围绕反制裁、反干涉、反制长臂管辖等关键环节充实应对挑战、防范风险的法律"工具箱"。

同时，在涉外法治方面，要不断深入研究、掌握运用所在国法律，加强国际规则学习研究，密切关注高风险国家和地区法律法规与政策变化，提前做好预案，切实防范风险。以国际投资为例，在项目研究、实施、运行、退出各个阶段，中国中化涉外法律人员对国际投资规则、管辖法律、争议解决、退出程序、东道国政策变化作出深入研究和动态分析，对项目生命周期内的各项法律风险做到"心中有数"，对应对措施做到"未雨绸缪"，在国际竞争中掌握主动权。再以国际贸易为例，2020年初新冠肺炎疫情伊始，我公司涉外法律人员即判断该疫情可能会引发大量贸易合同下"不可抗力""重大不利变更"事件，进而影响贸易合同执行，因此预先对英美法律下"Force Majeure""Material Adverse Effect"等条款主动梳理和干预，配合业务单位开展合同谈判，通过合同条款安排主动降低、转移、化解企业潜在的法律风险，有效维护我方权益。

二、加强涉外业务合规审查，提高企业合规风险管控能力

涉外法律工作要强化海外投资经营行为的合规管理。这要求中央企业法律人员深入研究投资所在国的法律法规及相关国际规则，全面掌握禁止性规定，明确海外投资经营行为的红线、底线。同时，要健全海外合规经营的制度、体系、流程，重视开展项目的合规论证和尽职调查，依法加强对境外机构的管控，规范经营管理行为。在合规建设方面，自2018年起，公司总部牵头，着力打造合规体系，经过多年的建设，已建成总部—事业部—业务单位横向联动、纵向贯穿的合规管理体系，对国别制裁、贸易合规、商业贿赂等合规要求进行了标准化、制度化建设。经营层面，业务单位定期排查梳理海外投资经营业务的风险状况，重点关注重大决策、重大合同、大额资金管控和境外子企业公司治理等方面存在的合规风险，妥善处理、及时报告，防止扩大蔓延。以中化能源下属勘探开发业务为例，针对海外供应商及其关联公司制裁风险可能传导、外溢的潜在风险，中化石油勘探开发公司利用数字化手段定期对海外主要经营项目供应商情况进行合规"扫描"，实时掌握风险隐患，对发现问题的境外企业及时指导其制定合规措施予以排除，保障公司业务运营稳

健、合规。

此外，在风险排查和预警方面（经济制裁、反商业贿赂等），中国中化加强涉外法律合规风险防范，健全工作机制，推动境外投资经营规模较大、风险较高的重点企业、区域或项目设置专门机构，配备专职法务人员，形成事前审核把关、事中跟踪控制、事后监督评估的管理闭环。

三、重视涉外法治工作队伍建设，积极培育企业合规文化

习近平总书记指出："法治工作是政治性很强的业务工作，也是业务性很强的政治工作。"必须大力提高法治工作队伍思想政治素质、业务工作能力、职业道德水准，着力建设一支忠于党、忠于国家、忠于人民、忠于法律的社会主义法治工作队伍，为加快建设社会主义法治国家提供强有力的组织和人才保障。

中国中化高度重视法律人才队伍培养，打造总部—事业部—业务单位各个层次法律人才队伍，对于涉外法律人才进行定期盘点，并统筹安排国资委"法治讲堂"、司法部"两公"律师培训、外部法律专业培训等多种培训资源，打造培养了一支拥护中国共产党领导、拥护我国社会主义法治的涉外法律队伍。同时，中国中化积极培育全方位、多层次的合规文化。通过法治宣传教育、制定发放合规手册、全员签订合规承诺书等方式，促使管理人员带头依法依规开展经营管理活动，认真履行承担的合规管理职责，重要风险岗位人员熟悉并严格遵守业务涉及的各项规定，海外人员遵守我国和所在国法律法规等相关规定。

面向未来，在推进全面依法治国和推进法治央企建设的道路上，中国中化将增强"四个意识"、坚定"四个自信"、做到"两个维护"，以习近平法治思想武装头脑，与其他中国企业一道，打造革命化、正规化、专业化、职业化的社会主义法治工作队伍，为新时代中国各项事业顺利开展保驾护航。

（中化石油勘探开发有限公司法律合规部总经理　杨威）

国投电力控股股份有限公司

全面践行依法治企　助推企业健康发展

法治是国家治理体系和治理能力的重要依托。法治央企建设作为全面依法治国的重要组成部分，是央企实现持续发展的重要保证。作为国家开发投资集团有限公司（以下简称"国投"）的重要子公司，国投电力控股股份有限公司（以下简称"国投电力"）始终坚持以习近平法治思想为指导，把握实践要求，推动全面依法治国战略部署和国务院国资委法治央企建设各项要求落到实处。2021年，面对复杂多变的国内外经济形势，以及紧张严峻的能源保供内外压力，国投电力全面贯彻国资委《关于进一步深化法治央企建设的意见》，以高水平的法治建设保障生产经营有序平稳运行，依法治企取得了显著成效，切实助推了公司高质量发展。

一、全面强化组织领导，充分发挥"关键少数"作用

"船载千斤，掌舵一人。"作为"关键少数"的领导干部是否懂法、尊法、学法、用法，直接关系到全面依法治国战略部署能否在实践中真正落地。为抓好抓牢"关键少数"，国投电力从责任意识、制度规范、法律约束等方面，着力推动领导干部成为公司法治建设的积极推动者。一是国投电力主要负责人切实履行推进法治建设第一责任人职责，审议出台《国投电力主要负责人推进法治建设第一责任人职责清单》，进一步强化责任落实，对主要负责人法治工作职责进行了分类梳理，要求责任人严格依法依规决策，逐步健全重大决策法律审核机制。二是主要负责人组织研究、部署法治建设总体规划，促进法治建设纳入公司发展规划，定期听取法治建设进展情况报告，保障各治理主体依法履职，对法治建设重要工作部署、重点环节协调、重要任务督办。三是坚持重视法治素养和法治能力的用人导向，国投电力各

级领导干部带头学法，带头签署合规承诺，主动运用法治思维和法治方式协调和处理公司各项事务，各级领导干部法治意识和合规意识显著提升，良好的法治氛围日益浓厚。

二、强基固本注重成效，合规管理构筑坚固堡垒

强化企业合规管理，是深入贯彻习近平法治思想的必然要求，是适应全球复杂多变形势的客观需要。国投电力建立健全合规管理体系，提升合规管理水平，为公司高质量发展提供了强大支撑。一是全面深化合规组织、合规制度、合规保障建设，搭建完整的合规管理组织体系，在董事会战略引领、合规管理委员会核心统筹、分管法律领导和总法律顾问推动、法律合规部牵头协调、其他职能部门分工负责的组织架构下，各部门各司其职，合力保障公司合规经营。二是量身打造符合公司实际的合规管理制度体系，在以《合规管理办法》为核心的基础上，出台《专项领域合规管理办法》，有效涵盖业务发展主要涉及的反垄断、反商业贿赂、出口管制与经济制裁、商业伙伴四项重点领域，为业务开展提供了明确的合规指引。三是结合外部合规监管要求，全面审查公司制度，并形成《合规义务清单》《合规审查手册》，建立了常态化审查机制。四是切实强化合规保障，建立起包含合规文化宣贯、考核评价、队伍建设、信息化建设在内的合规保障机制。五是通过合规承诺、普法宣传、违规通报等多种形式，合规文化逐步融入公司文化，"守正行稳　创新致远"的合规理念深入人心。

三、持续提升专业能力，全面覆盖保障项目落地

专业的法律支持服务是有效防控法律风险的当然要求。国投电力业务覆盖多领域，法治服务保障始终全面覆盖、全程护航。一是围绕公司境内外发展战略规划，深耕法治基础研究工作，出台《境外重点领域合规手册》，为水电、火电、光伏、风电、垃圾发电领域的境内外投资，包括境外绿地投资和兼并与收购方面，提供了强有力的法律合规指引。二是专业法律服务工作机制有效运行，公司建立总法律顾问牵头、法律合规部门与业务部门分工协作、法务人员与业务人员互相配合、共同参与的工作体系，确保法务人员全程参与项目尽职调查、商务谈判、合同起草等项目各环节，为重大项目顺利落地提供有力法治保障。三是实现法务人员法律理论与实务培训全覆盖，通过参加国资委、司法部、国投组织的各项法律专业培训，法务

人员履职能力得到切实提高，法治工作水平不断提升。

四、着力完善制度体系，夯实良法善治制度基础

规章制度是企业经营管理、推进依法治企的重要手段和依据。国投电力着力建立健全完备规范的制度体系，并切实强化制度执行力，推动规范意识入脑入心。一是围绕公司实际，搭建完善的制度管理体系，深入开展多项制度立改废工作。围绕人员薪酬、章程管理、生产安全、信息披露等重点内容出台制度共计近300项，通过制定年度制度新订、修订计划，加大计划执行督促落实力度，公司运行逐步趋向规范化和标准化。二是贯彻落实党中央、国务院关于深入实施国企改革三年行动的重大决策部署，通过召开国企改革三年行动重点要求专题推进会，研究决策，将国企改革三年行动重点要求纳入公司章程等制度体系，切实在完善公司治理中加强党的领导，加强董事会建设，充分发挥董事会作用。三是通过加强对三会议案审核和管控，提升各子企业治理水平，确保各子企业依法合规经营。

五、全程防控法律风险，法律管理有效护航发展

法律风险已经成为影响企业发展的一项重要因素，防风险就是促发展，法律风险的可控在控，对企业发展保驾护航意义重大。国投电力着力编织了事前全面防范、事中有效控制、事后积极救济的法律风险防护网。一是事前法律审核工作做严做实。通过明确法律合规部门把关职能并嵌入审核流程，合同管理全过程线上留痕，严格落实规章制度审核程序，公司党委会、董事会、总办会、投委会等决策会议研究事项涉及法律问题，总法律顾问均列席并发表法律意见等，确保经济合同、规章制度、重要决策法律审核率100%。二是法律事中控制做细做常。通过针对性开展重大项目可行性研究、尽职调查等法律预研预判，及时掌握境内外投资法律风险信息，并定期开展涉外法律合规风险排查，第一时间堵塞管理漏洞，有效化解风险。三是法律事后救济做强做优。通过坚持案件全过程管理，加大法律纠纷案件处置力度，把握案件办理关键节点的管控，落实纠纷案件责任追究机制，严格案件报送流程和时效等，公司纠纷案件存量逐步压降、增量有效控制，创造了显著的法治价值。

六、积极培育法治文化，普法宣传教育走深走实

法治文化培育是法治建设的重要内容，普法宣传教育是传播法律知识和法治理念的重要手段和途径。国投电力全面践行习近平法治思想，扎实开展普法宣传教育。一是贯彻落实国资委及国投"八五"普法规划，制定公司《"八五"普法规划》，多渠道、多形式重点学习宣传习近平法治思想、宪法、民法典和党内法规，围绕依法治企和高质量发展，深入宣传国资监管、科技创新、主营业务、涉外经营、安全保障、生态治理、市场监管、公司治理等方面的法律法规。二是结合"12·4"国家宪法日、全民国家安全教育日等重要时间节点，组织开展专题普法宣传教育活动，积极宣传相关法律法规，切实提升全体员工的法治意识和风险防控能力，营造浓厚法治氛围。

"奉法者强则国强，奉法者弱则国弱。"依法治企是治企之道，强企之基，兴企之本，健企之策，是企业持续发展的动力和长青不败的基础。坚持和不断推进依法治企，推动企业改革和发展，既是落实全面依法治国战略的重要组成部分，也是企业适应社会主义市场经济的要求的必然选择。进入新时代，迈向新征程，国投电力法治队伍将继续坚持以习近平法治思想为引领，按照国资委、国投的有关要求，全面深入推进法治建设，着力践行中央企业法律人的使命和担当，努力为中央企业的高质量发展创造更大的法治价值。

（国投电力控股股份有限公司董事会秘书、总法律顾问　杨林）

华润水泥控股有限公司

华润水泥法治央企建设之路

2020 年 11 月召开的中央全面依法治国工作会议，将习近平法治思想明确为全面依法治国的指导思想。依法治企作为依法治国的重要组成部分，也是依法治国的微观基础。国务院国资委近期发布《关于进一步深化法治央企建设的意见》（以下简称《意见》），提出了"实现一个目标，健全五个体系，提升五种能力"。华润水泥控股有限公司（以下简称华润水泥）作为央企华润集团的重要子企业，学习和实践习近平法治思想，提高运用法治思维和法治方式的能力，力争建设完善的企业法治体系，提升企业应对风险能力，推动企业持续健康发展。

一、华润水泥的法治央企目标

《意见》提出法治央企的目标，是具有世界一流法治水平的世界一流企业。华润水泥以《意见》的总体要求，结合自身企业文化和业务特点，制定本企业的法治央企目标。

一是一流的法治理念。诚实守信是华润水泥企业价值观的重要内容，其要求每位员工忠诚爱国，公平正义，敬畏法纪，尊重制度，坚守法律和道德底线，将法治央企精神落实到具体业务活动之中。

二是一流的治理机制。华润水泥重视公司董事会的组织建设，保证独立董事的独立性，致力于达到并保持最高标准的企业管治水平，提升股东价值并保障本公司股东及其他利益相关者的权益。

三是一流的管理系统。华润水泥党委书记切实履行并推进法治建设第一责任人职责，由党委书记兼总裁作为主任成立公司依法治企、风控与合规管理领导小组，建立并完善法治建设管理机制，切实保障公司法治建设自上而下的层层推进。

四是一流的业务能力。华润水泥将法治素养和法治能力作为本单位选人用人的条件，实现对关键管理人员法治素养和法治能力的全方面提高，将法治素养和法治能力作为选拔关键管理人员的重要指标，推进法治人才队伍正规化、专业化。

五是一流的价值创造。华润水泥始终坚持通过法治建设推动公司进一步改革发展，认真落实国企改革三年行动和中央企业"十四五"发展规划的要求，在依法依规的基础上提倡业绩导向文化，营造真诚、团结、开放、进取的组织氛围，确保改革发展各项任务依法合规进行。

二、着力健全华润水泥法治工作体系

学习贯彻习近平法治思想对于华润水泥来说至关重要，2021年上半年华润水泥党委会组织专题学习了习近平法治思想，并以习近平法治思想为指导，推动本企业依法治企的各项工作。

一流的法治工作体系是做好法治央企建设的基础。华润水泥致力于打造具有企业特色的法治工作体系，目前已经取得了一定的阶段性成效。

在健全领导责任体系方面，首先坚持党委会对依法治企工作的全面领导，经党委会批准成立公司依法治企、风控与合规管理领导小组，组长由党委书记即总裁担任，下设秘书处负责领导各项具体工作的实施。同时，通过发布相关制度建立健全企业主要负责人切实履行推进法治建设第一责任人职责。华润水泥开展不同类型的法治专题培训，培育领导人员的法治素养及能力。

在健全依法治理体系方面，坚持章程对公司及子公司的统领地位，结合不同类型业务的特点，在合法合规的前提下建立并完善适合企业特性的公司章程。出台并实施《华润水泥落实董事会职权实施方案》，落实公司及子公司董事会六项重要职权。加强公司董事会的建设，健全公司组织机构，配齐配强董事会成员，理顺决策程序，健全报告机制，完善内部管理制度。修订关联交易管理办法，规范各类关联交易，保障公司各股东利益。

在健全规章制度体系方面，实现对规章制度管理的制度化。推行对各类规章制度的分级管理，明确各部门对本职能领域的规章制度管理工作，落实法律合规部对规章制度的制定及修订进行法律合规审查的程序，完善了规章制度的制定、颁布、修订和废止程序。

在健全合规管理体系方面，建立健全完善的合规管理体系。华润水泥经营管理负责人为合规管理第一责任人，董事会是合规管理的最高领导和决策机构，依法治企、风控与合规管理领导小组及下属由各部室、各区域、各事业部组成的风控合规组统筹推进依法治企、内控、风险、合规管理领域的指导、监督和评价管理工作。

在健全工作组织体系方面，完善总法律顾问制度。总法律顾问列席本单位董事局会议，董事会审议事项涉及法律问题的，总法律顾问提出法律意见。加强法律合规部的人才队伍建设，具有法律教育背景或法律职业资格的人员比例达到90%以上，并建立健全法律专业序列任职评价制度。

三、全面提升华润水泥依法治企能力

法治央企的建设不能仅停留在理论层面，而应切实提升企业的依法治企能力，保企业法治工作及法治队伍拥有强大的生命力，才能将依法治企的理念和要求真正地落实。

在提升引领支撑能力方面，华润水泥以法治思维进行企业战略规划和组织优化，紧紧围绕国企改革三年行动、中央企业"十四五"发展规划、碳达峰碳中和等相关法律、法规和政策，结合水泥行业发展形势，提出在"十四五"期间"再造一个华润水泥"的战略目标，保证企业价值在复杂的经济环境下能够依法依规地平稳增长。

在提升风险管控能力方面，筑牢公司相关制度基础，实施法律风险与重大决策法律审核相关制度。针对法律风险管理，全方位加强法律合规部对业务涉及的法律风险的管理，及时将各种业务类型的法律风险梳理成册供企业各领导、员工查阅，定期对员工进行有关法律风险知识的培训。针对重大决策的法律审核，列明重要决策事项清单，规定各部门分工，明确法律审核流程。

在提升涉外保障能力方面，作为在香港联交所上市的公司，华润水泥密切关注香港地区及联交所相关法律法规及上市规则的变化，及时、准确履行上市公司信息披露义务，保障各股东的权益。对于涉及香港业务的部分，定期对境外业务进行法律合规经营风险和违法违规问题专项排查，保障国家及公司的利益不受侵害。

在提升主动维权能力方面，华润水泥制定了法律纠纷案件管理制度，明确公司法律合规部的法律纠纷管理职责和管理方式，配备专业能力强的法律人才管理法律纠纷，积极推进"积案压减"专项工作，解决历史遗留的重大纠纷案件，分析法律纠纷常见成因，及时发现问题并解决问题。

提升数字化管理能力，紧跟"四化五进"的要求，尤其是表单化、模板化、工具化、信息化的重点要求，实现合同审批流程、法律纠纷管理和合规管理等系统上线，通过挖掘各类法律数据，分析、评估和总结规划下一步工作。另外，通过制作线上课件的方式，为不同地区的员工提供使用便捷、资料完善的企业法律知识学习平台。

四、力争打造一流法治水平企业

华润水泥致力于成为具有一流法治水平的企业，目前也取得了一定的成效，但是仍有进步空间。华润水泥将始终坚持以习近平新时代中国特色社会主义思想为指导，认真贯彻落实习近平法治思想和《意见》的精神，提升依法治企能力。未来将逐步把"合规、内控、风险"的职能融入原有法律职能的工作中，从而构建四位一体的管理协同运作机制，提高管理效能。通过内控体系的搭建以及监督，一方面将法律意见、合规义务融入内控体系以防范外法内规的风险，另一方面组织各部门及公司全员参与到内控工作中，通过风险识别、风险应对、内控措施三个环节，协助公司董事会及下设组织全面防控公司的各项风险，从而打造具有华润水泥特色的法治工作体系。

（华润水泥控股有限公司总法律顾问　殷岳）

上海飞机客户服务有限公司

多措并举　扎实推进　争当法治央企建设"排头兵"

近年来，中国商飞上海飞机客户服务有限公司（以下简称客服公司）深入学习贯彻党的十九大和十九届历次全会精神，全面落实习近平法治思想和习近平总书记对于大飞机事业的重要指示批示精神，坚持"以客户为中心"的理念，紧密围绕型号研制和经营任务目标，拔"硬钉子"、啃"硬骨头"，为持续深入推进客服公司法治央企建设和高质量发展提供了坚实的支撑和保障。

一、深刻领会推进法治央企建设的重大意义

一是法治央企建设是法治国家建设的重要环节。法治央企建设是实现国家创新驱动发展战略目标、完成国家重大科技专项、实施《中国制造 2025》的可靠保障，是依法治国战略实施在国民经济领域的具体体现。近年来，客服公司法治工作在构建法治管理体系、出台相关管理制度、完善工作机制等方面取得了显著成效，逐步夯实了央企基层法治建设的制度基础和管理框架，具有积极而重要的实践意义。

二是法治央企建设是全面深化改革的重要支撑。"改革和法治如鸟之两翼、车之两轮"。二者相伴而生、相辅相成、互为支撑，既要做到重大改革于法有据，又要实现在改革中完善法治。客服公司作为法治央企建设的一员，是连接"法治"与"改革"的桥梁，在"双轮"的驱动下，将上位政策法规转化为内部规章制度，不仅能保证经济与业务活动合法合规，还可以规避管控薄弱节点与违法违规行为，有利于实现"事前防范风险、事中合法监督、事后依法解决"，为客服公司持续健康发展奠定制度基础。

三是法治央企建设是提升管理队伍的重要方法。全面推进依法治国，建设一支

德才兼备的高素质法治队伍至关重要。把深入学习贯彻习近平法治思想与党史学习教育、党的法治百年建设史结合起来，纳入党委中心组重点学习内容，学深悟透习近平法治思想的重大意义、精神实质和实践要求，全面推进"法治客服"建设，自觉做习近平法治思想的坚定信仰者、积极传播者、模范实践者，切实发挥法治队伍"强管理、促经营、防风险、创价值"的作用。

二、深刻认识推进法治央企建设面临的形势任务

一是经济发展新常态带来企业法治新课题。未来一个时期，国家经济发展加快步入"以国内大循环为主体、国内国际双循环相互促进"的新发展格局阶段。这种经济发展新常态给企业法治工作带来了新的课题。客服公司要生存、要向前发展，必然要紧随国家的大政方针，变压力为动力，特别是在强调供给侧结构性改革的同时，在发展中更要强调"尊法、守法、学法、用法"，不触碰法律"红线"，积极探索以法治工作保障企业转型升级和高质量发展的新途径。

二是面对市场发展中的新挑战，需要迎难而上。随着"一带一路"倡议的实施和创新驱动发展战略的推进，客服公司业务持续深入发展并不断向外拓展，加快了"走出去"步伐，面对复杂多变的法律环境和国内外经济形势，法治工作服务保障企业转型升级和提质增效的任务更加繁重，依法合规经营的重要性、紧迫性更加凸显，对海外当地法律政策、境外机构设立等法律法规研究明显不足，这些新问题要求法治工作必须迎接新挑战、拿出新举措、抓住新机遇。

三是面对企业发展的新环境，必须牢牢把握新方向。现阶段，新一轮科技革命和产业变革蓄势待发，为谋求长远发展，避免"黑天鹅""灰犀牛"事件发生，客服公司必须深刻领会国资委《关于进一步深化法治央企建设的意见》文件精神，牢牢把握"五个体系"（即着力健全领导责任体系、依法治理体系、规章制度体系、合规管理体系和工作组织体系）和"五种能力"（即持续提升法治工作引领支撑能力、风险管控能力、涉外保障能力、主动维权能力和信息化管理能力）建设方向，减少决策失误带来的经营风险，降低不必要的生产经营成本，确保各项工作平稳健康发展。

三、深刻把握推进法治央企建设所需的应对措施

一是严格履行法治工作职责。"人不率则不从，身不先则不信。"推进法治央企

建设，必须全面贯彻落实党中央和国务院国资委关于法治建设的重大决策部署，抓住领导干部这个"关键少数"，以上率下，发挥好"头雁效应"，让法治思维和法治方式成为领导干部的政治自觉、思想自觉和行动自觉，坚持对法治建设重要工作部署、重大问题过问、重点环节协调、重要任务督办，履行好法治建设第一责任人职责，贯彻好各级负责人"一岗双责"要求，执行好"三重一大"决策制度，建设公正公开、依法决策、依法经营、诚信守法、员工满意的"法治客服"。

二是切实做到合法合规经营。合法合规是法治建设的核心，是持续推进央企健康发展、促进国有资产保值增值的前提，要牢守法律这条"红线"，做好"外规内化"，将合法合规意识由"无意识"转变为"下意识"，加强程序合规和实质合规建设，提高境内外业务依法合规能力。同时，在业务实践中探索各部门共抓共管的工作方法，加强内部控制、风险管理、内部审计、纪检监督与合规管理的融合，识别、预防、监督、化解各类风险，探索更多有特色的亮点和做法，提升客服公司依法合规经营水平。

三是全面提升业法融合水平。要把法治工作与中心工作、法律管理与企业经营管理统筹谋划、同步推进、深度融合。在保持重大决策、经济合同审核"全覆盖"的基础上，进一步提高审核质量，力争"精益求精"。在提升合同全过程管理水平的基础上，进一步加强承办部门、履约部门的责任意识，形成履约异常责任追究机制，实现"精益管理"。在做好商业秘密管理的基础上，进一步加大关键核心技术领域的专利挖掘，确保"稳中有进"。在落实落细合规与风险管理要求的基础上，进一步将法治要求嵌入业务运转各环节，特别是重点领域、关键环节和重点人员，做到"深耕细作"，发挥好法律管理和法治建设的"压舱石"作用。

四是不断加强法治队伍建设。法治工作要保障客服公司转型升级及国际化经营，实现"法律护航、蓝天翱翔"，需要一支高素质、复合型的法律人才队伍。可以通过法律讲堂、业务培训、技能竞赛、案件代理、多岗位锻炼等形式，提高法律人员队伍的实务能力。要高度重视涉外法律人才队伍的培养，建立涉外法律人才库，组建涉外法律事务专家组，研究解决涉外法律问题，争取在"走出去"战略中掌握主动权，下好"先手棋"。要健全法律专业人才的选拔任用和激励保障机制，激发他们的能动性和创造力，切实形成"有吸引、留得住、发展好"的法治人才良好机制。

五是持续打造企业法治文化。习近平法治思想是党领导法治建设丰富实践和宝贵经验的科学总结，也是推进全面依法治企的根本遵循和行动指南。客服公司要坚定不移地贯彻"以客户为中心"的理念，组织各部门齐抓共管、共同参与，培养全员用法治眼光审视发展问题、用法治思维谋划发展思路、用法治手段破解发展难题的良好习惯，持续营造"办事依法、遇事找法、解决问题用法、化解矛盾靠法"的法治氛围，打造"治理完善、经营合规、管理规范、守法诚信"的法治文化，争取在法治央企建设中力行作表率、当好"排头兵"。

（上海飞机客户服务有限公司总法律顾问　马煜洲）

中国诚通国际贸易有限公司

推动法治深度融合经营　助力企业高质量发展

中国诚通国际贸易有限公司（以下简称诚通国贸或公司）以习近平新时代中国特色社会主义思想为指导，坚决贯彻党的十九大和十九届历次会议精神，深入学习贯彻习近平法治思想，紧密围绕"十四五"时期公司中心工作，实施"六强化六提升"法治战略，从法务管理、合规管理、风险管理、内部控制四个维度，不断强化公司法治基础，助力公司经营业绩连续三年均创新高。

一、强化顶层设计，提升统筹谋划能力

诚通国贸党委高度重视公司法治工作，始终坚持以顶层设计统领法治建设。一是成立以党委书记为组长，党委及经营班子为成员的法治工作领导小组，制订《主要负责人履行推进法治建设第一责任人职责实施细则》，统筹公司法治建设全局工作。二是将"依法治企"写入公司章程，明确"依法治企，治理完善、经营合规、管理规范、守法诚信"法治建设要求。三是将法治建设纳入公司"十四五"规划，作为公司整体战略的重要组成部分，与其他重点工作同步部署、同步推进、同步督促。四是发布"八五"普法专项规划，把学习宣传习近平法治思想作为普法头等大事和首要任务，将其列为领导干部年度培训重点内容和党委理论中心组学习必修课，不断提高领导干部运用法治思维和法治方式应对重大挑战、抵御重大风险、克服重大阻力、解决重大矛盾的能力。

二、强化法治保障，提升经营融合能力

　　诚通国贸在公司治理、经营、管理各领域严格贯彻落实习近平法治思想，充分发挥法律支撑保障作用。一是强化诉讼维权，加强案件处置力度。公司自成立以来至"十三五"收官共发生法律纠纷案件 28 起，通过建立主要负责人领导，总法律顾问牵头，法务部门主办，多部门联合协调作战的快速反应诉讼机制，所有案件均得以有效处理，挽回或避免损失约 1.4 亿元。二是实现"三项审核"法律审查全覆盖。1. 实施重大合同法律双审制，所有合同通过信息系统由总部实行集中 100% 法律审核，对重大合同等由总法律顾问实行复审，极大降低合同法律风险。2. 针对重大投资项目，建立法务人员项目全程跟踪机制，从立项到交割，所有重要节点均进行法律论证，确保重大项目合法合规性。3. 建立规章制度全生命周期管理机制，制度法律审查嵌入信息审批节点，无法逾越，由法务人员把好合规关。三是落实以案释法，以案促管机制。定期对诉讼案件进行整理分析，编制"以身边事教育身边人"风险案例手册，通过对案例全面分析，查摆问题，倒逼制度完善和流程再造，使典型案件成为干部职工的普法公开课。四是强化合同模板库建设，推行合同模板信息化。通过对公司所有业务类型全面梳理，形成覆盖业务全领域合同及函件类模板 42 份，通过合同模板库建设，加快合同拟定效率，防范合同条款风险，同时将使用频率较高的合同模板直接嵌入 ERP 系统，由系统直接生成格式合同，用信息化手段提升管理效能。

三、强化理念转变，提升风险防控能力

　　公司始终坚持风控前移理念，致力于提升风险识别能力，以"下好先手棋，打好主动仗"，将风险控制在源头。一是推动风险防控从"专项整治"向"系统应对"转变。构建"四位一体"风险防控体系，出台《全面风险管理办法》，设立风险管理委员会，形成以董事会为风险管理最高决策层，以公司经营班子及下设风险管理委员会为风险管理层，以各职能部门为风险管理实施层，以所有员工为执行层的全面风险管理体系，保障风险管理工作有序有力开展。二是推动风险防控从"单兵作战"向"齐抓共管"转变。公司将运管、物流、法务、期货、信息等部门整合，成立统一的运营风控中心，通过内部协作机制，搭建贯穿风险预警、风险识别、措施应对，落实责任的全过程工作平台。三是推动风险防控从"被动防御"到"主动出

击"转变。公司建立风险月报告和重大风险会商机制，通过设置风险联络员及风险监测指标，提前对逾期应收、异常预付及超龄库存等进行风险评估和措施应对，并通过月报告及会商机制予以督促落实解决，实现风险前置化解。

四、强化内控建设，提升运营管理能力

诚通国贸以"强内控、防风险、促合规"为目标，按照管理制度化、制度流程化、流程信息化要求，立足企业实际，积极探索提升内控有效性的方式方法，抓好内部控制建设的基础工作和关键环节。一是建立规范的公司治理结构。修订出台《三重一大决策事项、党委会前置审议事项清单》，明确党委、股东会、董事会，经理层权责边界，健全各治理主体权利运行机制，规范决策程序，实现各治理主体履职更加制度化、规范化、程序化。二是结合内部控制目标，梳理完善公司制度体系，并建立动态调整机制。诚通国贸在公司治理中高度重视建章立制，已制定包含党工团、业务管理、财务资金、法务审计、行政人事、投资等各类规章制度共计104项，覆盖业务及管理全领域，为公司高质量发展奠定坚实基础。三是加强内控信息化建设，实现内控体系与业务信息系统互联互通、有机融合。公司着力打造ERP业务管理及OA办公两个系统，将合同管理、物流管理、财务管理、资金管理等全面纳入信息系统平台，将各板块制度要求和内控措施嵌入其中，实行节点管控，信息共享，实时监控，推进内控数字化管理。

五、强化合规管理，提升依规治理能力

推进中央企业合规管理工作，筑牢坚实法治基础，是落实习近平法治思想的重要举措，诚通国贸坚定贯彻国资委及集团合规经营要求，全面推进各项合规管理工作。一是强基固本，搭建公司合规管理体系。公司出台《合规管理办法》和《合规行为准则》，成立合规管理委员会，建立分层分级合规管理组织架构，形成涵盖合规风险识别、评估处置、合规咨询及审核等在内的合规管理运行机制，推动全体员工签署《合规承诺书》，倡导全员合规理念。二是聚焦重点领域开展合规检查，对违规行为"零容忍"。以重点领域合规检查为抓手，点面结合，以法务合规部、审计部为推进合规管理工作的一体两翼，加强协同，立足公司业务实际，开展如"佣金支付""配供业务"等专项领域合规检查，形成结果评价，并对违规行为坚决予以处理。三是创新培训方式，强化合规文化培育。诚通国贸着力打造"法律小课

堂"普法品牌,并将其作为持续的普法培训阵地。"法律小课堂"自 2018 年上线以来已发布 24 期,主题涵盖合同、担保、印章管理、业务风险防范、民法典热点解读及合规系列等,受众已达数千人次,极大提升员工法治合规意识。

六、强化人才建设,提升履职服务能力

"为政之要,惟在得人。"高质量的法治人才是推进法治工作的宝贵财富,诚通国贸以培养复合型法治人才为目标,建立人才培养计划,加强人才锻炼。一是鼓励法务人员加强自身学习,目前公司考取法律职业资格证书的法务人员已占 85% 以上。二是开展多层次业务培训。坚持开展部门双周学习会、读书会等多样化学习模式,每期确定一个主题,展开交流讨论,拓展法务人员知识体系;组织法务人员积极参加国资委法治讲堂、集团法律顾问履职能力专项培训、合规培训、外聘律所专题讲座、沙龙等,提升专业能力。三是强化实战练兵。鼓励法务人员代理公司诉讼案件,大幅增加其参加诉讼活动的频次,提高法律队伍战斗力。

"十四五"时期,诚通国贸将更加紧密地团结在以习近平同志为核心的党中央周围,踔厉奋发、笃行不怠,将法治要求贯穿于公司决策、执行、监督各环节,实现法律管理与经营管理的深度融合,为公司高质量发展保驾护航。

(中国诚通国际贸易有限公司总法律顾问 何闯)

中材节能股份有限公司
法治央企建设的实践与思考

近年来，中材节能股份有限公司（以下简称"中材节能"或"公司"）深入贯彻习近平法治思想，落实国务院国资委和中国建材集团的决策部署，坚持一手抓改革发展，一手抓法治建设和风险防范，主动适应市场化、法治化、国际化发展需求，始终把强法治、促管理、防风险作为保障企业稳健发展的重要举措，着力打造治理完善、经营合规、管理规范、守法诚信的法治央企。结合公司近年来的法治央企建设工作，总结思考如下：

一、致力于顶层设计推进，明确组织领导

党中央高度重视法治建设，将全面依法治国纳入"四个全面"战略布局。国务院国资委党委深入贯彻落实党中央决策部署，始终把依法监管和依法治企作为重要工作持续推进。中国建材集团贯彻落实国资委法治央企建设新要求，全面推进法治央企建设专项工作。为深入贯彻落实法治央企建设要求，公司"十四五"规划明确，应构建总部决策与平台适当授权相结合，"责权利"相适应的内控管理体系，确保既要合法合规，又要决策高效。这一规定进一步明确了依法治企并上升到战略高度予以推进。为此，公司积极开展相应工作，公司党委中心组定期组织开展习近平法治思想、风险、合规相关专题内容学习，开展全级次企业合规管理专项培训，加大力度推进所属企业合规管理体系建设工作。公司按照法治工作需要，持续建立健全法律组织机构，成立了法治建设工作机构和合规管理委员会，并设立了独立的法律事务机构。各分子公司按照法治央企要求，结合自身业务发展情况，设置法律事务管理岗位，配置充实专业人员，为推进依法治企提供坚强的组织保障。

此外，总法律顾问制度已被写入公司章程，章程已明确总法律顾问由董事会聘任，是公司高级管理人员。公司建立总法律顾问对上直接向主要领导负责，对下直接领导法律合规部门，全面负责企业法治工作的工作机制，将依法治企上升到公司治理的高度进行推进。

二、致力于构建长效机制，法治体系建设跨上新台阶

近年来，公司先后完成了《合同管理办法》《内部控制管理制度（试行）》《境外经营合规管理办法》《成员企业章程制定管理办法》等一系列制度的起草和修订工作，并根据公司实际发展情况逐步调整相关制度架构，力争构建与公司发展相协调的法治管理制度体系。

在规章制度执行方面，根据集团相关工作要求，经公司研究决定，成立中材节能违规经营投资责任追究工作机构，成立责任追究工作领导小组和工作办公室，在公司内全级次进行排查，结合企业自身实际，健全责任追究组织体系，严格落实责任，层层传导压力，深入推进责任追究工作。充分整合内部监督资源，发挥党组织、法律、审计、财务、人力资源、纪检监察等部门的监督作用，形成联合实施、协同联动、规范有序的责任追究工作机制。

三、致力于源头预防风险，合法性审查达到新水平

公司注重按期开展风险识别、评估、收集和排查工作，并在规章制度制定、重大事项决策、重大合同签订等经营管理工作开展前，均须按制度要求通过公司法律审核，法律审核通过才可继续开展工作；相关工作进行过程中，如遇重大风险事项，也须按制度要求向部门负责人、分管领导、法律事务部门报告并研究解决方案。目前，公司合同、重大决策、规章制度合法性审查均达 100%。

在市场交易、安全环保、劳动用工、财务税收、知识产权、商业伙伴等重点领域，公司均严格按相关法律法规、政策、公司制度等要求开展相关工作，同时严格监管重点领域工作开展过程中可能涉及的重大风险等情况；在管理人员、重要风险岗位人员、海外人员等重点人员管理方面，公司对境外单位领导岗位和关键岗位的人员进行严格管控，境外单位重要人事事项实行上级法人单位直接管理，并及时填报相关信息。

四、致力于化解法律风险，纠纷案件解决取得新成效

近年来，公司在应对纠纷案件的过程中，明确"减少新案件发生、加大力度处理已发生案件"的原则，对于已经成诉的案件，公司也能采取不同的应诉措施和应诉方案，并形成了一套适用于本单位的工作经验。

针对公司作为原告的诉讼案件，根据项目纠纷的复杂程度研判案件是否委托律师代理，若案件复杂程度较低，公司法务人员自行代理案件，力争在切实维护公司利益，避免涉法涉诉法律风险的基础上，降低公司应诉成本。在诉讼前期准备阶段，根据对方的公司性质、资信状况、财产状况、项目情况等信息，确定案件是否采取保全措施以及采取怎样的保全措施，最大程度维护本单位的利益。

针对公司作为被告的诉讼案件，如果案件标的金额较小、权利义务清晰、双方争议不大的，在保证公司合法利益不受损失的情况下多以调解或和解的方式解决，这样既能提高案件处理的效率、降低双方诉讼成本，也能避免国家司法资源的浪费。针对案件标的金额较大、双方争议较大的案件，公司会同专业律师的力量，共同研究应诉方案，积极应诉，最大限度维护公司利益。

五、致力于增强法治素养，法治宣传教育结出新成果

公司每年开展多次法律合规方面专业培训，组织公司领导干部完成网上学习及考试工作，加强领导干部及法律工作岗位人员法治素养。除此之外，公司还组织法务、财务及业务人员参加民法典专题培训班、国资委法治大讲堂、RECP 等国际经济领域新规专题培训等；在公司 OA 系统中开设专栏，总结公司在经营管理及办理诉讼案件中常见的法律方面问题及相关预防措施，将营造合规文化氛围融入日常工作中。

六、致力于提升素质能力，机构队伍建设实现新进步

专业的法律事务工作人员是法治央企建设的基石，公司始终重视法律专业人才的培养，法务专业队伍建设实现了长足的进展，目前，公司及所属企业法律事务工作人数已近 30 人，具有法律相关职业资格或法学专业背景的人员占比将近 50%。同时公司高度重视外部法律顾问的选聘，公司结合业务特点，与一些在公司治理、

信息披露、海外工程建设和投资等有丰富经验的知名律所有着良好的合作。未来，公司也将根据企业实际情况筹备对涉外法治人才的培养计划。

法治是发展稳定器，也是改革助推器。公司将继续着力打造治理完善、经营合规、管理规范、守法诚信的法治央企，为深化改革、高质量发展提供了坚实有力的支撑保障。

（中材节能股份有限公司副总裁、董事会秘书、总法律顾问　黄剑锋）

中车青岛四方机车车辆股份有限公司

推进法治建设　护航企业发展

中央企业实现依法治企，是贯彻落实习近平法治思想和全面依法治国战略的重要组成部分。近年来，党中央、国务院及国资委高度重视中央企业法治建设，先后出台了《关于全面推进法治央企建设的意见》《关于进一步深化法治央企建设的意见》《中央企业主要负责人履行推进法治建设第一责任人职责规定》等文件，在宏观层面做好了顶层设计，在这些制度的指引下，中央企业开展了大量工作。

本人作为央企一级子公司法律事务部负责人，入职以来见证了公司对法律合规重视程度的不断提高，也经历了法律顾问队伍的逐渐壮大、法律风险防范体系的不断完善。下面，结合中车青岛四方机车车辆股份有限公司近年来法治建设取得的成效，向大家分享一点心得体会和实践经验。

一、要充分认识央企法治建设的重要意义

第一，国有企业特别是中央企业，是中国特色社会主义的重要物质基础和政治基础，是我们党执政兴国的重要支柱和依靠力量，是党和国家治理体系的重要组成部分，应该在落实全面依法治国中发挥表率作用。推动央企法治建设关系到依法治国基本方略能否在国民经济领域得以全面贯彻实施，关系到能否为"四个全面"战略布局奠定坚实的物质基础和政治基础。

第二，全面推进法治央企建设是推动企业发展向更高层次迈进的必由之路。随着市场竞争日益激烈及"走出去"战略的进一步推进，中央企业面临的法律环境更加复杂，形势更加多变，推进央企的法治建设，强化依法合规经营，是央企在市场化、现代化、国际化新形势下保持竞争力的前提，是央企保持平稳健康发展的必然

要求，也为培育中央企业成为具有全球竞争力的世界一流企业提供强有力支撑。

二、中车四方股份公司法治建设的实践经验

随着公司上下对依法治企的重视程度越来越高，近年来公司法律事务管理体系和法律风险防范机制不断优化，合规管理体系初步建立，法治央企建设工作取得一定成效。

（一）大力推进法治建设第一责任人制度落实

公司根据《中央企业主要负责人履行推进法治建设第一责任人职责规定》相关要求，制定了公司级推进履行法治建设第一责任人职责的相关制度。为推动该工作落地，公司定期在党委中心组成员中开展法治专题学习，学习贯彻习近平法治思想，组织各级领导参加国资委组织的法治讲堂学习，不断提升企业主要负责人的法治意识。自 2018 年起，公司每年对照法治建设第一责任人职责的相关要求，组织查摆存在的问题，不断整改、完善、弥补薄弱环节，不断增强公司依法治理水平。

（二）着力健全依法治企体系

一是高度重视章程在公司治理中的统领地位，不断完善章程，科学配置各治理主体权利、义务和责任，明晰履职程序和要求，保障章程依法制定、依法实施。二是推行总法律顾问制度，切实发挥总法律顾问和法律事务部专业审核把关作用，凡是涉及法律问题的党委会、董事会议题等均由总法律顾问列席把关。三是推动"三重一大"制度落地，保障"三重一大"事项决策程序依法合规，凡涉及法律问题的"三重一大"事项，均由法律事务部提前进行法律合规论证。

（三）持续完善法律事务管理体系建设

一是规范工作流程，完善法律风险防控机制。公司法律事务部自成立以来，不断建立健全法律事务管理体系，形成了以《法律事务管理制度》为总领，经济合同、授权、法律纠纷、资信调查、委托代理等领域分项制度为支撑的全面管理体系。经济合同、授权委托、制度编制的法律审核率达 100%。同时，法律审核已嵌入公司各业务流程，公司招投标、商务谈判等重要经济活动均由法律顾问审核把关，全面防控公司生产、经营各个环节的法律风险，将法律工作由事后弥补转变为事前防范。

二是防范化解重大风险，充分发挥法律工作价值。公司指派法律顾问提前介入、全程参与公司车辆投标、投资并购等国内外重大项目，在投标准备、合同签订、尽职调查、分支机构设立、项目执行等各环节中提供法律支持。法律事务部通过各种渠道，了解与掌握国家法律法规的最新变动情况，及时收集与公司经营管理

相关的新颁布的法律法规，适时进行评价、提示与法律建议，定期下达适用的法律法规清单，使公司各部门及时了解应适用法律法规的变动情况，保障公司日常生产经营依法合规进行。

三是把住关键领域，切实强化国际化经营法律保障。针对公司境外项目，法律事务部全程为境外项目提供法律支持，为公司"走出去"战略保驾护航。面对复杂多变的政治环境，法律事务部关注美国宏观政策法律变化，跟踪美国经济制裁与出口管制政策法律出台，分析中美贸易战对公司美国项目的影响。深入参与海外并购项目，研究分析外国商业投资环境、欧盟反垄断调查规则等。在海外投标项目中，拿起法律武器，通过申诉、应诉等维护公司合法权益。

四是加强法治工作标准化、信息化建设。中车四方股份公司在集团公司中率先推行使用了合同标准模板，截至目前已编制了买卖、承揽、科研、咨询等 16 大类 78 种合同模板，后续又逐步实现了合同线上审核，大大提高了工作效率和准确度。2020 年起公司启用电子合同签章，2021 年公司车辆部件采购合同领域已全面实行电子印章形式签订合同，结合公司开发使用的合同管理流程，车辆部件采购合同已实现了线上合同提交、审核、签署、存档、管理一体化，线上完成合同签订、存储及应用电子印章的方式，使得合同签订安全高效、即审即签。

（四）建立健全合规管理体系

2019 年公司初步建立了合规管理体系，搭建起合规管理体系框架和组织框架，设立了董事会统一领导下的合规管理委员会，建立了合规管理归口部门、专项部门、业务部门、监督部门齐抓共管的合规管理模式，形成合规"三道防线"，明确了部门合规职责，在公司各部门设立合规管理专员。随后，公司合规体系不断完善、优化，目前已形成了以《合规管理规定》为主制度的合规制度体系，将合规嵌入了各业务流程，并以海外合规管理为重点制定了《境外经营行为合规管理办法》等制度。为规范员工行为，使合规"内化于心、外化于行"，公司编制了《合规行为准则》，下达了各部门、各岗位需遵守的《合规义务清单》，使合规工作有据可依。为全面防范合规风险，公司推行了"合规月报"机制，每月组织识别、评估境内外各业务领域合规风险，法律事务部作为合规归口管理部门监督合规风险应对措施的制定和实施，对合规风险进行动态管理，并结合当月境内外宏观法律环境变化对公司经营的影响，汇总形成合规月度报告，上报公司主要领导。

（五）高度重视法律人才队伍培养

随着近几年公司法律团队的发展，法律顾问呈现年轻化趋势，法律人才队伍培养迫在眉睫。公司一是大力推行公司律师制度，鼓励具备条件的法律顾问接受公司律师培训考核，目前已有超过 85% 的法律顾问取得公司律师资格；二是鼓励青年法律顾问参加国际化人才培训，并为青年员工考取各项资质、继续深造等提供便利条件，培养会外语、懂法律、善管理的复合型法律人才队伍，为公司后备人才注入新鲜血液。

（六）持续做好法治宣传工作，培育法治文化

为全面开展普法宣传教育，提高公司上下法治意识，加强法律、宣传与各业务部门的协同联动，推进法治宣传教育制度化、常态化。包括在党委中心组中开展法治专题学习、定期组织法律知识培训、组织"宪法日"法制宣传活动、开展"普法进分厂"法制讲座等，形成全员尊法学法守法用法的良好氛围，厚植法治文化。

三、下一步工作思路

虽然公司在建设法治央企方面积累了一些实践经验并取得了一定的成效，但与世界一流企业相比还存在一定的差距，今后我们应当在以下几个方面继续努力，扎实推进。

一是持续推进履行法治建设第一责任人职责工作落实。继续加强党委中心组法治学习，提高法治建设第一责任人的履责意识，提升领导班子依法治企能力。继续深入分析本企业落实第一责任人职责的薄弱环节，存在的主要问题和工作难点，抓紧制定有效措施，补齐弱项短板，提升法治建设的能力和水平。

二是领导推进法律事务管理。确保经济合同审核、授权审批、法律咨询、法律纠纷处置、法律意见出具等日常法律事务工作的效率和质量，夯实法律事务管理基础。加强调研学习，研究探索创新政策，积极组织参与对标世界一流管理提升行动等工作，聚焦自身存在的突出问题，补短板、强弱项、提能力，全面提升公司风险防控水平。

三是重点推进合规管理工作与公司中心工作深度融合。紧紧围绕重点任务统筹谋划、同步推进；合规管理与企业经营管理深度融合，充分发挥合规管理的服务保障、规范管理和价值创造作用；继续加强与审计与风险部、财务、纪委等监督部门的有效协同，在构筑大监督体系中发挥法律合规的监督作用。

四是进一步培养优秀的法律顾问队伍。建立健全企业法律顾问职业发展规划，将企业法律顾问纳入人才培养体系，充分重视法律专业的特点，注重培养细分领域的专家。推动法律顾问提升业务能力水平，不断提升法律意见采纳率，真正成为公司业务部门值得信赖、不可或缺的可靠伙伴。

（中车青岛四方机车车辆股份有限公司法律事务部部长　周靖宇）

中车唐山机车车辆有限公司

多管齐下，全面促进法治工作转型升级

——中车唐山机车车辆有限公司法治工作实践总结

中车唐山机车车辆有限公司（以下简称中车唐山公司）在中国中车集团有限公司和中国中车股份有限公司的正确领导下，以习近平总书记全面依法治国新理念新思想新战略和党的十九届历次全会精神为指导，全面贯彻落实国资委《关于进一步深化法治央企建设的意见》和集团公司"十四五"法治规划，通过法治体系建设、信息化建设等多种措施，促进公司法治工作转型升级，全面提升公司法治工作水平。

一、强化法治体系建设，促进法治工作升级转变

中车唐山公司高度重视法治建设顶层设计，确定了公司党委对法治工作全面领导地位。建立了法治建设第一责任人制度，明确了党委书记、董事长、总经理的法治建设第一责任人职责，并对职责内容进行了细化分解，保证职责落实。通过公司级制度，确定法治建设领导机构、总法律顾问、法律部门、其他职能部门的法治建设职责。成立了推进法治建设的专门委员会，形成了较为完善的法治工作领导责任体系。

中车唐山公司不断丰富完善法治工作制度体系，形成了以《法治建设管理规定》为统领，《合规管理办法》《法律事务管理办法》《合同管理办法》《法律纠纷案件管理办法》等具体业务管理制度为支撑的制度体系，使各项法治工作都有法可依，实现法治工作标准化。

中车唐山公司不断强化依法治理体系建设，根据集团公司授权放权方案，对公司党委、股东会、董事会、总经理办公会的职权依法进行重新界定，并按法定程序

修改公司章程，切实发挥党委把方向、管大局、促落实作用，强化董事会定战略、作决策、防风险职能。制定了董事会议事管理规定、投资管理规定等相关配套制度，明晰各治理主体的履职程序和要求。在母子公司管控方面，中车唐山公司开展了母子公司管控优化专项工作，全面梳理母公司与各子公司之间的工作内容和业务接口，科学配置子公司各治理主体之间的权利、义务和责任，指导子公司加强股东会董事会建设。在各全资、控股子公司全面实施外部董事制度，向各全资、控股子公司派驻外部董事，有效地防范了子公司法人格否认法律风险。

中车唐山公司通过法治体系建设，形成了党委顶层谋划，主要领导亲自负责，总法律顾问全面领导，法律部门主责推动，各职能部门协同配合的法治体系；促进了法治工作从专项业务工作向全面覆盖、全员参与的全局性、战略性工作升级转变。

二、全面融入公司经营工作，充分发挥法治工作支撑保障作用

中车唐山公司践行法治优先原则，将依法治企全面融入重大经营活动的各个环节，努力实现法治工作全流程、全覆盖，确保法律工作的超前介入、及时跟进、主动协同，深化法律风险防范机制，及时选准开展法律风险防范的切入点，充分发挥法律支撑保障作用，保证公司经营合法合规。

法务人员作为工作组的成员，深度参与"科改"、大集体改制等重大经营业务，为业务保驾护航。在公司重大营销项目、对外投资项目开展过程中，从项目立项、最初磋商，到对项目招投标文件的评审以及项目的履行，法务人员全程参与，提供法律支持，有效规避了项目法律风险，保证了项目的依法合规执行。将合法合规性审核嵌入规章制度发布流程，确保规章制度法律审核率100%。针对公司重复发生的业务，制定40余个标准合同模板，并制定合同模板的使用和管理规则。未使用合同模板的经济合同，必须经过法务人员审核，保证了经济合同法律审核率100%。在公司的重大决策及各部门业务决策过程中，依法合规、不逾红线是首要前提和基本衡量标准。法务人员对涉及法律问题决策事项进行法律分析，并出具法律意见，作为公司和各部门决策的重要依据。总法律顾问作为公司决策层人员，参与重大决策过程，并提出法律意见，保证了重大决策法律审核率100%。

三、强化案件管理，充分发挥法治工作价值创造功能

中车唐山公司高度重视各类纠纷案件的处理，制定了《法律纠纷案件管理办

法》，对法律纠纷的处理流程、时效安排等作出了更加详细的规定，进一步完善了法律纠纷案件制度。同时，以减少损失就是为公司增利为导向，统筹综合施策，充分利用公司法务人员与外聘律师的各自优势作用，合力攻坚疑难复杂案件，分步化解历史积案，妥善处理各种法律纠纷，为公司化解危机提供法治保障，为公司争取每一分权益。2015年至今，通过诉讼或仲裁，合计为公司挽回损失1800余万元，切实地实现了法治工作的价值创造功能。

四、注重制度体系搭建，有序推进合规管理工作

中车唐山公司从制度建设开始，有序展开合规管理工作。法律部门牵头组织相关业务部门，对公司现有业务制度进行了梳理，对具体业务领域合规风险进行评估，依据中车集团《合规管理暂行办法》《中国中车商业准则》和《境外经营合规管理指引》，编制了公司《合规管理办法》以及相关配套制度，最终形成了以合规管理基本制度为核心，合规行为准则、反舞弊合规管理规范等合规管理专项制度、中车各项合规指南、重点国家合规风险库等其他合规管理规范性文件为支撑的合规制度体系，为合规管理工作开展奠定了基础。

中车唐山公司根据国内外形势，确定境外业务为当前合规管理重点领域。对于正在执行的境外项目，公司法务人员作为项目组成员，深度参与项目执行，与国内律所和当地律所共同为项目提供咨询意见，保证项目运行合规性。对于新开展的合规风险较高的境外项目，法律部门与中介机构对项目进行法律尽职调查，出具专项合规风险评估，出具评估报告，并根据合规风险高低确定是否执行项目。

五、借助信息化手段，有效提升合同管理水平

中车唐山公司2019年开发上线了合同管理信息化系统（"CMI系统"），CMI系统集成了采购方式管理、合同文本管理、代理人管理等管理功能。能够实现代理权限自动校验，采购结果与合同标的物、数量自动校验，合同文本自动调用，预设审批权限等内控功能，有效规避了无权代理、超采购结果签订合同、合同文本不规范等违规风险。CMI系统实现了各类管理台账自动生成，提高了管理效率。同时，中车唐山公司借助CMI系统进行合同管理数据的统计与分析，通过沟通、通报和考核等闭环管理手段，不断提高合同管理信息质量。通过CMI系统，实现了合同管理的自动化、合规化、准确性、高效率，显著提高了合同管理水平。

六、多种普法形式并举，培育公司法治文化

中车唐山公司实施"谁主管谁普法"的普法责任制，法律部门负责宪法、民法典、公司法等基础法律的普法工作，财务部门、人力部门等专业职能部门负责其专业领域的法律的普法工作。法律部门牵头制定普法规划，监督各专业职能部门按规划要求开展普法工作，与各专业部门协同联动，互为补充。多种方式并举，注重普法形式创新，充分利用微信公众号、公司网站、公司报刊等媒介，扩大普法受众面。定期组织现场法律知识竞赛，培养普法氛围，激发广大员工的学法热情，培育公司法治文化。

（中车唐山公司财务总监、副总经理、总法律顾问　代玉东）

中铁三局集团有限公司

以高水平法治建设护航央企高质量发展

"法治兴则国家兴，法治强则国家强。"中央企业作为中国共产党执政兴国的政治基础和经济支柱，是党和国家治理体系的重要组成部分。央企做好改革发展各项工作也离不开法治，央企发展得越好越需要依靠法治，法治对于推动央企发展具有基础性、保障性作用。近年来，中铁三局集团有限公司（以下简称中铁三局）高度重视企业法治建设，将依法合规经营作为企业提质增效的重要抓手，贯穿始终。通过法治建设的不断加强，促进企业生产经营工作走上了良性发展的快车道，公司营销额、营业额、企业利润连年递增，连续 5 年保持在全国铁路信用评价 A 类的等级，为国家经济社会发展作出了重要贡献。

一、提高认识，在法治建设的责任担当上要有更高自觉

1. 央企法治建设的紧迫性前所未有。一是国内法规制度加快完善。党的十九大提出到 2035 年要基本建成法治国家、法治政府和法治社会，可以预见，政府将越来越用法治的手段来规范政府和市场的边界，在法治框架内调整包括央企在内的各类市场主体的利益关系。这就需要企业各级领导干部的法治意识、法治素养有一个更大的提升。二是社会信用体系加快构建。国务院提出建立互通共享的权威、统一、可查询的市场主体信用记录，强化跨行业、跨领域、跨部门联合惩戒。这就要求尊法守法成为企业的自觉行动。三是企业合规管理加快推进。国资委陆续出台的《中央企业违规经营投资责任追究实施办法》《中央企业合规管理指引》等文件，向中央企业发出了合规总动员令。

2. 央企法治建设的复杂性前所未有。一是面临矛盾增多。随着全面依法治国

的推进，企业经营管理无不涉及法律的规制，需要法治工作与企业中心工作深度融合，充分发挥法治工作的服务保障、规范管理和价值创造作用。二是涉及层面更广。当前，企业的法治工作已进入了"升级版"。法治工作从专项业务工作向全面覆盖、全员参与的全局性、战略性工作升级。三是工作任务加重。国资委提出打造法治央企的总目标是"治理完善、经营合规、管理规范、守法诚信"。虽然只有 16 个字，但这里面体系完整，内涵丰富，要求明确，工作任务十分繁重。

3. 央企法治建设的艰巨性前所未有。一是促进提质增效的任务更加艰巨。贯彻新发展理念，构建新发展格局，国资委强调央企今后的发展不是片面地追求规模，主要是要追求高质量的发展，要求更加注重防范风险，更加注重发展的可持续性。这就需要企业在更高层次、更广范围上推动法治工作迈上新台阶。二是保障深化改革的任务更加艰巨。近年来，央企推进了一系列改革，取得了一些阶段性的成果。但是目前短期能够改的、比较容易改的已经改得差不多了，剩下的都是"难啃的硬骨头"，这就需要企业切实增强运用法治思维和法治方式化解矛盾、解决问题的能力。三是服务"一带一路"的任务更加艰巨。随着我国深化全方位对外开放，大力实施"一带一路"建设、推进国际产能和装备制造合作，央企走出去步伐进一步加快，这对企业法治工作既是机遇更是挑战。

二、围绕中心，服务大局，在法治保障作用发挥上要有更大作为

1. 全力服务中心工作。一是主动对接，跟进服务。主动与提质增效、深化改革、创新发展、国际化经营等方面对接，及时跟进企业的各类法律需求，选准开展法律合规工作的切入点，促进法治工作与中心工作进一步融合。二是加强研究，用好政策。研究把握企业经营管理的法律环境，深谙有关法律法规和市场规则，用专业知识促进企业行为始终规范在法律框架内，确保企业各项经营管理活动不踩线、不越界。三是加强审核，提升质量。切实发挥法律风险防范机制的作用，使法律合规审核成为经营管理的必经环节，在确保规章制度、经济合同和重要决策审核把关的同时，实现由高过手率向高质量提升。

2. 全程强化风险管控。一是管控好法律风险。随着央企经营规模的不断扩大，在市场竞争中面临的法律风险日益增多。必须坚持事前防范为主和事中控制、事后补救为辅的原则，把法律风险防范工作纳入经营管理的全过程，着力打造法律风险防范机制的完整链条。二是管控好合规风险。认真贯彻落实《中央企业合规管理指引》各项要求，结合实际加快健全完善合规管理体系。坚持将合规要求覆盖各业

务领域、各部门、各级子企业和分支机构、全体员工，贯穿决策、执行、监督全流程。三是管控好境外风险。推动境内法律风险防范机制向境外延伸，强化前期介入和全程管控，确保企业境外资产安全可控。

3. 全面提升法治管理。一是提升法治管理的系统化。把法律合规风险管理作为企业内部的公共资源，创新法律合规队伍建设方式方法，积极探索建立集中高效的法律合规风险管控模式，有效提升企业法律合规风险管控能力。二是提升法治管理的规范化。加快推进企业法治管理的规范化，将法治管理纳入制度化的轨道，促进企业法治管理程序严密、高效运行。不断夯实法治管理规范化的基础，通过强化日常监督、年度考核、创先争优等手段，引导所属单位不断创新和完善法治管理机制，提高法治基础管理水平。三是提升法治管理的信息化。加快企业法律合规管理信息系统的建设，通过信息化手段将法律合规审核作为不可逾越的节点，嵌入业务流程，建立健全法律合规资源信息共享机制，提高企业法律合规管理沟通互动的效率。

三、加强领导，精心组织，在法治央企建设推进上要有更快步伐

1. 落实法治建设第一责任。一是落实规定要求。坚持"决策先问法、违法违规不决策"，落实法律合规部门上会议案"一票否决权"。推动企业主要负责人将履行推进法治建设第一责任人职责情况列入年终述职内容，并将其纳入年度业绩考核中。二是巩固工作成果。贯彻落实推进法治建设第一责任人职责的工作要求，对照检查，补齐短板，举一反三，认真整改，确保第一责任人职责建设各项工作都达到规定要求。三是推进向基层延伸。精准摸查所属单位法治建设亮点和短板，进一步促进各单位主要负责人转变观念，增强法治意识、法治观念，带动管理层和企业全员尊法学法守法用法。

2. 加强法治工作队伍建设。一是完善总法律顾问制度。落实总法律顾问全面负责法律合规工作、参与重大经营决策等职责。强化总法律顾问对重大决策的审核把关，对提交决策会议讨论的重大事项，应经过总法律顾问审核；报请上级企业审批事项涉及法律问题的，应当出具总法律顾问签字的法律意见书。二是健全机构人员。落实企业法治工作规划中法律合规机构人员设置目标，推动机构不健全、人员不到位的单位补齐短板。按照中办、国办《关于推行法律顾问制度和公职律师公司律师制度的意见》和司法部《公司律师管理办法》的规定，做好企业法律顾问与公司律师制度的政策对接，探索建立公司律师制度，为便利企业法律顾问履职创造条

件。三是提高执业能力。深入贯彻学习党的十九大和十九届历次全会精神，着力提高法治工作队伍思想政治素质。建立健全新入职毕业生培养机制，多渠道组织开展法律合规业务培训，创新培训形式、丰富培训内容，分层分类提高培训的针对性。着力提高法治工作队伍职业道德水准，模范遵守党风廉政规定。

3. 着力打造企业法治文化。一是提高法治意识。完善领导干部集中学法制度，把法治培训纳入企业各级负责人的培训内容，纳入中心组学习范围，把法治工作建设成效作为衡量领导干部工作实绩的重要内容。二是做好法治宣传。加强宪法学习宣传工作。全面贯彻党的十九大和十九届历次全会精神，以习近平法治思想为指导，增强针对性、实效性，加强宪法宣传，使宪法精神深入人心，以宪法精神凝心聚力。三是开展精准培训。针对企业法律顾问、各层级管理人员以及企业一线员工，开发设计多种模块、适用不同人群的法治培训课件，做到因班、因人精准授课，使培训达到最佳效果。

（中铁三局集团有限公司总法律顾问、法律合规部部长　王效国）

中铁国际集团有限公司

法治央企"一体两翼"建设笔谈

法治兴则企业兴，法治强则企业强。中铁国际集团有限公司（下文简称"中铁国际"）深入学习贯彻近平法治思想，奋力投入法治央企的伟大建设实践中，实施"一体两翼"法治央企建设战略，打造"法治中铁"，为中国高铁"走出去"和"一带一路"建设保驾护航。所谓"一体"，是指坚持党领导法治央企建设，统筹推进企业国内法治和涉外法治；"两翼"分别指法治工作体系建设和法治保障体系建设（如下图）。

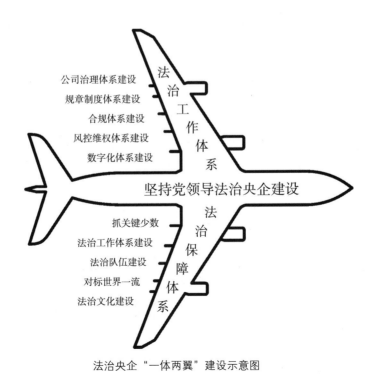

公司治理体系建设
规章制度体系建设
合规体系建设
风控维权体系建设
数字化体系建设

法治工作体系

坚持党领导法治央企建设

法治保障体系

抓关键少数
法治工作体系建设
法治队伍建设
对标世界一流
法治文化建设

法治央企"一体两翼"建设示意图

一、坚持党领导法治央企建设

中国共产党的领导是推进法治央企建设之魂。中铁国际坚持以习近平新时代中国特色社会主义思想为指导，把学习习近平法治思想、党的十九大和十九届二中、三中、四中、五中、六中全会精神作为党委中心组学习的第一议题，深入贯彻落实党中央关于全面依法治国方针政策和国资委关于法治央企建设的部署要求，充分发挥党把方向、管大局、促落实的领导核心作用，统筹推进国内法治和涉外法治建设，严格落实"三重一大"制度，推进党建工作与法治工作的深度融合，发挥党在公司治理体系建设、规章制度体系建设、大合规体系建设、风控维权体系建设、数字化法治体系建设、领导干部管理、法治工作体系建设、法治队伍建设、对标世界一流和法治文化建设中的领导作用，充分发挥基层党组织的战斗堡垒作用和党员的先锋模范作用，为夺取法治央企建设的胜利提供根本的政治保证。

二、坚持法治工作体系建设

（一）坚持推进公司治理体系建设

公司治理体系是企业制胜的法宝，是法治建设的首要环节。中铁国际坚持两个"一以贯之"，把加强党的领导和完善公司治理体系统一起来，实现决策的科学化、民主化、法治化。一是发挥公司章程的重要作用。通过修改章程，保障党在公司治理中的领导地位。二是加强董事会建设，落实董事会职权。发挥外部董事的作用，提高董事会决策的水平。加大董事会对经理层的授权力度，规范经理层向董事会汇报的工作机制。三是授予法律合规部门一票否决权，坚持"决策先问法，违法不决策""未经法律审核，议案不上会"的原则，严格履行法律评审的前置程序，实现规章制度、决策、合同和授权法律审核率均达到100%。境外九大区域总部全部实施模拟法人治理模式。

（二）坚持规章制度体系建设

规章制度是法治央企建设的总抓手。中铁国际以创新为生命，以改革为使命，进行顶层设计，推进制度建设。重点完善了公司治理、战略规划、人力资源（任期制和契约化等）、投资管理、财务管理、资本运作、股权管理、审计与风险管理、法律合规和董监事管理等方面的近百项制度，让企业焕发了青春和活力。通过月度执行力考核和年度法律合规考核，确保制度落地。通过持续半年的"敬畏制度、合规筑基"的制度宣贯活动，员工悟透制度的真谛，提高了干事的激情。

（三）坚持大合规管理体系建设

合规是企业的软实力，是应对国际经贸"隐秘战争"的利器。中铁国际构建了涵盖企业经营管理，具有国际化特色的大合规管理体系。建立"三防一查"的机制，协同发展法律、合规、内控、风险四个体系；建立合规、专项、参与管理部门组成的"三位一体"组织架构模式。编写合规手册，践行我国《反外国制裁法》《出口管制法》《联合国反腐败公约》《世界银行诚信合规指南》，反制欧美"长臂管辖"和"美国陷阱"。实施合规3.0计划，制定合规流程，实现了合规落地。制定中老铁路"廉洁之路"实施方案，遵循"廉洁之路"十条行为准则，塑造可信可敬央企国际形象，成为合规央企的典范。

（四）坚持风控维权体系建设

控制风险和依法维权是法治央企建设的基本任务。中铁国际以中国法、国际法、双边投资协议、属地法为武器，占领法治的制高点，主动维护我方正当权益，抵制外方索赔和违约行为。建立全球法律数据库，研究各个国别的公司法、合同法、PPP法、税法、工程法、劳动法、仲裁法等重点法律，编写禁止性事项清单，作为风险防范的"工具箱"。研究菲迪克合同、NEC合同和国别合同，制作中外文合同范本。编写多套法律合规风险案例集，总结经验教训，加强案件培训，防止今后流血、流汗、再流泪。全程参与跟踪和正在经营开发的重大项目，提出审核意见。树立"防住风险、减少损失就是创造效益"的理念，进行案件压减工作。例如，印尼雅万高铁EPC合同采用人民币和美元支付，降低货币贬值风险；孟加拉国政府基础网络三期项目合同约定通讯设备全部来自中国并免征关税增值税等费用，促进中国产品出口，降低税务风险；玻利维亚艾斯匹诺公路项目依法对新冠肺炎疫情造成的工期索赔，取得成功。

（五）坚持数字化法治体系建设

数字化法治体系是新的生产力，是打开新时代法治之门的钥匙。中铁国际把项目立项、投（议）标经营评审、合同评审、授权管理、证照管理、规章制度评审、重大议案合规审查、投标合规管理、第三方合规管理、案件管理等主要工作纳入数字化系统，实现"一机在手，法务全有，掌控全球，万事无忧"，加强了境外国有资产的在线监管。

三、坚持法治保障体系建设

（一）坚持抓住领导干部关键少数

领导干部是法治央企建设的重要组织者、推动者、实践者，是法治央企建设的关键。中铁国际成立了由董事长、总经理任组长的法治建设工作领导小组，深化法治建设第一责任人制度。董事长庄严承诺守法，党委中心组定期学法，各级领导干部强化法治信仰、践行法治担当，做到心中有法、办事依法、遇事找法、决策用法。

（二）坚持法治工作组织体系建设

工作组织体系决定了企业的战斗力。中铁国际秉承开放性组织的理念，建立了纵向到底，横向到边的法治工作组织体系，设立了法治建设领导小组、合规委员会、合规联席会、法律合规部门、总法律顾问、公司律师、合规官（专员）、合同专家组。实行法商融合，推行"三务（法务＋商务＋财务）评审"，打破国别公司的界限，实现从做加法到做乘法的转变。

（三）坚持法治队伍建设

得人才者，得天下；得法治人才者，法治天下。国际化法治建设需要大批通晓国际规则、会管理、通外语的高素质法治人才。中铁国际坚持"聚天下英才而用之"的理念引进成熟人才，坚持以"人人都是人才，人人都可以成才""以感情留人、以待遇留人、以事业留人"的理念培养和储备人才。开展"1+1+1"法律合规管理实验室活动，一名导师指导一名学徒，进行一年"魔鬼训练"。组织学徒翻译并出版了专著《国际工程法律与合同实务200问》。团队多次获得股份公司和国资委奖项。

（四）坚持对标世界一流

管理提升是企业永恒的主题。根据国务院国资委《关于对标世界一流管理提升行动的通知》要求，围绕国企改革三年行动和中国中铁"十四五"发展规划，中铁国际坚持解放思想，坚持问题导向，成立法治对标专项工作组，对标世界500强先进企业，发现短板和弱项，结合审计、巡视、内控合规评价暴露的问题，补短板、强弱项，梳理内控法律合规风险点，加强整改，实现雄鹰蜕变、凤凰涅槃。

（五）坚持法治央企文化建设

法治文化是法治央企建设之血脉。中铁国际以习近平法治思想为指导，重点建设风控文化、无讼文化、合规文化、"廉洁之路"文化、开路先锋文化，构建形成系统的"法治中铁"文化体系。文化无声润天下。从湄公河到多瑙河，从亚丁湾到爱琴海，在中铁国际经营的每一个角落，都流淌着"法治中铁"的文化，并影响着世界各族人民。

"一体两翼"是一个有机的整体，二者相互促进，相辅相成。一体引领，两翼带飞，让我们秉承人类命运共同体理念，传播习近平法治思想，推进法治央企建设，在"一带一路"的天空自由翱翔。

（中铁国际集团有限公司法规部副部长　王青华）

武汉光迅科技股份有限公司

全面依法治企，为公司发展保驾护航

一、深刻理解习近平法治思想的重要意义

党的十八大以来，习近平总书记从坚持和发展中国特色社会主义全局和战略高度出发，创造性提出全面依法治国的一系列新理念新思想新战略，形成了习近平法治思想。2020 年 11 月，党的历史上首次召开的中央全面依法治国工作会议，将习近平法治思想明确为全面依法治国的指导思想。2021 年初，中共中央印发《法治中国建设规划（2020—2025 年）》，这份新中国成立以来第一个关于法治中国建设的专门规划，把全面贯彻习近平法治思想作为贯穿全篇的主题主线。习近平法治思想是马克思主义法治理论同中国具体实际相结合的最新成果，标志着中国特色社会主义法治体系日益完善，具有明确的实践指导力，是全面依法治国的根本遵循和行动指南，具有重大理论意义和现实意义。

二、公司开展法治建设的举措和成效

（一）深入推进企业主要负责人履行推进法治建设第一责任人职责建设

武汉光迅科技股份有限公司始终坚持把法治建设作为企业第一责任人专项工程，充分发挥"关键少数"作用。一是认真履行法治建设第一责任人职责。2017 年以来，公司立足依法治企工作实际，董事会、主要党政负责人履行法治建设第一责任人职责，统领公司法治建设工作，建立重要事项合法合规审核机制，推动法治宣传教育，推进依法依规决策。2019 年，公司成立了法治建设工作委员会，设立

领导组与工作组，法治建设工作委员会领导组由公司高管层组成，履行法治建设主体责任，工作组由各业务领域总经理组成，负责全面开展、执行、落实法治建设工作。工作组下设风险管理小组，专项开展相应领域的风险应对工作。2020 年，根据《中央企业合规工作管理规定》，结合公司实际情况，在董事会下设合规委员会，由公司高管层担任合规委员会委员，并根据公司实际情况，在委员会下设具体的合规小组，全面推进合规建设。二是充分发挥"关键少数"带头学法用法守法示范作用。公司每年定期召开党委中心组学法守法活动，增强法治意识。定期听取法治建设工作情况报告，实时了解公司法治建设状况。三是构建依法治企制度流程体系。为规范公司法律事务管理，根据业务实际，兼顾合规管控与效率，制定了《法律事务管理制度》，确保实现依法治企；为确保公司依法依规审核合同，制定《合同管理制度》《合同评审细则》《关于对合同协议函件订单对外授权签字代表进行统一授权的通知》等制度；在争议解决方面，建立《纠纷管理制度》，完善起诉、应诉、仲裁案件的管理。根据上述制度，形成了包括合同评审权限管理、对外签字授权管理、诉讼纠纷管理在内的制度网。四是明确法治建设规划、计划，强化法治建设对标考核。结合集团及公司实际，制定中长期法治建设规划，明确公司法治建设工作方针；每年初制定法治工作计划，年底对照计划落实执行情况进行考核，增强法治建设执行力度。

（二）狠抓合规管理体系建设

立足公司实际，根据集团《合规管理规定（试行）》的要求，结合公司内外部合规建设实际，公司确立了持续"全面推进大合规体系框架＋专项领域重点推进"的合规建设方针。一是明确合规工作机制。成立了合规委员会，设立了出口管制合规组、软件合规组，专项推动合规管理工作；并在市场交易、投资并购、商业伙伴、知识产权等八大领域进行全面合规体系框架建设。二是初步构建合规管理体系。整体层面确定了《合规管理规定》《商业道德与手册》等制度性文件；在各专项领域确立合规联络员，形成专项合规指引、合规数据库、合规风险识别清单，设置了合规建设专栏等；在出口管制合规领域，确立了出口管制风险评估机制与出口授权机制，并实现了上述机制的 IT 化，保障了出口管制合规。初步构建起以制度体系、组织体系、运行体系、信息化系统为支撑的合规管理体系。

（三）高度重视重大法律风险防范化解

结合内外部形势，全面进行风险管控。从公司治理层面，注重章程及重大事项审核，从源头防控风险；从利于业务审核效率提升及风险管控的角度，推动了合同审核流程调整，分类分层实现合同审核 100% 覆盖；推动了合同模板化，建立了公司合同模板库，提升了合同签订与管理效率；从提升公司及员工法治意识上看，从商务谈判、合同签订、合同执行、专利申请前侵权论证等已引入律师参与评估和处理，已将法律融入公司业务实际，有效防控了重大风险。未出现重大诉讼纠纷及风险事件，有效维护了国有资产合法权益。

（四）大力推进法治宣传教育

严格落实"七五"普法工作，大力开展法治宣传教育，营造浓厚法治氛围。一是依托法治讲堂。结合国资委"法治大讲堂"，按时参加法治专题讲座培训，增强专业本领。二是公司内部建立常态化普法宣传机制。在党委中心组及高管层，进行专题法律学习与宣传，在重大事项上会前设置法律意见评审程序，确保依法依规决策；设置经理层专项培训，为经理层及业务关键节点人员开展专项业务法律培训，提升业务审核能力；对公司全员开设"普法小课堂"、"12·4"普法、"民法典与生活同行"专栏进行专项普法，定期推送普法宣传文章，全方位增强公司人员的法治意识，增强运用法律知识处理业务问题的能力。为增强普法实效，采用形式多样、阵地丰富的普法宣传，邀请外部律师进行专项法律培训、内部法务贴近业务开展关键节点及重点领域法治培训，并在内网、内刊、企业微信公众号上开展多种普法宣传。

三、公司依法治企的经验启示

企业只有把依法治国的理念融入经营中去，延伸到依法治企的实践工作中，才能真正做到防控风险。在企业法治建设中，我们始终坚持领导带头，提高依法治企能力；坚持依法经营，防范化解重大风险；坚持服务业务与风险防控协调推进，提高工作效率。但在实际中也还存在不足：一是法治管理创新力度不强。法治管理暂未完全实现信息化。当前，法治管理的信息化主要集中在法律评审及用章的信息化建设，但暂未在系统内建立案件信息化管理系统，案件的统计及分析主要靠各部门各单位人工上报，对于及时准确掌握集团内案件信息情况是个挑战。二是未形成法治资源共享中心。在法律资源的管理上，除公司总部设立法律管理部门外，各子公司根据管理实际情况设置法务人员或者单独聘请律师事务所。虽然建立第三方机构选聘管理台账，且建立了第三方服务机构备案管理机制，但仍依赖于总部法律管理部门主动了解情况。在人员管理上，当前法律人员侧重于提供事后法律支持，且各子公司要么严重依赖总部法务，要么自行设立法务人员，人员间工作关联分散，未形成专人对接、分工明确、专业快速地为业务部门提供法律服务的总部共享中心。

　　下一步，公司将继续坚持合规经营、防范重大风险、深度服务业务、及时协同联动，坚持将法治建设要求覆盖到各业务领域、各部门、各子公司及全体员工，努力实现法治建设工作贯穿决策、执行、监督全流程。切实加强对法治央企建设的组织领导，明确企业主要负责人、总法律顾问、法律事务机构、其他部门在推进法治建设中的责任，有效整合资源，增强工作合力；围绕重点业务领域，结合公司内外部环境、发展规划等，分层分类有重点地进行法治建设；根据各子公司的规模、发展状况、法治建设情况，分步分类推进子公司法治建设机制建设、制度建设、法律风险应对等，为公司"十四五"战略发展提供支撑，把公司建设成符合法治建设标准要求的法治央企。

（武汉光迅科技股份有限公司副总经理　徐勇）

中牧实业股份有限公司

依法经营见成效　合规管理促发展

中牧实业股份有限公司是一家由中国农业发展集团有限公司控股的上市公司，是中国农发集团的重要成员企业，是中国动物保健品和饲料添加剂行业的骨干与核心企业，也是农业农村部等国家八部委认定的农业产业化国家重点龙头企业和北京市高新技术企业，在国家重大动物疫病防控和保障公共卫生与环境安全、动物健康与肉食品安全方面发挥着不可替代的国家队和主力军的作用。

公司法治与合规工作在中国农发集团和中牧股份公司党委的正确领导下，始终坚持以习近平新时代中国特色社会主义思想为指导，全面落实习近平法治思想，扎实推进法治央企建设方案的落实，牢牢夯实法治建设第一责任人职责，将法治建设与合规管理作为企业经营管理的前提和基础，为保证公司稳健运营和高质量发展做出了突出贡献。

一、紧紧围绕公司改革发展中心任务做好法律服务和保障，法律风险防范机制建设得到加强

中牧股份作为双百企业，在推进综合性改革、力争成为治理结构科学完善、经营机制灵活高效、党的领导坚强有力、创新能力和市场竞争力显著提升的国企改革尖兵的过程中，法治与合规工作充分发挥法律服务和保障作用：一是通过层层签署《法治工作目标管理责任书》《合规经营承诺书》，切实增强法治意识、合规意识、规矩意识、红线意识、底线意识，层层压实法治合规责任，严格依法依规决策，将法治合规性审查作为必经的前置程序，领导责任体系不断健全。二是抓好专兼职法律合规管理队伍建设，进一步明确了法律事务分管领导和专兼职法务合规管理员职责，加大培训力度，努力打造专业高效的法务与合规管理团队；所属分支机构和控

股企业外聘了常年法律顾问，做到法律风险防控全覆盖，较好地助力了公司的法律风险防范工作和合规管理工作有效开展。三是要求业务部门负责人管业务必须管合规，始终将法治与合规工作有效融入生产经营，坚决杜绝"两张皮"。

二、切实做好规章制度、经济合同和重大经营决策三大法律审核，有效防范了经营风险的发生

一是对新制定和修订的制度进行法律审核，保证了公司出台的各类规章制度的依法合规性，保障制度建设在依法合规治企进程中的重要地位。二是将三项法律审核嵌入管理流程、嵌入信息系统中，从而有效保证了三项法律审核率100%，年均经济合同审核数量多达15000余份，还通过加强流程管控，体现流程价值，做到与法治合规责任相辅相成，持续硬化三项法律审核工作。

三、妥善做好各类诉讼案件和经济纠纷的应对处置工作，有效维护企业合法权益

通过加强法律纠纷案件管理，建立重点监控企业和重点案件管理制度，对重点案件管理实行督办责任制，主动维权能力不断提升，收回各类欠款数千万元，有力地维护了公司的合法权益，较好地发挥了法律事务部门的价值创造作用。

四、大力做好瘦身健体和压减管理层级工作，妥善进行非主业企业的管理和处置

历年来，在对非主业控参股企业的股权转让、清算关闭、破产重整以及剩余资产处置的过程中，法治队伍全程参与，出谋划策，提供良好法律解决方案，为解决历史遗留问题，消除经营风险，提升运行效率，锻造核心竞争力，为压减管理层级和瘦身健体工作做出了出色的成绩。

五、规范做好商标、字号等知识产权的日常管理和维权保护，维护公司和产品的市场形象

商标、字号等知识产权的日常管理和维权保护作为公司法律部的一项工作职

责，在做好商标日常申请和维护的同时，法律事务部还针对市场上多起假冒商标的假冒侵权行为充分利用商标异议和打假诉讼等法律手段进行打击，有效地维护了公司商标、字号等商誉的市场知名度和美誉度。公司连续多年被当地工商行政主管部门评选为"区域知名商标品牌建设突出贡献企业"。

六、扎实做好普法工作，员工法治意识得到持续增强

公司法律事务部每年通过开展法治讲座、编辑《法务与合规简讯》以及举办法律知识竞赛等多种形式开展丰富多彩的普法宣传活动，经常组织本部门法律专业人员深入基层企业开展法律宣讲和培训。通过多年来这种经常性、多样性的法律知识宣传和法治意识培育，"决策问法、经营依法、解决问题靠法"的良好法治文化已在公司内蔚然成风。

七、合规管理有序深入开展

随着市场竞争日益激烈以及"走出去"战略的进一步推进，企业面临的法律环境更加复杂，形势更加多变。要适应市场化、现代化、国际化发展的要求，谋求企业长远稳健发展，推进法治合规建设已经成为上市企业提高竞争力的内在需求和必经之路。

中牧股份坚决按照中国农发集团要求落实合规管理各项措施：一是与所属21家企业负责人签订了《依法合规经营承诺书》，公司总部及所属企业全员签订《合规承诺书》；二是每年对所属企业开展法治与合规工作自查和抽查，并将合规经营情况纳入公司年度考核；三是开展了涉外法律风险防控排查；四是编制完成具有本企业特点的《中牧股份合规手册》。通过采取一系列行之有效的合规管理措施，公司上下已形成良好的合规文化，不断推动治理完善、经营合规、管理规范、守法诚信的法治央企建设工作朝着更高目标迈进，有力地保证了公司各项经营管理工作的依法合规开展。

浩渺行无极，扬帆但信风。中牧股份的法律人将继续以习近平法治思想为指引，全面落实国务院国资委《关于进一步深化法治央企建设的意见》和中国农发集团的实施方案，以一往无前的昂扬斗志，朝着建设世界一流企业的宏伟目标勇毅前行，奋力开创新局面，挥毫谱写新篇章，以优异的成绩迎接党的二十大的胜利召开！

（中牧实业股份有限公司总法律顾问兼法律事务部主任　徐绍文）

中林集团雷州林业局有限公司

浅谈在经济合同法律审核中下功夫，强管理、促经营、防风险、实现效益

中林集团雷州林业局有限公司作为中央企业中国林业集团有限公司的二级子公司，全面贯彻党的十九大和十九届历次全会精神，深入贯彻习近平法治思想，增强"四个意识"、坚定"四个自信"、做到"两个维护"，牢记"国之大者"，坚定不移地走中国特色社会主义法治道路，围绕集团公司"十四五"时期改革发展任务，以提高法治合规工作针对性、实效性，建设法治合规体系为着力点，深入推进法治合规建设，为公司实现长期、高效、可持续发展营造良好法治环境。中央企业是我国国民经济的重要支柱，是落实全面依法治国战略的重要主体，应在建设社会主义法治国家中发挥重要作用。国务院国资委印发《关于进一步深化法治央企建设的意见》中提出总体要求、着力健全法治工作体系、全面提升依法治企能力和保障任务顺利完成，特别强调着力提升风险管控能力，持续巩固规章制度、经济合同、重要决策法律审核制度，在确保100%审核率的同时，通过跟进采纳情况、完善后评价机制、反向查找工作不足，持续提升审核质量；持续深化对标，努力补齐短板，加快提升依法合规经营管理水平；推动企业法务人员紧盯国企改革三年行动、中央企业"十四五"发展规划重点工作，全程参与混合所有制改革、投资并购等重大项目，加强法律审核把关，严控法律合规风险。

中林集团雷州林业局有限公司按照集团公司法治工作要求，连续实施落实中央企业法制工作三个三年目标计划，全面推进法治雷林建设实施方案，实现三项法律审核把关率100%，按照雷林开展法制宣传教育的第七个五年规划（2016—2020年），培养法治意识，使全员学法、懂法、用法，形成做任何事情都想到法律、遵守法律的良好氛围，推动了依法治企、依法合规经营，不断防范和控制法律风险。

为规范经营管理行为，防范和控制经营法律风险，保护公司合法权益不受损害，制定了合规管理办法。为了公司法定代表人统一授权给所属单位，印发了加强和改进合同管理工作的通知，对于大量发生的小额交易合同、业务品种相同，特别是客户也相同且此前合同文本已经过审核而未作实质性变更的合同，采用统一标准合同文本的合同，情势紧急的项目合同，审核程序可以适当简化。建立合同审核台账，实行动态管理监督。根据签订合同的目的实质就是达到交易目标，实现利益最大化，故将经济合同分为内部和外部合同审核，内部合同是本公司制定合同统一文本，外部合同是对方提供的合同文本。不论是内部或外部合同，都要加强对方的资信调查，主要审查经营范围、查询企业基本信息、相应资质，以及是否有履约能力，包括是否涉诉、被列为失信名单、被行政处罚、注册资本、股东情况等，确保合同全面履行，实现合同目的。

一、内部合同审核

合同内容是各方签订合同的各项具体意思表示，是确定各方享有权利、履行义务和承担责任的依据，因此，就要考虑如何合理设计合同的具体内容。设计合同内容的过程，也是起草或者制作合同。

（一）根据《中华人民共和国民法典》合同编第四百七十条合同内容一般条款：一是当事人的姓名或者名称和住所；二是标的；三是数量；四是质量；五是价款或者报酬；六是履约期限、地点和方式；七是违约责任；八是解决争议的方法。前述八项内容是合同的基本条款、核心条款，并非每个合同都必须具备，也并不当然导致合同不成立或者不生效，而是结合公司经营实际情况或者交易习惯补充合同内容，但必须保证合同内容不能因缺少基本条款而导致本公司遭受了损失。

（二）合同是建立在业务基础上，少不了业务条款。法务人员不是业务方面的"专家"，对于只涉及一般性、常规性业务知识的业务条款，且熟知的，直接予以设计，若涉及较为复杂或者较为专业性的业务条款，主动让业务部门或者下属单位罗列出合同所涉及业务条款。对于需要其他部门审核的，还要让业务部门或者下属单位提交其他部门去审核，并且共同讨论、设计。在这一过程中，法务人员应多沟通、交流，帮助业务部门尽可能把事情做得更好更完善，而不是简单按照既有的合同文本来比对合同。

（三）设计防范条款，一方面要考虑"对不对"，即是否合法，另一方面要考虑"行不行"，即是否具有可行性或者可操作性。当然，"违反强制性规定""违反禁止性规定""显失公平"等红线不能碰。要在法律允许范围内限制对方权利，加重对方的义务与责任，不能损害对方的合法权益，更不能将合同内容设计成"霸王条款"，否则，防范条款将会因违法而无实际意义。同时，善于与对方协商，依法依规释疑解惑。

（四）本公司根据业务需要，逐步制定合同统一文本：林地租赁或征用、开发利用（包括挖矿、取土、采矿）、木材生产与销售、机械采伐林木及机械装木材、木材运输、木片加工与销售、营林生产、工程建设与资产租赁等，除国家或行业对其颁发的规范合同文本使用有强制性规定外。

二、外部合同审核

聚焦主责主业，本公司优化森林资源培育，需大量采购肥料、种苗等物资，涉及买卖合同。调整产业结构，加快转型升级，延长产业链，创造新的经济增长点，坚持"一场一策、一场一品"的发展思路，涉及委托咨询、合作协议。践行集团公司"森林＋"，推动实施国家储备林战略，涉及林地收储合同。还有贸易业务购销合同，等等。

（一）合同审核的目的是理解合同所要达到的目的及其路径，主动寻找其中的纰漏，然后从法律上提出解决或应对的方案，避免争议，即使发生争议或违约，有合同依据可采取措施，也尽可能获得法院的认可与支持，减少损失，实现利益最大化。

（二）审核合同内容时，切莫忽略对方的市场地位，当对方为强势方会使其利益最大化，会设计一些对本公司不利的合同内容。本公司与对方不是"平起平坐""旗鼓相当"时，对对方合同文本，应侧重于违约责任条款，比如，权利义务条款内容设计，对方权利多、义务少，本公司反之，除了本公司有履约能力外，否则，应着重考虑违约责任条款，即本公司未履行约定义务时，是否需要承担违约责任，若无，就不必要过于坚持权利义务对等原则。比如，违约责任条款，对方设计其较少或者没有，甚至显失公平，本公司应依法依规提出合理化建议，尽可能让对方承担违约责任，哪怕是不对等。比如，将管辖地约定在对方，便于参加诉讼，节省成本，本公司应从公平角度，选择在被告所在地人民法院，双方都可以接受。本公司如果被动接受对方合同文本，或许会有所损失，但无法达成交易，可能损失更大，权衡利弊，仍要积极努力争取，莫要一味地强调"平等"而使公司丧失了交易机会。

（三）不论对方提供何种合同文本，都要紧密围绕合同的效力、合同的中止、终止、解除，违约责任和争议解决条款进行审核。

1. 应认真分析合同所涉及的法律关系，判断是否存在导致合同被认定为无效的情形及产生的法律效果。注意特殊行业的主体，是否具有从事合同项下行为的资格，避免导致合同无效。对于无权代理、无权处分的主体应当明确提出法律意见，避免导致合同被变更、被撤销的法律后果。

2. 合同内容的主要条款，包括质量标准、价格或报酬、履行地点、履行期限、履行方式、履行费用等条款，必须约定具体明确，便于全面履行，避免发生合同中止，需要援引法律法规。同时，注意审查双方义务的履行顺序问题，防止引起不安履行抗辩权、先履行抗辩权和同时履行抗辩权问题。

3. 合同的终止和解除。除了审查约定终止情形和解除情形外，注意行使解除权的期限。

4. 违约责任条款。应当注意审查有无不平等的违约责任条款和加重本公司责任的违约责任条款。违约责任中是否包括预期利润，可以综合交易的实际情况，约定违约方违约时须赔偿守约方的预期利润。

5. 合同的争议解决条款。注意或裁或审条款，当事人约定争议可以向仲裁机构申请仲裁也可以向人民法院起诉的，仲裁协议无效。

（中林集团雷州林业局有限公司总法律顾问　李华兴）

国药控股股份有限公司

依法治企，护航企业高质量发展

党的十八大以来，习近平总书记从坚持和发展中国特色社会主义全局和战略的高度，定位法治、布局法治、厉行法治，提出全面依法治国的一系列新理念新思想新战略。习近平法治思想不仅是具有开创作用、引领作用的理论，更拓展了社会主义法治新道路，对中央企业依法治企、促进自身高质量发展具有重要的实践和指导意义。

国药控股股份有限公司（以下简称国药控股）作为国药集团所属核心企业，秉承"关爱生命、呵护健康"的初心和使命，在公司党委的正确领导下，坚定不移地贯彻习近平法治思想，落实全面依法治国部署，推进中央企业法治建设，将企业法治工作融入完善中国特色现代企业制度中，以强化制度建设、体系建设为基础，坚持尊法、学法、守法、用法，围绕贯彻落实法治建设第一责任人职责、完善总法律顾问制度、健全法律风险防范机制、强化合规管理四个工作"核心"，坚持适应市场化、法治化、国际化发展需要为导向，履行好央企法律人的职责。

一、强化组织领导，将法治建设纳入企业整体工作统筹

国药控股坚持以习近平新时代中国特色社会主义思想为指导，深入贯彻党的十九大和十九届历次全会精神，按照中央全面依法治国工作会议部署，围绕国企改革三年行动和中央企业"十四五"发展规划，深化治理完善、经营合规、管理规范、守法诚信的法治央企建设。公司坚持党委对依法治企工作的领导，企业重大事项需先提请党委审议通过，再报总裁办公会、董事会决策。党委中心组定期组织学法活动，必要时，通过扩大会议方式，将企业中层领导、子公司经营班子、全体党

员等纳入学习参与范围。

国药控股不断压实、落实企业主要负责人为法治建设第一责任人，公司成立法治建设领导小组，企业领导班子为法治建设领导小组成员，领导小组定期召开会议，听取法治建设情况汇报，审议企业法治建设规划和工作部署等重要事项，为企业法治建设提供重要的组织领导保障。

二、统一认识，将依法治企、法治理念贯穿于经营活动

依法治企不仅是贯彻习近平法治思想、落实全面依法治国战略的重要组成部分，更是推动中央企业战略升级、改革发展、高质量增长的重要保障。医药行业正经历着前所未有的困难和机遇。"十四五"之始，公司面对的外部市场环境和政策不断变化，医改全速推进，药品及耗材带量采购如火如荼，上市许可人、医药电商、"灵魂"砍价、营销推广合规等呼啸而来。每个关键词下都孕育着新的机遇和挑战，企业根植的环境土壤经历着变化，商业惯例、业务模式不断演化，新的风险点不断增长。"危机"和"先机"并存，公司需要在"变局"中开创"新局"。在经营发展中面临的外部法治合规环境将会异常复杂，医药行业反垄断、反商业贿赂的呼声继续增强，公立医院的政策变化、民营医院的应收风险、外资企业的合规审查壁垒以及国际经贸规则不断变化，原有规则体系面临巨大的调整，企业涉外法律合规风险愈发凸显。因此，更要进一步学习领会依法治企、合规经营的各项要求，切实担当起法治建设第一责任人职责，运用好新时代法治建设的思想理论成果，更好地指导依法治企工作。

三、加强法治体系建设，发挥依法治企对企业发展的保驾护航作用

（一）结合经营实际，完善规章制度

国药控股始终重视制度建设，用依法治企理念指导规章制度的制定及执行，并定期开展制度梳理，编制废改立计划，有针对性地修订覆盖全方位经营管理的规章制度，并按照国务院国资委的要求落实规章制度法律审核 100% 全覆盖，确保法治要求贯穿于经营管理的每一细节。

（二）加强法律审核，法治保障渗透到经营决策

国药控股高度重视法律审核把关工作，总法律顾问及法务人员通过参加重要决策会议、出具法律审核意见、制订并推行章程、合同示范文本、嵌入审核流程等方

式将法律审核落实到公司治理的全过程，将合法合规性审查和重大风险评估作为重大决策事项必经前置程序，渗透到经营决策的每一重要步骤。

（三）健全合规管理体系，注重机制运行

国药控股将合规作为一切经营活动开展的前提。公司于 2017 年起，将合规管理纳入法务管理机构的职责范围；成立了合规管理委员会，定期召开会议，听取企业合规情况汇报，审议重要合规工作事项。公司制订了《国药控股合规经营手册》，每年根据法律政策变化情况，梳理合规及风险防控重点，修订《重点合规问题防控清单》，提示"负面清单"，落实对子公司的合规检查，为本企业及子企业有序、合规地开展经营活动提供指导、保障。

（四）打造专业队伍，提升法治能力水平

国药控股非常重视法务专业人员队伍建设，自 2011 年起即设立了总法律顾问，制定相关规章制度，保障总法律顾问依法依规开展工作，促进企业依法经营。国药控股还在重要子企业中推行总法律顾问制度，已有多家重点子企业设立总法律顾问岗位，完善了总法律顾问制度。国药控股于 2007 年成立独立法务管理机构，法律合规部中所有从事法律工作人员均具备法律职业资格。经过多年努力，子企业法务管理机构数量逐年增加，重要子企业均已设立了法务管理机构或配备了专职法务人员。公司在部分地区探索开展"法务一体化"工作，解决子企业法务力量不均衡的问题，保障企业法治工作能落到实处。

（五）加强宣传培训，将法治理念内化于心

多元化、多维度地开展法治宣传培训是国药控股一直坚持的企业法治文化建设重要手段。根据子公司众多、地域分布广泛的实际情况，公司于 2016 年创建"法务汇"公众号，每工作日发布法律医药动态，并采用漫画、小说等表现方式讲好"法治故事"，通过竞赛、打卡等参与模式提高普法活动参与度，持续尝试以更生动、更容易被员工接受的方式进行普法宣传。使用视频直播形式开展全级次子公司均可参与的法治宣传培训，第一次法律培训直播即有 2 万人次的线上参与量。采用信息化手段进行法律宣传培训已经逐渐成为常态。受疫情影响，不少现场培训无法开展，但借助信息化手段，国药控股的法律宣传培训工作仍然有序进行，为特殊时期显现的新问题、新风险做好法律风险宣传，提升了特殊时期本企业及子企业的风险防范意识。此外，近年来，视频直播、在线学习平台 APP、公众号、企业号及办公平台等均成为法治宣传培训的重要阵地，结合线下传统培训方式，以文字、图片、视频等多种表现形式对习近平法治思想、依法治国理念进行宣传普及，持续深化企业法治文化建设。国药控股的普法及法治建设案例入选了国资委"中央企业法治建设优秀案例库",并曾获得上海国际仲裁中心和文汇报社颁发的首届"东方法务之星风采秀合规管理之星"荣誉称号。

四、提高依法治企能力,适应全球化、数字化时代对法律工作的新要求

(一)提升引领和管控能力

紧跟国企改革三年行动、中央企业"十四五"发展规划重点工作,结合企业发展的新战略新任务,国药控股持续关注可能出现的法律合规问题,并及时制定应对方案。2020年初受疫情影响,国药控股分析潜在法律风险点,及时预测、判断可能在经营、投资领域产生的"不可抗力"风险,在疫情初期即快速反应,提前沟通,积极沟通,制订了《疫情期间法律合规风险及处置应对建议目录》等,有效缓解疏导了重大风险。

(二)加强数字化管理能力

国药控股非常重视运用信息技术,将法律审核以信息化方式嵌入重大决策、重要业务管理流程,以现代化手段对企业法律合规风险进行识别、分析、评估和防控。2007年开始,公司逐步创建并完善法务管理信息系统:创建在线合同会签流程,将法律审核作为必经节点嵌入合同审批流程;建立企业数据管理平台,收集汇总公司治理相关数据;建立诉讼管理系统,收集、汇总与统计各级子企业诉讼案件情况;建立可地图式展示子公司基本信息的"法务地图"在线平台;创建"法务数据上报平台",动态收录国药控股各级子企业法律合规工作相关人员信息,形成数据库,提升团队管理效能。近两年,进一步升级完善、优化现有法务信息系统或管理平台,建立标准化的在线审批、申报流程等。一系列的法律数字化管理措施的展开,在切实防控风险的同时,大大提升了效率,保障依法治企水平更适应数字化的时代要求。

面对复杂的外部环境,更加艰巨的改革发展任务,依法治企,合规经营,不仅是央企理应担负的责任,更是创造价值的重要源泉。我们将在认真学习领会习近平法治思想的基础上,把习近平法治思想贯彻落实到依法治企的各方面和全过程,进一步完善企业法治建设体系,提升依法治企能力,从加强组织领导、持续深化对标、强化指导交流、厚植法治文化几个方面积极推动本企业及子企业的法治建设进程,为企业高质量发展保驾护航,为"十四五"时期中央企业改革发展做好支撑保障。

(国药控股股份有限公司总法律顾问　蔡买松)

中国水利水电第八工程局有限公司

做法治央企"法商融合"的践行者

习近平法治思想为中央企业法治建设提供了最有力的理论支撑与实践指导，作为"法治央企"的践行者，我带领中国水电八局法务团队在依法治企实践中，全面贯彻落实习近平法治思想，紧紧围绕法治央企建设目标，通过构建"法商融合"工作体系、打造法商复合型高素质人才队伍等措施，实现了中国水电八局法治工作与生产经营管理工作的深度融合，法治工作价值创造成效显著，依法治企能力与水平持续提升。

加强法务与生产经营管理深度融合——"法商融合"应运而生

中国水电八局作为中国电建旗下的骨干成员企业，业务范围分布比较广，涵盖建设工程、房地产、投融资等业务板块，项目遍布亚、非、拉美三大洲近30个国家。公司各个领域业务形态不尽相同，所涉法律关系复杂，法律业务不是简单的"打官司"，更多是处理"非诉"法律事务，需要与业务深度融合，促推业务发展。

如何让法务工作定位从"消防员"向"保健员"转变，实现法治工作与企业生产经营高度融合，实现法务工作创新创实效？作为中国水电八局的总法律顾问，必须要站在整个企业发展的高度去考虑，理顺企业法务与生产经营管理"两张皮"的困境。

为适应公司业务发展需要，并结合国资委法治央企建设目标，我提出了"法商融合"工作理念。

一是推动法务与企业的战略融合，将依法治企理念融入企业战略中，让法治成为企业战略中的重要组成部分。

二是推动法务与业务的融合。法务不仅要能够确保业务活动风险可控，还能创造价值，助力业务发展。

三是推动法务与企业文化的融合。将法治文化融入企业文化中，成为企业核心价值观，发挥文化引领的作用。

简而言之，法商融合就是要法务团队主动作为，全方位介入企业市场开拓、生产经营管理，紧密贴合公司发展战略，充分发挥决策的"参谋"作用，做好市场开拓工作的"加速器"，筑牢法律风险"防火墙"，为企业防风险、创效益。

健全"三级联动"工作保障体系——"法商融合"步入快车道

依法治企必须要有健全的法治体制机制。公司曾尝试过大部制、集中管理制、委派制等模式，但在协同性及深度上距离"法商融合"的理想状态还有差距。

随着国资委法治央企建设的深入推进，迎来了国企法治建设的黄金期，公司的"十三五"规划将法治工作上升到公司战略层面。借着公司深化改革的良机，我向公司提出了优化法治组织体系架构的方案。通过重构法务组织体系，搭建了"总部—二级公司—项目"三个管理层级的组织管理架构，并全力推行二级单位总法律顾问制度。

总部层面，采取"抓大放小、分级管理"的策略，抓战略、把方向，提供资源支持，不再"大包大揽、事无巨细"。

二级公司层面，法务和商务设置在同一个职能部门，法律顾问能直接、主动参加商务谈判、经营决策、合同评审等商务活动，让法律意见更接地气；同时，法务人员与商务人员打成一片，潜移默化影响商务人员，普法如"春风细雨"，让商务人员带着"法律风险思维"开展商务活动，形成了"法务懂商务、商务知法务"的双赢局面。

项目层面，推行项目法律顾问和项目法务联络员制度，不断将法务工作延伸到生产一线，极大提升了公司一线法律风险处置能力，及时将法律风险消弭于萌芽状态。

全面推行项目法务经理制度——打通"法商融合"最后一公里

项目是法律风险的前沿阵地，是最先能够听见"炮火声"的地方，也是法律风险防控的最佳战场。

为充分发挥项目在法律风险防控中的重要作用，单靠项目法律顾问和项目法律联络员略显薄弱。为解决这个难题，我带领法务团队反复调研，对标行业一流企业，充分吸收先进经验，并结合自身依法治企实践管理经验，提出了实施具有中国水电八局特色的项目法务经理制度。

这一设想得到水电八局党委书记、董事长姜清华的充分肯定和大力支持，并指示要把好项目法务经理准入门槛，特别注重加强项目法务经理培训取证、考核管理和持证履职津贴兑现。

为把好准入关，项目法务经理必须强制参加取证培训、考试以及继续教育，对取得项目法务经理资格证书的项目法务经理给予一定的持证履职津贴，同时强化项目法务经理考核管理，考核结果与薪酬挂钩，避免履职津贴成为"隐形福利"。通过奖惩结合，项目法务经理都能认真履职，主动担当作为，全面介入项目全生命周期法律风险管控过程中，公司的法律风险从项目源头上得到了有效控制。

现如今，项目法务经理制度在公司全面实施，已经形成了一支400人规模的专职项目法务经理人才队伍，法商融合工作开创了新局面。我公司成为中国电建集团第一家推行项目法务经理制度的企业，走在了行业的前列。

大力提升增值创效能力——"法商融合"成效显著

按照"法商融合"工作理念，坚持价值引领，法务团队通过助力市场、服务现场、定纷止争，取得了显著成绩。

一是助力市场"拿订单"。法务团队主动融入前方市场开拓工作，与前方"听得见炮火"的同志协同作战，做到了"市场营销人员在哪里，法务就在哪里"。以开展法律尽职调查、法律论证、参加合同谈判、编制法律方案、依托合同设计等手段化解营销障碍，助力市场开拓"拿订单"，促成了一系列投融资项目的落地。

二是服务现场"强履约"。法务团队积极介入项目管理过程，护航高效履约。梳理分包模式、优化结算支付、提示合同漏洞、指导项目加强证据管理、及时化解项目履约中的各种法律问题，为项目顺利履约营造了良好法治环境。

三是定纷止争"增营收"。法务团队通过参与变更索赔工作，为变更索赔寻找法律依据、开展法律评估、指导证据收集，为变更索赔的顺利开展提供法律支撑。以多元化途径及方法化解水电八局疑难纠纷与债权，为工程项目创收增效，每年为公司避免、挽回经济损失数亿元。

目前，全公司国内、国外已经基本实现了无死角的法律风险防范机制，"法商融合"运作规范，增值创效明显。

持续培养复合型法治人才——促进"法商融合"行稳致远

"功以才成，业由才广"，依法治企建设离不开法治人才。建立一支靠得住、信得过、用得上的法律团队是建设法治央企的重要保障。那采取什么样的措施才能使优秀的法律人才"引得进、留得住"呢？

一是舍得给待遇。我向公司申请法律人才"绿色通道"，通过从知名院校、法院、检察院等机构引进大批专业人才，硕士学历占比 90%，拥有法律职业资格占比 93%。薪资待遇具有行业竞争力，知名院校优秀毕业生还给予安家费，奖励政策也很丰富，继续深造和考取职业资格证书，给予奖励和持证津贴，催收债权有相应奖励，极大鼓舞了团队成员工作积极性。

二是舍得给位子。"有为、敢为，就一定会有位。"这是我作为总法律顾问以来一直坚持用人的原则。通过设置专业岗位序列，横向打通了专业晋升通道，助力法律顾问成才，很多法律顾问走上了集团总部及子企业领导岗位。

三是舍得去培养。每年都集中对法律团队进行脱产业务技能培训，定期举办法务沙龙等活动，积极参加外部单位新型业务培训活动，着力培养团队成员的学习能力、创新能力、沟通能力、书面表达能力、法律实务能力，打造懂法律、懂管理、懂经营、懂业务的复合型人才队伍。

四是舍得去投入。在硬件设施方面，单独设立了法律图书资料室，图书室藏书10000 余册，收藏了各类建筑类、投融资类法律图书，门类齐全，建筑、投资类法律图书甚至比某些专业类院校的图书种类更加齐全。

总的来说，"法商融合"管理新模式符合企业的实际需要，成效显著，也得到了上级单位的高度认可。"中国水电八局法治工作亮点频出，探索出了具有八局特色的'法商融合'法务管理新模式，形成了可复制、可推广的经验，走在了集团的前列。"中国电建集团法律与风险管理部主任李江波在 2021 年法治工作会上对中国水电八局的法治工作开展情况给予了高度评价。

法治兴则国兴，法治强则国强。作为一名央企的总法律顾问，我将按照全面落实中央企业法治建设第一责任人职责的要求，继续围绕企业生产经营中心工作，充分发挥法治固根本、稳预期、利长远的保障作用，织密法律之网、强化法治之力，开拓创新、奋发有为，全面推动法治央企工作取得新突破、再上新台阶，为企业高质量发展保驾护航。

（中国水利水电第八工程局有限公司总法律顾问　周本强）

中国葛洲坝集团股份有限公司
习近平法治思想指导法治央企建设的实践路径探析

伟大时代孕育伟大理论，2020 年 11 月召开的中央全面依法治国工作会议上提出了"习近平法治思想"，系统阐述了"十一个坚持"的核心要义，明确了习近平法治思想在全面依法治国、建设法治中国中的指导地位。

法治央企建设是法治中国建设的有机组成部分，是全面依法治国的微观基础，深入推进法治央企建设必然要全面贯彻落实习近平法治思想。习近平法治思想高屋建瓴、布局全面，对法治央企建设有着非常重要的实践指导意义。在习近平法治思想的指引下，中国葛洲坝集团股份有限公司（以下简称葛洲坝集团）深入推进法治央企建设，摸索了一条贴合企业实际的实践路径。

一、推进法治央企建设要坚持党的领导

在法治央企建设中始终要坚持党的领导制度和党的工作机制，保障党的路线方针政策得到正确有效地落实。葛洲坝集团党委常委会定期听取法治央企建设情况汇报，及时研究解决重大法律问题。2021 年 3 月，研究了《法律助力高质量发展三年专项行动方案》，6 月，党委主要领导签批了《关于加强法治建设工作的指导意见》，全年以党委中心组（扩大）学习方式开展法治学习 4 次，有效发挥了党组织"把方向、管大局、保落实"的重要作用。2021 年 8 月，组织成立了法律助力高质量发展党员突击队，有效发挥党员在纠纷案件压存控增、到期债权法律催收和法治宣传方面的先锋模范作用。2021 年，在公司党委的坚强领导和广大党员的示范引领下，通过法律手段实现到期债权回款超 12 亿元，通过纠纷案件压存控增避挽损失超 40 亿元。

二、推进法治央企建设要紧紧依靠广大干部职工

干部职工权益要靠法治企业来保障，法治企业的权威要靠干部职工来维护，法治央企建设有赖于企业干部职工共同参与，只有公司上下全面厉行法治，才能真正构筑起高质量发展的根基。葛洲坝集团通过法律助力高质量发展三年专项行动和"七五"普法共同发力，切实增强了广大干部职工尊法学法守法用法意识，基本形成了办事依法、遇事找法、解决问题用法、化解矛盾靠法的企业氛围。坚持通过职工代表大会、民主生活会征求意见、职工思想分析等形式向干部职工征求意见建议，扩大干部职工对于法治央企建设的知情权、参与权、表达权和监督权，确保法治央企建设各项举措反映大多数干部职工的意志。下一步，葛洲坝集团将开通 24 小时法律服务热线、开展"法企共建"和多种形式法律志愿服务活动，拓宽法律服务的覆盖面，为法治社会建设贡献自己的力量。

三、推进法治央企建设要发挥"章程"在企业治理体系中的作用

全面依法治国要坚持依宪治国，同理，法治央企建设在依宪治国的基础上要坚持依"章"治企。公司章程是企业实行内部管理和对外开展经营活动的基本依据，全面推进法治央企建设必须充分发挥公司章程的基础性保障作用。葛洲坝集团一贯注重培养各级领导干部遵守公司章程的意识，引导树立依"章"决策和按"章"办事理念，切实发挥公司章程在公司治理中的统领地位。一方面，根据公司章程深入推进企业治理体系现代化，厘清党委（党组织）、股东会、董事会、监事会、经理层的职责权限和边界，理顺巡视巡察、大监督体系与各治理主体之间的关系，构建了有效制衡、相互监督的"'5+1'决策系统＋支持系统＋制度系统＋监督系统"的现代企业治理体系；另一方面，将依法合规理念和要求全面融入企业治理全层级、全过程，推动治理体系更规范、更高效、更科学地运转，促进各治理主体依法履职。

四、推进法治央企建设要抓住领导干部这个"关键少数"

推进法治央企建设，很大程度上有赖于"关键少数"作用的发挥。葛洲坝集团在健全领导责任体系和转变思想观念方面双管齐下，激发"关键少数"动能。一是

成立了全面依法治企委员会，形成了公司主要领导挂帅，总法律顾问直接负责，有关责任部门齐抓共管的法治建设新格局。二是发布实施了《企业主要负责人履行推进法治建设第一责任人职责实施办法》，明确要求企业主要负责人作为法治建设的第一责任人，要切实把依法治企纳入全局工作统筹谋划，重要工作部署、重大问题过问、重点环节协调、重要任务督办，将法治建设上升为"一把手"工程。三是出台《子企业总法律顾问管理办法》，要求总法律顾问统一协调处理经营管理中的法律事务，对各项法律工作进行安排、把关，对重大诉讼案件更要带队解决。四是严格落实"三个不得""十个严禁"等规章制度，全年开展重要决策法律论证 1000 余项，审核规章制度约 1100 项，审核经济合同 2 万余份，通过法律服务深度融入中心工作，逐步扭转领导干部"法律工作和我无关""法律工作就是法务部门的事"的错误观念，督促其在日常工作中坚持依法合规经营，引导其加强与法务部门的联动，汇集各方参与法治建设的合力。

五、推进法治央企建设要加强法律人才"三支队伍"建设

古语有云："得其人而不得其法，则事必不能行；得其法而不得其人，则法必不能济。人法兼资，而天下之治成。"推进法治央企建设，必须有一支高素质的法律人才队伍作为组织保障。2021 年 4 月，葛洲坝集团启动实施法务人员能力提升攻坚行动；7 月，组织了法律助力高质量发展业务培训班，全年培训 5000 余人次，通过业务培训、"师带徒"、内部法律专家研讨、自行代理案件等形式不断提升法务人员引领支撑、风险管控、涉外保障、主动维权、数字化管理"五种能力"；12 月，发布实施《法律人才"三支队伍"建设实施方案》，通过 2 年时间，不断配齐配强法务人员队伍，最终打造了一支精法律、通业务、懂管理，能与国内一流企业法律人员同台竞技的高素质的总法律顾问、法务部门（机构）负责人和法律管理业务骨干队伍。2021 年底，法务人员配备率超过 5‰，在新增的 153 起案件中，法务人员自行代理率高达 82%。

六、推进法治央企建设要充分发挥法治宣传的作用

知法才能守法，"一切法律中最重要的法律，既不是刻在大理石上，也不是刻在铜表上，而是铭刻在公民的内心里"。要推进全民守法，就要加强法治宣传，使干部职工发自内心信仰和尊崇法律。2021 年，葛洲坝集团在法治宣传的针对性和

实效性上狠下功夫，举办 5 期"葛洲坝法治讲坛"，发布了第 10 期典型纠纷案例集和违规挂靠系列典型案例，开展带课下基层宣讲 20 余次，加强以案普法、以案释法，发挥典型案例引领法治风尚、塑造社会主义核心价值观的作用。同时，深入落实普法责任制，高标准制定"八五"普法规划，组织成立依法治企宣讲队，为干部职工提供了专业、精准、高效的法治宣传。

习近平法治思想系统总结了全面依法治国新理念新思想新战略，明确提出了全面依法治国的政治方向、重要地位、工作布局、重点任务、重大关系、重要保障，为新时代全面依法治国确立了指导思想和根本遵循，也给法治央企建设实践提供了最高指引。践行习近平法治思想永远在路上，葛洲坝集团将一如既往地学习宣贯习近平法治思想，不断将习近平法治思想的精髓运用到法治建设实践中，坚定地将习近平法治思想在企业落地生根和开花结果。

（中国葛洲坝集团股份有限公司法律服务中心副主任　张睿）

北京易华录信息技术股份有限公司

探索数据合规时代脉搏，筑牢央企投身数字经济的法治基础

如何做好数据安全已经成为促进数字经济健康发展的一道必答题。"法者，治之端也"，数据安全法、网络安全法、个人信息保护法等法律法规构筑了数据领域的全方位监管的法律体系。习近平总书记在主持召开中央全面深化改革委员会第二十六次会议时强调，数据基础制度建设事关国家发展和安全大局，要维护国家数据安全，保护个人信息和商业秘密，统筹推进数据产权、流通交易、收益分配、安全治理，加快构建数据基础制度体系。正是在这样的时代背景下，易华录深入贯彻落实党中央决策部署，坚持党的领导，以法治为数字化转型护航，探索数据合规管理，筑牢企业投身数字经济发展的法治基础，保障公司在数据领域实现高质量发展。

一、坚持党的领导，切实保障党管数据

2021 年，中国华录集团欧黎同志在《旗帜》杂志第 8 期发表的署名文章《坚持党管数据，保障数据安全》中提到，中央企业要深刻认识政治属性，深刻领会学习贯彻数据安全法。中央企业要进行数字化转型，必须坚持央企姓党、高标站位，探索数据合规，确保法治建设方向正确。

坚持党管数据，要发挥党建引领。党组织是凝聚中央企业党员群众员工的"主心骨"。发挥党建引领作用，要发挥党组织战斗堡垒的作用，发挥党员干部的示范带动作用，各级党委党组织作为政治核心，积极参与法治与数据合规管理建设，发扬先锋队精神，成为中央企业依法合规进行数字化转型的作战单元，以党建引领助推党管数据。

坚持党管数据，要推行党管规则。数据安全法规定，各地区、各部门对本地区、本部门工作中收集和产生的数据及数据安全负责。作为中央企业，在数字化转型过程中要坚持党管数据、学法立规，密切关注数据安全领域立法动态，落实法律法规及外部监管要求与中央企业"合规管理"强化年的会议精神，建设与企业经营管理及主业相符的数据合规管理体系，切实保障数据处理全流程的安全合规。

坚持党管数据，要确保党管安全。中央企业关系国家安全和国民经济命脉，中央企业处理的数据可能涉及重要数据甚至国家核心数据，应以更加严格的管理制度保障数据安全。中央企业应在各级党委（党组）中心的领导下，实施数据合规管理计划，明确数据安全负责人和管理机构，落实数据安全保护责任，以实际行动落实党管数据安全，保障中央企业依法数字化转型。

二、落实依法治企，护航业务高质量发展

依法治企是推动中央企业战略升级和改革发展的重要保障，是新时代中央企业谋求业务长远发展、推进法治建设提高竞争力的必经之路。中央企业要落实依法治企，必须建立合规管理体系，强化风险防控工作，并以专业化队伍护航业务高质量发展。

强化法治意识，压实法治建设第一责任人职责。发挥领导干部"关键少数"的作用，是确保业务高质量发展、推进依法治企的关键所在。易华录在合规管理强化元年，进一步压实企业主要负责人履行推进法治建设第一责任人的职责，明确公司主要负责人为合规管理的重要组织者、推动者和实践者，不断提升企业主要负责人运用法治思维和法治方式的能力，对合规管理及法治建设的重点问题研究、部署协调，推动解决。

健全合规管理体系，保障公司依法合规经营。加强合规管理是切实防控风险，推动业务高质量发展的有力保障。严格把好合规审查关，做好合规风险识别、预警与应对处置工作，建立健全企业重大经营事项的多重审查机制，重点防控、定期排查涉外业务重要领域，切实防范风险，及时发现化解风险，做好风险隔离工作。

充实法务力量，建设专业化企业法治人才队伍。打造德才兼备的高素质法治工作队伍是落实依法治企的基础性保障。作为中央企业，建设专业化法务队伍，把理想信念教育摆在法治人才队伍建设的第一位，打牢高举旗帜、听党指挥、忠诚使命的思想基础，打造一支专业素质高业务能力强政治素质过硬的法治人才队伍。将既懂法律又懂经营管理的优秀人才选拔到总法律顾问岗位，充实法务力量，将法律专业能力作为选人、用人的主要标准，拓展外部法律资源支持，全面提升法治人才队伍的正规化、专业化、职业化。

三、探索数据合规建设，守住数据安全底线

数字化转型工作涉及的数据治理环节多，业务链条长，随着数据量的增长，面临的数据安全风险也与日俱增。易华录积极应对数据安全风险，探索数据合规管理体系建设，主动将数据合规工作嵌入业务产品及商业模式中，守住数据安全合规红线，为依法保障中央企业数字化转型扣上关键一环。

探索数据合规管理体系建设，构建数据安全基础。建立数据合规管理体系，要制度先行。坚持"紧跟立法动态"与"紧贴业务实际"的原则，将网络安全法、数据安全法、个人信息保护法等数据领域的法律法规、监管要求与公司自身的数据产品及业务紧密融合，合理运用法律解释方法，精准地将法定义务转为公司内部数据合规管理制度，并根据监管政策的变化实时完善、动态更新，数据业务的经营管理划定红线，不断健全数据处理全流程的合规管理制度。

推动数据合规工作嵌入业务，助力合规制度落地。法商深度融合，紧扣合规管理，是数据合规工作可执行的关键。法务团队将数据合规管理工作日常化，密切加强同业务部门、下属公司的交流合作，邀请业务人员参与论证数据合规制度的可行性。同时紧扣华录集团的合规管理办法，建立了较为完善的数据合规组织架构，清晰地构建出公司数据合规的三道风险防线，嵌入了数据合规风险识别评估、合规咨询、合规举报、合规应对机制等数据合规运行工作机制，切实强化了公司数据合规风险防控。

增强全员数据合规意识，培育数据合规文化。数据合规宣贯，是培育合规文化、守住数据安全底线的有力抓手。营造全员知规、守规、用规的氛围，每年定期组织公司全员数据合规培训的方式，以考促学，多措并举，将数据合规管理纳入领导干部与普通员工的能力评估范围。同时，创办《数据合规瞭望窗》电子月刊，以通俗易懂的方式宣传普及数据合规的监管动态、热点信息、经典案例，灵活宣贯合规文化。

"治国无其法则乱，守法而不变则衰。"易华录将以习近平法治思想为指导，按照《中央企业合规管理办法》的要求，贯彻国务院国资委在中央企业合规管理工作推进会上的工作部署会议精神，把握数字经济发展机遇，顺应中央企业数字化转型趋势，积极探索数据合规管理的实践，勇做数据合规的先行者。

（北京易华录信息技术股份有限公司党委委员、副总裁、总法律顾问
刘炜，北京易华录信息技术股份有限公司法务管理部总经理　周治成）

中国电气装备许继集团

提升依法治企能力，开创法治许继新纪元

党的十八大以来，以习近平同志为核心的党中央从全新的高度定位法治、布局法治、厉行法治，开启了依法治国的新时代。全面依法治国是国家治理的一场深刻革命，是坚持和发展中国特色社会主义的本质要求和重要保障。在实现中华民族伟大复兴的关键时期，以习近平法治思想为引领，全力推进法治企业建设走深走实，加快"创建世界一流示范企业"是新时代赋予国有企业的历史责任和使命，也是中国电气装备许继集团（以下简称许继集团）持续保持高质量发展的重要保障。

一、深化法治企业建设的重要意义

（一）深化法治企业建设是依法治国的微观基础

法者，治之端也。依法治国是我国国家建设和治理的基本方针，国有企业是法治国家建设过程中贯彻实施依法治国战略的重要力量。随着依法治国进程的不断推进，运用法治思维深化落实国企改革，推动国有企业治理体系与治理能力现代化，是我国法治建设的重要组成部分，也是依法治国方略在国有经济领域的延伸与落实。

（二）深化法治企业建设是习近平法治思想的实践路径

在严峻复杂的内外部经济形势下，依法治企工作是一场深刻的革命，习近平法治思想为法治企业建设指明了正确方向、提供了有效路径，为推动国企治理体系与治理能力的现代化提供了理论支撑。深入学习领会和运用习近平法治思想，实现国有企业治理法治化，是践行习近平法治思想的应有之义。

（三）深化法治企业建设是稳固与发展国有经济的内在要求

国有企业是国有经济的核心载体，是国民经济的"顶梁柱"，是社会稳定的"压舱石"，是先进文化的"传承者"。国有企业是我国市场经济的重要主体，其依法合规经营不仅关乎自身的稳健发展，很大程度上也关系着国家市场经济的良性运行，对构建新时代经济社会发展新格局、促进高质量发展发挥着重要的助推作用。

二、法治企业建设面临的新形势与新任务

（一）法治企业建设踏上新的征程

近年来，随着国企改革进程的不断推进、布局结构的持续优化，国有企业在法治建设、生产经营、改革创新等方面取得了明显成效。当前国有企业法治建设已完成了从"全面推进"到"进一步深化"的转变。

（二）内外部经济环境带来新的挑战

受世界百年未有之大变局和新冠肺炎疫情、俄乌战争等事件的交织影响，国内外经济环境日趋复杂严峻、瞬息万变，在新时代、新背景下，充分参与国际竞争、打造世界一流企业，不仅要有一流的技术、一流的产品"硬实力"，更要有一流的法治、一流的合规"软实力"。

（三）经济改革不断深化催生新的需求

随着我国社会主义市场经济建设的不断推进，法治问题成为影响我国经济可持续发展核心的问题之一。国有企业的依法治理需求已从过去单一的风险防范，向风险防范、合规管理、内部控制和法律监督一体化推进转变，防风险、抓改革、促发展成为当前国有企业法治建设的工作重点。

三、多点发力，促进企业法治建设全面升维

面对瞬息万变的内外部环境，许继集团勇于担当、敢于创新、善于作为，在新形势新要求新问题面前，克服困难、稳扎稳打、全面发力、多点突破，坚持"法治精神"、强化"法治思维"，自觉将各项经营发展工作纳入法治化轨道，全面增强集团法治实力和发展动力，走出了一条依法治企、依规兴企的发展之路。

（一）压实主体责任，持续完善顶层设计

完善法治顶层设计，推动法治工作落地生根。许继集团将全面依法治企、建设法治企业纳入集团发展规划，在集团战略目标中明确依法治企重点任务、工作措施

及组织保障，发布《中共许继集团有限公司党委关于全面建设法治企业的意见》，确立一体化法治建设总原则，对许继集团及所属各单位法治建设提出了明确的目标、系统的工作要求，指明法治建设的航向和具体路径，促进依法治理工作落地生根、开花结果。

落实法治建设责任，提升企业依法治理能力。落实专项责任是法治国企建设过程中最主要的工作推动策略之一，许继集团深入贯彻落实习近平法治思想，增强党政主要负责人依法治企责任意识，将法治素养和依法履职情况作为考察使用干部的重要内容，明确主要负责人、总法律顾问、法律事务机构等在企业法治建设中的责任，有效整合各方力量，形成了上下联动、协同推进的法治格局。

（二）坚持深度融合，确保法治工作落实落地

促进法律合规与规章制度深度融合。治国凭圭臬，安邦靠准绳。依照规章制度来治理企业，实现内部管理流程模块合法合规，是成熟市场主体的治企之道。许继集团将合法合理、行之有效的规章制度体系作为企业法治化建设的基础，以层级明晰、业务全面、风控有力、流程高效为目标，开展制度"自评估""立改废"工作，形成了3级6类、涵盖16个管理领域的669项规章制度体系。同时，不断创新制度执行落地举措，通过拓宽审计范围并建立制度审计工作机制，推进制度融入合规。将员工践行制度承诺写入合规承诺书，确保在安全生产、合同履约、职工管理等重大经营管理领域做到合规经营、有章可循，为集团赋予了新的生机与活力。

坚持合规风控工作与生产经营有机融合。许继集团将合规风控工作与经营业务紧密结合，遵循发现问题、解决问题、严堵漏洞、减少损失的工作思路，以问题为导向，复盘分析1000余件逾期欠款案件的59个关键要素，摸排梳理并推动解决合同全流程风控管理重点问题，真正绘制出以合同为中心的运营管理风险地图，实现法治和合规工作中的实质化、差异化和均衡化，做到有效的风险预警防控，从根本上推动解决了表面合规与实质合规的矛盾问题。

（三）强化组织保障，推动法治建设走深走实

持续优化企业总法律顾问履职机制。近年来国资委多次强调总法律顾问制度在法治企业建设中的重要作用，并提出了国企总法律顾问专职化、专业化的量化指标要求。许继集团积极响应国资委要求，聘任专职总法律顾问并构建形成了总法律顾问参与重大经营决策事项法律审核等法治建设工作常态化机制，显著提升了企业法治工作引领支撑能力。

加快专业法律人才队伍建设。法律顾问队伍力量不足、专业能力不强、话语权不够等问题一直是国企法治建设工作中的难点与痛点。许继集团将建设强有力的法律人才队伍作为法治建设全面升维的根本保障，着力吸收培育专职法律顾问，发展培养兼职法律顾问，实现全层级总法律顾问、法律顾问全覆盖，打造专兼职法律顾问协同发展的组织体系，助力依法治理工作持续专业化、精益化。

增强部门协同，形成多维法治联动。法治企业建设是一项系统工程，必须齐抓共管、建立机制、综合施策。许继集团构建由业务主管部门、合规管理部、纪检监察部门组成的"三道防线"合规风控机制，结合重大决策、合规管理报告、违规责任追究等工作，分别从业务管理、法律合规、管理监督三条线各尽其责，全面筑成企业法律合规风险防护墙。

（四）创新工作思路，打造依法治企新高地

主动求变，探索法治建设向智能化、网络化、数字化转型。时代在发展，国企法治建设更要与时俱进，当下经济社会的数字化转型发展已经成为时代的发展趋势，党中央在系列重要法治规划中强调要着力推进法治中国建设的数据化、网络化、智能化。许继集团紧扣时代发展趋势，着力探索运用科技手段，将信息化与合同、制度、案件、风险等重要领域相结合，创建并持续优化经济法律管理系统，切实提升了合法合规工作的针对性和有效性。

精益求精，促使企业法治文化落地生根。许继集团将法治文化建设与生产经营、职工需求紧密结合，创新法治宣传形式和机制，打造全方位法治文化新载体，通过开展党支部联建主题活动、开辟21处法治阵地、推出《每周读法》电子普法期刊、组织典型案例警示教育等多种普法途径，精心培育法治文化，增强法治内生动力。

多年来，在依法治企的坚强保障下，许继集团经营管理水平日益精进，发展势头强劲有力，各项经营指标和工作成绩再上新台阶。如果说2021年是许继集团全面依法治国工作的落实之年，那么2022年则是许继集团法治建设全面突围的开局之年，全面建设法治企业任重道远。踏上法治许继新征程，我们将更加坚定不移地走依法治企稳健发展之路，紧跟国家法治建设的步伐，更加重视法治、厉行法治；我们将更加准确地把握对企业法治建设需要的新特点，坚持正确的法治观、走坚实的法治路，以灵活求变的思维和依法治企的决心应对重大挑战、抵御重大风险、克服重大阻力、解决重大矛盾，以高质量的法治建设保障高质量的经营发展，助推国有经济在法治化轨道上迸发新的活力。

（中国电气装备许继集团总法律顾问 宋本源）

中国国新资产管理有限公司

不断提高依法治企能力
助力国新特色资产管理事业行稳致远

中国国新资产管理有限公司（以下简称国新资产或公司）作为中国国新资产管理板块建设的平台载体，自成立以来始终坚持服务央企改革发展，助力国有资本布局优化和结构调整。2022 年以来，公司持续深入学习习近平法治思想，认真贯彻落实党中央、国务院决策部署及国资委工作要求，聚焦"两非两资"剥离处置和存量资产盘活主责主业，在中国国新直接指导下，不断提升依法治企能力水平，将全面依法治企内化为推动公司业务发展和合规经营的行动指南，结合公司业务特点，着重发挥防风险、强管理、促经营、创价值作用，促进特色资产管理业务稳中有进，为国新资产高质量发展提供了有力的支撑保障。

一、深刻理解特色资产管理业务特点，提高公司法治工作针对性

国新资产法治工作紧紧围绕公司"盘活国有资产存量"的功能定位，结合助力央企"两非两资"剥离处置、存量不动产盘活、上市公司提质增效和专业化整合等领域存量资产盘活的特色化业务，提高公司法治建设的针对性，做到有的放矢，更好服务公司业务发展。

一是针对资产管理业务政策性强的特点，法治工作注重把握方向性和前瞻性。盘活国有资产存量一直是深化国资国企改革的重要内容。党中央、国务院从顶层设计层面、相关部委从推动落实层面都陆续制定了一系列政策文件，国务院国资委针对问题企业、问题资产开展了多轮专项治理行动，特别是出台了《关于进一步盘活存量资产扩大有效投资的意见》（国办发〔2022〕19 号），进一步凸显存量资产盘

活的重要性和紧迫性。这就要求公司的法治工作要立足运营公司功能定位，聚焦主责主业，具有前瞻性，紧盯政策走向，在重大政策制定过程中及时发声，提出合理建议，在国家重大战略部署上提前"卡位"。

二是针对存量资产盘活处置难度大的特点，法治工作注重突出创新性和差异性。存量资产往往效率效益低，部分存在一定历史遗留问题，依靠企业自身力量难以清退处置，盘活处置起来通常面临处置难的问题；还有评估挂牌易、达成交易难的问题，在现行国资监管制度下，中央企业资产交易价格严格以评估值为参照，有时难以找到意向受让方并达成交易。这就要求公司的法治工作在服务业务发展过程中，要针对具体问题，在依法合规基础上，提出合理化建议，能够出谋划策、善做善成，满足央企差异化的处置盘活需求。

三是针对国有资产处置监管要求高的特点，法治工作注重兼顾规范性和灵活性。国务院国资委出台了资产评估、产权交易等一系列政策来推动和规范国有资产流转处置，这些政策规定都有明确的适用条件，必须严格遵守。在实践中，盘活处置既要考虑股权、土地、实物资产等不同的资产形态，又要考虑转让方、接收方作为公司制、合伙制等不同组织形式，以及处置的时效性要求。这就要求公司的法治工作在服务业务发展的过程中，既要严格遵守现行国资监管规定，坚持规范性，又要灵活采用各种市场化工具实现盘活处置目的，保持专业性。

二、聚焦提升依法治企三种能力，助力公司特色资产管理业务稳中有进

2021 年 10 月，国务院国资委印发《关于进一步深化法治央企建设的意见》，明确提出"全面提升依法治企五种能力"。结合公司业务特点，国新资产着重提升引领支撑、风险管控和主动维权能力，取得了积极进展。

一是在提升引领支撑能力方面。深入研判有关政策并提出完善建议。深度参与国家有关盘活存量资产扩大有效投资政策的建言献策，以及国务院国资委有关央企专业化整合、控股上市公司质量提升等专项工作部署，研究提出"发挥运营公司功能作用"、加快"两非两资"剥离处置等关键性建议并获采纳，为公司业务开展创造良好政策环境。构建业法融合的协同运作机制。强调法务和业务同推进，深入前端，提早参与方案设计、合规论证，发挥专业优势，在符合监管规定的前提下，提出采用基金、有限合伙等更加灵活的交易架构，设计合理有效的实施路径，推动项目落地。同时，法律审查聚焦主责主业，坚持稳中求进、投少投好，确保投资方向不偏离。

二是在提升风险管控能力方面。建立法审风控意见独立报告制度。高度重视法律审核意见，鼓励法律风控人员敢于发声、勇于质疑，项目团队要对法律风控意见作出回应和安排，强化防火墙功能，牢牢守住风险底线。完善法律审核后评估机制。紧跟法律审核意见采纳情况，查摆执行中的问题，提出完善建议，持续提升审核质量。2022年，通过跟踪评估业务合同，发现两个项目执行环境变化，及时与合作方沟通完善条款，有力保障公司权益。将风控管理嵌入内控流程。全面梳理249项工作流程，编制内控手册，明确公司治理、财务管理、投资等十个领域的工作程序、关键节点，将业务流程固化到OA系统，利用信息化手段提升风险管控水平。

三是在提升主动维权能力方面。2022年8月，公司获悉被有关单位注册为股东、实施假冒国新资产子公司的侵权行为，立即启动维权程序，首先迅速调取相关工商资料，证实涉及的股权转让协议及企业公章均为伪造；其次通过中国国新官网、公众号发布声明，提醒相关社会主体注意防范风险；同时，主动与市场监管部门取得联系，反映被假冒侵权行为，要求撤销假冒工商登记；并向涉及的相关方发出律师函，要求其停止侵权、恢复原状。通过努力，侵权方承认假冒国企行为，承诺尽快恢复到以前状态，公司在侵权纠纷案件中快速反应和综合施策的能力得到锻炼和体现。下一步，公司将按照国资委"以案促管、以管创效"的要求，建立动态跟踪查询机制，常态化维护好公司声誉。

三、不断健全法治建设工作体系，夯实公司特色资产管理业务法治基础

近年来，国新资产深入贯彻落实国资委法治央企建设工作部署以及中国国新"法治国新"建设具体要求，不断健全法治工作体系，公司资产管理业务的法治基础持续夯实。

一是健全组织领导体系。推动落实主要负责人履行法治建设第一责任人职责。设立董事会合规管理委员会，明确将法治素养和法治能力作为公司用人导向，将法治建设情况统筹纳入公司经营业绩考核体系。健全总法律顾问及首席风险官制度。设立总法律顾问及首席风险官，持续推动公司法治建设和风险管理工作。完善法律风控机构和法治人才队伍建设。强化法律风控部门法治和风险防控实施主体建设，加强法律、合规、风控、内控职能统筹和协同联动，不断提升管理效率。拓展法律风控队伍来源，从监管部门、有关央企、律所、私募机构等多渠道吸引人才。

二是健全规章制度体系。制度体系建设不断完善。初步建立起以公司章程为统

领，管理制度和业务制度为基础，法律及风控制度为保障的制度体系。建立制度动态更新机制。定期全面梳理制度体系，及时将法律法规等外部监管要求转化为内部规章制度，并根据法律法规变化、监管动态和管理实际及时修订完善。强化制度执行。结合内部控制评价工作，开展制度执行情况检查，增强制度的刚性与约束力。

三是健全合规管理体系。推进合规管理制度建设。出台合规办法、合规手册、业务合规指引等，构建契合公司业务特点的合规管理制度体系。强化合规管理运行。设置合规管理员，督促合规要求落实情况，制定投资管理、投资后评价管理、尽职调查工作指引等，推动合规管理要求深度融入业务。加强合规宣贯培训。将合规宣传教育与依法经营有机结合，组织开展民法典等法治专题学习和中央企业基金监管体系培训，紧抓合规理念宣导。

下一步，国新资产将按照国家重大战略部署和国资委存量资产盘活工作要求，继续坚持稳中求进工作总基调，在积极开拓业务的同时，对标世界一流企业，提高法治工作前瞻性，支持业务创新发展，关注新政策、新形势、新问题，逐步形成可复制、可推广的特色资管业务风险管控经验，加强法治队伍建设，进一步提升依法治企的能力和水平，朝着打造具有国新特色的头部资产管理公司目标扎实迈进。

（中国国新资产管理有限公司副总经理　张雷，中国国新资产管理有限公司法律风控部副总经理　张丽莎）